ADMINISTRAÇÃO

gen
Grupo
Editorial
Nacional

Djalma de Pinho **Rebouças** de Oliveira

ADMINISTRAÇÃO

Evolução do pensamento administrativo, instrumentos e aplicações práticas

Rua Conselheiro Nébias, 1384
Campos Elísios, São Paulo, SP – CEP 01203-904
Tels.: 21-3543-0770/11-5080-0770
faleconosco@grupogen.com.br
www.grupogen.com.br

Designer de capa: Caio Cardoso
Imagem de capa: royyimzy | iStockphoto
Editoração eletrônica: Formato Editora e Serviços

CIP-BRASIL. CATALOGAÇÃO NA PUBLICAÇÃO
SINDICATO NACIONAL DOS EDITORES DE LIVROS, RJ

Oliveira, Djalma de Pinho Rebouças de
Administração : evolução do pensamento administrativo, instrumentos e aplicações práticas / Djalma de Pinho Rebouças de Oliveira. – 1. ed. – São Paulo : Atlas, 2019.

ISBN 978-85-97-01984-1

1. Administração de empresas. 2. Profissões - Desenvolvimento. 3. Sucesso nos negócios. I. Título..

19-54559 CDD: 650.1
CDU: 005.336

Vanessa Mafra Xavier Salgado – Bibliotecária – CRB-7/6644

Material Suplementar

Este livro conta com o seguinte material suplementar:

- *Slides* para apresentação (apenas para professores).

O acesso ao material suplementar é gratuito. Basta que o leitor se cadastre em nosso *site* (www.grupogen.com.br), faça seu *login* e clique em GEN-IO, no menu superior do lado direito.

É rápido e fácil. Caso haja dificuldade de acesso, entre em contato conosco (gendigital@grupogen.com.br)

GEN-IO (GEN | Informação Online) é o repositório de materiais suplementares e de serviços relacionados com livros publicados pelo GEN | Grupo Editorial Nacional, maior conglomerado brasileiro de editoras do ramo científico-técnico-profissional, composto por Guanabara Koogan, Santos, Roca, AC Farmacêutica, Forense, Método, Atlas, LTC, E.P.U. e Forense Universitária. Os materiais suplementares ficam disponíveis para acesso durante a vigência das edições atuais dos livros a que eles correspondem.

Sumário

"O indivíduo que tem uma boa ideia
é um maníaco até que sua ideia dê certo."
Mark Twain

Relação Geral de Figuras

Relação Geral de Tabelas

Prefácio

> "Grande é o homem que sabe empregar a capacidade dos outros para alcançar seus objetivos."
> *Donn Piatt*

É desnecessário dizer que o mundo mudou, afinal desde sempre ele está em constante mudança. Mas, nessa era pós-moderna, marcada pelo intenso avanço tecnológico, as mudanças são mais aceleradas e causam mais incertezas do que em outros tempos. Paradigmas vão sendo quebrados e novos modelos vão sendo implementados, desde o ambiente familiar, passando por pequenas, médias e grandes organizações, e atingido nações inteiras.

E fugir dessas transformações é, obviamente, impossível. Melhor mesmo é buscar o quanto antes o máximo de compreensão de seus movimentos e promover as adaptações necessárias, aproveitando-se de todos os benefícios que vêm junto com elas. Isso mesmo, as mudanças não são necessariamente ruins, elas são bases do avanço, do progresso, do novo.

E como não poderia deixar de ser, a educação foi fortemente atingida por esses avanços tecnológicos e transformações do comportamento humano. A relação ensino-aprendizagem tem sido a tônica de muitos debates, investimentos e inovações. Qual é a melhor forma de ensinar e aprender? Como envolver o aluno? Como fazer com que o estudante invista mais no seu conhecimento? Qual a melhor dinâmica de aula? E tantas outras questões como essas estão nas pautas dos meios acadêmicos e eventos na área de educação.

Um dos pontos que se destaca nesse cenário é a necessidade de se oferecer conteúdos mais objetivos e práticos aos estudantes, aproximando mais os ensinamentos da sala de aula com a realidade empresarial, onde a maioria vai exercer os conhecimentos e habilidades apreendidos na sua jornada de formação superior.

E aqui há uma confusão interessante: muitas vezes se mistura a forma com a essência. A essência é a transferência do conhecimento. As formas podem ser as mais diversas, desde que atendam ao seu objetivo de informar e formar. Pode ser uma palestra presencial ou um *webinar*. Pode ser uma aula convencional ou uma videoaula. Pode ser um livro digital ou impresso. Pode ser ainda a soma de todos esses meios. O importante é que se cumpra com eficiência o objetivo de oferecer o conteúdo completo, didático e necessário para que o estudante aprenda de forma consistente a disciplina proposta.

E aqui, mais uma vez, surge a sabedoria do mestre para atender à sede do conhecimento de forma peculiar. Assim, o professor Djalma de Pinho Rebouças de Oliveira, mestre, doutor e livre-docente em Administração pela Universidade de São Paulo, aceitou o convite para uma jornada em busca de uma obra que consolidasse de forma objetiva e prática o conhecimento da administração, mas sem ser superficial. Foi assim que nasceu o livro *Administração: evolução do pensamento administrativo, instrumentos e aplicações práticas*, e a forma escolhida foi a mídia mais testada e eficiente de todos os tempos: o livro, impresso e digital. É, entretanto, na essência que vem a inovação, tornando-se uma obra única em meio a tantas que parecem iguais. Numa linguagem livre, o Prof. Djalma mostra as funções da administração e, a seguir, de forma incrivelmente didática, ele mostra a evolução do pensamento administrativo por meio de suas escolas, suas teorias, os instrumentos administrativos originados em cada teoria e, com a experiência de um grande administrador, as aplicações desses instrumentos nas atividades organizacionais do dia a dia.

Além da leveza do texto, a riqueza de ilustrações e de elementos didáticos ao longo da obra torna o aprendizado mais dinâmico e eficaz e oferece uma maior velocidade na leitura.

Ainda, como um presente especial, durante todo o percurso da obra, ele leva o estudante a montar seu plano de carreira como administrador. Afinal, é depois do diploma que os desafios virão e testarão como foi seu aprendizado e se está realmente preparado para avançar, crescer e fazer história.

O professor é privilegiado com uma riqueza de *slides*, que obedece a uma sequência didática, e de questões para debates e trabalhos em grupo, para tornar suas aulas mais dinâmicas e envolventes.

Por fim, vale destacar que, embora o livro tenha objetivado o ensino da administração no meio acadêmico, a obra é de grande relevância para a reciclagem de executivos e gestores e para leitura de profissionais oriundos de outras áreas e que precisam aprender os fundamentos da administração para seu exercício profissional.

Tenha certeza de que você tem em mãos uma obra única. Faça melhor uso possível dela e que sua jornada profissional seja uma grande história para as futuras gerações.

E como sugestões finais, convido você a não deixar passar a leitura detalhada do texto seguinte, "Como obter o melhor desta obra"; e, ao final da leitura, fazer uma reavaliação de sua visão sobre a administração. Será um exercício importante para consolidação do conhecimento obtido nessa jornada.

Boa viagem.

Agnaldo Lima
Superintendente Editorial de Ciências Sociais Aplicadas
GEN – Grupo Editorial Nacional | Editora Atlas

Como obter o melhor desta obra

"O melhor argumento é aquele que parece ser uma simples explicação."

Dale Carnegie

Alguém já afirmou que o prefácio, os comentários iniciais inerentes à finalidade e ao diferencial do livro, bem como a apresentação da estrutura de uma obra, são feitos para não serem lidos.

Entretanto, julgo válida a leitura, e o pleno entendimento, dessas partes introdutórias pelo fato de que facilitam a compreensão e a aplicação do conteúdo da obra.

I – Quanto à finalidade do livro

Este livro tem a finalidade facilitar a análise e a assimilação do nível de importância da administração em sua elevada abrangência e diversas partes componentes, bem como a necessidade de sua otimizada aplicação, propiciando significativos benefícios para as empresas e seus profissionais. Você vai perceber que esse processo é contínuo, gradativo, evolutivo e sustentado, pois a administração é um conhecimento estruturado.

A partir do entendimento dessas questões básicas, é possível que todo o processo de assimilação e aplicação dos diversos ensinamentos da administração se torne mais simples e motivador, propiciando interessantes resultados para a sua carreira como profissional da administração.

II – Quanto à estrutura do livro

Para atender a essas finalidades básicas, este livro está estruturado em cinco capítulos com focos específicos, mas com conteúdos perfeitamente interligados, levando o leitor ao pleno entendimento dos importantes assuntos abordados.

O Capítulo 1 "coloca o leitor" na importância da administração para ele – como estudante e/ou profissional – e para a empresa onde trabalha, explicando por que "as coisas acontecem" daquela forma. Essa análise propiciará a você estabelecer "qual é a sua" perante a administração como área de conhecimento e como plano estruturado para desenvolver a sua carreira profissional, facilitando o seu processo motivacional perante o conteúdo e importância das várias disciplinas do curso de administração.

O Capítulo 2 cuida da prática, ou seja, como você deve aplicar tudo o que a administração proporciona e disponibiliza para você, quer seja quanto aos seus conceitos, às suas metodologias, às suas técnicas e à importante questão da elevada amplitude de sua aplicação, o que pode ser um "complicômetro" para muitas pessoas que se intitulam administradores. E para simplificar o processo de entendimento são apresentadas algumas precauções que você pode considerar no processo de aplicação da administração na empresa onde trabalha ou em sua vida pessoal, bem como um modelo genérico dessa aplicação. O conhecimento dessas diversas questões proporcionará maior nível de sustentação ao seu plano de carreira como administrador.

O Capítulo 3, com base na evolução do pensamento administrativo, demonstra que a administração é uma tecnologia e, portanto, está em constante evolução; e procura "facilitar a sua vida" consolidando uma atuação pessoal e profissional que possibilite você se antecipar, com sustentação, a essas tendências, quer essas sejam boas ou inadequadas para as empresas e para você, orientando os necessários ajustes em seu plano de carreira como administrador.

O Capítulo 4 evidencia as principais partes da administração pelas funções básicas da administração e pelas principais funções das empresas, possibilitando uma análise global e interativa, direcionada para a administração integrada, que corresponde ao entendimento mais sustentado da administração, bem como facilita o seu direcionamento para ser um especialista em uma área da administração, mas tendo como conhecimento geral todo o processo do pensamento administrativo.

O Capítulo 5 aborda o "finalmente", ou seja, você. Portanto, analisa "qual é a sua" perante a realidade da administração e como você está se preparando para se consolidar como administrador de sucesso e de valor para as empresas, com sustentação de um efetivo e estruturado plano de carreira que consolide uma importante vantagem competitiva para você, inclusive em um processo de educação continuada.

No final de cada capítulo, são apresentados o seu Resumo, algumas questões para debate, um Exercício para reflexão e um Caso para análise, debate e proposta de solução.

No final do livro, são apresentados o glossário com os principais termos técnicos utilizados, bem como a bibliografia com os textos que proporcionaram maior sustentação ao conteúdo desta obra.

III - Quanto ao diferencial do livro

Pela análise e aplicação dos conceitos, metodologias e técnicas de administração apresentados, você constatará que o diferencial deste livro está sustentado por seis aspectos de elevada importância para a sua atuação como profissional de administração em empresas diversas: amplitude de análise; identificação dos assuntos essenciais; motivação incentivada e direcionada; facilidade de leitura e assimilação; facilidade de ensino; e abordagem prática.

a) Amplitude de análise

Este livro apresenta, de forma direta, simples e resumida, todos os principais assuntos da administração, direcionando você a ser um futuro aplicador da moderna administração integrada, a qual representa a maneira mais simples, lógica e de baixo custo no processo administrativo das empresas.

Outro aspecto dessa elevada amplitude de análise é que o conteúdo deste livro está correlacionado a várias disciplinas dos cursos de administração, facilitando a evolução gradativa, sequencial e sustentada do aluno nesse contexto.

O livro também evidencia que os benefícios da administração se direcionam tanto para as empresas em geral como para as pessoas, quer estejam atuando como profissionais de empresas ou cuidando de suas atividades pessoais; ou seja, em qualquer contexto as pessoas, de forma direta ou indireta, formal ou informal, estão envolvidas, com maior ou menor intensidade, com as questões da administração.

Nesse contexto, a principal diferença quanto aos resultados a serem obtidos é o nível de conhecimento de administração de cada pessoa, sendo essa base de sustentação que o conteúdo deste livro disponibiliza para os seus leitores.

b) Identificação dos assuntos essenciais

Este livro aborda os assuntos básicos e essenciais da administração, evidenciando, de maneira lógica, estruturada e interligada, todos os assuntos que podem ser considerados fundamentais para a atuação profissional dos administradores.

Para facilitar e proporcionar uma abordagem fortemente prática e com elevada sustentação teórica, os assuntos administrativos essenciais foram identificados no contexto da moderna administração total e integrada, sendo evidenciados:

i) Funções da administração que todo e qualquer profissional deve conhecer e saber aplicar: planejamento, organização, gestão e desenvolvimento de pessoas, bem como avaliação.
ii) Principais atividades ou áreas ou funções das empresas em que todos os profissionais podem atuar, mas com qualidade: marketing, produção, finanças, bem como processos e tecnologia.
iii) Interação entre as atividades administrativas das empresas e as atividades administrativas das pessoas, propiciando sinergias nos estudos e aprendizados, bem como resultados globais e específicos de forma integrada. Portanto, *se dá um tiro e se acertam dois alvos*.
iv) Principais conhecimentos, habilidades e atitudes que as pessoas devem ter para bem realizar as atividades administrativas.
v) Análise pela evolução do pensamento administrativo, que representa o entendimento das razões básicas do surgimento e da evolução da teoria e da prática da administração, com suas consequências para as empresas e para as pessoas; e sempre estimulando o debate que poderá ocorrer no futuro.

Essa análise envolve os conceitos, as metodologias e as técnicas auxiliares que possibilitam e proporcionam a devida sustentação para a otimizada aplicação da administração.

c) Motivação incentivada e direcionada

A estrutura e o conteúdo deste livro procuram incrementar o nível motivacional dos alunos, professores e coordenadores de cursos pelas seguintes razões:

- Identifica e explica o instrumento administrativo que deve ser utilizado em cada situação da empresa e como ele deve ser utilizado.
- Explica a interligação entre as partes da administração e como essas estão correlacionadas às principais disciplinas do curso.
- Facilita ao aluno se interessar por um processo de educação continuada em administração.

- Proporciona a sustentação básica para a elaboração do plano de carreira de cada aluno, desde o início do curso e com os possíveis ajustes. Obs.: Um plano de carreira bem elaborado proporciona segurança para o aluno saber como poderá aplicar, da melhor maneira, seus conhecimentos no mercado de trabalho.

d) Facilidade de leitura e assimilação

Quando você está lendo algo para assimilar ou aprimorar um conhecimento administrativo, basicamente deve pensar em quatro questões:

- Por que foi identificada uma determinada carência administrativa?
- Quais os resultados esperados pela estruturação de uma maneira de se administrar essa carência identificada?
- Qual instrumento administrativo ou técnica auxiliar idealizada pode consolidar a adequada administração dessa carência identificada?
- Como avaliar os resultados apresentados?

O entendimento das respostas a essas quatro questões leva você a ter uma postura motivada e ativa de atuação perante os assuntos administrativos em sua vida pessoal – inclusive na instituição onde estuda – e na empresa onde trabalha.

Para facilitar esse processo de leitura, assimilação e aplicação do conteúdo deste livro, foram respeitadas onze premissas:

i) Fazer o leitor pensar a respeito do assunto administrativo apresentado

A administração não é um modelo matemático de aplicação direta, mas exige, sempre, que as pessoas pensem a respeito do assunto em análise, geralmente de forma específica, mas também ampla, envolvendo várias interligações e influências interativas.

ii) Lembrar que a principal questão em administração é o "como fazer"; mas não se esquecendo "do que fazer" e de outras questões: por que fazer, quem deve fazer, quando fazer, por quanto fazer, quanto deve ser feito

Essa premissa está muito interligada com a premissa anterior, pois você deve concordar que um profissional da administração que não sabe responder à questão "como fazer" tem a sua validade altamente questionada; e, portanto, o básico é ter o adequado conhecimento de metodologias e técnicas administrativas.

iii) Apresentar cada assunto administrativo de forma sequencial e evolutiva, "levando" o leitor ao pleno conhecimento do assunto analisado

Essa situação ajuda o leitor a entender a sequência lógica da evolução do pensamento administrativo e, principalmente, a razão básica desses novos estudos e consequente estruturação de instrumentos administrativos que sanassem essas carências.

iv) Colocar algumas questões no "meio do texto" para o leitor pensar com mais profundidade a respeito do assunto abordado

Esse é um aspecto muito importante porque "força" o leitor a pensar, com otimizado nível de detalhamento, a respeito do assunto abordado; e, geralmente, apresentando soluções interessantes para cada uma das questões do texto. Essa situação também facilita o processo de assimilação do assunto em estudo.

Lembre-se de que, em administração, o raciocínio lógico, estruturado e sustentado é sempre de elevada importância, tanto para o decisor como para a empresa.

v) Colocar alguns exemplos ou situações de empresas – reais ou fictícias – para reforçar a análise e o raciocínio do leitor

Naturalmente, esses exemplos ou situações apresentados são apenas referenciais, pois as decisões não devem ser simplesmente "copiadas" de outras empresas, lembrando que as realidades dessas podem ser bem diferentes, exigindo a plena análise decisória do administrador.

vi) Apresentar questões para debate ao final do capítulo

Essas questões procuram levar o leitor a refletir e consolidar o entendimento a respeito dos principais assuntos abordados no capítulo.

Evidencia-se que algumas questões procuram interligar assuntos entre diferentes capítulos, reforçando o princípio da moderna administração integrada.

vii) Apresentar exercícios para reflexão ao final de cada capítulo

Esses exercícios procuram forçar o leitor a analisar e aplicar todos os conceitos, metodologias e técnicas administrativas apresentadas no capítulo considerado.

viii) Apresentar casos para análise, debate e proposta de solução ao final de cada capítulo

Os casos apresentados têm abordagem mais ampla que os exercícios e procuram forçar o leitor a:

- Interligar com os casos dos outros capítulos, propiciando um entendimento de todos os assuntos abordados no livro.
- Analisar as possíveis interligações com as outras disciplinas do curso, dentro do princípio da moderna administração integrada.

ix) Apresentar as interligações entre os capítulos e seções do livro, bem como junto a outros livros do autor

A administração é um assunto extremamente amplo e, portanto, um livro que procurasse fazer um *Resumo* estruturado dela teria, seguramente, mais de 2.000 páginas.

Para atender a essa questão da elevada amplitude da administração, este autor evidencia no texto algumas interligações básicas, que são realizadas com outros livros dos mesmos autor e editora, facilitando o processo de consolidação da elevada amplitude e da necessária interligação estruturada entre as diversas partes da administração.

x) Mostrar que a administração é algo simples, lógico e de aplicação relativamente fácil, desde que se conheçam os conceitos, metodologias e técnicas auxiliares

Essa é uma afirmação de que todo e qualquer leitor que seguir todos os passos evidenciados para a adequada análise deste livro poderá concordar ao final de sua leitura, entendimento e aplicação no contexto pessoal ou profissional.

xi) Mostrar que a administração faz parte de nosso dia a dia, quer seja profissional ou pessoal

Esse é um tópico inquestionável!

Se você tiver dúvidas a respeito, esqueça de ser administrador.

e) Facilidade de ensino

Além de este livro facilitar o processo de assimilação pelo aluno, também proporciona facilidades para a transmissão dos conhecimentos pelos professores e, também, para os coordenadores de cursos de administração pelas seguintes realidades:

- Está estruturado para facilitar o desenvolvimento do processo de análise e de entendimento dos assuntos administrativos.
- Existe adequado equilíbrio entre a apresentação da teoria e da prática administrativa, e como essas duas partes são indivisíveis.
- Facilita a interação entre as diversas disciplinas do curso de administração.
- Direciona o aluno a elaborar o seu plano de carreira como administrador, o que é um fator de elevada motivação para sua posterior consolidação como profissional da administração.

f) Abordagem prática

Todo e qualquer profissional da administração convive, de forma direta ou indireta, com duas questões básicas:

- O que devo fazer perante uma necessidade, ameaça ou oportunidade que apareceu na empresa onde trabalho?
- Como posso resolver ou usufruir, de maneira otimizada, dessa situação?

Essas duas questões são importantes, mas existem algumas evidências de que a principal carência dos administradores é o desconhecimento de "como aplicar", de maneira estruturada e certa, o instrumento administrativo e técnica auxiliar mais adequados para a situação considerada.

Lembre-se: o principal laboratório de análise e aplicação da administração corresponde às empresas!

É por isso que este livro proporciona, aos alunos e professores, vivenciarem as necessidades e as atividades básicas de uma empresa numa sala de aula.

Para concluir essa parte introdutória do livro são apresentadas, a seguir, três figuras:

i) A Figura P.1 apresenta o esquema geral que este autor idealizou ao começar a estruturação do livro. De forma provocativa, o autor não explica, neste momento, os detalhes desse esquema, convidando-o a pensar antes da leitura do livro e refazer essa análise, se for o caso, ao final de sua leitura.

Entretanto este autor apresenta, de forma geral, o raciocínio que o levou a tal esquema no final do último capítulo deste livro.

ii) A Figura P.2 evidencia a importante interação entre as partes de cada capítulo, representadas pelo texto, questões para debate, Exercício para reflexão e Caso para análise, debate e proposta de solução.

iii) A Figura P.3 mostra como poderá ser a sua evolução como estudante e profissional da administração usufruindo de todos os ensinamentos do curso de administração e focando, durante o estudo, a sua área preferencial de atuação de forma interativa com os diversos campos da administração para ser um profissional especialista, mas com visão generalista, que é a abordagem básica de atuação que as empresas normalmente procuram para atender às suas necessidades e expectativas de crescimento sustentado.

É essencial que você desenvolva o seu plano de carreira junto com o curso de administração para que:

- tenha maior motivação durante o curso, pelo simples entendimento do significado e da validade das diversas disciplinas; e
- consiga focar o que o mercado quer e o que você vai proporcionar a ele, inclusive pela elaboração do TCC – Trabalho de Conclusão de Curso de forma interativa com o estabelecimento de sua vantagem competitiva como profissional da administração.

Dessa forma você poderá ter uma entrevista com direcionamento profissional interessante para as partes envolvidas: a empresa e você.

Desafio

Detalhe o seu entendimento de sua evolução como administrador apresentada na Figura P.3.
Depois, você deve interligar com o representado nas Figuras P.1 e P.2.
E repensar – e aprimorar – o assunto ao final da análise de cada um dos cinco capítulos do livro.
Você verificará que esse processo proporcionará um "algo a mais" em seu plano de carreira como administrador.

Conforme já explicado, no corpo do texto são apresentadas, periodicamente, algumas "paradas" para você pensar e exercitar, com mais profundidade, a respeito do assunto em debate.

Os assuntos dessas "paradas" são interligados, de forma direta ou indireta, com as questões para debate, apresentadas no final de cada capítulo, mas essas foram estruturadas de outra forma para forçar o raciocínio do leitor a respeito de cada questão evidenciada.

Os exercícios apresentados procuram propiciar o debate geral dos assuntos evidenciados no capítulo, sendo que você pode ou não se interessar em interligar o conteúdo dos diferentes exercícios.

Os casos apresentados propiciam, e incentivam, o debate de todos os assuntos abordados em cada um dos capítulos, mas fazendo uma interação entre os diversos casos de forma evolutiva e consolidando um modelo de administração total e integrada.

Portanto, este livro proporciona a você a oportunidade de estudar, aprender e aplicar os conhecimentos, habilidades e atitudes essenciais para se consolidar como administrador de sucesso e de valor para as empresas.

Boa leitura e sucesso como administrador!

Djalma de Pinho Rebouças de Oliveira

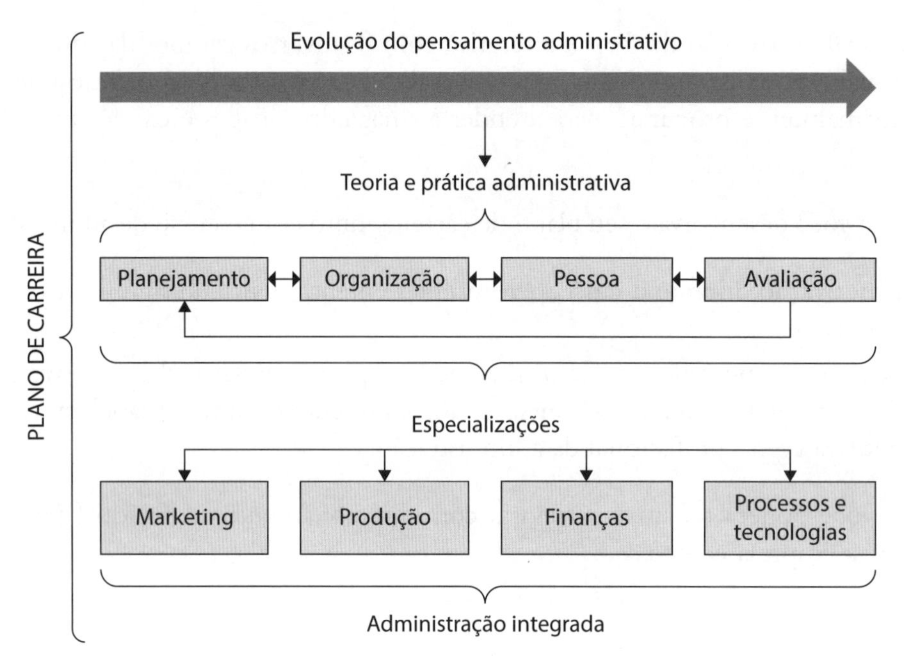

Figura P.1 – Esquema geral do livro.

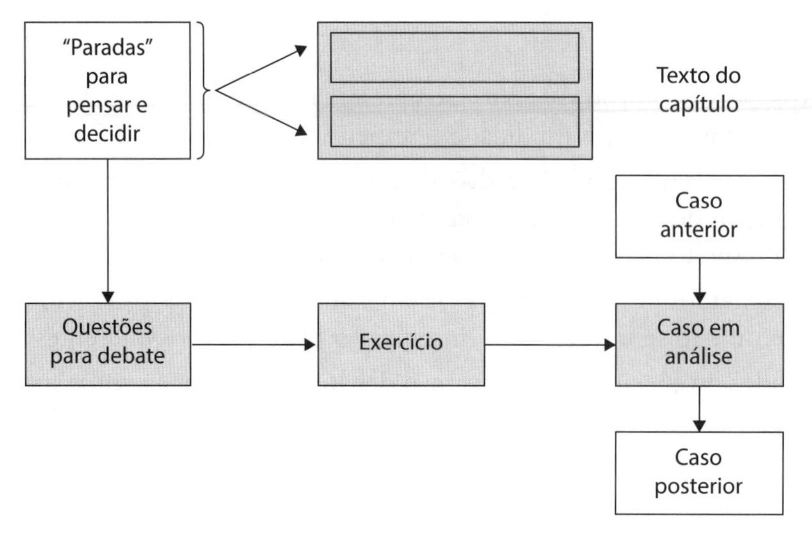

Figura P.2 – Interação entre as partes de cada capítulo.

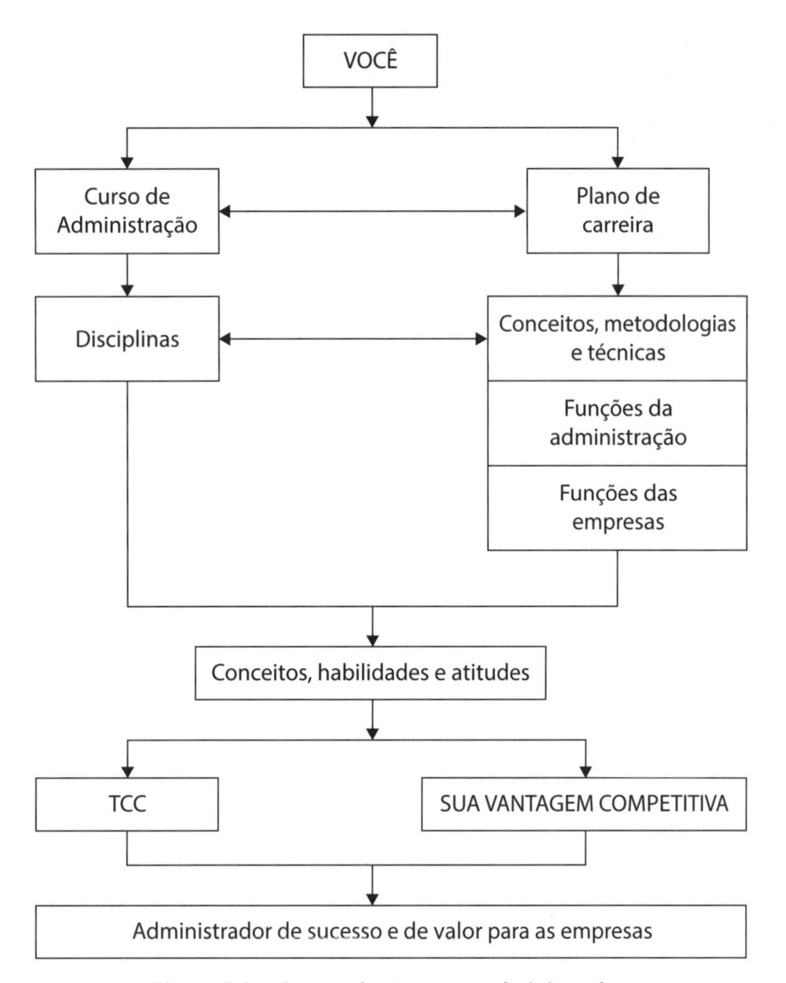

Figura P.3 – Sua evolução como administrador.

CAPÍTULO 1

A importância da administração

"Existem três tipos de ignorância:
– não saber nada;
– saber só o que se sabe; e
– saber coisa diversa da que se sabe."

Duclos

OBJETIVOS DE APRENDIZAGEM

Depois de estudar o conteúdo deste capítulo você será capaz de:

1. Entender a importância da administração.
2. Saber que a administração é importante para os mais diversos públicos: empresas, países, cidades, ... e você!
3. Direcionar os seus estudos para as questões práticas com perfeita sustentação da teoria.
4. Iniciar, de forma estruturada, a elaboração de seu plano de carreira como administrador.
5. Entender a plena interação entre seu plano de carreira e as diversas disciplinas de seu curso de administração.

Ao final da análise do conteúdo deste livro, você vai ter pleno entendimento de dois conceitos básicos para a sua vida profissional e pessoal:

- **Administração** é o sistema estruturado e intuitivo que consolida um conjunto de princípios, processos e funções para alavancar, harmoniosamente, o planejamento de situações futuras desejadas e seu posterior controle e avaliação de eficiência, eficácia e efetividade, bem como a organização – estruturação – e o direcionamento dos recursos das empresas – principalmente as pessoas – para os resultados esperados, com o mínimo de conflitos interpessoais; e
- **Administrador** é o profissional que otimiza os resultados da empresa pela atuação, individual ou coletiva, das pessoas que trabalham em sua complementação e/ou sob sua orientação, integrando e otimizando as atividades de planejamento, organização, gestão e desenvolvimento de pessoas, bem como de avaliação e aprimoramento dos resultados, envolvendo, de forma especialista e/ou generalista, as várias atividades da empresa.

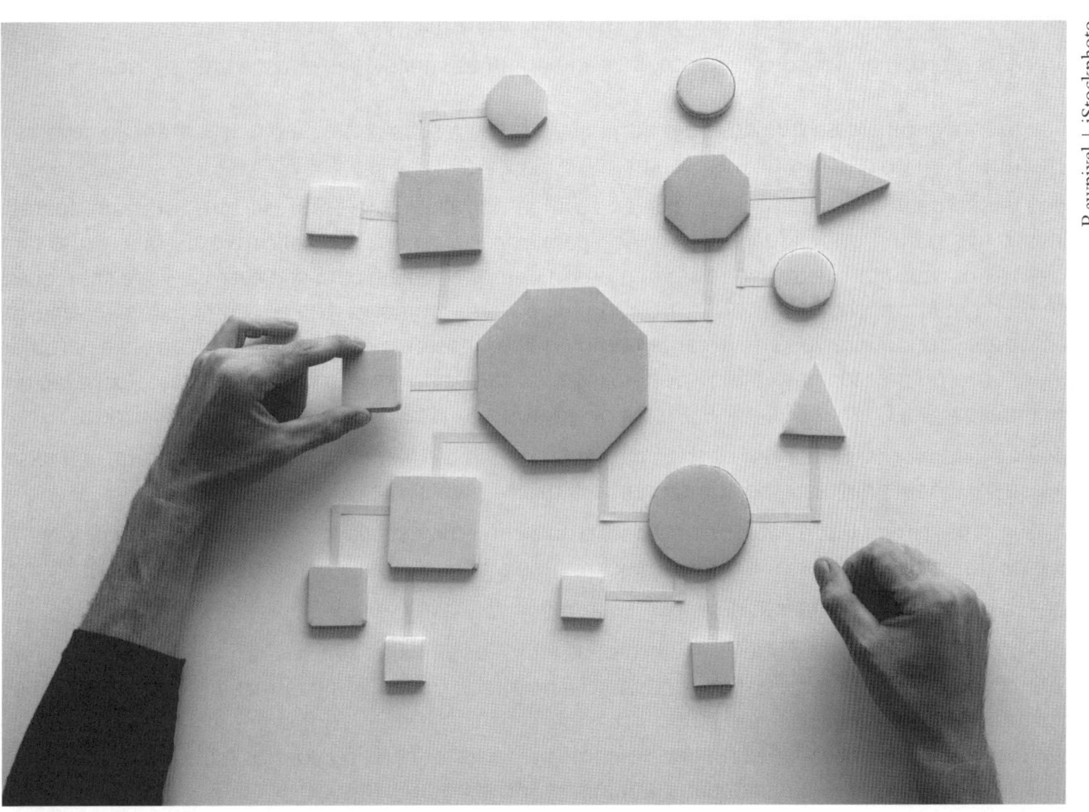

Rawpixel | iStockphoto

PARA OTIMIZAR O PROCESSO DE APRENDIZAGEM

Lembramos que todos os cinco capítulos deste livro foram estruturados visando otimizar o nível de entendimento e de aplicação prática dos conhecimentos de administração apresentadas em cada capítulo.

Para tanto, conforme explicado com detalhes na parte inicial "Como obter o melhor desta obra", você tem vários momentos que forçam o seu raciocínio administrativo:

- Algumas "chamadas" provocativas no texto para você pensar quanto ao assunto abordado e colocar a sua opinião a respeito, a qual será consolidada com sustentação, em momentos subsequentes.
- Questões para debate ao final de cada capítulo, as quais estão interligadas, de forma direta ou indireta, com os assuntos debatidos durante a leitura do texto do capítulo.
- Exercício para reflexão quanto ao conteúdo do capítulo.
- Caso para análise, debate e proposta de solução, também apresentados ao final de cada capítulo, para você exercitar, na plenitude e sem maiores restrições, o seu entendimento dos assuntos administrativos evidenciados.

Você verifica que o seu processo de aprendizagem depende, principalmente, de você; e é você que vai usufruir, em seus contextos pessoal e profissional, os resultados desse processo de aprendizagem teórica e prática.

Bons estudos e ótimos aprendizados!

VOCÊ TEM IDEIA DE ONDE A ADMINISTRAÇÃO ESTÁ?

A resposta a essa pergunta é bem fácil: está em tudo, de forma direta ou indireta.

Parece exagero, mas penso o seguinte, fazendo algumas suposições em sua vida pessoal:

- Você mora em uma casa que deve ser administrada, com suas contas a pagar – atenção com os recebimentos! –, manutenções diversas etc.
- Você vai estudar, ou trabalhar ou passear e vai de ônibus – cuja empresa tem todo um aparato administrativo para proporcionar esse serviço para você –, ou usa um aplicativo de táxi – que também exige vários atos administrativos para que possa operar –, ou vai com seu carro, e você sabe que a sua adequada manutenção exige vários atos administrativos, como gastos em combustíveis, seguros, impostos etc., sendo que você deve saber como equilibrar as despesas com o seu carro e a verba de seu rendimento ou mesada para tais dispêndios; sendo que tudo isso corresponde a atos correlacionados a administração. E essas oficinas e postos de combustíveis têm que ser bem administrados.
- Você vai almoçar ou tomar um simples café com um amigo, sendo que esse restaurante ou esse café tem que ser bem administrado como premissa básica para sobreviver.
- Você vai a um cinema, um teatro ou um show para se divertir, mas deve considerar que um cinema, teatro ou casa de show utiliza os diversos conhecimentos administrativos para que esses locais não fechem.
- Você já imaginou o que existe de questões administrativas em uma escola de samba?
- Você lê o jornal ou assiste à televisão e fica sabendo de escândalos administrativos de empresas privadas e principalmente públicas, e esteja certo: isso é resultado da má administração provocada por pessoas corruptas. E o mais chato é que talvez essas pessoas tivessem o conhecimento das boas práticas da administração, mas faziam exatamente o contrário, para benefício próprio. Acredite: não existe a má administração; o que existe são maus administradores!

Esses são alguns exemplos genéricos, mas você deve pensar qual "será a sua" como administrador.

Boa escolha!

O primeiro passo para você se motivar pelo assunto *administração* é entender a importância que os seus otimizados conhecimento e aplicação representam para as empresas e, também, para as pessoas.

Ao final da análise do conteúdo deste capítulo, você poderá elencar, e hierarquizar, as diversas contribuições que o conhecimento da teoria e da prática administrativa proporcionam em diversos contextos da realidade humana.

1.1 Origens e suas razões

Nesse momento inicial, vale a pena apresentar alguns eventos inerentes às razões das origens de alguns dos principais assuntos da administração, desde os seus primórdios até os dias atuais.

Os dez exemplos evidenciados a seguir podem ser considerados suficientes para você comprovar a importância e a amplitude da aplicação dos conhecimentos administrativos. E também pode completar com o apresentado na seção 3.1, quanto à análise da evolução do pensamento administrativo, incluindo a identificação de possíveis tendências dessa questão relacionadas nas seções 3.3 e 3.4.

Evidencia-se que parte dos eventos citados não tem relação direta com a teoria e a prática da administração no momento de suas criações, mas que, evidentemente, são questões que auxiliaram, direta ou indiretamente, o processo administrativo das instituições em geral e das pessoas.

São eles:

i) Os Dez Mandamentos da Lei de Deus, que orientam e auxiliam as pessoas, normalmente em grupos com forte interação pessoal ou profissional, a terem homogeneidade no raciocínio decisório e de postura de atuação.

   Você pode considerar que este autor *forçou a barra* com essa colocação, mas faça uma correlação com o possível código de conduta ou ética da faculdade onde estuda ou empresa onde trabalha.

   Você pode considerar que uma bíblia – em qualquer contexto religioso – sustenta todo o processo de atuação das instituições religiosas e, portanto, da forma como essas instituições são administradas.

ii) Em aproximadamente 2080 a.C., o rei Hamurábi (2123 a.C. – 2071 a.C.) da Mesopotâmia – região do atual Iraque e parte dos países próximos – estabeleceu perto de 300 regras a respeito de práticas ou princípios de administração, que podem ser consideradas rudimentares, mas muito importantes para o processo administrativo das instituições da época, como:

   - se alguém entrega material precioso para outro, deve ter a presença de testemunhas (regra de controle e avaliação);
   - se um pedreiro constrói uma casa, e essa cai, o mesmo deve ser condenado à morte (regra de responsabilidade); e
   - indicação dos possíveis ganhos dos alfaiates, dos médicos, dos pedreiros, dos operários etc. (regras de remuneração).

iii) Em meados de 2600 a.C., foram construídas pirâmides no Egito e, seguramente, você sabe que isso era altamente complexo, e até para os dias atuais, pois envolve, no mínimo, o projeto de construção da pirâmide, o planejamento dos materiais e dos técnicos e operários necessários, o planejamento da sequência ideal de realização dos trabalhos, o planejamento da interação e dependência entre os trabalhos, o planejamento da "utilização" da pirâmide pela morte do faraó, bem como vários "planos B" para administrar as possíveis adversidades e contratempos, os quais deveriam ser em grande número naquela época.

iv) Carl Von Clausewitz (1780 – 1831), general prussiano e estudioso de estratégias militares para guerras, utilizou no exército alguns princípios que a administração levou para as empresas, onde foram utilizadas em maior ou menor intensidade, tais como a necessidade de um bom planejamento, uma estruturação organizacional bem elaborada e respeitada, assim como um cuidadoso processo decisório, em que o erro deve ser evitado na plenitude e também um otimizado e realista processo de avaliação de resultados.

v) Voltando bastante no tempo, pode-se lembrar que, em meados de 4000 a.C., foram criadas as primeiras vilas, aldeias e cidades no Egito, o que provocou as rudimentares e "esquisitas" práticas da administração pública, incluindo a atuação dos chefes ou dirigentes, representantes dos reis e sacerdotes que aplicavam uma série de atos administrativos nos seus asseclas e nos moradores desses locais.

vi) Em meados de 2500 a.C. começou, inicialmente na China e depois em Roma, o processo de consolidação da descentralização do poder central, utilizando, pela primeira vez, a função dos assessores que faziam o "meio de campo" entre o comando central e as regiões dispersas e longínquas.

Essa situação se fortaleceu com a Igreja Católica Romana, considerada a organização formal mais eficiente do mundo ocidental, e também com as instituições militares.

Essas duas grandes instituições contribuíram, e muito, para o desenvolvimento dos princípios e da prática da administração, como resultante de sua forte organização formal e alto nível de disciplina.

No caso da Igreja Católica Apostólica Romana, a contribuição envolveu o estabelecimento de objetivos – resultados – a serem alcançados pelos seus religiosos, pelo maior respeito às leis e políticas religiosas, e até, pela consolidação de efetiva influência sobre o comportamento das pessoas, ou seja, os seus fiéis. E aqui você observa a existência, já naquela época, da interligação entre diferentes funções da administração: planejamento, organização, gestão e desenvolvimento de pessoas e, também, avaliação, que são assuntos que você vai analisar com detalhes na seção 4.1.

vii) Alexandre, o Grande (356 a.C. – 323 a.C.), notável desbravador de terras, foi discípulo de Aristóteles (384 a.C. – 322 a.C.), que foi discípulo de Platão (429 a.C. – 347 a.C.), que foi discípulo de Sócrates (470 a.C. – 389 a.C.), todos eles com interessantes contribuições, diretas ou indiretas, aos estudos da administração e das atuações das pessoas nos contextos administrativos em diferentes instituições, inclusive em questões de estratégia militar e de logística, tendo influência em outros líderes que aplicavam, em suas ações, maiores ou menores práticas administrativas, como o francês Napoleão (1769 – 1821), o romano Augusto César (63 a.C – 14 d.C.) e o cartaginês Aníbal (247 a.C. – 183 a.C.).

viii) Confúcio (551 a.C – 479 a.C.), maior sábio chinês, nos ensinou sobre a importância da meritocracia, em que a base da evolução de cada pessoa é o seu mérito pessoal e profissional; e que a base de sustentação do mérito de cada pessoa é o seu nível de conhecimento e inteligência. Portanto, evidencia "quem é quem".

Para refletir

Qual é o seu posicionamento quanto à meritocracia?

E com base em sua resposta, o que você tem feito a respeito?

ix) Em 1810, na Escócia, Robert Owen (1771-1858) foi o principal estruturador e divulgador de algumas práticas mais inovadoras de gestão e desenvolvimento de pessoas – ver seção 4.1.3 –, pois foi um dos fundadores do socialismo e do cooperativismo, que é formado por cooperativas, em que os integrantes de uma empresa deveriam se auxiliar entre si para aumentar a produtividade global, sendo que ele também implementou melhorias nas condições de trabalho, como a redução da jornada de trabalho e a adequada qualificação dos profissionais de uma empresa.

x) E mais uma vez vamos fazer um retorno a meados de 2600 a.C., quando ocorreram interessantes sistemas de controle e avaliação no processo de construção de pirâmides; e, aproximadamente, um século depois começaram a ocorrer as descentralizações dos controles e avaliações de atividades e de pessoas, podendo ser considerado o início, ainda que de forma embrionária, do autocontrole administrativo, em que os atos administrativos são analisados e avaliados durante o seu processo de realização.

Desafio

Identifique outras questões - pessoais ou profissionais - que a teoria e prática da administração tenha idealizado em um passado distante.

E o que essas questões administrativas têm proporcionado para você em suas atividades pessoais, acadêmicas e profissionais.

Olhe para o futuro

Comece a idealizar o que vai acontecer com a administração em um futuro próximo ou distante e complemente essa previsão com a análise do Capítulo 3.

1.1.1 Realidade atual da administração no Brasil

É interessante você saber que, no Brasil, a divulgação das questões administrativas das empresas se iniciou em meados de 1931, com a criação do IDORT – Instituto da Organização Racional do Trabalho, com a finalidade de disseminar, via programas de treinamentos, os conhecimentos básicos de administração para as empresas, principalmente as industriais, e aos profissionais em geral.

No final do referido ano, foi criado o DASP – Departamento Administrativo do Serviço Público e, subordinada a esse, foi fundada a Escola de Serviço Público, com a finalidade específica, com base em um convênio firmado com o governo do EUA, de enviar técnicos brasileiros para a participação efetiva em cursos de aprimoramento profissional, lembrando que o referido país se encontrava em um estágio bem mais avançado que o Brasil em termos da teoria e da prática em administração. É difícil de afirmar se os resultados apresentados foram os estabelecidos no programa, mas, de qualquer forma, pode-se considerar como um embrião do processo de consolidação da profissão de administrador.

Para atender à crescente demanda interna, em 1944, a FGV – Fundação Getulio Vargas criou a EAESP – Escola de Administração de Empresas de São Paulo. E nesse ano o DASP consolidou o cargo de Técnico de Administração, que é o precursor do cargo de Administrador.

Apenas como informação genérica, a FEA/USP, antiga Faculdade de Ciências Econômicas e Administrativas da Universidade de São Paulo – que este autor cursou – foi fundada em 1946, sofrendo, ao longo do tempo, vários ajustes em seus cursos e disciplinas.

A decisão seguinte foi a fundação, em 1960, da ABTA – Associação Brasileira de Técnicos de Administração, que auxiliou na preparação do projeto básico para a institucionalização da profissão de administrador, deixando de ser chamado de técnico de administração. Dois anos depois a profissão de administrador foi regulamentada pelo Decreto nº 61.934 de 22/09/1967, possibilitando as posteriores criações do CFA – Conselho Federal de Administração e dos diversos CRA – Conselho Regional de Administração com as finalidades básicas de divulgar a profissão de administrador e cuidar da disciplina e fiscalização do exercício profissional do administrador.

É opinião deste autor que existe um vasto campo de responsabilidade do Sistema CFA/CRAs que ainda não foi preenchido, como no caso dos sistemáticos atos de corrupção que estão ocorrendo no país, os quais estão sustentados por inadequados modelos de administração e maus ou pseudoadministradores.

E os assuntos administrativos que poderiam evitar esses atos corruptos que tomaram conta do país são, por exemplo, a governança corporativa, a estruturação de processos, rotinas e normas que orientem e consolidem os atos administrativos e, principalmente, a implementação efetiva de procedimentos de *compliance*, entre outras metodologias e técnicas administrativas.

Acredito que tão importante quanto ao auxílio na consolidação da profissão do administrador por parte dos órgãos representativos seja a participação direta e efetiva na moralização administrativa de nosso país. Qual é a sua opinião?

De qualquer forma, fica evidente que ainda existe muito espaço para o crescimento da aplicação e do respeito à teoria e à prática administrativa.

Para refletir

Você já é um administrador ou vai ser em breve.

Debata com colegas de estudo e/ou trabalho o que você espera da realidade da administração no Brasil.

Detalhe qual vai ser a sua contribuição - ainda que pequena - para que essa nova realidade se consolide.

1.2 Contexto básico de seu estudo de administração

Neste momento em que você se dedica, com qualidade, ao estudo da administração é importante considerar os vários aspectos e partes integrantes desse estudo.

Como proposta, apresentamos uma linha de raciocínio para você analisar e, se necessário, fazer os ajustes e complementações que forem melhores para a sua realidade; mas não esqueça que o contexto a seguir apresentado tem a sua lógica e já foi testado.

Você pode considerar que o seu estudo da administração pode – e deve – ter nove partes integrantes, perfeitamente interligadas e formando um todo que orienta e consolida o seu processo evolutivo nos estudos da administração.

Essas nove partes são apresentadas na Figura 1.1.

A análise da Figura 1.1 se inicia pela apresentação resumida das finalidades básicas de cada uma das nove partes do estudo da administração que você está realizando no momento; e, depois são apresentados comentários a respeito de suas particularidades.

As abordagens da administração orientam o processo de entendimento e assimilação das questões administrativas pelas pessoas e pelas empresas e, portanto, correspondem ao entendimento básico do que é a administração, o qual corresponde à base de sustentação dos seus estudos neste momento e em momentos futuros.

Depois você deve considerar as premissas da administração, as quais correspondem ao *guarda-chuva* orientativo do que você está estudando em administração.

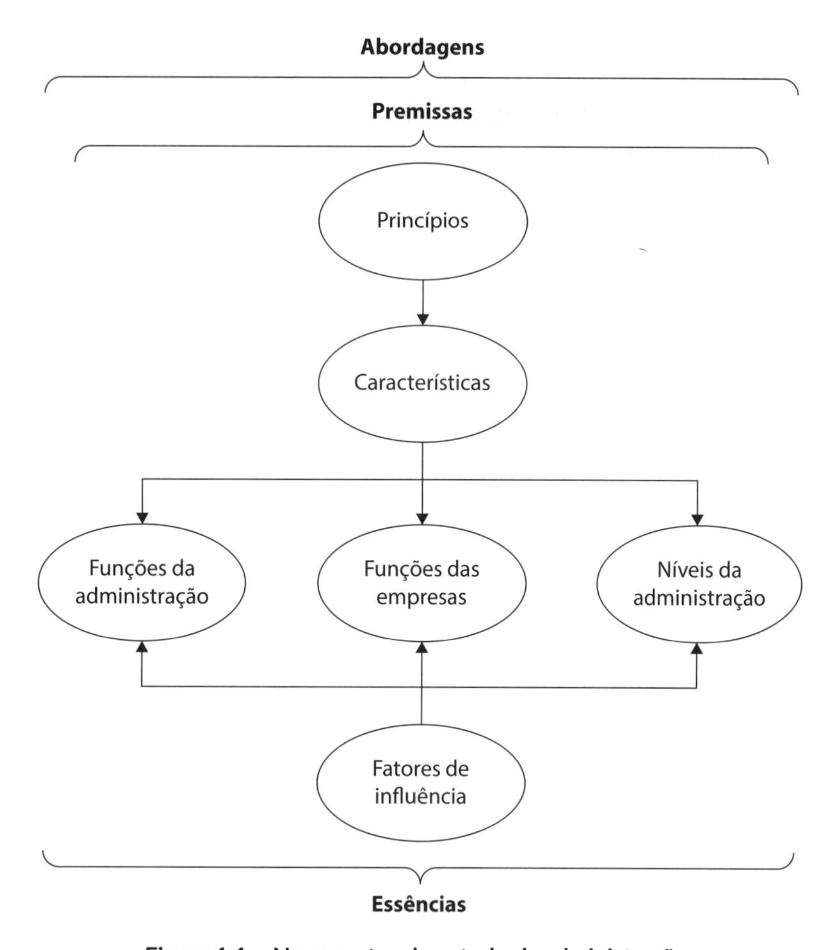

Figura 1.1 – Nove partes do estudo da administração.

A seguir, você deve analisar os princípios da administração, os quais representam os aspectos básicos que devem ser considerados em todos os seus estudos da administração.

Com base nesses princípios podem ser estabelecidas as características da administração, que identificam realidades gerais e abrangentes do processo administrativo das empresas em geral, e que você deverá ter várias oportunidades em exercitar, inclusive, nos seus trabalhos acadêmicos.

Depois podem ser analisadas as funções e os níveis da administração, bem como as funções das empresas.

As funções da administração correspondem às suas partes básicas que têm forte influência, de forma interativa, no processo administrativo das empresas, e as funções das empresas estabelecem as áreas principais das empresas, com suas responsabilidades básicas, sendo esses vários aspectos abordados com detalhes no Capítulo 4, e você terá a oportunidade de estudar essas questões em diversas disciplinas do seu curso de administração; e quanto aos níveis da administração, esses estabelecem os níveis hierárquicos básicos da estrutura organizacional das empresas.

A seguir, você deve considerar os fatores de influência que condicionam, de forma direta ou indireta, a análise e a aplicação da administração pelas empresas em geral.

E, finalmente, as essências dos estudos da administração proporcionam toda a base da sustentação para a análise e a aplicação da administração pelos profissionais das empresas, ou seja, o foco corresponde às pessoas que estudam e praticam a administração.

Com base nesses comentários iniciais, podemos então apresentar alguns detalhes de cada uma das nove partes do estudo da administração.

São eles:

a) **Quanto às abordagens da administração**

Em um contexto amplo você pode considerar que a administração tem três abordagens:

- Como ciência ela representa o conjunto organizado de conhecimentos obtidos pela leitura, pela observação, pelas análises e pelas metodologias e técnicas administrativas desenvolvidas ao longo do tempo, bem como pela sua aplicação prática pelas instituições em geral e pelas pessoas.
- Como arte ela representa a capacidade, sustentada pelo conhecimento dos conceitos, metodologias e técnicas administrativas, que os profissionais têm condições de aplicar, de maneira adequada, nas instituições em geral.
- Como profissão ela representa o exercício das atividades do administrador, visando às otimizadas satisfação e realização pessoal e profissional.

Você observa que as duas primeiras abordagens representam a base de sua sustentação como estudante e profissional da administração, e a última abordagem representa a sua atuação como administrador.

mediaphotos | iStockphoto

b) **Quanto às premissas da administração**

Para que você possa exercer a função de administrador, deve respeitar quatro premissas básicas, a saber:

- a administração deve sustentar a constituição e a continuidade das empresas, lembrando que muitas empresas fracassam pela incompetência e inadequada aplicação dos princípios administrativos;
- a aplicação da administração deve estar sustentada por otimizados uso e equilíbrio da teoria e da prática administrativa. E na administração a teoria pode ganhar importância extra sobre a prática, pois ela fica como sedimentação de uma evidência passada, procurando evitar a ocorrência de erros posteriores;
- a qualidade da administração está diretamente correlacionada ao estilo de atuação e ao nível de conhecimento administrativo dos profissionais das empresas; e

- a correta aplicação da administração deve estar baseada e sustentada por modernas metodologias e técnicas administrativas, as quais explicitam, de forma estruturada e lógica, o "como" as atividades administrativas devem ser desenvolvidas e operacionalizadas. E não esqueça que as metodologias e técnicas administrativas surgiram, foram testadas, avaliadas e aprimoradas ao longo dos eventos e decisões nas mais diversas instituições em todo o mundo, sendo que no Capítulo 2 são apresentados comentários a esse respeito.

c) **Quanto aos princípios da administração**

Nesse caso você deve considerar, no mínimo, seis princípios, a saber:

- tem aplicação e abrangência universais, pois a administração pode e deve ser aplicada pelos países, cidades, pessoas e todo e qualquer tipo de empresa, tais como instituições governamentais, organizações não governamentais, fundações, igrejas, clubes, autarquias, sociedades de economia mista, bancos, creches etc., ou seja, a administração está sempre junto de você, e o ajudando;
- ela é tecnologia – conhecimento – em constante evolução e, portanto, para você ser um bom administrador deve ser um estudante profissional, inclusive se envolvendo no processo de educação continuada (ver seção 5.5);
- a administração permite – e incentiva – generalizações e particularizações decorrentes das características das empresas e das pessoas, ou seja, ela não é uma *camisa de força* para o desenvolvimento dessas empresas e pessoas. Entretanto, diante desse princípio fica evidente que as pessoas se tornam explicitamente responsáveis pelas suas decisões, não podendo afirmar que a metodologia ou técnica administrativa "não servia para nada" quando os resultados esperados dão errado;
- existe forte nível de relatividade no tratamento dos assuntos da administração, o que pode exigir otimizado "jogo de cintura" para entender a realidade e as características específicas de cada empresa, com seus negócios, funcionários, mercados, concorrentes etc.;
- a administração deve considerar toda a empresa de forma interativa, consolidando o otimizado modelo da administração total e integrada. A esse respeito, você pode analisar o livro *A moderna administração integrada,* do mesmo autor e editora; e
- o foco da administração são as pessoas que trabalham e/ou interagem com as empresas, e você pode começar a aplicar esse princípio nos trabalhos em grupo no seu curso de administração, lembrando que o maior, mais rápido e mais barato foco de aprendizado das pessoas é com os colegas de trabalho e/ou de estudo, principalmente em equipes multidisciplinares, envolvendo diversos conhecimentos, habilidades e atitudes.

d) **Quanto às características da administração**

Nesse caso, você deve considerar que a administração apresenta cinco características básicas:

- é um processo dinâmico porque sempre surgem novos conhecimentos administrativos que devem ser entendidos e incorporados pelas pessoas e pelas empresas;
- é um processo social porque depende, se sustenta, trabalha e se desenvolve via pessoas, principalmente atuando em equipes multidisciplinares, com profissionais com diferentes conhecimentos, habilidades e atitudes;
- é um processo catalisador e disseminado de conhecimentos, ideias e aprendizados. Fique sempre atento a essa questão!;

- é ativa, criativa, complexa, coordenada, abrangente e interativa, mas não é difícil, pelo simples fato de ser estruturada e lógica; e
- é uma atividade inexata e intangível, mas perfeitamente avaliável. Existe um lema que afirma: "aquilo que não pode ser medido e avaliado não é administrável". E uma *dica*: fuja das pessoas que não gostam de ser avaliadas, mas estão sempre avaliando os outros!

e) **Quanto às funções da administração**

Na seção 4.1 são apresentadas as principais funções da administração, as quais todo e qualquer administrador deve conhecer, e bem: planejamento, organização, gestão e desenvolvimento de pessoas e, também, avaliação.

f) **Quanto às funções das empresas**

Na seção 4.2 são apresentadas as quatro funções clássicas das empresas: marketing, produção, finanças, bem como processos e tecnologia; sendo que você deve se especializar em uma, mas tendo todo o conhecimento básico das outras três funções das empresas.

g) **Quanto aos níveis da administração**

Na seção 4.1.1 são apresentados comentários a respeito dos três níveis básicos da administração: o estratégico, o tático e o operacional, incluindo a necessidade de perfeita interação entre eles para o otimizado processo decisório nas empresas.

h) **Quanto aos fatores de influência da administração**

São três os fatores de influência da administração, para os quais as empresas devem estar atentas; e você também, pois eles vão influir, diretamente, em seu plano de carreira como administrador.

São eles:

- **eficiência**, que é a otimização dos diversos recursos – humanos, financeiros, tecnológicos, materiais, equipamentos – para a obtenção dos resultados esperados. Nesse contexto, as empresas, e você também, devem se preocupar com a otimizada ocorrência dos seguintes aspectos: fazer as coisas de maneira adequada, resolver os problemas que aparecem, salvaguardar os recursos aplicados, cumprir os deveres e as responsabilidades estabelecidas, reduzir os custos etc., ou seja, fazer o que deve ser feito;
- **eficácia,** que é a contribuição dos resultados obtidos para o alcance dos objetivos estabelecidos pelas empresas – e pelas pessoas – em seus processos de planejamento, sendo que ela se consolida pela ocorrência dos seguintes aspectos: fazer as coisas certas, fazer o que é preciso ser feito, para as várias situações que ocorrerem, maximizar a utilização de todos recursos disponíveis, obter os resultados esperados, bem como aumentar o lucro da empresa ou de si próprio, ou seja, alcançar ou suplantar os resultados esperados e estabelecidos nos planejamentos anteriormente realizados; e
- **efetividade**, que é a relação equilibrada e otimizada entre os resultados alcançados e os objetivos propostos ao longo do tempo pela empresa, e por você, sendo que ela se consolida pela ocorrência dos seguintes aspectos: manter-se no mercado ao longo do tempo, bem como apresentar resultados globais positivos permanentemente.

Portanto, para que a empresa, ou você, tenha efetividade, é necessário que seja, também, eficiente e eficaz; e pode-se considerar que a efetividade é o principal fator de influência da administração procurada pelas empresas e pelas pessoas, pois a eficiência deve ser considerada uma obrigação, e a eficácia é o bom senso administrativo mínimo.

i) **Quanto às essências da administração**

Nessa última parte do estudo da administração, você deve se preocupar com as questões básicas que catalisam e disseminam as capacitações administrativas nas pessoas nas empresas.

Você pode considerar que as essências da administração são cinco fatores evidenciados na Figura 1.2:

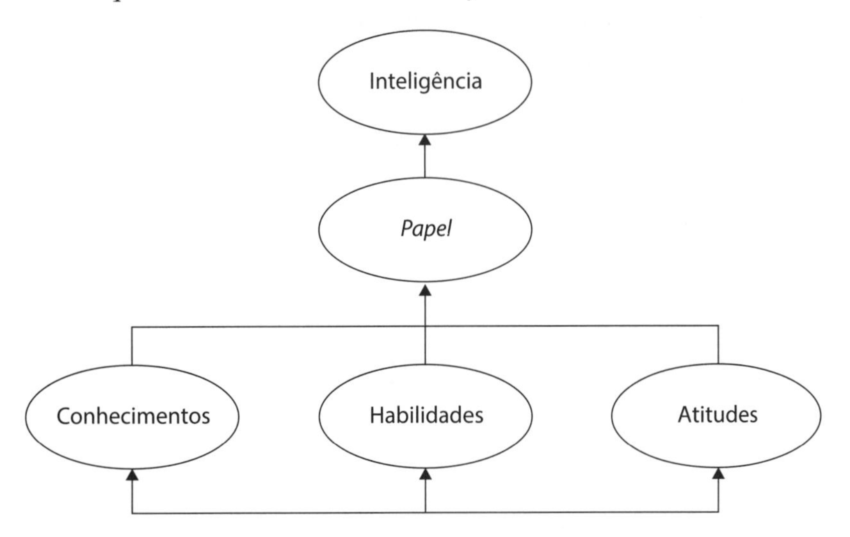

Figura 1.2 - Essências da administração.

Você observa que os conhecimentos, habilidades e atitudes do profissional de administração orientam, de forma interativa e integrada, o *papel* ideal que o referido profissional deve ter na empresa – e em sua vida pessoal –, o que propicia sustentação para que ele possa consolidar a sua inteligência administrativa na plenitude, em todos os seus atos e decisões.

As questões dos conhecimentos, habilidades e atitudes dos profissionais da administração são evidenciadas, com detalhes, nas seções 5.2, 5.3 e 5.4, mas, neste momento é válida a apresentação dos conceitos desses termos administrativos:

- **Conhecimento administrativo** é a competência sustentada de obter, deter e aplicar, de forma otimizada, um conjunto de metodologias e técnicas administrativas que se aplicam a uma área de atuação da empresa.
- **Habilidade administrativa** é o processo de visualizar, compreender e estruturar as partes e o todo dos assuntos administrativos da empresa, consolidando resultados otimizados pela atuação de todos os recursos disponíveis. Portanto, ela corresponde ao "jogo de cintura" do administrador quanto ao processo de identificar, assimilar, negociar, incorporar, aplicar e avaliar questões administrativas nas empresas ou em situações pessoais.
- **Atitude administrativa** é a explicitação do comportamento, correspondendo ao modo de cada profissional se posicionar e agir perante cada situação apresentada nas empresas.

Portanto, esses três aspectos constituem o tripé de sustentação da atuação e dos resultados apresentados pelos administradores em suas atividades profissionais e pessoais.

Quanto ao papel administrativo, ele corresponde ao "que se espera" e ao "como atuar", o administrador na realidade e nas expectativas da empresa.

Nesse contexto, ***papel* administrativo** é a forma como as pessoas devem trabalhar e se relacionar entre si, bem como perante os públicos externos – clientes, fornecedores, concorrentes, governos etc. –, tendo como base os valores e os princípios éticos e morais da empresa.

Sustentado pelos seus conhecimentos, habilidades e atitudes, bem como desempenhando o seu *papel* administrativo, você pode explicitar a sua inteligência administrativa perante os diversos públicos com os quais você se relaciona em questões profissionais ou pessoais.

Inteligência administrativa é o conjunto de processos analíticos que transformam dados e informações em conhecimentos administrativos relevantes, preciosos e úteis na compreensão do ambiente competitivo em que as empresas – e as pessoas – atuam. Portanto, ela se refere a "quem é quem" nas decisões e atos administrativos.

Você percebe que a inteligência administrativa é a base de sustentação de um otimizado plano de carreira de um administrador; e uma pessoa com inteligência administrativa consolida a sua "marca registrada" no mundo empresarial.

Fique atento

Nunca se esqueça de sempre focar - e desenvolver - a sua inteligência administrativa.

Desafio

Releia as nove partes do estudo administração e complemente e/ou faça ajustes para a sua realidade e suas expectativas como administrador.

E faça uma autoavaliação - verdadeira! - do seu enquadramento em cada parte do seu processo de estudo da administração, concluindo com a contribuição para o seu plano de carreira que será elaborado nas seções 1.7, 2.7, 3.6.1, 4.4 e 5.4.

Se possível, debata cada parte desse trabalho com profissionais da administração que tenham conhecimento de sua realidade como estudante e/ou profissional da administração.

Nesse momento, é válido um comentário final a respeito do contexto básico de seu estudo do assunto *administração*.

Nas seções 1.3 e 1.4, a seguir, são evidenciadas as principais contribuições da administração para as empresas e para as pessoas, sendo que esses dois focos, nessa ordem, são considerados os principais campos de aplicação dos diversos assuntos e instrumentos administrativos.

E na seção 2.5, são apresentados comentários a respeito da elevada amplitude de aplicação da administração, podendo ser nos mais variados segmentos e atividades da realidade das pessoas.

Em questão dos vários assuntos da administração poderem ser aplicados em diferentes contextos, como nas empresas, nos países, nas regiões, nas cidades, nos bairros e nas pessoas, entre outras situações proporciona uma realidade muito interessante e motivadora no processo de estudo da administração.

Desafio

Inicie a estruturação do processo de aplicação dos assuntos administrativos em duas realidades de seu interesse (o Brasil, sua cidade, sua faculdade, a empresa onde trabalha, você etc.).

A amplitude pode ser bem elevada para um assunto e bem restritiva para outro assunto, sendo que esse trabalho deve estar concluído no final da análise deste livro.

Você vai verificar várias similaridades e algumas poucas divergências entre os dois assuntos.

Pode acreditar!

Para facilitar a parte descritiva deste livro, em vários momentos o autor evidencia apenas o termo *empresa* na aplicação da teoria e da prática da administração, mas você pode entender que a sua aplicação é sempre bastante ampla, podendo estar se referindo a um país, a uma região, a uma cidade, a um bairro, a um condomínio, a uma instituição qualquer, ou até a uma pessoa: você!

1.3 Principais contribuições para as empresas

A apresentação de uma lista com as principais contribuições da administração para as empresas poderia ficar muito extensa; e, nesse contexto, este autor decidiu elencar um conjunto resumido, mas que pode facilitar o processo do leitor "pensar a respeito" e, depois de algum tempo, elaborar a sua lista.

Sem a preocupação de hierarquizar as contribuições, você pode considerar, para análise e debate, as seguintes:

I) Proporciona maior sustentação e qualidade ao processo decisório

Imagine uma empresa, uma cidade, uma pessoa sem a sustentação dos princípios e da prática da administração tomando decisões; o resultado seguramente pode ser bem desastroso para a empresa e para todos que trabalham nela.

E o pior é que isso acontece com alguma regularidade; sendo que esses pseudodecisores nem sabem a razão do problema consequente.

II) Saber trabalhar com pessoas

A administração aproxima as pessoas, pois:

- tem algumas regras definidas, o que facilita os trabalhos em equipes multidisciplinares;
- facilita e incentiva o processo motivacional de aprendizado de conhecimentos comuns e disseminados;
- apresenta metodologias estruturadas e consagradas de desenvolvimento e operacionalização de trabalhos, facilitando a interação profissional entre as pessoas;
- tem critérios e parâmetros de análise e avaliação de resultados que são entendidos pelos profissionais envolvidos;
- facilita e sustenta a evolução profissional das pessoas; e
- reduz o nível de conflito entre as pessoas por apresentar conceitos, metodologias e técnicas consagradas em seus desenvolvimentos e operacionalizações, ou seja, ajuda a acabar com os "achismos".

III) Tem amplitude elevada

Pelo fato de a administração ter elevada amplitude de aplicação – ver seção 2.5 –, ocorrendo nas diversas atividades diárias das pessoas, ela consolida uma disciplina de atuação e de entendimento das diversas atividades de uma empresa ou qualquer outra instituição.

IV) É um conhecimento respeitado

Pelo fato de a administração ter forte e direta contribuição aos resultados de uma empresa, ela é um conhecimento respeitado por todos, o que eleva a motivação para seu aprendizado e aplicação.

De uma maneira desagradável, pense em um colega do curso de administração que "não sabe nada". Qual será o futuro dele?

V) É a base do desenvolvimento sustentado das empresas

Pense o seguinte: as empresas precisam ter, no mínimo:

- produtos e serviços que o mercado quer comprar;
- processos produtivos otimizados até o pós-venda de seus produtos e serviços;
- tecnologia de qualidade e inovativa;
- pessoas qualificadas, motivadas e produtivas;
- metodologias e técnicas administrativas estruturas, entendidas, respeitadas e evolutivas; e
- vantagem competitiva real, sustentada e duradoura.

O que acontece com uma empresa se ocorrerem falhas em alguns desses itens?

E especificamente no penúltimo item da lista?

Desafio

Faça comentários e estabeleça exemplos a respeito de cada um dos cinco itens mencionados da base de desenvolvimento das empresas.

Pense em outros itens.

Ao final da análise deste livro você deve repensar os seus comentários e complementar a lista.

1.4 Principais contribuições para as pessoas

Embora essa seja uma questão pessoal e cada um vá interagir de acordo com a sua percepção e realidade – e obter os resultados de acordo com a sua capacidade –, é importante se listar um conjunto de contribuições que a administração tem proporcionado para o dia a dia das pessoas.

Para análise, debate e possível incorporação, junto com outras importantes contribuições que você pode listar, podem ser consideradas as seguintes questões, sem a preocupação de hierarquizá-las:

I) Finanças pessoais

Você deve ter conhecimento que, quase diariamente, nos diversos meios de comunicação são apresentados pareceres, orientações e consultorias de como as pessoas devem cuidar de suas finanças pessoais; e a principal razão disso é o descontrole da administração da sua realidade financeira realizada por algumas pessoas que, por desconhecimento de alguns conceitos financeiros básicos, chegam à falência pessoal.

Em termos de finanças pessoais, você deve combinar a realidade de sua renda – que não é fácil mudar para mais –, boa disciplina – que é responsabilidade exclusivamente sua – e um otimizado nível de dedicação – que também é assunto só seu –, tudo isso sustentado pelo seu nível de conhecimento de administração financeira, que também é de única e total responsabilidade sua.

Portanto, você verifica que o assunto *finanças pessoais* não é algo fácil ou difícil por si só, mas é de elevada importância; e não adianta depois "ficar chorando se as coisas não derem certo"!

Desafio

Explique, com detalhes e exemplos, como você administra suas finanças pessoais, analisando, principalmente, em termos de disciplina, dedicação e nível de conhecimento de assuntos financeiros.

E o que você vai fazer para melhorar nessa questão.

Desafio

Faça um levantamento e consolidação de várias dicas quanto à melhor administração das finanças pessoais que são apresentadas em jornais, revistas e programas de rádio e televisão.

Depois, quando da análise da seção 4.2.3, faça uma análise comparativa com as principais questões financeiras apresentadas, as quais foram idealizadas, prioritariamente, para as empresas.

A seguir, elabore um plano de aprimoramento do processo administrativo de suas finanças pessoais, inclusive com a inclusão de procedimentos que você não tem aplicado em sua vida pessoal.

II) Plano de carreira

Este autor, como todo e qualquer formando, teve dificuldades de se enquadrar imediatamente, em sua vida profissional, direcionando-se para vários caminhos alternativos sem uma sustentação.

Para sanar esse problema – da realidade de praticamente todos os formandos e, também, profissionais que sofrem mudanças inesperadas – este autor elaborou o seu plano de carreira como se fosse uma empresa que procura acertar o seu rumo perante as incertezas do mercado; ou seja, elaborou um plano de carreira com forte sustentação de metodologia de desenvolvimento e implementação de um plano estratégico de uma empresa qualquer.

O conteúdo deste livro proporciona forte sustentação para que você vá elaborando o seu plano de carreira de acordo com as informações, e as opções, apresentadas pelas diversas disciplinas do seu curso de administração, possibilitando que você consolide esse plano, com qualidade, pela análise final da seção 5.4.

Você vai verificar que, em sua vida estudantil e profissional, o conhecimento do conteúdo das diversas disciplinas da grade curricular é tão importante quanto um otimizado, realista e sustentado plano de carreira, o qual representará a "bússola orientativa" para o seu sucesso pessoal e profissional.

sanjeri | iStockphoto

III) Consolidação de sua vantagem competitiva

Embora a vantagem competitiva seja algo intrínseco e decorrente do plano de carreira, ele deve ser evidenciado, pois:

- é o "algo a mais" que vai identificá-lo e diferenciá-lo em sua vida profissional, com forte influência em sua realidade pessoal; e
- a base conceitual e metodológica para você elaborar o seu plano de carreira evidenciando, e sustentando, a sua atual ou futura vantagem competitiva é formada pelos princípios e pela prática administrativa.

Um profissional que não tem um tipo ou nível de vantagem competitiva é "apenas mais um", não representando um conhecimento, ou habilidade, ou atitude, ou prática que a empresa ou outra instituição "quer comprar".

Comece agora

Na seção 5.4.1, você vai ter a oportunidade de estabelecer a sua potencial vantagem competitiva como administrador.

Mas comece a pensar, aqui e agora, a respeito de seu possível diferencial, como profissional e como pessoa!

1.5 Interação entre teoria e prática

O conhecimento dos profissionais deve estar correlacionado tanto à teoria como à prática da administração, mas nunca se esquecendo que a teoria é que proporciona a sustentação básica para o adequado exercício da prática administrativa.

Você deve tomar cuidado com as decisões de pessoas que afirmam não se preocupar com o conhecimento da teoria, mas que são "excelentes administradores conhecendo apenas a prática".

Uma *dica* é você sempre questionar o seu conhecimento da teoria que vai sustentar um trabalho prático de sua responsabilidade; e não queira "reinventar a roda", pois o que você pode, e deve fazer, é aprimorar o processo de realização do trabalho, mas sempre lembrando que só se aprimora o que se conhece como é feito. Sem mais comentários!

Para refletir

Você é daqueles que criticam a teoria, afirmando que ela não serve para nada e que os teóricos só ficam filosofando e não chegam a lugar nenhum?

É bom você repensar a respeito, pois o profissional da administração que não conhece a teoria que sustenta a prática é um pseudoadministrador e provoca sérios danos aos que trabalham com ele, inclusive para o próprio.

Felizmente, em várias entrevistas para empregos, se pergunta aos candidatos a respeito de sua sustentação para as decisões administrativas, inclusive solicitando que expliquem os "porquês" e os "como fazer".

Diante disso, qual é a sua?

Parece bem lógico que você tenha que fazer uma perfeita interação entre a teoria e a prática em qualquer área de conhecimento.

Mas a pergunta é: como ter a disciplina de sempre estar ligando a teoria e a prática administrativa, consolidando uma interessante atuação nos estudos e nas atividades profissionais?

Uma ideia para sua análise é ter a seguinte disciplina de atuação:

- ter o conhecimento teórico básico de cada assunto administrativo, pois isso lhe proporciona sustentação do que a maioria dos profissionais da administração estão fazendo, com suas razões e maneiras de fazer;
- ter a disciplina de perguntar a quem sabe as suas dúvidas, as quais são normais em qualquer pessoa que estuda um assunto;
- sempre alocar a abordagem teórica de um assunto administrativo em uma situação prática, mesmo que não seja solicitado pelo seu professor;
- entender que nesse momento de alocar a teoria em uma situação prática é que surgem as verdadeiras e completas dúvidas, pois se você ficou apenas no estudo teórico não tem condições de entender a plena aplicação do assunto administrativo em estudo; e
- procurar interligar essas aplicações da teoria na prática preferencialmente interligando com outros assuntos administrativos, de acordo com o princípio da administração total e integrada pois, dessa maneira, você consolida um entendimento bem mais amplo do referido assunto administrativo (ver seção 4.3).

Desafio

Se você gostou da ideia proposta por este autor, aplique-a na plenitude.

Se não gostou, estruture a sua maneira de ser.

Mas sempre faça a teoria sustentar a sua prática administrativa, caso contrário você terá surpresas bem desagradáveis!

1.6 Consolidação da importância da administração

Neste momento, é interessante se consolidar o entendimento da elevada necessidade de se conhecer o assunto *administração* para se tomar decisões sustentadas quanto aos assuntos empresariais e a algumas questões pessoais.

Somente para exercitar o seu raciocínio são apresentados, a seguir, alguns fatos que consolidam a importância da administração – para as empresas e para as pessoas –, sendo que você deve completar essa lista pela análise dos capítulos subsequentes, bem como pelo seu conhecimento a respeito do assunto.

Sem a preocupação de hierarquizar você pode considerar as seguintes questões:

I) Foco no pensamento administrativo

Pensamento administrativo é a postura do profissional voltada para a consolidação das atividades administrativas e para a otimização dos resultados das empresas.

Na prática, o pensamento administrativo atua como um acelerador ou redutor da velocidade e da qualidade administrativa das empresas; e um fator de influência nesse processo são os recursos que as empresas têm disponíveis.

E não se esqueça que, nesse momento, você está estudando o assunto *administração* na abordagem do pensamento administrativo, que é, seguramente, o mais importante para você.

Essa questão de ter foco no pensamento administrativo cria uma interessante disciplina de atuação para você, como pessoa e como profissional de empresas.

II) Análise dos recursos

Os princípios e os instrumentos administrativos proporcionam toda sustentação para que você possa realizar a análise dos recursos – disponíveis, necessários, dispensáveis e a serem obtidos – em suas diversas atividades administrativas.

E sempre se lembre que os diversos recursos, inclusive e principalmente os conhecimentos administrativos, devem ser consolidados e utilizados com otimização e sabedoria.

Desafio

Faça um plano para otimizar o recurso *conhecimento* na plenitude em suas atividades profissionais e pessoais.

Avalie, periodicamente, a sua evolução nessa importante questão.

III) Facilita e proporciona maior qualidade ao processo decisório e estabelecimento de prioridades

Essa é uma finalidade básica da administração e vai ficar clara para você ao longo da análise deste livro.

Na prática, muitos administradores têm dificuldades no momento de decidir e de estabelecer prioridades, situações essas que podem ser decorrentes do desconhecimento de alguns instrumentos administrativos que estão disponíveis no mercado; e este livro contribui para facilitar esse processo.

Para refletir

Você deve analisar, com base em um critério estabelecido por você, a sua atuação como decisor e como estabelecedor de prioridades.

E fazer uma reavaliação quando terminar a análise deste livro.

IV) Consolidar mecanismos que sustentam e facilitam o processo das pessoas pensarem e agirem de forma otimizada

Esse é um aspecto do qual ninguém deve discordar, mas que poucos sabem aplicar com sucesso.

Para reforçar essa afirmação, pode-se citar o exemplo em que os principais executivos das empresas ouvem a *dica* de que a sua empresa precisa se aproximar dos clientes, ou seja, deve saber ouvir as demandas recebidas do mercado e saber atender a essas necessidades reais, e não às que eles imaginam que os clientes tenham. Mas será que todos os executivos sabem trabalhar, com sucesso, essa situação?

Desafio

Com base em situações verdadeiras, faça a sua autoavaliação como "recebedor e debatedor de *dicas*" e se você tem um nível forte de "marrudice".

Preferencialmente, faça essa análise com a participação de colegas que, efetivamente, o conheçam.

V) Facilita identificação de "quem é quem"

Muitas pessoas transformam o debate de princípios e instrumentos administrativos em uma "tremenda conversa mole".

Na realidade, a administração, desde que aplicada de forma plena e adequada nas empresas, possibilita saber quais são os bons profissionais e os profissionais *enganadores*.

A partir desse momento, cabe à empresa aplicar a decisão que julgar a mais adequada para o seu futuro.

VI) Estrutura o aprimoramento dos negócios atuais e o desenvolvimento de novos negócios

A administração proporciona instrumentos administrativos que sustentam, de forma otimizada, o aprimoramento dos negócios atuais, bem como o delineamento e a consolidação de novos negócios, inclusive pelo estabelecimento de estratégias criativas e diferenciadas.

Imagine a situação em que os profissionais não conhecem os princípios e os instrumentos administrativos: eles podem estar colocando "dinheiro bom" em decisões ruins!

Lembre-se de que quando os profissionais das empresas utilizam, na plenitude, os ensinamentos da administração, eles *abrem as suas mentes* e discutem mais, e melhor, as ideias colocadas em debate.

VII) Facilita o estabelecimento e a consolidação de vantagens competitivas

Essas vantagens competitivas se referem aos produtos, serviços e negócios atuais e futuros das empresas, mas também aos profissionais que atuam ou pretendem atuar nessas empresas.

A questão da vantagem competitiva para as empresas e as pessoas é amplamente abordada neste livro – ver seção 5.4.1 –; e você deve proporcionar a máxima dedicação a esse assunto de elevada importância para o seu futuro.

VIII) Efetivação do processo administrativo

Você já está verificando que o processo administrativo envolvendo, entre outros aspectos, os princípios, os instrumentos e as funções da administração, bem como as áreas ou funções das empresas, é algo bem estruturado, lógico e, portanto, de fácil entendimento e aplicação.

E você não deve perder essa oportunidade de consolidar toda a base de conhecimento do assunto *administração* em "tempo real", durante o seu atual curso na faculdade ou escola técnica.

Desafio

Com base em um critério estabelecido por você, hierarquize, com justificativas, os assuntos listados quanto à sua influência no processo de consolidação do nível de importância da administração para as empresas e para as pessoas.

Uma análise interessante é você realizar duas hierarquizações - empresas e pessoas - e, a seguir, fazer uma hierarquização geral, observando que vão ocorrer muitas semelhanças e algumas poucas divergências; sendo a única questão o processo de adequação entre o contexto *empresa* e o contexto *pessoa*.

1.7 Início de seu plano de carreira como administrador

O momento ideal do início de seu plano de carreira como administrador é quando você inicia o curso de administração.

andresr | iStockphoto

Na realidade, o momento ideal deveria ser antes de começar o curso de administração, mas essa situação foge do contexto básico deste livro.

Para os que desejam elaborar o seu plano de carreira antes de ingressar no curso universitário ou técnico de sua escolha, a sugestão é analisar e aplicar, de forma geral, o conteúdo do livro *Como elaborar um plano de carreira para ser um profissional bem-sucedido,* dos mesmos autor e editora.

Mas considerando que você é calouro em um curso de administração, pode iniciar a elaboração de seu plano de carreira e realizar as seguintes importantes atividades iniciais e que serão complementadas pela análise, entendimento e aplicação dos capítulos subsequentes.

Evidencia-se que essas atividades são apresentadas de forma geral, sendo praticamente idênticas às que você já deve ter pensado a respeito antes de começar a estudar o assunto *administração* de uma forma mais estruturada em um curso específico.

Essas atividades lógicas são:

- estabeleça o que você quer ser, não como um sonho qualquer, mas como algo que você imagina ser possível, ainda que venha a demandar enorme esforço e dedicação;
- identifique algumas situações boas que o mercado de trabalho esteja proporcionando para a atividade que você idealizou para si e, se possível, até para um momento futuro. Se factível, identifique também algumas restrições que o mercado esteja oferecendo para a referida atividade;
- estabeleça o seu plano de estudo, e de aprendizado prático, que você vai consolidar para conseguir atuar, com sucesso, naquela atividade idealizada;
- para facilitar a consolidação de seu plano de estudo com qualidade, você deve estabelecer alguns resultados intermediários e finais por disciplina e por ano de seu curso de administração;

- para que os resultados esperados não fiquem "soltos", você deve explicitar, com o máximo de detalhes, o que vai fazer para alcançar cada um desses resultados, como: disciplina de estudo, trabalhos individuais e em grupo, pesquisas, atividades extracurriculares, estágios, TCC – trabalho de conclusão de curso etc.; e
- embora possa não ser necessário, estruture o processo de alteração do seu plano de carreira durante o próprio curso de administração, o que pode ocorrer por você identificar alguns caminhos mais interessantes pelo estudo de determinadas disciplinas. Lembre-se de que você pode mudar o foco de seu plano de carreira, mas não a sua estrutura de desenvolvimento e de consolidação.

Você vai perceber que esse trabalho inicial – algo que as pessoas deveriam fazer mesmo sem estudar detalhes a respeito – segue a mesma lógica – embora sem todas as fases e etapas do processo completo – a qual é apresentada nas:

- seção 2.7, quando você desenvolve o seu plano de careira de maneira completa;
- seção 3.6.1, quando você verifica como podem ser feitos alguns ajustes em seu plano de carreira;
- seção 4.4, quando você direciona o seu plano de carreira para conhecimentos específicos; e
- seção 5.4, quando você consolida o seu plano de carreira ideal, com a sua possível vantagem competitiva, em um contexto de atuação empreendedora, bem como você estabelece as maneiras como vai realizar os necessários aprimoramentos futuros.

Existem alunos – uma significativa parte – que entram no curso de administração – ou qualquer outra profissão – e que se formam, mas não têm a mínima ideia por que fizeram o curso em alguma faculdade.

Na outra ponta, existem alunos que usufruem, ao máximo, o curso na faculdade, e mais, começam a elaborar o seu plano de carreira desde o primeiro semestre do curso. Espera-se que esse seja o seu caso!

Se isso ocorrer, quatro situações vão mexer na sua vida:

- proporcionar efetivo significado para cada uma das disciplinas do curso;
- consolidar elevado nível de motivação, o que proporcionará sustentação à melhor qualidade no processo de aprendizado, e posterior aplicação, do conteúdo das diversas disciplinas do curso;
- dar visualização ao mercado de trabalho de qual é o seu nível de competência para trabalhar como administrador; e
- efetivar a sua vantagem competitiva, aspecto que será a sua "marca registrada" como profissional (ver seção 5.4.1).

Desafio

Faça comentários, ainda que genéricos, a respeito de seu futuro plano de carreira.

Você vai perceber que vários aspectos apresentados nos capítulos seguintes a respeito de um plano de carreira são evidentes e lógicos e, portanto, você não tem muito que pensar: faça esse plano de carreira da melhor maneira possível!

Uma ideia é você comparar esse trabalho inicial com o seu plano de carreira consolidado a ser efetivado na seção 5.4, e analisar a sua evolução estudantil.

Se tem dúvidas a respeito da importância de um estruturado plano de carreira para você, deve considerar duas situações neste momento:

I) A primeira situação é como estudante de administração e, nesse caso, você deve começar, agora, a analisar o seu nível de motivação em dois contextos:
   - o primeiro é estudar cada uma das disciplinas sem estar correlacionando os seus conteúdos ao que você pretende ser como profissional da administração; e
   - o segundo é realizar os seus estudos já fazendo as interligações dos aprendizados com a sua futura realidade profissional.

II) A segunda situação é já tendo, também, uma atuação como profissional de empresa, e aqui você pode consolidar duas realidades:
   - a primeira é você verificar a situação de seus colegas de trabalho que não pensam em ter um plano de carreira; e
   - a segunda é você esboçar um plano de carreira e debater, com o seu superior hierárquico e o responsável pela área de desenvolvimento profissional em sua empresa.

Para refletir

Você tem duas situações a respeito do anteriormente apresentado:

- acreditar na realidade dos contextos, tomar a sua decisão e ir em frente; ou
- não acreditar, não fazer nada e continuar "na sua".

O resultado dessa sua decisão você vai sentir no futuro.

1.7.1 Interação do seu plano de carreira com o curso de administração

Pode-se considerar que a maior parte dos alunos de cursos de graduação e cursos técnicos analisam, com maior o menor nível de detalhamento, a grade curricular do seu curso, mas não conseguem, ou nem pensam a respeito de fazer uma interação, de maneira estruturada, com o seu plano de carreira.

Essa situação pode levar aos seguintes desagradáveis questionamentos:

- Será que esses alunos realmente sabem o que querem da vida?
- Será que eles entendem o que as disciplinas do curso podem lhe proporcionar em termos de conhecimentos efetivos para sustentar a sua vida profissional?
- Será que o único objetivo desses alunos é "levar o curso na flauta"?

Se não quiser se contextualizar na realidade de possíveis colegas que se enquadram nas três questões apresentadas, é fundamental que você comece a fazer o seu esboço inicial do plano de carreira – que será complementado pela análise das seções 2.7, 3.6.1, 4.4 e 5.4 – interagir com a grade de disciplinas do seu curso de administração.

Para facilitar o seu entendimento de como pode ser realizada essa importante interação entre o plano de carreira e o curso de administração, podemos considerar uma situação hipotética e resumida em que a grade curricular do seu curso apresente um conjunto de disciplinas para o período de oito semestres letivos.

Quando se elabora uma grade curricular com as diversas disciplinas de um curso de administração, deve-se estar atento a uma premissa básica:

- O processo evolutivo do aluno deve ser desenvolvido e consolidado pelas competências que o aluno absorve e não simplesmente pelas notas que o referido aluno tira nas diversas disciplinas.

Portanto, você deve entender, na plenitude, a finalidade e a aplicação de cada um dos assuntos e instrumentos administrativos disponibilizados pelas diversas disciplinas do curso, e desenvolver a sua competência profissional no conhecimento e na aplicação prática de cada assunto no processo de aperfeiçoamento gradativo e sustentado de seu aprendizado.

Nesse contexto, as disciplinas do curso de administração são ferramentas de apoio e de sustentação do seu processo de aprendizado, conforme evidenciado na Figura 1.3:

Figura 1.3 - Interação entre disciplinas, competências e aprendizado.

Você verifica pela Figura 1.3 que os três itens evidenciados têm atuação interativa, ou seja, recebem e proporcionam sustentação para os outros itens e, portanto, um item, isoladamente, não tem maior valor. Nesse contexto, você não pode ficar reclamando das disciplinas do curso de administração e nem que o seu aprendizado profissional foi inadequado, pois o principal problema será você nesses dois casos!

Para evidenciar esse processo evolutivo, você pode considerar uma situação hipotética com o resumo consolidado de alguns assuntos da administração que podem ser disponibilizados nos oito semestres de um curso qualquer de administração, sendo essa situação apresentada na Tabela 1.1:

Tabela 1.1 - Grade curricular

SEMESTRE	ASSUNTOS CURRICULARES
1º	• Escolas e teorias da administração • Métodos quantitativos • Informática • Fundamentos de contabilidade • Psicologia • Pesquisa aplicada em administração
2º	• Filosofia da administração • Matemática financeira • Fundamentos de administração financeira • Fundamentos de marketing • Fundamentos de economia • Prática de administração
3º	• Fundamentos de administração de pessoas • Fundamentos de administração da produção • Sociologia • Estatística aplicada • Estudos de casos e jogos de empresa em administração • Fundamentos de direito aplicado à administração • Orçamento empresarial • Administração de custos

Tabela 1.1 - Grade curricular (*continuação*)

SEMESTRE	ASSUNTOS CURRICULARES
4º	• Microeconomia • Administração de processos • Qualidade total • Comunicação empresarial • Desenvolvimento de pessoas • Administração de marketing • Administração de pessoas
5º	• Finanças corporativas • Planejamento estratégico • Sistemas de informações gerenciais • Pesquisa operacional • Análise e avaliação de empresas e negócios • Técnicas de administração financeira
6º	• Modelos organizacionais • Governança coorporativa • Logística • Técnicas de cenários • Técnicas estratégicas • Administração de projetos • Administração de processos
7º	• Administração do conhecimento e da inovação • Técnicas de marketing • Negociação • Análises decisórias • Indicadores de avaliação e de desempenho • Técnicas de administração da produção
8º	• Técnicas de administração de pessoas • Empreendedorismo e plano de negócios • Cultura organizacional • Sinergias empresariais • Administração internacional • Plano de carreira

Evidencia-se que a Tabela 1.1 não apresenta nomes específicos de disciplinas, mas sim assuntos administrativos que podem fazer parte da grade curricular de um curso de administração, sendo que você deve substituir o mencionado na referida figura pela grade de disciplinas de seu curso de administração.

E a ideia é você fazer o seguinte "exercício mental" pelos diversos semestres de seu curso de administração:

- primeiramente você deve considerar a grade curricular específica de seu curso de administração;
- a seguir, deve detalhar, da melhor maneira possível, o conteúdo programático de cada disciplina;
- depois, você deve interligar o conteúdo das disciplinas, procurando identificar em quais conhecimentos uma disciplina pode ajudar no melhor entendimento de outra disciplina. É natural que você só consiga fazer essas interações durante a evolução do seu curso; e
- finalmente, você deve consolidar a interação em *tempo real* e *na tarefa* com o seu plano de carreira. Ou seja, você aloca imediatamente os conhecimentos teóricos e práticos que vai obtendo no curso em seu plano de carreira, realizando, possivelmente, os necessários ajustes.

Esse "exercício mental", além de proporcionar o pleno entendimento de seu curso de administração, incrementa o seu nível motivacional para o aprendizado e, portanto, eleva naturalmente e de forma sustentável o seu aprendizado e a sua capacitação profissional, conforme foi evidenciado anteriormente na Figura 1.3.

Você deve fazer esse mesmo exercício mental, e com maior nível de detalhamentos, no caso de um processo de educação continuada, pois, inclusive, será mais fácil e lógica a interação com o seu plano de carreira (ver seção 5.3).

Desafio

Para tirar toda e qualquer possível dúvida quanto à validade desse "exercício mental", você deve conversar, alguns anos após formado em administração, com alguns colegas que não tenham feito o referido exercício mental.

Você vai verificar a enorme diferença entre o seu caso e o desses colegas!

E, apenas como um simples exemplo desse raciocínio, considerando uma pequena parte dos assuntos administrativos evidenciados na Tabela 1.1, você pode verificar a seguinte sequência lógica:

- ao estudar as escolas e teorias da administração, você entende as origens da administração e as suas consequentes funções básicas, bem como as funções desempenhadas pelas empresas;
- a seguir, você aprende os fundamentos básicos nos casos da administração financeira e de marketing, inclusive de suas práticas, envolvendo outras funções das empresas;
- como a função inerente à administração de pessoas e da produção;
- e algumas técnicas auxiliares inerentes a essas quatro funções básicas das empresas;
- detalhando os processos de planejamento e a análise organizacional das empresas;
- com a análise dos tipos e níveis da aplicação das funções da administração;
- estabelecendo as maneiras de você avaliar todas as atividades empresariais; e
- alocando todos esses conhecimentos no seu plano de carreira.

Salienta-se que esse é um exemplo genérico e resumido, considerando uma pequena parte dos assuntos administrativos identificados na referida grade curricular.

No caso de seu curso de administração, você deve ir detalhando essas interações entre os assuntos administrativos da grade curricular durante a realização do próprio curso, o que lhe proporcionará elevado nível motivacional e de efetivo interesse em aprender o conteúdo das disciplinas, pois você saberá o que os conteúdos dessas disciplinas representarão para a sua capacitação e consequente atuação profissional.

Desafio

Faça a análise detalhada da finalidade, conteúdo e aplicação de cada disciplina de cada semestre do seu curso de administração.

A seguir, siga fazendo as interligações entre as finalidades dessas disciplinas, preferencialmente fazendo os trabalhos acadêmicos identificando essas interligações.

E nunca se esqueça de ir fazendo os possíveis ajustes em seu plano de carreira.

Salienta-se que os nomes das disciplinas e as suas amplitudes e abordagens, bem como a ordem sequencial dessas, podem variar, sem alterar o resultado final do processo de aprendizado.

Como exemplo, este autor foi professor de duas importantes instituições de ensino que tinha abordagens diferentes quanto ao assunto administrativo *planejamento estratégico*:

- numa instituição, o referido assunto administrativo era alocado no início do curso de administração, para que os alunos tivessem uma visão geral e ampla da administração de uma empresa, e depois eram oferecidas disciplinas com os detalhes da operacionalização das decisões estratégicas pelas diversas áreas da empresa, ou seja, o caminho era do geral para o particular; e
- em outra instituição o caminho era o inverso, do particular para o geral, disponibilizando os vários instrumentos administrativos que compõem um processo de planejamento estratégico.

Na opinião deste autor, os dois caminhos são válidos e lógicos; e você, em suas atividades profissionais, vai verificar isso, pois as suas análises e decisões serão decorrentes de uma realidade específica que você vai enfrentar em determinado momento.

E a única diferença que vai ocorrer é se você conhece ou não conhece uma metodologia estruturada para desenvolver e implementar um processo de planejamento estratégico. Se você souber, tudo bem; se você não souber, ...!

Essa afirmação vale para todo e qualquer instrumento administrativo das empresas, conforme amplamente evidenciado neste livro.

Essa questão da grade curricular com as diversas disciplinas oferecidas nos diferentes semestres de um curso de administração sofre influência direta das diretrizes educacionais adotadas pelas instituições de ensino.

Entretanto, todas as faculdades de administração são obrigadas a respeitar as diretrizes e os princípios estabelecidos pela Câmara de Educação Superior do Conselho Nacional de Educação, conforme a Resolução nº 4, de 13 de julho 2005, que instituiu as diretrizes curriculares nacionais do curso de graduação em administração.

São várias as orientações e diretrizes que a referida resolução estabelece, mas é importante apresentar, de forma resumida, algumas questões que afetam, diretamente, o seu entendimento do curso de administração que está fazendo.

Uma das diretrizes estabelecidas afirma que a organização do curso de administração deve se expressar através do seu projeto pedagógico, abrangendo o perfil do formando, as competências e habilidades, os componentes curriculares, o estágio curricular supervisionado, as atividades complementares, o sistema de avaliação, o projeto de iniciação científica ou o projeto de atividade, como Trabalho de Conclusão de Curso, componente opcional da instituição, além do regime acadêmico de oferta e de outros aspectos que tornem consistente o referido projeto pedagógico.

Outra diretriz que você deve ter conhecimento é que o curso de graduação em administração deve possibilitar a formação profissional que revele, pelo menos, as seguintes competências e habilidades de cada aluno:

- reconhecer e definir problemas, equacionar soluções, pensar estrategicamente, introduzir modificações no processo produtivo, atuar preventivamente, transferir e generalizar conhecimentos e exercer, em diferentes graus de complexidade, o processo da tomada de decisão;
- desenvolver expressão e comunicação compatíveis com o exercício profissional, inclusive nos processos de negociação e nas comunicações interpessoais ou intergrupais;
- refletir e atuar criticamente sobre a esfera da produção, compreendendo sua posição e função na estrutura produtiva sob seu controle e gerenciamento;

- desenvolver raciocínio lógico, crítico e analítico para operar com valores e formulações matemáticas presentes nas relações formais e causais entre fenômenos produtivos, administrativos e de controle, bem assim expressando-se de modo crítico e criativo diante dos diferentes contextos organizacionais e sociais;
- ter iniciativa, criatividade, determinação, vontade política e administrativa, vontade de aprender, abertura às mudanças e consciência da qualidade e das implicações éticas do seu exercício profissional;
- desenvolver capacidade de transferir conhecimentos da vida e da experiência cotidianas para o ambiente de trabalho e do seu campo de atuação profissional, em diferentes modelos organizacionais, revelando-se profissional adaptável;
- desenvolver capacidade para elaborar, implementar e consolidar projetos em organizações;
- desenvolver capacidade para realizar consultoria em gestão e administração, pareceres e perícias administrativas, gerenciais, organizacionais, estratégicos e operacionais.

Você percebe que essas competências e habilidades têm forte interação com os conhecimentos, habilidades e atitudes essenciais do profissional da administração apresentados na seção 5.2, bem como outras capacitações evidenciadas em vários pontos deste livro.

Uma terceira diretriz que você deve ter conhecimento afirma que os cursos de graduação em administração deverão contemplar, em seus projetos pedagógicos e em sua organização curricular, conteúdos que revelem inter-relações com a realidade nacional e internacional, segundo uma perspectiva histórica e contextualizada de sua aplicabilidade no âmbito das empresas e do seu ambiente externo através da utilização de tecnologias inovadoras e que atendam aos seguintes campos interligados de formação:

i) Conteúdos de Formação Básica: relacionados com estudos antropológicos, sociológicos, filosóficos, psicológicos, ético-profissionais, políticos, comportamentais, econômicos e contábeis, bem como os relacionados com as tecnologias da comunicação e da informação e das ciências jurídicas.
ii) Conteúdos de Formação Profissional: relacionados com as áreas específicas, envolvendo teorias de administração e das organizações e a administração de recursos humanos, mercado e marketing, materiais, produção e logística, financeira e orçamentária, sistemas de informações, planejamento estratégico e serviços.
iii) Conteúdos de Estudos Quantitativos e suas Tecnologias: abrangendo pesquisa operacional, teoria dos jogos, modelos matemáticos e estatísticos e aplicação de tecnologias que contribuam para definição e utilização de estratégias e procedimentos inerentes à administração.
iv) Conteúdos de Formação Complementar: estudos opcionais de caráter transversal e interdisciplinar para o enriquecimento do perfil do formando.

Esses conteúdos devem ser operacionalizados pelas instituições de ensino de acordo com suas peculiaridades e seu currículo pleno, abrangendo, sem prejuízo de outros, os seguintes elementos estruturais que devem fazer parte de seu projeto pedagógico:

- objetivos gerais do curso, contextualizados em relação às suas inserções institucional, política, geográfica e social;
- condições objetivas de oferta e a vocação do curso;
- cargas horárias das atividades didáticas e da integralização do curso;
- formas de realização da interdisciplinaridade;
- modos de integração entre teoria e prática;

- formas de avaliação do ensino e da aprendizagem;
- modos de integração entre graduação e pós-graduação, quando houver;
- incentivo à pesquisa, como necessário prolongamento da atividade de ensino e como instrumento para a iniciação científica;
- concepção e composição das atividades de estágio curricular supervisionado, suas diferentes formas e condições de realização, observado o respectivo regulamento;
- concepção e composição das atividades complementares; e
- inclusão opcional de trabalho de curso sob as modalidades monografia, projeto de iniciação científica ou projetos de atividades, centrados em área teórico-prática ou de formação profissional, na forma como estabelecer o regulamento próprio.

Você verifica que as instituições governamentais e a instituição onde você estuda o assunto *administração* procuram proporcionar para você um amplo conjunto de conhecimentos pois o administrador deve ter uma formação eclética – para que você tenha a disciplina de pensar – e com determinados conhecimentos específicos, principalmente quanto ao saber como algumas atividades administrativas devem ser realizadas.

Portanto, ao ter decidido estudar o assunto *administração*, você teve uma importante decisão, a qual será ainda melhor se você interligar esses estudos e ensinamentos ao seu plano de carreira, o qual será o orientador e sustentador de sua vida profissional.

Essa questão da interação de seu plano de carreira com o curso de administração pode ter diferentes amplitudes, sendo que uma das mais interessantes e que "fecha" todo o processo é a correspondente à perfeita interligação entre as diversas disciplinas do referido curso.

Já foi explicado que, em administração, todos os assuntos são interligados – e detalhes você vai analisar na seção 4.3 –, sendo relativamente complexo cada professor mostrar isso durante o curso; mas isso não é problema, pois o grande *lance* é você exercitar esse processo e ir tirando algumas possíveis dúvidas com o professor.

Um exemplo interessante é o das disciplinas que envolvem questões de métodos quantitativos, como matemática e estatística aplicadas à administração. Muitos alunos acham "chatas" essas disciplinas pois não entendem a real e elevada importância dessas disciplinas, principalmente em questões de análises decisórias, que são aspectos que estão no dia a dia da maior parte dos profissionais de empresas, inclusive em seus assuntos pessoais.

Se você entender a real necessidade de conhecer esses métodos quantitativos, e para que eles servem, esteja certo que o seu processo de estudo e aprendizado passará a ser motivador e direcionado a algo importante em sua vida profissional e pessoal.

Pode-se afirmar que esse raciocínio vale para todas as disciplinas do seu curso de administração, sendo que algumas ideias genéricas delas são apresentadas na seção 4.3.3.

Portanto, o ideal – e inteligente – é você procurar aplicar todos os ensinamentos de cada disciplina em um contexto prático, ainda que possa ser, para você, em uma empresa fictícia.

E esteja certo: este livro foi estruturado para proporcionar essa importante situação para você!

Desafio

Identifique alguns possíveis "vazios" entre o conteúdo básico do seu curso de administração e o que você vai precisar conhecer para consolidar o seu plano de carreira.

Planeje a elaboração de trabalhos acadêmicos que ocupem esses "espaços" durante a realização de seu curso de administração.

Procure debater com alguns professores essa sua questão pessoal.

Resumo

A finalidade deste capitulo foi colocar você no contexto do estudo da administração, evidenciando o enorme campo de aplicação dos princípios e práticas administrativas focando, principalmente, as empresas e as pessoas.

Também apresentou alguns eventos inerentes às origens da administração, chegando à realidade atual da administração no Brasil.

Mostrou a importância da teoria e da prática administrativa, aspectos fundamentais para o desenvolvimento e a consolidação de um estruturado e otimizado plano de carreira que servirá de sustentação para você se consolidar como administrador de sucesso e de valor para as empresas.

Questões para debate e consolidação de conceitos

Atenção: o ideal é você interligar as respostas a essas questões para debate com o que você pensou e elaborou com base nas diversas "chamadas" alocadas em evidência no texto para obter maior amplitude de análise e debate.

E mais interessante ainda é considerar essas suas conclusões e alocar também no desenvolvimento do exercício apresentado a seguir e, se possível, até com o caso evidenciado no final do capítulo.

Dessa maneira, você proporciona uma interessante amplitude em sua análise das questões administrativas.

Essa observação vale para todas as "questões para debate" apresentadas ao final de cada capítulo; e você pode fazer as interligações entre as perguntas, análises e respostas de cada um dos capítulos do livro.

Bom debate com os seus colegas!

1. Com base em pesquisas diversas, identifique os vinte eventos da história que você considera como os mais representativos para a evolução e consolidação dos princípios e da prática da administração.
2. Estabeleça duas questões que os órgãos representativos dos administradores deveriam consolidar para que os administradores tivessem maiores visibilidade e representatividade no mercado profissional.
3. Identifique quatro assuntos administrativos que você mais aplica em suas atividades pessoais; e estabeleça, com justificativas, a ordem de importância desses quatro assuntos.
4. Você ainda tem dúvida da real e ampla importância da administração? Qualquer que seja a sua resposta explique, com detalhes, o seu posicionamento a respeito.
5. Depois que você efetivou a interação de seu plano de carreira básico e resumido, você encontrou "vazios" na grade curricular de seu curso? Em caso positivo, converse com seus professores para auxílio específico.

Exercício para reflexão

Você está iniciando o curso de administração e quer usufruir, ao máximo, esse momento para consolidar toda a capacitação teórica e prática para ser, em breve, um administrador de sucesso e que proporciona efetivo valor para as empresas.

Nos exercícios alocados nos cinco capítulos do livro, você vai ter a oportunidade de avaliar e complementar o seu pleno conhecimento dos assuntos abordados nos diversos capítulos, facilitando a análise e a proposta de solução para cada um dos casos apresentados neste capítulo, bem como a elaboração de seu plano de carreira como administrador.

Para a elaboração dos exercícios, você pode considerar que está estudando na Faculdade de Administração, sendo que o seu curso será realizado em cinco anos – por razões específicas –, sendo que cada ano deverá focar, prioritariamente, os assuntos evidenciados em cada um dos referidos capítulos.

Se quiser, pode fazer a interligação evolutiva entre os cinco capítulos, o que pode tornar o seu desenvolvimento mais complexo e, possivelmente, mais interessante; e decidir se você está trabalhando ou não durante o período em que está cursando a Faculdade de Administração.

Com referência aos professores, você pode considerar que alguns apresentam forte abordagem prática, enquanto outros apresentam aulas mais teóricas; e a identificação do *perfil* desses professores e de suas disciplinas deve ser feita por você para dar um "toque pessoal".

Nesse primeiro ano de seu curso de administração, você deve trabalhar fortemente a questão da contribuição da administração para as empresas e para as pessoas, bem como o otimizado equilíbrio entre a teoria e a prática, o que será de elevada importância para você dar maior atenção ao curso.

Nesse contexto, a sua primeira tarefa é elencar as possíveis contribuições que a administração tem proporcionado para o dia a dia das pessoas que vivem próximas de você, como seus familiares e principais amigos. Essa é uma análise interessante pois você estará identificando assuntos administrativos diversos sem os ter estudado ainda no curso de administração, evidenciando, para você, que a administração é algo, antes de tudo, perfeitamente lógico e, até, fácil.

A sua segunda tarefa é analisar a grade curricular das disciplinas do curso de administração que você vai estudar e explicar, com o máximo de detalhes, a possível contribuição que cada uma delas vai lhe proporcionar, como pessoa e como futuro profissional da administração.

A sua terceira tarefa é estabelecer um plano pessoal de como você pretende consolidar um equilíbrio otimizado entre a teoria e a prática de cada um dos assuntos administrativos lecionados nos cinco anos do curso. Esse seu plano deverá independer da abordagem didática de cada professor, pois você já tem plena consciência de que a teoria é que proporciona sustentação para a adequada aplicação da prática, e o bom exercício desta última é que provoca evoluções nos estudos teóricos.

A sua quarta e última tarefa é preparar um esboço inicial de seu plano de carreira, o qual será desenvolvido pela análise e entendimento do conteúdo dos capítulos subsequentes.

Você vai perceber que uma mesma questão é evidenciada – e colocada para análise e debate – em vários pontos do livro, como nos textos dos capítulos, nos exercícios e nos casos, sempre com a finalidade de forçar você a "pensar a respeito de um mesmo assunto apresentado em diferentes contextos".

Caso para análise, debate e proposta de solução

Agora você vai começar a usar ensinamentos obtidos nos diversos anos do curso de administração para ajudar o Jaqueira Esporte Clube – um clube socioesportivo que você frequenta – a resolver os seus problemas administrativos, bem como se tornar um local mais agradável de se frequentar e, consequentemente, ser mais atrativo na consolidação de novos sócios.

Conforme evidenciado na parte introdutória do livro, você deve analisar e estruturar a proposta de solução de cada caso apresentado ao final de cada capítulo considerando tudo que foi abordado antes, ou seja, cada caso aborda uma situação evolutiva do apresentado nos capítulos anteriores, possibilitando uma ampla e acumulativa análise dos assuntos administrativos evidenciados em cada um dos cinco capítulos do livro. E mais, você pode – e deve – acrescentar situações específicas de seu interesse para proporcionar um "toque pessoal" em suas análises.

Para facilitar, os cinco casos apresentados consideram um clube social e esportivo denominado Jaqueira Esporte Clube, pois considera-se que a maior parte dos leitores tem uma interação, direta ou indireta, com algum tipo de clube, bem como essas instituições têm modelos administrativos complexos, não são propriedades de um número pequeno de pessoas, têm um quadro de funcionários alocados em uma estrutura hierárquica, bem como os seus sócios frequentadores não são subordinados hierarquicamente ao seu corpo diretivo, mas apenas respeitando os regulamentos internos estabelecidos pelo clube e, para complicar, a maior parte desses sócios se julga o "único e verdadeiro dono do clube" e se intromete em vários assuntos sem o mínimo de conhecimento.

Você tem toda a liberdade de colocar algumas outras características de um clube, as quais você vai utilizar nas propostas de solução dos casos apresentados nos diversos capítulos do livro.

Você, junto com outros dez colegas do último semestre do curso de administração da Faculdade Alpha, localizada em uma grande cidade, decidiram, há dois anos, entrar como sócios no Jaqueira Esporte Clube, que, possivelmente, é o mais importante clube no contexto social e esportivo da cidade.

Vocês são pessoas com elevado interesse nos assuntos da administração e, como resultado, são alunos com elevado conceito junto aos professores da referida faculdade.

Essa motivação para com os assuntos de administração tem levado vocês a interligarem e debaterem os assuntos administrativos que vocês visualizam em suas atividades do dia a dia com os conteúdos das disciplinas do curso de administração; sendo que esse aspecto ficou evidenciado em todos os trabalhos acadêmicos realizados por vocês.

Metade dos seus amigos também tem alguma prática de assuntos administrativos pelo fato de realizarem determinados trabalhos em pequenas empresas de suas famílias; enquanto você e os outros cinco colegas não têm essa experiência, embora, de forma geral, as suas notas sejam um pouco melhores que as dos que exercem alguma atividade profissional, ainda que um pouco esporádica. Acredita-se que essa situação seja decorrente da influência do fator *tempo dedicado* diretamente ao estudo. De qualquer forma, essa mescla de vivências consolidou um interessante perfil do grupo de amigos.

A referida motivação pela observação e debate de assuntos administrativos levou você e seus amigos a analisarem a realidade administrativa do Jaqueira Esporte Clube frente aos ensinamentos obtidos na faculdade; e mais, a efetuarem todos os trabalhos acadêmicos com base no observado da realidade do referido clube.

Para tanto, são apresentadas algumas características administrativas do Jaqueira Esporte Clube que você vai usar no presente caso, bem como nos casos dos quatro capítulos subsequentes.

Como em um estudo de caso, não existe uma única solução, sendo o mais importante o raciocínio lógico para se chegar a uma determinada conclusão, você deve incluir todas as outras características que julgar válidas para a otimizada análise e proposta de solução do caso, sempre procurando interligar com o máximo de disciplinas do seu curso de administração; ou seja, espera-se interessante nível de "toque pessoal" na análise e solução dos casos apresentados, os quais vão evoluindo pela análise dos quatro capítulos subsequentes.

Neste momento, você pode considerar que o seu grupo identificou algumas características administrativas do Jaqueira Esporte Clube para as quais você deve fazer alguns comentários iniciais e ir aprimorando pela análise dos capítulos subsequentes.

São elas:

- Foi formado por um grupo de pessoas de uma nacionalidade, mas, ao longo dos anos, essa característica se dissipou. Essa questão pode ter alguma influência no modelo administrativo do clube?
- O número de sócios cresceu muito nos últimos anos, chegando a afetar a boa utilização de alguns setores esportivos e de bares e restaurantes do clube. Existe uma maneira de equilibrar o número de sócios com as atividades disponibilizadas?
- O número atual de sócios está acima de 35 mil.
- O nível de interação e de divulgação de assuntos administrativos junto aos sócios é considerado baixo e fragmentado. Comente as consequências administrativas disso.
- A administração do clube é realizada pelo Conselho Deliberativo e pela Diretoria Executiva. Comente essa situação.
- O número de membros do Conselho Deliberativo é considerado exagerado, pois são aproximadamente 220. Explique os possíveis problemas administrativos disso.
- As decisões do conselho não são baseadas em estudos e projetos estruturados, mas sim em discursos genéricos e sem qualquer sustentação conceitual, metodológica e prática do assunto em debate. Comente essa situação.
- Essa situação chegou a um extremo em que alguns conselheiros afirmam que as reuniões do conselho devem ser como um parlamento, e lá "se parla" muito (sic). Comente as consequências administrativas dessa situação.
- As reuniões do Conselho Deliberativo são mensais, durante um período de 3 a 4 horas.
- Existe questionamento da atuação de representação dos sócios pelos conselheiros, pois esses, em sua maioria, são "pedintes" de votos e, depois de eleitos, não atendem os sócios. Comente.
- Os membros da diretoria executiva se dedicam às suas atividades – e possíveis responsabilidades – as "horas vagas" de suas outras atividades, quer sejam profissionais ou pessoais. Explique as consequências disso.
- Apesar de a diretoria ser colegiada, na prática você faz uma pergunta genérica para um diretor e, geralmente, ele não sabe a resposta, e essa situação ocorre, inclusive na diretoria financeira, sendo que você vai verificar detalhes dos problemas dessa situação na seção 4.3.2.
- Os cargos no Conselho Deliberativo e da Diretoria Executiva não são remunerados, mas, mesmo assim, a "briga é de foice" para ocupar tais cargos. Você deve alocar alguma possível razão para isso.
- Apesar de todos esses problemas e questões para serem debatidas por você e sua equipe de trabalho, pode-se afirmar que, de modo geral, os diversos serviços disponibilizados pelo Jaqueira Esporte Clube aos seus sócios funcionam de maneira basicamente adequada. Explique uma possível razão disso.

- Alguns sócios afirmam que a real administração do clube é feita exclusivamente pelos funcionários contratados, que trabalham em período integral e sabendo quais são suas atividades e responsabilidades. Comente.
- O orçamento do clube é elevado e se fala que equivale a uma cidade normal do interior com aproximadamente 80 mil habitantes. O que essa situação representa para a administração do clube?
- As informações de planejamento das atividades a serem realizadas pelo clube são incipientes e, muitas vezes, sem sustentação de projetos estruturados. Comente e depois complemente com a análise da seção 4.1.2.
- Apesar de a diretoria informar que o seu modelo administrativo é a governança corporativa, o nível de transparência para com os sócios é praticamente nulo. Comente.
- Não existe um sistema efetivo e estruturado de avaliação dos resultados apresentados pela diretoria executiva do Jaqueira Esporte Clube.

Essas são apenas algumas informações gerais do Jaqueira Esporte Clube, as quais você deve complementar com outras situações – positivas ou negativas – de seu interesse no posterior debate.

Para refletir

Uma ideia é você analisar a veracidade e aplicabilidade de cada uma das 19 situações do Jaqueira Esporte Clube para a situação do clube que você porventura frequenta, fazendo os ajustes e as complementações, inclusive procurando hierarquizar cada uma das situações de sua lista específica para a qualidade da administração de seu clube.

Você percebe que ainda não ocorreu a explicação básica da maior parte dos assuntos abordados nessas 19 questões administrativas, mas você deverá apresentar comentários interessantes e, possivelmente, vai validar a maior parte de suas respostas após a análise completa deste livro.

Isso é para mostrar, para você, que a administração é algo lógico e simples, e quando as pessoas praticam a má administração é porque são pseudoadministradores, o que seguramente não será o seu caso.

Para facilitar, os outros membros de seu grupo são identificados de forma numérica, sendo que os cinco primeiros são os com alguma experiência em trabalhos específicos nas pequenas empresas de seus familiares.

São eles:

- Colega 1: ele sempre foi bom aluno nas disciplinas correlacionadas a assuntos de matemática e de estatística aplicada e, até afirma que durante muito tempo pensou em estudar engenharia industrial.
- Colega 2: esse é o fanático por informática, mas considera os relatórios gerenciais uma burocracia desnecessária, pois ele tem "tudo na cabeça".
- Colega 3: esse é o líder natural e, nos trabalhos de grupo, sempre se posiciona, e atua para o objetivo final comum a todos.
- Colega 4: esse é o rebelde da turma, sendo que foi "convidado" a deixar de fazer estágio na empresa da família, pois só arrumava confusão.
- Colega 5: ele tem demonstrado algum interesse e conhecimento em assuntos financeiros, principalmente no contexto de finanças pessoais, e tem dado boas *dicas* para a turma.

- Colega 6: esse é o "marqueteiro" da turma, pois considera que o assunto *marketing* e suas diversas técnicas auxiliares correspondem à salvação de todos os problemas administrativos, mas, por incrível que possa parecer, ele não acredita no planejamento de marketing e também nos outros planejamentos disponibilizados pela teoria e prática da administração.
- Colega 7: esse é o "não faz nada", sendo um estudante mediano e nada mais.
- Colega 8: é o "fera" do trabalho, se colocando à disposição para todas as tarefas, dentro e fora de faculdade de administração, com o único questionamento quanto à efetiva qualidade de suas realizações.
- Colega 9: é o simpático da turma, que concorda com tudo e com todos, mas não tem opinião própria, apesar de ser um aluno muito bom nas diversas disciplinas do curso de administração.
- Colega 10: esse é seu colega de classe desde a sua infância sendo, seguramente, o seu melhor amigo e, como aluno, ele é considerado um dos melhores do curso de administração. Mas ele não tem bom relacionamento com dois colegas que estão nesse grupo de trabalho.

Você deve considerar esses dez colegas em seu trabalho de grupo, podendo acrescentar alguns outros com suas características específicas de estudos e de atuação no grupo de trabalho.

Depois de você "fechar" o grupo de trabalho, você deve manter a mesma constituição em todos os casos apresentados nos quatro capítulos seguintes.

Diante do apresentado você deve analisar, com o maior nível de detalhamento possível e com todas as explicações e sustentações necessárias, as seguintes questões:

1. Como você pretende trabalhar com cada um dos seus dez colegas do grupo de trabalho para que os resultados sejam otimizados e o ambiente de trabalho seja o mais adequado possível?
2. Quais as duas principais razões das origens da administração que vocês consideram como as mais influentes na realidade administrativa do Jaqueira Esporte Clube?
3. Quais as quatro principais consequências positivas resultantes da questão anterior?
4. Quais as quatro principais consequências negativas resultantes da questão anterior?
5. Quais os assuntos debatidos nas questões anteriores que você já incorporou ou pretende incorporar em sua vida pessoal?
6. Quais os assuntos debatidos nas questões anteriores que você quer "ver longe" de sua vida pessoal?
7. Quais os assuntos debatidos nas questões anteriores em que você se sente com adequado nível de conhecimento?
8. E os assuntos para os quais você ainda se sente fraco em conhecimento?
9. Existem assuntos sobre os quais a falta de prática administrativa o preocupou para sua adequada análise?
10. Em um intervalo de 1 a 5 – sendo este último o mais importante –, qual o seu entendimento do nível de importância do conhecimento de administração em sua vida, tanto profissional como pessoal?
11. Diante de tudo que foi analisado, debatido e proposto por você quanto às dez questões anteriores, o que você efetivamente pretende fazer e consolidar?
12. Como você considera que devem ser distribuídos os trabalhos a serem realizados entre os diversos membros do grupo? E como esses trabalhos devem ser debatidos no grupo?
13. Quais as principais facilidades que você considera que o grupo vai ter no desenvolvimento dos trabalhos?

14. Quais as principais dificuldades que o grupo deverá ter na realização dos trabalhos? E quais as melhores maneiras de resolver essas dificuldades?
15. Como você pretende aplicar os ensinamentos resultantes dos debates inerentes a esse caso para a sua realidade, tanto profissional como pessoal?

Você percebe que as adequadas análises e debates, bem como a posterior estruturação de todos os assuntos administrativos evidenciados na realidade do Jaqueira Esporte Clube, facilitarão as propostas de solução para os quatro casos subsequentes.

CAPÍTULO 2

Aplicação da administração

"A evolução das técnicas chegou ao ponto de tornar-nos sem defesa diante delas."

Karl Kraus

OBJETIVOS DE APRENDIZAGEM

Depois de estudar o conteúdo deste capítulo, você será capaz de:

- Entender uma maneira básica de conhecer os diversos assuntos administrativos.
- Saber que o conhecimento do conceito de cada assunto administrativo explicita o que ele é, e para que ele serve.
- Direcionar o conhecimento das metodologias administrativas para o fundamental, pois essas explicam como desenvolver e implementar os trabalhos. Para que serve um administrador que não sabe como elaborar e operacionalizar os trabalhos administrativos?
- Saber que existem técnicas administrativas que podem auxiliar – em muito – o desenvolvimento e a implementação dos trabalhos.
- Saber que a administração é algo de elevada amplitude e composta de várias partes, as quais devem apresentar adequado nível de interligações.
- Conhecer algumas precauções que você deve considerar para a otimizada aplicação da administração em sua vida profissional e/ou pessoal.
- Proporcionar adequada sustentação conceitual e operacional ao seu plano de carreira – como administrador – que está em desenvolvimento durante a análise deste livro.

Lembre-se de que as "chamadas" provocativas no texto, bem como as questões para debate, o exercício e o caso no final do capítulo proporcionam efetiva sustentação ao seu otimizado processo de aprendizagem teórica e prática.

2.1 Aplicação otimizada da administração

Em uma palestra que este autor realizou em uma faculdade de administração, surgiu uma pergunta interessante de um aluno que me fez pensar a respeito: "Qual o raciocínio lógico que um administrador deve ter para repassar o que existe na teoria e na prática da administração para tomar a melhor decisão?"

Esse aluno me pegou de surpresa, e eu me movimentei um pouco no palco de modo a ganhar um pequeno tempo para responder da forma que, resumidamente, apresento a seguir, lembrando que, para uma questão como aquela, não existe resposta única e cada um vai operacionalizar essa situação da melhor maneira dentro de sua capacitação profissional.

Eu considerei – e continuo a considerar – que um raciocínio lógico, e completo, na referida situação envolve três partes, cada uma com três importantes itens, conforme evidenciado na Figura 2.1:

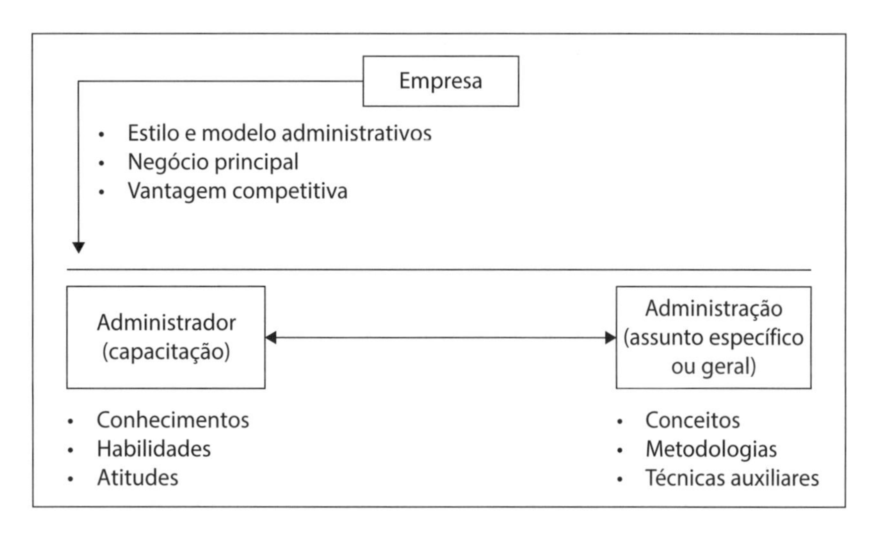

Figura 2.1 – Aplicação otimizada da administração.

Analisando, para debate, cada uma das partes e itens do modelo apresentado, tem-se:

a) Quanto à empresa você deve considerar, no mínimo, os seguintes itens:

   i. Estilo e modelo administrativos, pois essas questões é que estabelecem a maneira de ser da empresa, lembrando que:

   - **estilo administrativo** é o contexto geral de atuação de uma empresa, consolidando se o processo decisório é mais centralizado ou descentralizado, com maior ou menor nível de participação, qual a abordagem do comprometimento e de cobrança de resultados, entre outros assuntos administrativos; e

- **modelo administrativo** é o processo estruturado, interativo e consolidado de desenvolver e operacionalizar atividades – estratégicas, táticas e operacionais – de planejamento, organização, gestão e desenvolvimento de pessoas, bem como de avaliação dos resultados, visando ao crescimento e ao desenvolvimento sustentado da empresa.

Pode ser que você já tenha trabalhado em mais de uma empresa e, portanto, sentiu essa diferença entre elas, o que é uma realidade inquestionável.

Na realidade, você pode sentir essa diferença quando numa mesma empresa ocorre uma alteração de comando, quando um profissional ou uma equipe assume a direção de toda a empresa ou da área onde você trabalha.

ii. Negócio principal – *core business* – da empresa, pois esse representa a razão básica da existência da empresa e por que, e como, ela é reconhecida pelo mercado.

Algumas empresas apresentam um equilíbrio otimizado entre os seus diversos negócios, o que pode ser considerada uma situação interessante e, geralmente, bem segura pois existe diluição dos riscos normais dos negócios empresariais.

Naturalmente, essa situação ocorre de maneira mais intensa no caso de a empresa estar estruturada por unidades estratégicas de negócios, lembrando que esse termo é a soma de três conceitos:

- unidade: as atividades básicas formam um todo único e administrável;
- estratégica: é a abordagem de interação entre os fatores internos ou controláveis e os fatores externos ou não controláveis; e
- negócio: termo conceituado anteriormente.

Portanto **unidade estratégica de negócios** (UEN) é o agrupamento de atividades que tenham a amplitude de um negócio e atuem em perfeita interação com o ambiente empresarial, onde estão os fatores não controláveis.

Normalmente, as unidades estratégicas de negócios atuam sob a coordenação de uma **administração corporativa**, que é uma abordagem de atuação e de estruturação da empresa, ou grupo empresarial, que consolida o processo de diversificação de negócios, bem como facilita a análise por resultados globais e específicos de cada unidade estratégica de negócios (UEN).

Na seção 4.1.2, são apresentadas as principais maneiras das empresas delinearem as suas estruturas organizacionais.[1]

iii. Vantagem competitiva, pois ela identifica os produtos e os mercados para os quais a empresa está, realmente, capacitada para atuar de forma diferenciada em relação aos seus concorrentes.

É lógico que você, como administrador, também deve ter a sua vantagem competitiva, a qual vai fazer com que as empresas queiram "comprar" os seus serviços, em detrimento de outros administradores que sejam seus concorrentes ao cargo ou função considerada, sendo que detalhes são apresentados na seção 5.4.1.[2]

b) Quanto ao administrador você deve considerar, no mínimo, os seguintes itens:

i. Conhecimentos, pois esses representam a sustentação de tudo que o administrador faz e decide.

Lembre-se de que sem o efetivo conhecimento – teórico e prático – do assunto administrativo considerado numa situação qualquer em debate, o administrador responsável pela decisão e/ou

---

[1] Para detalhes, analisar o livro *Holding, administração corporativa e unidade estratégica de negócio,* dos mesmos autor e editora.

[2] Para detalhes analisar o livro *Estratégia empresarial e vantagem competitiva,* dos mesmos autor e editora.

operacionalização do referido assunto não tem nenhuma validade para a empresa, não podendo, portanto, ser chamado de administrador.

Portanto, **conhecimento** é a capacidade de entender o conceito e a estruturação de um assunto administrativo, bem como saber consolidar sua aplicação em uma realidade específica da empresa.

Na seção 5.2.1, são apresentados, resumidamente, alguns conhecimentos básicos que todo e qualquer administrador deve ter e saber aplicar com qualidade.

ii. Habilidades, pois essas representam o "jogo de cintura" para enfrentar os problemas e situações diversas e inesperadas com qualidade e agilidade decisória.

As habilidades, e as atitudes do administrador evidenciadas no item seguinte, proporcionam melhores qualidade, agilidade, disciplina e criatividade na aplicação dos conhecimentos do administrador.

Deve-se lembrar que **habilidade** é o processo de visualizar, compreender e estruturar as partes e o todo dos assuntos administrativos das empresas, consolidando resultados otimizados pela atuação de todos os recursos disponíveis, sendo que exemplos de habilidades essenciais do administrador são apresentadas, resumidamente, na seção 5.2.2.

iii. Atitudes, pois essas representam o jeito de ser do administrador em seus diversos atos, chegando a consolidar a sua *personalidade* profissional.

Portanto, **atitude** do administrador é a explicitação do comportamento correspondendo ao modo de cada pessoa se posicionar e agir perante cada situação apresentada nas empresas, e alguns exemplos são evidenciados na seção 5.2.3.

Fique atento

Esses três assuntos - conhecimentos, habilidades e atitudes do administrador - já tinham sido abordados anteriormente, e vão ser analisados, pelo menos, mais duas vezes, sendo com detalhes no Capítulo 5, facilitando a consolidação do entendimento.

Isso porque é fundamental você se conscientizar da importância desse tripé de sustentação da qualidade do administrador em suas análises teóricas e aplicações práticas, sendo que sua atuação no curso de administração é essencial nesse processo de evolução profissional. Nesse contexto, você pode considerar a sua atuação na faculdade como um "laboratório" de sua atuação nas empresas.

Essa repetição de alguns assuntos administrativos, ao longo dos capítulos e seções deste livro, também ocorre com alguns outros assuntos administrativos.

c) Quanto à administração, quer o assunto em análise seja específico ou geral para a empresa, você deve considerar, basicamente, os seguintes itens:

i. Conceitos, pois não se consegue fazer nada se não se souber o significado e para que serve um determinado assunto ou **instrumento administrativo**, o qual é a metodologia ou técnica, estruturada e interligada, que possibilita a análise, a operacionalização e a administração das diversas decisões tomadas ao longo do processo administrativo das empresas.

Para facilitar a análise deste livro é apresentado, ao seu final, um glossário com a conceituação dos principais termos administrativos utilizados, bem como a sua conceituação – com evidência em negrito – na primeira vez que o referido termo aparece no texto do livro.

ii. Metodologias, pois é básico que o administrador saiba "como" aplicar o instrumento administrativo ideal para a questão administrativa em análise.

iii. Técnicas auxiliares, pois essas representam maneiras "consagradas" e testadas de se realizar uma tarefa administrativa, geralmente auxiliando metodologias de desenvolvimento e operacionalização de questões administrativas mais complexas.

É de opinião deste autor, pelos seus serviços de consultoria e treinamento nas mais diversas empresas, que seus executivos, de forma geral, não são grandes usuários dessas técnicas, talvez por desconhecimento; pois quando passam a conhecer as diversas técnicas auxiliares passam a ser fãs delas.

Técnica auxiliar é a forma estruturada e interativa para o tratamento das informações básicas inerentes ao processo decisório no estabelecimento das melhores maneiras de realizar os trabalhos em uma parte ou em todo o processo administrativo.

Você deve analisar a abordagem resumida apresentada quanto à aplicação otimizada da administração e estabelecer a "sua abordagem", não se esquecendo dela em seus estudos e aplicação da administração para uma adequada base para sua evolução profissional.

Boa sorte!

Da minha parte, eu agradeço ao aluno – nem sei o seu nome – por me ter feito uma pergunta inteligente.

Para refletir

Pense como você tem sido quanto ao entendimento e correta aplicação de assuntos diversos que você estudou em outros cursos.

E, se entendeu adequadamente o conceito do termo considerado, qual foi sua habilidade em operacionalizar o referido assunto, bem como as suas atitudes perante as situações diversas que apareceram quando do tratamento do assunto em questão.

Para reforçar o entendimento de como deve ser efetuada a otimizada aplicação da administração, você deve rever o apresentado na seção 1.2 quanto ao contexto básico de seu estudo de administração, pois essas duas seções do livro se completam de maneira bem interessante, sustentada e prática.

Desafio

Comece agora a elaborar o seu modelo ideal da aplicação otimizada da administração; e vá completando e ajustando pela análise do conteúdo deste livro, inclusive pelo início da elaboração de seu plano de carreira, conforme apresentado nas seções 2.7, 3.6.1, 4.4 e 5.4.

Ao final da análise deste livro, você deve ter o seu plano básico de desenvolvimento e consolidação como administrador de sucesso e de valor para a empresa onde trabalha ou pretende trabalhar.

2.2 Aplicação dos conceitos administrativos

Conceito administrativo é a explicitação do significado e da finalidade de um assunto ou instrumento administrativo.

Fique atento

Embora você possa julgar evidente a definição do termo *conceito administrativo*, imagine a quantidade de pessoas que não conhecem o significado e a finalidade de um assunto qualquer, e tentam aplicá-lo.

Sem comentários sobre os resultados!

Portanto, uma pessoa que não conhece corretamente o conceito de um determinado termo da administração não tem a mínima condição de aplicar o referido assunto ou instrumento administrativo. Nesse caso, o grande problema é a pessoa pensar que conhece, e daí os resultados...!

O glossário apresentado no final deste livro auxilia o entendimento geral do significado de diversos termos administrativos, mas o pleno entendimento só é possível com a análise do conteúdo deste livro, onde são explicados, ainda que resumidamente, a aplicação dos referidos assuntos ou instrumentos administrativos. De qualquer forma, esse é o primeiro passo e você pode consolidar o seu conhecimento pela leitura de outros livros específicos deste autor e editora, bem como de diversos outros citados na bibliografia, também apresentada no final do livro.

Uma ideia

Pode ser considerado bastante válido você elaborar um glossário próprio durante o curso de administração.

Seguramente ele vai auxiliar muito em suas atividades profissionais.

2.3 Aplicação das metodologias administrativas

Metodologia administrativa é a explicitação das etapas ou fases básicas de uma maneira testada de se desenvolver e implementar um assunto ou instrumento administrativo.

Portanto, uma pessoa que não conhece adequadamente a metodologia de elaboração e de implementação de um assunto administrativo não tem a mínima condição de trabalhar com o referido assunto administrativo, pois não sabe "como fazer" o trabalho em questão.

E nesse momento surge a pergunta básica: para que serve um administrador sem esse conhecimento? E a resposta evidente é: para nada!

Durante o curso de administração, você deve se preocupar em entender as metodologias de desenvolvimento e implementação dos diversos assuntos e instrumentos administrativos, pois isso será, junto com o entendimento dos conceitos e das técnicas auxiliares, a sustentação básica para o seu plano de carreira, a ser explicitado, de maneira resumida, na seção 2.7 e complementado nas seções 3.6.1, 4.4 e 5.4.

Aqui a *dica* é você ir coletando as várias metodologias administrativas apresentadas pelas diversas disciplinas do curso de administração, estudar todas elas, principalmente as que forem correlacionadas aos assuntos administrativos focados ao seu plano de carreira, que você começou a elaborar na seção 1.7.

2.4 Aplicação das técnicas administrativas

Você já verificou que **técnica administrativa** é a forma estruturada e interativa que auxilia no tratamento e análise das informações básicas inerentes ao processo decisório, bem como no desenvolvimento e implementação de alguns assuntos ou instrumentos administrativos.

Pode-se considerar, de forma consagrada, que não são todos os assuntos ou instrumentos administrativos que têm, de forma direta, técnicas administrativas auxiliares; mas uma significativa parte as tem.

O grande problema é que não são muitos os administradores que as aplicam de maneira sistemática e direta ao assunto em análise.

Você vai perceber que muitas técnicas administrativas auxiliam o assunto ou instrumento administrativo de maneira indireta, mas, na prática, isso não é um problema.

Para refletir

Você decidiu ir ao cinema em um *shopping* novo do outro lado da cidade.

Para chegar lá, você utiliza o GPS, que você sabe o que é e para que serve - o seu conceito -, bem como sabe como utilizá-lo - a sua metodologia - mas, durante o percurso, você decide almoçar antes de chegar ao *shopping*.

Neste caso, você pode utilizar um aplicativo - técnica administrativa - que vai auxiliá-lo a decidir o restaurante com a comida de sua preferência naquele momento.

Portanto, num único momento, você percorreu as questões de conceito, metodologia e técnica auxiliar.

E isso ocorre em vários momentos do seu dia a dia.

Simples, não?

2.5 Amplitude da aplicação da administração

Não vá se assustar, mas a administração tem um vasto campo de aplicação e com várias abordagens.

Entretanto, a questão básica é saber aplicar, com qualidade, os assuntos e instrumentos administrativos, principalmente quanto às suas corretas identificação, análise, desenvolvimento, operacionalização, avaliação e aprimoramento.

Poike | iStockphoto

E você, como administrador com qualidade, deve ter, no mínimo:

- otimizado conhecimento de uma parte específica da administração (correlacionada à sua vantagem competitiva – ver seção 5.4.1); e
- adequado conhecimento da interação estruturada da parte específica acima – sua especialidade – com outros diversos assuntos e instrumentos administrativos, para consolidar um modelo de administração total e integrada (ver seção 4.3).

Este livro deixa claro que a teoria e a prática administrativa podem ser aplicadas, com qualidade, na amplitude das pessoas, das empresas de qualquer tipo, das cidades e bairros, dos países e regiões e, no caso presente, na própria maneira como você vai administrar o seu curso de administração.

Fique atento

Uma ideia para você visualizar - dentro da sua realidade acadêmica - a elevada amplitude de aplicação da administração é fazer todos os estudos, exercícios, casos e debates inerentes a cada disciplina de maneira interligada, propiciando você "vivenciar" essa amplitude, e mais, facilitando o seu processo de entendimento dos diversos assuntos e instrumentos administrativos.

Uma *dica* é você fazer, sempre que possível, uma análise, a mais ampla possível, de um assunto administrativo em questão, para saber a amplitude das várias interferências que podem ocorrer, quer essas sejam fornecidas ou recebidas do assunto em análise.

Após essa análise ampla e geral, você deve iniciar, com o máximo de detalhes, o estudo do assunto administrativo em questão.

Pode acreditar que esse procedimento simples irá melhorar, em muito, a sua qualidade e segurança decisória quanto ao assunto administrativo em análise.

Você vai perceber que o estudo da administração é um processo crescente e lógico, chegando a sua amplitude máxima no contexto da moderna administração total e integrada, que você irá analisar com relativos detalhes na seção 4.3.

2.6 Precauções na aplicação da administração

Para sua análise, podem ser consideradas as seguintes precauções principais quando da aplicação do assunto *administração* em assuntos empresariais ou questões pessoais:

a) Conhecer a finalidade e a maneira de aplicar cada instrumento administrativo

Essa é uma questão evidente para a qual poucas pessoas proporcionam a devida atenção.

Apenas para testar o seu nível de conhecimento atual, explique, com o máximo de detalhes, a finalidade e a maneira de aplicar de alguns assuntos administrativos que estão, direta ou indiretamente, no seu dia a dia, como:

- orçamento;
- tesouraria;
- administração de compras;
- administração de estoque;

- contabilidade;
- logística;
- legislação fiscal e tributária; e
- outros assuntos a sua escolha.

Uma ideia é você escrever o seu entendimento no momento atual e comparar com o seu entendimento no final do curso de administração. Você pode ter surpresas, para mais ou para menos!

Desafio

Identifique um profissional de empresa - pode ser você mesmo - que tenha aplicado um assunto administrativo de maneira errada; e pergunte as consequências dessa situação.

b) Saber identificar o foco e a essência de cada problema administrativo

Essa é uma questão muito importante na administração, pois a identificação errada do foco e da essência de um problema administrativo é a causa principal de dispersão e perda de recursos das empresas; e esse tipo de erro ocorre, também, em questões pessoais.

Muitas vezes, o contexto desse erro é dado pelo ataque nos efeitos do problema administrativo, e não em suas causas; ou seja, o problema continua e pode, até, aumentar.

Uma maneira de você trabalhar essa questão é:

- primeiramente identificar o possível foco do problema e todos os assuntos administrativos que interagem, direta ou indiretamente, com ele;
- depois, você pode analisar o possível foco do problema pela abordagem da teoria de sistemas, com suas partes – ver Figura 3.12 –, chegando à efetiva análise da relação causas *versus* efeitos; e
- pode consolidar a análise aplicando a estrutura de administração de processos, identificando todas as suas atividades – ou partes – bem como os diversos indicadores de desempenho, tanto os intermediários como os finais.

De qualquer forma, você deve despender um tempo para efetuar a identificação e a análise de seu real problema administrativo.

c) Saber trabalhar com pessoas

Em administração, é praticamente impossível alguém trabalhar sozinho e, portanto, você deve, no mínimo, saber:

- identificar pessoas que tenham algo a contribuir na evolução dos trabalhos;
- ouvir as pessoas e aprender com elas – preferencialmente as inteligentes!;
- ensinar as pessoas, com método, didática e paciência;
- identificar as responsabilidades pelos erros e pelos acertos, contribuindo para um ambiente profissional com justiça e méritos; e

- contribuir para um otimizado **clima organizacional**, em que os profissionais que trabalham na empresa se sintam bem, inclusive quanto ao seu modelo de administração e aos relacionamentos interpessoais existentes.

Fique atento

Essa questão de trabalhar com pessoas pode ser amplamente exercitada no desenvolvimento de trabalhos em grupos solicitados em diversas disciplinas de seu curso de administração.

d) Saber que o aprendizado é um processo prazeroso e sem fim

Aprendizado é a incorporação do que foi ensinado ao comportamento do indivíduo; e, portanto, aprender é modificar o comportamento em direção ao que foi ensinado.

O nível de aprendizado está bastante correlacionado ao nível de motivação que uma pessoa tem para querer aprender; e lembrando que motivação é algo intrínseco a cada pessoa e, portanto, ninguém consegue motivar uma outra pessoa a aprender algo.

Na realidade, o máximo que uma pessoa pode fazer é criar determinadas situações que facilitem a outra pessoa se motivar a aprender. Portanto, o bom aprendizado é responsabilidade de cada pessoa.

E isso se extrapola para a realidade das salas de aula e dos ambientes de trabalho, pois facilita a aplicação dos processos de avaliação de desempenho, evitando que as pessoas simplesmente joguem seus problemas para os outros; mas também que os outros consigam "roubar" os méritos de quem efetivamente realiza os trabalhos.

Desafio

Crie um indicador para você avaliar o seu nível de aprendizado dos assuntos que você está estudando em seu curso de administração.

Esse referencial seguramente vai ser muito importante para a sua evolução profissional.

e) Ter os princípios e a prática administrativa como uma filosofia de vida

Essa frase, a princípio meio pretenciosa, corresponde a uma verdade para muitas pessoas em inúmeras profissões.

Você deve conhecer médicos, dentistas, advogados, engenheiros etc. que, em simples encontros informais em um clube esportivo, conversam a respeito de suas atividades profissionais explicando, com satisfação, o que fazem, por que fazem e como fazem seus trabalhos.

Acredite: para essas pessoas a atividade profissional passou a fazer parte integrante de sua vida e do seu dia a dia; e com extrema satisfação, orgulho, respeito e dedicação. E esse poderá ser, também, o seu caso!

Desafio

Você deve fazer a sua lista completa de precauções que vai considerar quando estiver pensando, desenvolvendo, operacionalizando e aprimorando assuntos administrativos em suas atividades profissionais e pessoais.

E debata essa lista com alguns amigos.

Você vai ter observações e resultados bem interessantes!

2.7 Sustentação de seu plano de carreira como administrador

Fique atento

Existe um tripé de sustentação de seu plano de carreira como administrador de sucesso e de valor para as empresas:

- conhecimento dos conceitos administrativos;
- conhecimento de metodologias administrativas; e
- conhecimento de técnicas administrativas auxiliares.

A questão básica é como você vai trabalhar esse tripé de sustentação de seu plano de carreira.

Uma ideia – para sua análise e possível aplicação – é considerar o tripé de sustentação do conhecimento e aplicação da administração – conceitos, metodologias e técnicas – e, respeitando a sua elevada amplitude de análise e aplicação, você pode proporcionar maior fundamentação como administrador com o seguinte raciocínio como estudante e/ou profissional da administração:

- primeiro, entenda, com clareza, o instrumento administrativo, ou seja, o que ele é e para o que ele serve, quer seja para a empresa, cidade, região, país ou você;
- depois, tenha pleno conhecimento da metodologia inerente ao assunto ou instrumento administrativo, ou seja, como ele deve ser analisado, desenvolvido, implementado, avaliado e aprimorado;
- a seguir, você deve considerar todas as possíveis técnicas auxiliares administrativas, quer suas interações sejam diretas ou indiretas com o referido assunto ou instrumento administrativo; e
- finalmente, você deve consolidar a análise e a operacionalização do referido assunto ou instrumento administrativo de forma interativa com as outras diversas questões administrativas da empresa, cidade, região ou você. Nessa análise, você deve considerar a maior amplitude possível.

Na prática, pode-se considerar que essas quatro questões seguramente podem evidenciar "quem é quem" como administrador, sendo que você vai conhecer muitos profissionais que, na realidade, devem ser chamados de pseudoadministradores.

Essas quatro questões são evidenciadas em alguns momentos deste livro, para que você nunca esqueça, mas pode surgir uma dúvida: como consolidar a disciplina de sempre considerar essas quatro questões em todas as atividades de estudo e de atuação profissional?

A única maneira é você seguir a sequência das quatro questões no estudo de todas as disciplinas do curso, na realização de todos os trabalhos individuais ou em grupo, na realização de suas diversas atividades profissionais, nas questões administrativas de suas atividades pessoais, bem como nos diversos debates que você tiver de assuntos administrativos com seus colegas de estudo ou de trabalho.

Eu não conheço outra maneira; e, você, conhece?

Desafio

Identifique quatro assuntos ou instrumentos administrativos e explique os seus:

- conceitos;
- metodologias;
- técnicas auxiliares; e
- amplitude de aplicação.

Possíveis dificuldades serão naturais neste momento, mas você deve completar essa análise no final do estudo deste livro e da conclusão de seu curso de administração e verificar a sua evolução de raciocínio.

AJ_Watt | iStockphoto

Resumo

O foco deste capítulo foi evidenciar para você que o conhecimento da administração é sustentado por um tripé, que é evidente, mas muitas vezes esquecido pelos estudantes e pelos profissionais da administração.

Esse tripé de sustentação é formado por:

- conceitos dos assuntos administrativos, pois se uma pessoa não sabe o que é e para que serve algo, não tem a mínima condição de trabalhar com o assunto administrativo abordado;
- metodologias de desenvolvimento e aplicação das metodologias administrativas, ou seja, como os trabalhos devem ser realizados de maneira adequada. Imagine a situação de um profissional da empresa ficar tentando "reinventar a roda" para cada situação, oportunidade ou ameaça que aparece no dia a dia de uma empresa; e
- técnicas administrativas auxiliares, que podem ajudar, e muito, o processo de análise, decisão, operacionalização, avaliação e aprimoramento das diversas atividades administrativas.

E você não pode se esquecer que esse tripé deve ser aplicado na elevada amplitude da administração, com diferentes contextos e abordagens; e, para tanto, também foram evidenciadas algumas precauções que você deve considerar no processo de aplicação dos princípios e dos ensinamentos da administração.

Como neste livro você procura associar toda a teoria e prática da administração com o otimizado processo de desenvolvimento de seu plano de carreira, foi explicado também como você pode proporcionar maior sustentação à sua atuação como administrador, respeitando e aplicando o referido tripé de sustentação da administração em um contexto de elevada amplitude dos ensinamentos da administração.

Questões para debate e consolidação de conceitos

Lembrete: considere o apresentado no início das "questões para debate" no Capítulo 1, visando obter maior amplitude na análise das questões administrativas a seguir evidenciadas.

1. O adequado entendimento de um conceito administrativo pode auxiliar na correta aplicação da correspondente metodologia de desenvolvimento e implementação do assunto administrativo considerado? O mesmo ocorre com as técnicas administrativas auxiliares? Em caso positivo, explique como esse processo ocorre.
2. Como podemos estabelecer a amplitude ideal de análise de um assunto administrativo?
3. Hierarquize, com base em um critério estabelecido por você, as diversas precauções que devem ser consideradas no processo de aplicação dos princípios e da prática administrativa.
4. Você conhece alguém que elaborou um plano de carreira estruturado? Troque ideias com ele.
5. Identifique, com hierarquização e justificativas, as questões mais importantes que você assimilou até o presente momento. E explique como você vai utilizar esses ensinamentos.

Para refletir

A sua otimizada atuação como estudante no curso de administração e como futuro profissional nessa área do conhecimento.

Neste segundo ano do curso, você aprendeu a importância do conhecimento e da aplicação dos conceitos, das metodologias e das técnicas da administração, inclusive analisando a amplitude da sua aplicação e as principais precauções que você deve considerar nessas aplicações.

Nesse contexto, pode-se considerar de interesse para você o debate do que poderia ocorrer se você não tiver o adequado conhecimento dos conceitos, das metodologias de desenvolvimento e aplicação, das técnicas auxiliares, da amplitude de análise e das principais precauções nos processos de utilização dos assuntos administrativos.

Embora isso possa parecer uma simples provocação ou brincadeira, você pode acreditar que, infelizmente, muitos profissionais que, na realidade, são *pseudoadministradores* apresentam atuações desastrosas, gerando danos e prejuízos para as empresas, e para si próprios, como decorrência desses desconhecimentos.

Portanto, você deve debater, com profundidade, as seguintes questões:

i. Quais as consequências de um profissional não saber o real conceito de um assunto administrativo, incluindo a sua finalidade operacional? Exemplifique.

ii. Quais as consequências de um profissional não saber como desenvolver e aplicar um assunto administrativo? Exemplifique.

iii. Quais as consequências de um profissional não conhecer as técnicas auxiliares que podem otimizar a análise decisória de alguns assuntos administrativos? Exemplifique.

iv. Quais as consequências de um profissional não saber trabalhar adequadamente a amplitude de análise dos assuntos administrativos, inclusive a interação entre esses? Exemplifique.

v. Quais as consequências de um profissional não considerar as principais precauções nos processos de utilização dos assuntos administrativos? Exemplifique.

vi. Quais as consequências de você não saber aplicar o tripé de sustentação e a análise da amplitude da administração no seu plano de carreira? Exemplifique.

Depois de responder, com o máximo de detalhes, às seis questões apresentadas, você deve elencar todas as ações básicas que vai consolidar e respeitar para proporcionar, a partir de aqui e agora, uma otimizada carreira como profissional da administração.

Caso para análise, debate e proposta de solução

A sua introdução teórica e prática no mundo da administração

Você e seus dez colegas começaram a debater o estilo e o modelo administrativo do Jaqueira Esporte Clube, mas, neste momento, você alertou a todos quanto à necessidade de a análise ser lógica, estruturada e imparcial, e, portanto, independente do "sentimento" de cada um quanto à realidade administrativa do clube.

Na realidade, você ficou com receio que o "achismo" de cada participante do grupo de análise começasse a apresentar "juízo de valor" a respeito de cada assunto administrativo do clube.

Foi aí que um colega apresentou a interessante ideia de se debater a situação administrativa do Jaqueira Esporte Clube apenas após cada um dos membros do grupo de trabalho demonstrar adequado nível de conhecimento dos conceitos e das aplicações de alguns assuntos administrativos pelas empresas.

Portanto, o caso deste capítulo procura facilitar o seu entendimento dos diversos assuntos e instrumentos administrativos que você deverá aplicar em suas atividades profissionais e pessoais.

No capítulo seguinte, você vai estudar a evolução do pensamento administrativo, ou seja, quais os estudos e eventos da administração que ocorreram – e estão ocorrendo –, fornecendo contribuições, diretas ou indiretas, para o desenvolvimento e a consolidação de importantes instrumentos administrativos.

A seguir, no Capítulo 4, você vai estudar como a administração pode ser dividida em algumas partes, bem como a necessidade de que todas essas partes estejam interligadas para o bom funcionamento do processo administrativo, formando um todo unitário e perfeitamente estruturado, o que será muito importante para a adequada administração do Jaqueira Esporte Clube.

E, no último capítulo do livro, você vai analisar, debater e consolidar, com qualidade efetiva, todos os conhecimentos, habilidades e atitudes que são necessários para delinear em seu plano de carreira e aplicar como profissional da administração.

Portanto, os casos apresentados neste livro também contribuem, em muito, para os seus estudos da administração.

Para você constatar que a administração é algo lógico, estruturado, necessário e, até, de relativa facilidade em seu entendimento e aplicação, o que se solicita de você no presente caso é bem direto e vai dar uma ideia do que você entende ser um assunto ou um instrumento administrativo; isso sem você ainda ter lido o conteúdo do Capítulo 3.

Para tanto, você pode pensar em alguns assuntos administrativos corriqueiros de sua vida, como:

1. Vou fazer uma compra de maneira adequada e realizar o devido pagamento.

   Neste processo, você pode considerar algumas questões administrativas, a saber:

   - Como determinar a necessidade de uma compra?

- Como avaliar as alternativas de compra; e decidir pela melhor?
- Como avaliar se o item comprado atende às necessidades identificadas?
- Como efetuar o pagamento do item comprado?

2. Vou fazer a venda de um determinado produto ou serviço; e, nesse caso, solicita-se que você identifique algumas questões administrativas correlacionadas ao referido processo de venda.

   Você deve identificar mais dois assuntos administrativos de seu interesse de análise, bem como estabelecer, para cada assunto, algumas questões administrativas para debate.

   Com base nessas listagens você identificará determinados itens para os quais deve considerar um processo de análise e debate.

   São exemplos de itens dessa possível listagem:

   - análise de necessidades;
   - processo de compra;
   - processo de pagamento;
   - processo de venda;
   - processo de recebimento;
   - etc. (completar de acordo com o seu interesse).

   Para cada item identificado, você deve descrever, pelo seu nível de conhecimento atual:

   i. O seu conceito e para que o referido item serve para as empresas e para você em termos administrativos.
   ii. A sua metodologia de desenvolvimento e aplicação, ou seja, como trabalhar com o referido item identificado.
   iii. As técnicas e conhecimentos auxiliares que podem facilitar o trabalho inerente ao referido item em análise.
   iv. O seu entendimento inicial da amplitude de análise e de aplicação de cada item administrativo identificado.
   v. Comentários gerais da aplicação dos assuntos debatidos em seu plano de carreira.

Você vai verificar que, embora ainda faltem três capítulos a serem analisados, você apresentará respostas bem interessantes para os cinco assuntos solicitados neste caso.

Isso porque a lógica da administração é muito forte e sustentada, facilitando e motivando o seu aprendizado e aplicação.

Naturalmente, este caso deverá ser complementado pela análise e elaboração dos casos apresentados nos capítulos subsequentes.

Nesse momento, você deve voltar para a realidade administrativa do Jaqueira Esporte Clube e ajustar a alocação de todas as suas considerações evidenciadas neste caso para a análise administrativa do referido clube, respeitando tudo que você já escreveu anteriormente.

Você vai verificar que existe uma sinergia interessante entre questões administrativas de diferentes empresas em situações diversas; ou seja, você está sempre aprendendo administração em seus trabalhos administrativos e esses aprendizados serão úteis quando você estiver trabalhando em outra empresa.

Outro aspecto é que você deve, cada vez mais, alocar questões de interesse pessoal em cada um dos casos apresentados para consolidar um "toque pessoal" em seus estudos, análises e propostas de solução.

Bons trabalhos e aprendizados!

CAPÍTULO 3

Evolução do pensamento administrativo

"A evolução das pessoas passa, necessariamente, pela busca do conhecimento."

Sun Tzu

OBJETIVOS DE APRENDIZAGEM

Depois de estudar o conteúdo deste capítulo, você será capaz de:

- Entender o processo evolutivo do pensamento administrativo, o qual sempre coloca a *administração* como importante instrumento facilitador das atividades das instituições e das pessoas.
- Assimilar o que poderá acontecer a curto, médio e longo prazos com os conhecimentos administrativos e suas influências, principalmente nas empresas e nas pessoas.
- Antecipar-se, da melhor maneira possível, às possíveis tendências da administração, visando se consolidar como um profissional de sucesso e de valor para as empresas.
- Fazer os ajustes necessários no seu plano de carreira para melhor usufruir dessas tendências da administração.

Lembre-se de que as "chamadas" provocativas no texto, bem como as questões para debate, o exercício e o caso no final do capítulo proporcionam efetiva sustentação ao seu otimizado processo de aprendizagem teórica e prática.

3.1 Abordagens anteriores e atuais

A melhor maneira – e, talvez, a única – de se analisar a evolução do pensamento administrativo é pelo estudo das diversas escolas e teorias da administração que foram surgindo – e continuam a surgir – ao longo do tempo.

E deve-se lembrar que:

- **Escola de administração** é a consolidação da concepção técnica e de conhecimentos inerentes a um conjunto de assuntos administrativos homogêneos, decorrentes da influência de uma ou mais teorias da administração.
- **Teoria da administração** é o conjunto de conhecimentos, princípios e práticas resultantes de estudos – planejados ou não – que geram instrumentos administrativos, com maior ou menor aplicação pelas empresas ao longo do tempo.

Você também deve entender que as diversas teorias da administração se consolidam em algo importante da sua vida como administrador, representado por:

- **Teoria geral da administração** é o conjunto de conhecimentos e práticas resultantes das diversas escolas e teorias da administração, e que são disseminados e comuns à prática administrativa realizada pelas instituições em geral quanto às atividades de planejamento, de organização, de gestão e desenvolvimento de pessoas e de avaliação, consolidando um processo de otimizadas interação e sinergias entre os profissionais e de busca de resultados efetivos para as empresas.

Para facilitar o estudo, as diversas teorias da administração devem ser agrupadas em escolas da administração, sendo que essas consolidam a abordagem geral que abriga algumas teorias da administração que apresentam uma determinada similaridade quando à sua existência.

Com referência à contribuição de cada teoria para a consolidação dos princípios e da prática da administração, pode-se afirmar que essa análise fica simplificada, pois pode ser efetuada a partir da identificação dos instrumentos administrativos resultantes de cada teoria, ou seja, quais foram, efetivamente, os resultados de cada teoria para a boa prática da administração.

Nessa análise, você deve tomar algum cuidado porque pode existir sobreposição entre determinadas contribuições de diferentes teorias, bem como entre os períodos de tempo da plenitude de contribuição dos diversos instrumentos administrativos resultantes de cada teoria da administração; sendo por isso que essa seção é denominada "abordagens anteriores e atuais".

De qualquer forma, a segmentação apresentada a seguir é a melhor para você identificar o que aconteceu, o que está acontecendo e, até, o que poderá acontecer com o assunto *administração*.

Esquematicamente, essa situação pode ser visualizada na Figura 3.1:

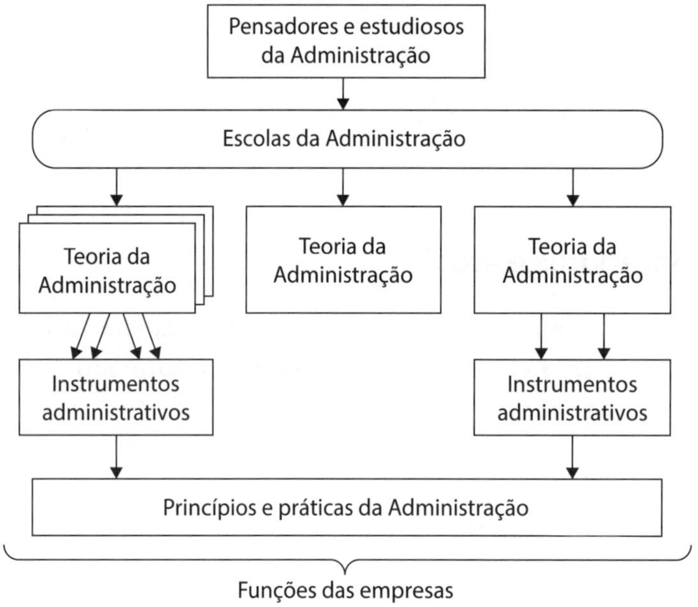

Figura 3.1 – Interação entre os estudos e as práticas da administração.

São sete escolas e treze teorias da administração que podem ser identificadas num estudo da evolução do pensamento administrativo:

- Escola Clássica, com duas teorias da administração;
- Escola Burocrática, com uma teoria da administração;
- Escola Humanista, com quatro teorias da administração;
- Escola Sistêmica, com uma teoria da administração;
- Escola Quantitativa, com uma teoria da administração;
- Escola Contingencial, com duas teorias da administração; e
- Escola Moderna, com duas teorias da administração.

Você vai perceber que praticamente todos os instrumentos administrativos decorrentes dessas escolas e teorias da administração serão abordados, de forma direta ou indireta, com maior ou menor intensidade, durante o seu curso de administração.

Portanto, você terá toda a base de sustentação para completar os seus estudos e aplicar todos os ensinamentos adquiridos em suas atividades profissionais como administrador.

Evidencia-se, também, que os diversos instrumentos administrativos decorrentes das teorias da administração – e respeitando os princípios e as práticas da boa administração – são alocados nas funções das empresas, conforme você vai analisar na seção 4.2, onde são apresentadas quatro funções básicas: marketing, produção, finanças, bem como processos e tecnologia.

Outro aspecto importante é que:

- nesta seção – abordagens anteriores e atuais da evolução do pensamento administrativo – são explicadas as razões do surgimento dos instrumentos administrativos como resultantes dos estudos realizados pelas diferentes escolas e teorias da administração; e

- nas seções 4.1 – funções da administração – e 4.2 – funções das empresas – são apresentadas explicações resumidas a respeito da aplicação dos principais instrumentos administrativos decorrentes dos estudos realizados pelas escolas e teorias da administração.

Portanto, o estudo que você realiza por este livro é sempre interativo, evolutivo e sustentado, propiciando a você elaborar um otimizado plano de carreira como profissional da administração.

Fique atento

Essa interação entre o estudo da administração e a elaboração de seu plano de carreira como profissional da administração é o grande "lance" deste livro.

As escolas e as teorias da administração, de acordo com proposta deste autor, são evidenciadas na Tabela 3.1:

Tabela 3.1 - Escolas e teorias da administração

ESCOLA CLÁSSICA	ESCOLA BUROCRÁTICA	ESCOLA HUMANISTA	ESCOLA SISTÊMICA	ESCOLA QUANTITATIVA	ESCOLA CONTINGENCIAL	ESCOLA MODERNA
Teoria da Administração Científica Teoria do Processo Administrativo	Teoria da Burocracia	Teoria das Relações Humanas Teoria Comportamentalista Teoria Estruturalista Teoria do Desenvolvimento Organizacional	Teorias de Sistemas	Teoria Matemática	Teoria da Administração por Objetivos Teoria da Contingência	Teoria da Administração por Processos Teoria da Excelência das Empresas

O primeiro comentário a respeito da Tabela 3.1 é que a distribuição das teorias da administração entre as escolas não seguiu uma ordem cronológica de eventos, mas sim uma lógica de melhor alocação dos assuntos para o estudo e o entendimento conceitual e prático da administração nas empresas.

A interação entre assuntos das diferentes teorias é muito ampla e complexa, pois uma teoria alocada em uma "coluna intermediária" pode receber e dar contribuições diretas para uma teoria alocada em uma "coluna anterior" ou em uma "coluna posterior" da Tabela 3.1.

Isso é uma verdade, principalmente quando se lembra que a administração é uma tecnologia – conhecimento – em constante evolução, que também recebe e fornece contribuições diversas – metodologias, técnicas e conhecimentos – ao longo de um processo interativo e sempre vivo e atuante. Lembre-se de que esse é um dos princípios da administração (ver item "c" da seção 1.2).

A questão da ordem cronológica das diversas escolas e teorias da administração é explicada nas seções seguintes quando da apresentação das principais contribuições de autores diversos.

3.1.1 Escola Clássica

A Escola Clássica surgiu nos primeiros anos do século passado por duas razões básicas:

- aumento da complexidade para se administrar as empresas como consequência direta do crescimento rápido da economia e das interações com o mercado comprador; e

- busca dos maiores rendimentos e retornos possíveis proporcionados pelos recursos das empresas, aumentando o nível de produtividade e qualidade dos processos produtivos, quanto às tarefas, aos tempos e métodos, aos maquinários etc.

São duas as teorias da administração que se enquadram na abordagem da Escola Clássica, sendo que seus aspectos básicos são apresentados a seguir.

Você vai verificar, a partir da análise dessas duas teorias, que a Escola Clássica poderia estar definindo o termo *administração* da seguinte maneira:

- Administração é o processo de uso de recursos disponíveis e de atuação planejada, organizada, supervisionada e controlada para alcançar os resultados previamente estabelecidos.

Desafio

Após analisar as duas teorias da administração decorrentes da Escola Clássica, você deve escrever a sua conceituação do termo *administração* para essa escola.

I – Teoria da Administração Científica

Ela se iniciou em 1903, nos Estados Unidos da América, sob a liderança de Frederick Winslow Taylor (1856-1915).

Wikimedia Commons

Frederick Winslow Taylor (1856-1915).

Desafio

Pesquise outros estudiosos da administração que contribuíram para o desenvolvimento e consolidação dessa teoria.

A Teoria da Administração Científica proporcionou algumas contribuições para o estabelecimento dos princípios e da prática da administração.

Entretanto, existe uma ressalva que é válida para todas as escolas e teorias da administração apresentadas neste livro: como a administração é um processo evolutivo, gradativo e acumulativo, fica relativamente difícil se estabelecer, com exatidão, o início e o fim de cada contribuição; e, portanto, tem-se que trabalhar com algumas sobreposições e os naturais aprimoramentos ao longo do tempo.

De qualquer forma, você pode considerar as seguintes contribuições para a qualidade administrativa das empresas como decorrência dos trabalhos pelos estudiosos da Teoria da Administração Científica:

i. Contribuição direta para a maior eficiência nos processos produtivos, incluindo a redução dos custos de produção, como decorrência da:
   - divisão do trabalho pelas especializações;
   - atuação de supervisores coordenando e orientando os trabalhos;
   - padronização de ferramentas e instrumentos de trabalho;
   - premiação decorrente de trabalhos bem-feitos;
   - estruturação de rotinas de trabalho; e
   - determinação dos custos de produção das empresas.

ii. Manutenção básica das mesmas cargas horárias e condições de trabalho.

iii. Contribuição, ainda que indireta, para a evolução das comunidades onde as fábricas se localizavam.

iv. Contribuição direta para a estruturação e a aplicação de princípios básicos da administração:
   - estabelecimento de método cientifico, registrado em ficha disponível para todos, para a realização das tarefas por parte dos trabalhadores das empresas;
   - seleção e treinamento, com abordagem científica, dos trabalhadores que deveriam realizar as tarefas de acordo com o método científico anteriormente estabelecido;
   - supervisão e orientação dos trabalhos utilizando abordagem científica, bem como procurando ter boa interação entre superiores e subordinados;
   - consolidação da divisão dos trabalhos ente os operários, pelas suas especializações, o que, inclusive, propiciava que os supervisores tivessem tempo de planejar, orientar e controlar a realização e os resultados apresentados pelos operários das empresas; e
   - contribuição para a estruturação, ainda que de forma relativamente embrionária, dos objetivos a serem alcançados e dos resultados efetivos.

Desafio

Faça comentários a respeito dessas cinco contribuições e pesquise outras contribuições gerais proporcionadas pela Teoria da Administração Científica.

E agora são apresentados os instrumentos administrativos considerados resultantes dos estudos realizados pela abordagem da Teoria da Administração Científica, ou seja, agora o foco é a identificação das efetivas ferramentas de trabalho para a melhor administração das empresas.

Nesse contexto, você pode considerar:

a) Estruturação da especialização dos trabalhos, o que significa dividir as atividades desenvolvidas em um processo de trabalho e alocar os funcionários, com algum nível de treinamento, nessas atividades, de tal forma que a própria realização dos trabalhos vai proporcionando melhoria na experiência prática dos trabalhos, ainda que tudo isso ocorra de uma forma mecanicista. Simples, não?

b) Análise da produção em massa, a qual foi desenvolvida por Henry Ford (1863-1947), que otimizou as linhas de montagem mas manteve uma *miopia administrativa* em questões de interação entre os diferentes conhecimentos, bem como quanto às necessidades e expectativas dos compradores, na sua abordagem do "compre o Ford T, e que seja na cor preta!".

c) Estudo dos tempos e métodos de trabalho, visando a maior produtividade, a baixa imobilização do capital circulante da empresa, bem como a redução do volume de transformação de matérias-primas e do nível de retrabalho – que corresponde a refazer o que já foi feito – nas atividades das empresas.

Desafio

Explique, no seu entendimento atual, a importância de cada um dos três principais instrumentos administrativos decorrentes dos estudos da Teoria da Administração Científica.

E o que você acredita que tenha validade até os dias atuais.

Mas não se esqueça de apresentar as devidas justificativas e os possíveis exemplos práticos.

A Teoria da Administração Científica sofreu determinadas críticas, algumas consideradas válidas e outras nem tanto, que são apresentadas a seguir:

- elevado enfoque nos aspectos de estruturação e execução das tarefas, esquecendo as questões humanas como a criatividade e a competência, as quais só foram estudadas aproximadamente 50 anos depois, pela Escola Humanista (ver seção 3.1.3);
- efetiva possibilidade de maior nível de ansiedade ocupacional, principalmente pela busca de maiores níveis de produtividade – individual ou da equipe – visando remunerações e benefícios mais elevados. Entretanto, você pode fazer uma leitura otimista dessa situação pelo atual incentivo do empreendedorismo interno realizado pelos profissionais das empresas (ver seção 5.4.2);
- visão *robotizada* da atuação dos profissionais das empresas pela desqualificação das tarefas que exigiam criatividade e elevada especialização e competência, sendo que as leis aplicadas nos trabalhos desses profissionais eram apenas decorrentes dos estudos de tempos e métodos de produção, esquecendo que dependem das facilidades e dificuldades de cada cargo, bem como de fatores de influência externa como iluminação, temperatura do ambiente, entre outros fatores. Você vai verificar que essas questões foram ajustadas pela Escola Humanista – ver seção 3.1.3 – e pela Teoria da Administração por Processos (ver item I da seção 3.1.7);
- inadequada interação entre produtividade e motivação, com a afirmação de que a maior produtividade era decorrente direta dos melhores tempos e métodos de trabalho ou dos salários mais elevados, esquecendo-se de vários outros fatores motivacionais que foram estudados pela Escola Humanista (ver seção 3.1.3). Entretanto, essa mudança não foi fácil, pois a questão do estudo restrito da motivação também ocorreu na Teoria do Processo Administrativo – ver item II dessa seção – e também na Escola Burocrática – ver seção 3.1.2 – e parece que até nos dias atuais ainda ocorrem algumas *recaídas* nessa questão;
- consideração da questão salarial como o principal fator da motivação, que foi um posicionamento simplista e questionado pela Escola Humanista – na seção 3.1.3 – e, derrubado, definitivamente, pela Teoria da Excelência das Empresas (ver item II da seção 3.1.7);
- considerar que "bom funcionário" era sinônimo de profissional com elevada especialização, pois o básico era subdividir ao máximo as tarefas, até o nível ideal de supervisão de tarefas simples, padronizadas e repetidas que pudessem ser realizadas por operários de baixa qualificação e salários reduzidos. Esse *imbróglio* só foi resolvido pela Teoria da Administração por Processos (ver item I da seção 3.1.7);
- aumento das tensões pessoais e sociais, principalmente por questões sindicais. Esse problema só foi resolvido pelos princípios administrativos decorrentes da Escola Humanista – ver seção 3.1.3 –, da Teoria de Sistemas – ver seção 3.1.4 – e da Teoria da Contingência – ver item II da seção 3.1.6 –, pois essas colocaram os profissionais das empresas como o *centro nervoso* e inteligente de algo bem

mais amplo, resultando em trabalho em equipes multidisciplinares, interligação das tarefas via processos estruturados, interação com os fatores externos ou não controláveis pelas empresas, ou seja, uma visão ampla, interativa e global;

- esquecimento de que cada pessoa é um ser humano, social e inteligente, afirmando que as pessoas são preguiçosas e incompetentes. Essa afirmação pode até ser verdadeira para alguns profissionais das empresas, mas a sua generalização, como um princípio administrativo, é altamente problemática; e mais: inteligente é a empresa que sabe utilizar a inteligência de seus profissionais na plenitude;
- não considera os aspectos informais e os fatores externos ou não controláveis das empresas, assuntos que foram resolvidos, respectivamente, pela Teoria do Desenvolvimento Organizacional – ver item IV da seção 3.1.3 – e pela Teoria da Contingência (ver item II da seção 3.1.6);
- apresenta desequilíbrio no tratamento das várias atividades das empresas, com elevado enfoque na produção e, basicamente esquecendo questões mercadológicas, financeiras, de gestão de pessoas, de análise de negócios. Essa situação levou as empresas a produzir bens que o mercado não considerava como essenciais e os produtos eram "empurrados" para o mercado, em vez de serem "puxados" pelo mercado, sendo que esses assuntos só foram resolvidos pela Escola Humanista – ver seção 3.1.3 – e, principalmente, pela Escola Contingencial (ver seção 3.1.6);
- não considera as interações entre os diferentes fatores de influência da administração, tais como entre os diferentes grupos de trabalho, entre os diferentes conhecimentos, entre as matérias-primas e os processos produtivos, entre as necessidades do mercado e os produtos oferecidos, entre os posicionamentos dos governos e as abordagens de atuação das empresas;
- a Teoria da Administração Científica é um *emaranhado* de ideias sem a preocupação maior com a sustentação conceitual e prática. Acredito que essa seja uma crítica exagerada; e
- a Teoria da Administração Científica não apresenta comprovação científica, lembrando que a principal premissa de uma ciência é a aplicação, em níveis adequados, de pesquisas e de experimentações estruturadas para comprovar as suas proposições, respeitando as hipóteses e os princípios considerados. E a Teoria da Administração Científica se preocupou com as consequências das tarefas realizadas e, principalmente, com a maneira ideal de essas tarefas serem realizadas; mas não se preocupou – e aqui está o problema – com as causas, as razões, os porquês de os profissionais das empresas trabalharem de uma determinada forma. Portanto, não se pesquisou ou se analisou o foco principal da questão.

Mas esteja certo de uma coisa: essas 13 críticas apresentadas não tiram o mérito e a contribuição efetiva da Teoria da Administração Científica para o desenvolvimento e a consolidação da administração das empresas.

Desafio

Identifique situações que você visualizou em que se "praticava" exatamente o que se criticou na Teoria da Administração Científica.

Você vai se espantar!

A análise da Teoria da Administração Cientifica pode se encerrar com a apresentação de três contribuições que tiveram evoluções ao longo do tempo e, até os dias atuais, têm um nível de importância.

São elas:

- a administração se consolidou como algo que pode, e deve, ser analisado, estruturado, aplicado, disseminado e aprimorado;
- o foco da administração deve ser no aprimoramento profissional dos que trabalham nas empresas; e
- os estudos da administração também devem ser efetuados da base para o topo da pirâmide empresarial, ou seja, é um estudo em duas direções que se completam.

Desafio

Faça seus comentários finais a respeito da Teoria da Administração Científica.
E debata com alguns colegas.

II – Teoria do Processo Administrativo

Ela se iniciou em 1906, na Europa, sob a liderança de Henri Fayol (1841-1925).

Wikimedia Commons

Henri Fayol (1841-1925).

Desafio

Pesquise outros estudiosos da administração que contribuíram para o desenvolvimento e consolidação dessa teoria.

Essa teoria recebeu alguns outros nomes, o que provocou diferenças na amplitude dos assuntos abordados e, consequentemente, nas análises realizadas.

Esses outros nomes são:

- Teoria Anatômica, porque procurou adequar a administração à realidade dos profissionais das empresas;
- Teoria Administrativa, porque identificou, pesquisou e analisou as funções da administração; e
- Teoria do Enfoque Funcional, porque alocou as funções da administração ao longo de um processo estruturado e de fácil entendimento.

Essa teoria também identificou e analisou as funções das empresas, sendo que essas, como as funções da administração, você terá a oportunidade de verificar nas seções 4.1 e 4.2.

As três principais contribuições da Teoria do Processo Administrativo podem ser visualizadas na Figura 3.2:

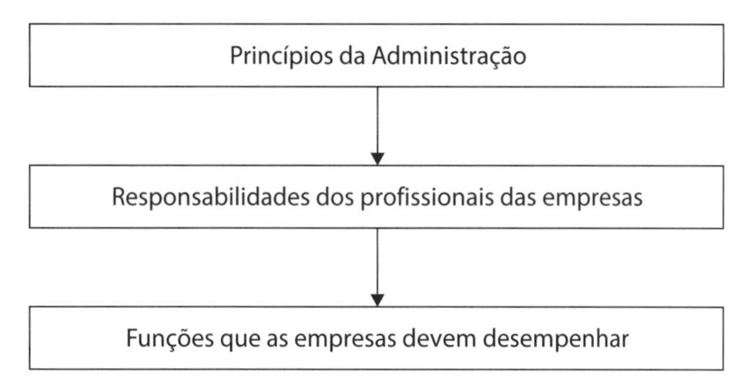

Figura 3.2 - Princípios, responsabilidades e funções.

A Figura 3.2 estabelece que a administração deve ter e respeitar alguns princípios básicos que orientam as diversas decisões administrativas das empresas, os quais Henri Fayol considerou como sendo 14, conforme apresentado na Tabela 3.2:

Tabela 3.2 - Princípios da administração

PRINCÍPIOS	DESCRIÇÃO
Divisão do trabalho	• Designação de tarefas específicas para cada pessoa, resultando na especialização das funções e separação dos poderes.
Autoridade e responsabilidade	• Autoridade é o direito de mandar e o poder de fazer-se obedecer. Responsabilidade é o que deve ser executado, que acompanha o exercício da autoridade.
Disciplina	• Respeito aos acordos estabelecidos entre empresas e os seus trabalhadores e prestadores de serviços.
Unidade de comando	• Cada trabalhador deve ter apenas um supervisor.
Unidade de direção	• Deve existir um só chefe e um só programa para um conjunto de operações que visam ao mesmo objetivo ou resultado.
Importância do interesse geral	• Subordinação do interesse individual ao interesse geral.
Remuneração	• A remuneração deve ser realizada de forma equitativa e com base tanto em fatores internos quanto externos à empresa.
Centralização	• A concentração de poderes de decisão do chefe deve também considerar sua capacidade de enfrentar suas responsabilidades e a iniciativa dos subordinados.
Hierarquia	• Autoridade e responsabilidade estabelecidas de cima para baixo na estrutura organizacional das empresas.
Ordem	• Um lugar para cada pessoa ou coisa e cada pessoa ou coisa em seu lugar.
Equidade	• Tratamento igual para as pessoas iguais, não excluindo a autoridade e o rigor, quando necessários.
Estabilidade do pessoal	• Manutenção das equipes como forma de promover seu desenvolvimento.
Iniciativa	• Capacidade de criar situações e ações que facilitem a execução de tarefas.
União e harmonia	• Desenvolvimento e manutenção da união e da harmonia dentro das equipes de trabalho da empresa.

Esses 14 princípios orientam as 16 responsabilidades básicas que os executivos das empresas devem exercitar, conforme estabelecido por Henri Fayol, e apresentadas a seguir:

- assegurar a cuidadosa preparação dos planos e sua rigorosa execução nas empresas;
- cuidar para que a estruturação de pessoas e de materiais seja coerente com os objetivos, os recursos e os requisitos da empresa;
- estabelecer uma autoridade construtiva, competente, enérgica e única;
- harmonizar atividades e coordenar esforços;
- formular as decisões de forma simples, nítida e precisa;
- estruturar um processo seletivo eficiente de pessoas;
- definir claramente as obrigações dos trabalhadores da empresa;
- encorajar a iniciativa e o senso de responsabilidade;
- recompensar, justa e adequadamente, os serviços realizados;
- aplicar sanções contra faltas e erros;
- manter a disciplina;
- subordinar os interesses individuais ao interesse geral;
- manter a unidade de comando na empresa;
- supervisionar a ordem dos materiais e das pessoas na empresa;
- ter tudo sob controle; e
- combater o excesso de regulamentos, burocracia e papelada na empresa.

Desafio

Comente o exercício dessas 16 responsabilidades sustentadas pelos 14 princípios da administração. Identifique as situações com maior e com menor dificuldade de realização.

E para que as responsabilidades básicas sejam exercidas e os princípios sejam respeitados, existem seis funções da administração identificadas por Henri Fayol e apresentadas na Figura 3.3:

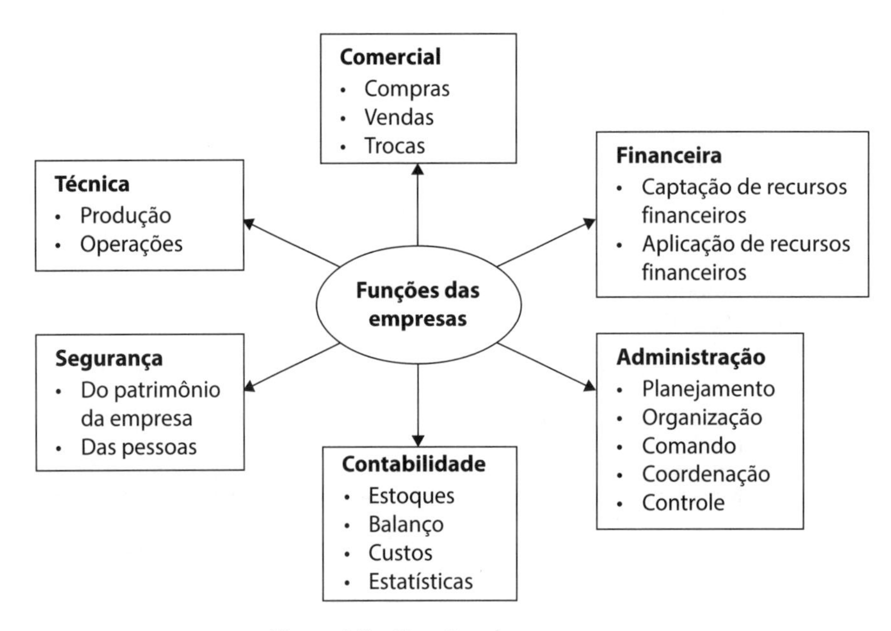

Figura 3.3 – Funções das empresas.

O estabelecimento das funções das empresas teve algumas evoluções apresentando, atualmente, pequenas variações quanto à abordagem e/ou a nomenclatura dos termos utilizados; sendo que este autor apresenta, na seção 4.2, as seguintes funções das empresas: marketing, produção, finanças e processos e tecnologia, as quais estão sustentadas por alguns instrumentos administrativos.

Fica evidente também que a função das empresas *administração*, apresentada na Figura 3.3, passou a ter um tratamento em separado, pois representa a contribuição básica de todo e qualquer profissional que atua em atividades administrativas, sendo que, no caso deste livro, elas são apresentadas na seção 4.1 com a identificação de quatro funções da administração: planejamento, organização, gestão e desenvolvimento de pessoas, bem como avaliação dos resultados.

Desafio

Faça comentários a respeito das funções das empresas apresentadas na Figura 3.3; e compare com o apresentado na seção 4.2.

Em seguida, pesquise outras maneiras de se identificar as funções das empresas.

Os estudos decorrentes da Teoria do Processo Administrativo proporcionaram quatro instrumentos administrativos de elevada aplicação pelas empresas, a saber:

i. Estruturação das funções da administração

Fayol estabeleceu cinco funções da administração: planejamento (previsão), organização, comando, coordenação e controle, sendo que as duas primeiras e a última aparecem nas seções 4.1.1, 4.1.2 e 4.1.4 com as devidas atualizações de abordagem, e as outras duas podem ser consideradas como inerentes à função *gestão e desenvolvimento de pessoas* – ver seção 4.1.3 –, pois são as pessoas que realizam o comando, a liderança, a subordinação, bem como a coordenação, a união, a harmonia e, principalmente, a interação entre as diversas atividades realizadas pelas empresas.

O que você vai perceber é que as funções da administração começaram, alguns anos depois, a ter um tratamento individualizado, não sendo mais uma função das empresas, mas algo bem mais amplo, que deve ter um tratamento interativo com as funções das empresas, de tal forma que, por exemplo, cada uma das funções da administração seja parte integrante de cada uma das funções das empresas; ou seja, os profissionais que trabalham na área comercial ou mercadológica de uma empresa devem saber planejar, organizar, gerir e desenvolver pessoas, bem como avaliar resultados. Essa questão vai ficar bem clara para você pela análise do Capítulo 4.

ii. Estruturação das funções das empresas

Essa foi outra importante contribuição da Teoria do Processo Administrativo sendo que, na época, Fayol estabeleceu as funções técnica, comercial, financeira, segurança, contabilidade e administração, conforme foi evidenciado na Figura 3.3.

Posteriormente, esses estudos evoluíram pelas Teorias da Contingência, da Administração por Processos e da Excelência das Empresas e se consolidaram, de forma geral, como apresentado na seção 4.2.

Entretanto, essa questão de nomes das funções da administração e das funções das empresas pode apresentar, naturalmente, algumas diferenças sem afetar a sua aplicação, pois o mais importante é que essas funções e suas subdivisões – conforme apresentado nas seções 4.1 e 4.2 – contemplem todos os assuntos e atividades da administração e das empresas.

iii. Estudo do *papel* e da atuação dos profissionais das empresas

Fayol considerava que, se as cinco funções da administração estivessem na sequência lógica e bem realizadas pelas empresas, os seus executivos teriam todas as condições de estabelecer objetivos e metas, atribuir responsabilidades e autoridade, tomar decisões, indicar prioridades, controlar a realização das atividades e os seus resultados.

E, para tanto, os executivos das empresas devem ter a garantia de que os 14 princípios da administração estejam sendo respeitados pela empresa, bem como de que eles estão exercendo as suas 16 responsabilidades básicas, conforme anteriormente apresentado.

iv. Maneiras de estruturar as empresas

Como resultado dos estudos inerentes aos três instrumentos administrativos anteriores, principalmente quanto à função das empresas *organização,* foram aprimorados estudos iniciados na Teoria da Administração Científica, consolidando, principalmente, cinco maneiras de departamentalizar – ou agrupar ou estruturar ou organizar – as atividades desenvolvidas pelas empresas em geral, a saber: funcional, territorial, por clientes, por produtos ou serviços e por projetos.

Você vai analisar os aspectos básicos desses, e outros tipos de departamentalização, na seção 4.1.2.

Na realidade, existe outro tipo de departamentalização que poderia ser alocada como contribuição da Teoria do Processo Administrativo, correspondente à departamentalização por processos; mas este autor preferiu alocar na Teoria da Administração por Processos – ver item I da seção 3.1.7 – por causa da forte evolução que sofreu como decorrência dessa referida teoria ter desenvolvido e consolidado os instrumentos administrativos de logística e de qualidade total, os quais podem ser considerados os mais importantes processos nas empresas.

Na realidade, existe forte interação nas contribuições de diferentes teorias para um mesmo assunto, o que torna o estudo da administração ainda mais interessante.

Só para "matar a sua curiosidade", você vai identificar outras formas de departamentalizar em outras teorias da administração, como:

- a Teoria da Administração por Processos também contribuiu para a efetivação da departamentalização pela rede de integração entre empresas;
- a Teoria da Contingência estruturou a departamentalização matricial e por unidades estratégicas de negócios; e
- a Teoria da Excelência das Empresas consolidou a governança corporativa.

Nesse momento, é importante evidenciar a maneira básica deste autor apresentar as contribuições das escolas e das teorias da administração.

Na seção 3.1, em que são apresentadas as escolas e as teorias que contribuíram, e têm contribuído, para a evolução do pensamento administrativo este autor aborda os assuntos e instrumentos administrativos decorrentes desses estudos, focando, basicamente, "para que eles servem".

Nas seções 4.1 e 4.2 – quando se analisam as funções da administração e as funções da empresa – este autor apresenta, de forma resumida, como aplicar esses assuntos e instrumentos administrativos.

Você vai perceber que o tratamento, em dois momentos, mas de forma interativa, vai facilitar, em muito, o processo de consolidação do entendimento de cada instrumento administrativo, bem como o conhecimento de qual função, da administração ou da empresa, em que ele está alocado; e mais, como se deve fazer a interligação geral entre todos os assuntos administrativos.

A Teoria do Processo Administrativo teve algumas críticas e contracríticas, a saber:

- apresenta elevada abordagem simplista, pois considerava que, independentemente do tipo, atuação e tamanho da empresa, sempre se deve trabalhar com o mesmo núcleo de administração, a mesma estrutura de separação de funções administrativas e as mesmas premissas e regras administrativas;
- é uma teoria sem flexibilidade adequada, levando algumas empresas a terem problemas em seus negócios, produtos e serviços. Esse tipo de crítica se fortaleceu com a Teoria da Burocracia (ver seção 3.1.2);
- como consequência, apresenta elevado nível de mecanicismo em suas orientações administrativas, questão que só foi definitivamente eliminada com a Teoria da Excelência das Empresas (ver item II da seção 3.1.7);
- apresenta inadequado tratamento das questões pessoais, o que só foi resolvido com a Teoria das Relações Humanas (ver item I da seção 3.1.3); e
- apresenta baixo rigor científico, principalmente quanto aos 14 princípios de administração apresentados como leis a serem respeitadas.

De qualquer forma, visualizam-se evoluções de duas contribuições da Teoria do Processo Administrativo que valem até os dias atuais, quer de forma interligada ou não com outras teorias da administração.

São elas:

- é uma forma estruturada de identificar as atividades básicas das empresas, com base nas funções da administração e nas funções das empresas; e
- é uma forma estruturada de identificar e analisar a atuação dos executivos e demais profissionais das empresas.

Não se esqueça

Lembre-se de que você ficou de escrever a sua conceituação para o termo *administração* de acordo com a abordagem da Escola Clássica e das correspondentes Teoria Clássica e Teoria do Processo Administrativo.

3.1.2 Escola Burocrática

A Escola Burocrática surgiu em 1909 por três razões básicas:

- busca da racionalidade e da igualdade no tratamento dos funcionários das empresas, mas, na prática, isso não funcionou pela elevada impessoalidade nas relações pessoais nas empresas, o que provocava – e era resultante – a não participação dos funcionários nos processos de integração social;
- abordagem mais ampla do estudo da administração, incorporando as questões da ciência política, da sociologia e do direito; e
- necessidade de estudos mais estruturados para a análise dos tipos de relacionamentos humanos, na busca de maior produtividade das empresas.

Talvez você possa considerar que a Escola Burocrática definia o termo *administração* da seguinte forma:

- Administração é o processo de tomada de decisões, supervisão e controle das ações dos profissionais das empresas, visando ao alcance dos resultados previamente estabelecidos.

Para você pensar

Após analisar os estudos da Escola Burocrática, e de sua teoria decorrente, você deve escrever a sua conceituação do termo *administração* para essa escola.

A Escola Burocrática abordou uma única teoria, denominada Teoria da Burocracia, cujos aspectos principais são evidenciados a seguir.

I. Teoria da Burocracia

Ela se iniciou em 1909, sob a liderança de Max Weber (1864-1920), que considerava o conceito de burocracia bem amplo, englobando qualquer sociedade, empresa ou grupo que sustente e oriente os seus atos em leis racionais.

Desafio

Pesquise outros estudiosos da administração que contribuíram para o desenvolvimento e consolidação dessa teoria.

Wikimedia Commons

Max Weber (1864-1920).

Você pode considerar que as principais contribuições da Teoria da Burocracia foram:

i. Definição dos níveis de autoridade decisória e de mando nas empresas

A Teoria da Burocracia dividiu a estrutura hierárquica das empresas em três níveis conforme apresentado na Figura 3.4:

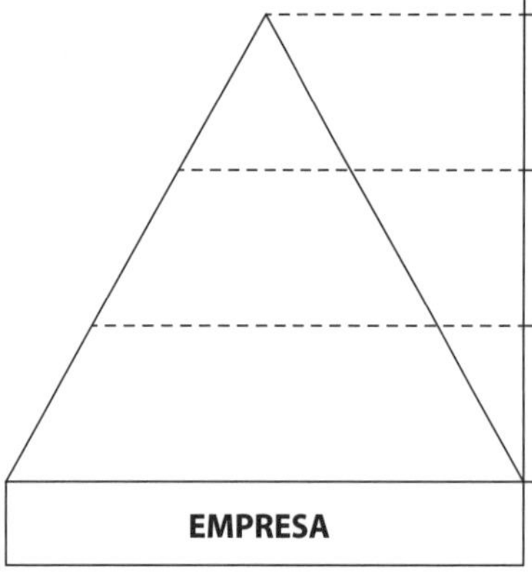

Níveis	Atribuições principais
Executivo	Tomada de decisões
Burocrata	Implementação das decisões do nível excutivo
Operacional	Trabalhos operacionais

EMPRESA

Figura 3.4 - Níveis da estrutura hierárquica.

Essa divisão serviu para dar uma *ajeitada* geral na empresa, mas foi substituída por outras abordagens mais interessantes, como a baseada nos níveis da função *planejamento*: estratégico, tático e operacional, até porque, nesse caso, foram estruturadas metodologias para o desenvolvimento e implementação desses três níveis de planejamento de forma integrada, o que é algo de elevada importância para a adequada administração das empresas.

ii. Soube trabalhar, de forma interativa, de um lado, com as atividades estabelecidas junto com a estrutura hierárquica das empresas e, do outro lado, com as competências administrativas exigidas individualmente pelos cargos junto com o conhecimento técnico, de acordo com as regras que determinam o desempenho do referido cargo.

Esses quatro princípios – atividades, hierarquia competências, tecnologia – se consolidaram com a administração do conhecimento, realizada pela Teoria da Excelência das Empresas (ver item II da seção 3.1.7).

iii. Melhor análise de questões correlacionadas com a estrutura organizacional das empresas, debatendo alguns assuntos, como:

- formalização dos procedimentos, descrição de cargos, políticas, regulamentos etc.;
- especialização das atividades realizadas nas empresas, resultando em concentrações de especialidades e de conhecimentos;
- estruturação e padronização das atividades uniformes e rotineiras da empresa; e
- centralização, na alta administração das empresas, do processo e do poder de decisão.

Você pode considerar que esses quatro aspectos foram evoluindo pelos estudos das diversas teorias da administração, e se consolidaram, de maneira otimizada, na Escola Moderna (ver seção 3.1.7).

Com base nesses diversos estudos e contribuições da Teoria da Burocracia, alguns instrumentos administrativos se consolidaram, a saber:

i. Estruturação formal das empresas

Essa questão se iniciou na Teoria do Processo Administrativo, evoluiu na Teoria da Burocracia – principalmente a estrutura funcional – e teve forte consolidação na Teoria Estruturalista e, principalmente, nas teorias da Escola Moderna.

De qualquer forma, existem dois extremos nessa questão da estruturação organizacional:

- a abordagem mecanicista, considerada ideal para situações estáveis das empresas e, nesse caso, todos os princípios da Teoria da Burocracia são aplicados na plenitude; e
- a abordagem orgânica, considerada ideal para situações mais instáveis das empresas, quando se devem aplicar princípios de outras teorias da administração, pois a Teoria da Burocracia pode estar *engessando* a empresa.

ii. Estudo da autoridade hierárquica, a qual segue as linhas da estrutura hierárquica das empresas

A questão da autoridade nas empresas também pode ocorrer no contexto da autoridade funcional, em que alguém tem autoridade sobre outra área, a qual não é sua subordinada hierárquica. É o caso de um gerente de finanças da unidade central de uma empresa ter autoridade – na função *finanças* – sobre o setor de tesouraria de uma filial da referida empresa.

Você deve considerar que no desenvolvimento e aplicação de seus ensinamentos a Teoria da Burocracia teve algumas críticas e contracríticas, a saber:

- dificuldade de adequação das empresas ao acelerado ritmo das mudanças e das novas tecnologias de operação e, principalmente, do conhecimento administrativo;

- exagerada ênfase nos métodos e procedimentos administrativos, em detrimento das habilidades, dos conhecimentos e da criatividade das pessoas; e
- a Teoria da Burocracia proporciona o *inchaço* das empresas, e essa questão tem sido uma evidência principalmente nas organizações governamentais brasileiras, quer sejam federais, estaduais ou municipais.

Desafio

Explique o seu posicionamento, com detalhes e exemplos, quanto às duas principais contribuições da Teoria da Burocracia para os princípios e a prática da administração.

De qualquer forma, a Teoria da Burocracia contribuiu em dois aspectos básicos para a melhor administração, a saber:

- colocou *ordem na casa* pela melhor estruturação das atividades das empresas; e
- estabeleceu *que é quem* em termos de apresentar resultados efetivos para as empresas.

Não se esqueça

Lembre-se de que você ficou de escrever a sua conceituação para o termo *administração* de acordo com a abordagem da Escola Burocrática.

3.1.3 Escola Humanista

A Escola Humanista surgiu no início da década de 1930 e foi se desenvolvendo até a década de 1970, baseada em cinco razões básicas:

- críticas à Escola Clássica, lideradas pelo sociólogo Chester Barnard (1886-1961), que questionou a exagerada ênfase direcionada à necessidade de elevada produtividade a *qualquer preço*, bem como a análise da influência dos sindicatos que lutavam por maior justiça e condições de trabalho nas empresas;
- adequação das estruturações organizacionais às necessidades dos negócios e das equipes de trabalho das empresas;
- consolidação das equipes multidisciplinares de trabalho, principalmente pelos estudos realizados por Mary Parker Follett (1868-1933); e
- estudos da influência do nível motivacional dos profissionais das empresas na qualidade da administração.

Wikimedia Commons

Mary Parket Follett (1868-1933).

A Escola Humanista também é denominada Escola Neoclássica, pois alguns autores consideram que é uma simples evolução dos estudos apresentados pela Escola Clássica, com o que este autor não concorda e poderá ficar evidente para você pelo apresentado a seguir nas quatro teorias da administração integrantes da Escola Humanista.

Talvez se possa considerar que a Escola Humanista defina o termo *administração* da seguinte forma:

- Administração é o processo social que visa o alcance dos resultados esperados pelo trabalho interativo e gratificante entre os profissionais das empresas.

Desafio

Após analisar os estudos da Escola Humanista, e de suas quatro teorias integrantes, você deve escrever a sua conceituação do termo *administração* para essa escola.

A Escola Humanista é composta de quatro teorias da administração com suas características específicas, a saber:

- Teoria das Relações Humanas;
- Teoria Comportamentalista;
- Teoria Estruturalista; e
- Teoria do Desenvolvimento Organizacional.

Os aspectos básicos de cada uma dessas quatro teorias da administração são apresentados a seguir:

I – Teoria das Relações Humanas

Ela se iniciou em 1932, nos Estados Unidos da América, sob a liderança de Elton Mayo (1880-1949).

Elton Mayo (1880-1949).

Desafio

Pesquise outros estudiosos da administração que contribuíram para o desenvolvimento e consolidação dessa teoria.

A abordagem da Teoria das Relações Humanas é bem simples e está representada na Figura 3.5:

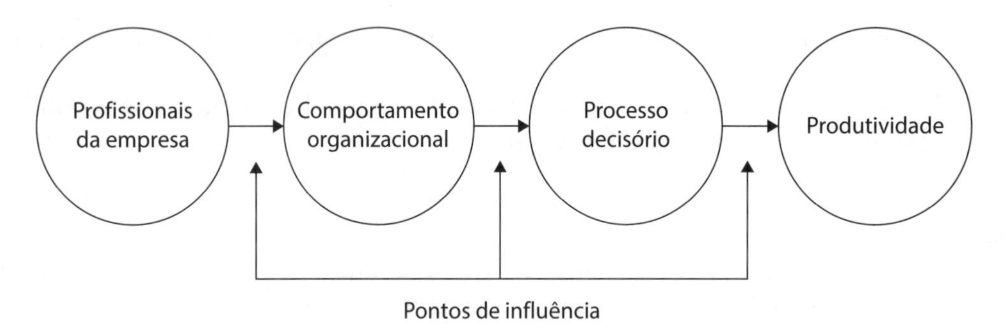

Figura 3.5 – Abordagem da teoria das relações humanas.

Pela Figura 3.5 você observa que todo e qualquer profissional da empresa exerce influência no comportamento organizacional dessa organização e, por consequência, influencia a qualidade do processo decisório e, portanto, o nível de produtividade da referida empresa.

Para refletir

Você e sua classe de aula têm um nível de influência nos resultados finais de sua faculdade de administração.

Isso é bom ou ruim?

Por quê?

Na prática, você vai perceber que a análise dessas influências só será possível com a aplicação dos ensinamentos das quatro teorias da Escola Humanista.

Especificamente, a Teoria das Relações Humanas proporcionou quatro contribuições principais para o aprimoramento dos princípios e da prática da administração pelas empresas:

- maior abrangência de participação e de contribuição dos diversos profissionais das empresas, independentemente do seu nível hierárquico;
- melhoria nas comunicações entre todos os níveis hierárquicos das empresas, evidenciando também que as pessoas gostam de trabalhar juntas, o que aprimora o "aprendizado interativo com os outros";
- reconhecimento da necessidade e da validade dos programas estruturados para maiores níveis de capacitação e de conhecimento pelos diversos profissionais das empresas; e
- estruturação e aplicação de pesquisas e das ciências do comportamento, bem como de uma abordagem de atuação humanística e democrática nas empresas, proporcionando várias outras questões para estudos administrativos, como as análises dos conflitos, das competências individuais e das equipes de trabalho, das lideranças, dos níveis de motivação e de criatividade, dos valores individuais e grupais, dos incentivos nos trabalhos.

Com base nesses diversos estudos pode-se considerar que a Teoria das Relações Humanas contribuiu, diretamente, para o desenvolvimento e a consolidação de três instrumentos administrativos.

São eles:

- liderança, que pode ser considerada uma das principais premissas para o sucesso das empresas;
- comunicação entre as partes envolvidas em um assunto administrativo; e

- criatividade que, na administração das empresas, tem se caracterizado como uma vantagem competitiva de elevada importância, seja para as empresas, seja para as pessoas que a possuem.

Você vai analisar questões básicas desses três instrumentos administrativos na seção 4.1.3, quando do estudo da função da administração *gestão e desenvolvimento de pessoas.*

Desafio

Estabeleça a conceituação básica, de acordo com o seu entendimento no momento atual, dos termos *liderança, comunicação* e *criatividade.*

E depois compare com o apresentado na seção 4.1.3.

Entretanto, devemos analisar algumas críticas e contracríticas que envolveram a Teoria das Relações Humanas, a saber:

i. Limitação exagerada no tipo de empresa pesquisada

Ela focou apenas um tipo: a industrial, ou seja, a fábrica, esquecendo-se dos vários outros tipos de empresa, com suas características específicas, como as empresas lucrativas em geral, as ONG – Organizações Não Governamentais, as fundações, as autarquias, as sociedades de economia mista, as cooperativas, as universidades, os hospitais, os bancos, as creches, as associações de classe, os sindicatos, os clubes.

ii. Limitação exagerada na amplitude de análise

Ela considerou apenas as empresas em si, esquecendo todas as interações e influências recebidas e/ou proporcionadas pelas variáveis ou fatores externos e não controláveis pelas empresas; sendo que esse assunto só foi resolvido pela Teoria da Contingência (ver item II da seção 3.1.6).

iii. Limitação no tratamento das questões e variáveis administrativas

Aqui os estudos, basicamente, só se direcionaram para as questões informais das empresas, esquecendo as importantes questões formalmente estabelecidas.

iv. Excesso de importância para a atuação das equipes – quer fossem ou não multidisciplinares –, colocando em segundo plano a atuação individual dos profissionais das empresas

Essa questão foi resolvida pela Teoria do Desenvolvimento Organizacional (ver item IV desta seção).

v. Tratamento das pessoas de maneira inadequada e incompleta

Isso porque afirmava que existe uma correlação direta e simples entre a felicidade pessoal e a produtividade profissional; que as pessoas só trabalham bem por dinheiro (será que todos os profissionais são *compráveis*?); que as pessoas são simplesmente levadas a fazer coisas às quais não estavam propensas e/ou pelas quais não estavam interessadas; que os profissionais das empresas devem simplesmente moldar as suas atuações ao que as empresas querem, sendo que as empresas não precisam mudar suas características e forma de atuação.

vi. Ela não sabia trabalhar positivamente com os conflitos e atritos entre as pessoas que atuam nas empresas

Você vai verificar que o conflito é algo interessante como fato gerador e de sustentação de maiores criatividade e qualidade administrativa nas empresas. E isso foi posteriormente evidenciado pela Teoria do Desenvolvimento Organizacional (ver item IV desta seção).

vii. Não soube estabelecer a relação de causa *versus* efeito nos conflitos existentes nas empresas

Ela se concentrou em questões "periféricas" que procuram tornar os trabalhos mais agradáveis, como as refeições e lanches disponibilizados nas instalações das empresas, as associações e clubes dos trabalhadores, os maiores intervalos entre as jornadas de trabalho, os folhetos informativos, as salas de recreação.

viii. Exagero na correlação entre felicidade e produtividade

Você deve conhecer profissionais felizes e improdutivos, bem como alguns que são infelizes – pela elevada tensão profissional – e produtivos.

Sem comentários!

ix. Exagero na importância do nível de participação como fator de produtividade e de felicidade nas empresas

Você deve conhecer empresas que consolidaram elevado nível de participação dos seus profissionais, mas elas apresentam baixos níveis de produtividade.

Pode-se afirmar que essas empresas são constituídas por profissionais que "falam muito, mas trabalham pouco".

x. Falta de sustentação e validação científica

Essa é uma crítica que tem aparecido em outras teorias da administração; e, no caso da Teoria das Relações Humanas, é consequência das significativas e fortes alterações e ajustes propostos ao longo das décadas seguintes.

Desafio

Faça comentários, com justificativas e exemplos, a respeito das dez críticas básicas que a Teoria das Relações Humanas recebeu.

Depois hierarquize, com base em um critério estabelecido por você, o nível de importância dessas críticas.

De qualquer forma, a Teoria das Relações Humanas deixou algumas contribuições que evoluíram em estudos posteriores, como:

- as análises e estudos de novos modelos de liderança nas empresas, chegando à liderança pelo conhecimento, que é a situação mais interessante que você pode obter;
- melhor estruturação e maior disseminação das comunicações nas empresas; e
- a certeza de que a administração vai estruturar mecanismos facilitadores para a explicitação e a aplicação da criatividade nas empresas; mas lembrando que a criatividade é algo intrínseco à realidade de cada pessoa e, portanto, de nada adianta uma pessoa não criativa fazer um curso de criatividade. O máximo que ela vai saber é o significado do termo *criatividade*.

II. Teoria Comportamentalista

Ela se iniciou em 1947, nos Estados Unidos da América, liderada por Herbert Alexander Simon (1916-2001), mas também com forte atuação de Abraham Maslow (1908-1970).

Herbert Alexander Simon (1916-2001).

Desafio

Pesquise outros estudiosos da administração que contribuíram para o desenvolvimento e consolidação dessa teoria.

A Teoria Comportamentalista proporcionou algumas importantes contribuições para a prática da administração.

São elas:

i) Desenvolvimento da psicologia empresarial

A psicologia empresarial – também denominada de psicologia industrial ou psicologia administrativa – começou de forma restrita, mais depois teve uma amplitude maior atuando em oito atividades das empresas: seleção, treinamento, alocação dos profissionais nas atividades, supervisão, comunicação, liderança, relacionamento humano e nível de satisfação, tanto pessoal como profissional, nos trabalhos nas empresas.

Atualmente, pelos ensinamentos da ciência do comportamento humano, a psicologia empresarial está facilitada e disseminada pelas empresas em geral.

ii) Movimento direcionado à qualidade de vida

Os estudos realizados mostraram que a qualidade de vida no trabalho sofre forte influência de dois fatores:

- nível de satisfação que as pessoas têm quanto aos trabalhos realizados, correlacionado à contrapartida dos retornos financeiros recebidos (situação relativamente fácil de ser identificada e avaliada); e
- nível de satisfação e de autorrealização pessoal e profissional quanto à própria realização das suas atividades, ou seja, o trabalho em si (situação mais difícil e subjetiva de ser identificada e avaliada).

De qualquer forma, a administração ainda tem muito a aprender quanto à qualidade de vida no trabalho.

Comece agora

Comece a idealizar – com realismo e sustentação – a sua qualidade de vida no estudo e/ou no trabalho. E faça um plano estruturado de sustentação para tal.

iii) Estudos focados na dinâmica de grupo

Foram vários os estudos realizados, mas as principais conclusões mostravam que os níveis de lealdade e de coesão dos membros do grupo não conduzem necessariamente à maior produtividade; mas é importante que o grupo tenha seus próprios padrões de conduta para evitar conflitos e competição interna entre os seus membros.

Para refletir

Você considera que essas afirmações acima são verdadeiras ou falsas, focando os seus trabalhos em grupo na escola e/ou na empresa?

Comente a respeito.

iv) Consolidação da importância do estudo do comportamento humano nas empresas

Esses estudos – também denominados comportamento empresarial – deram uma alavancagem interessante na administração das empresas, pois ampliaram a atuação de seus profissionais e consolidaram esses como catalisadores e disseminadores dos conhecimentos administrativos nas empresas.

Você verifica a importância que pode ter em um ambiente de estudo ou de trabalho. Depende só de você!

v) Consolidação do profissional da empresa como catalisador do processo de tomada de decisões

Embora essa colocação possa parecer óbvia, é importante a sua evidência, pois se deve lembrar que uma boa decisão depende de três aspectos básicos:

- da qualidade das informações disponíveis para a tomada de decisão;
- da qualidade do processo decisório onde as informações estão alocadas; e
- da qualidade do profissional decisor, que é o responsável pela tomada de decisão.

Como decorrência dessas cinco contribuições ao estudo da administração, a Teoria Comportamentalista proporcionou cinco instrumentos administrativos.

São eles:

a) Estudo das necessidades humanas e do nível de motivação

As necessidades humanas foram estudadas, em 1954, por Abraham Maslow, que concluiu que existem cinco necessidades básicas das pessoas, sendo essas alocadas em uma sequência lógica, sustentada e acumulativa e, à medida que essas necessidades vão sendo satisfeitas, as pessoas ficam mais motivadas e mais produtivas.

A sequência dessas necessidades, das mais imediatas para as subsequentes, é:

- necessidades fisiológicas, que correspondem às questões básicas de sobrevivência e têm elevada influência no comportamento das pessoas quando não estão sendo satisfeitas, tais como alimentação (fome), abrigo (frio e calor), sono (cansaço);
- necessidade de segurança, em que se procura o distanciamento dos perigos e ameaças, sendo que essas necessidades ocorrem quando as necessidades fisiológicas básicas estão satisfeitas. É o caso de prevenções e de autoproteção contra doenças, assaltos, desemprego, acidentes;
- necessidades sociais, correlacionadas ao amor, amizade, afeto, aceitação por parte de outras pessoas e grupos;

- necessidades de estima correlacionadas à maneira como cada um se sente em termos de *gostar de si,* do autorrespeito, do prestígio nos níveis social, intelectual e econômico, da independência; e
- necessidades de autorrealização, que correspondem a satisfazer plenamente o seu potencial, em todos os aspectos desejados. Naturalmente essa situação só pode ocorrer se todas as outras quatro necessidades estiverem adequadamente atendidas.

Maslow considerava que as três primeiras necessidades eram as básicas e sustentavam a sobrevivência das pessoas e as duas últimas representavam as necessidades de motivação e proporcionavam a sustentação necessária ao crescimento – em sua plenitude – dessas pessoas.

Embora a abordagem de Maslow tenha recebido alguns questionamentos – inclusive, do próprio – quanto à sua dificuldade de avaliação, à limitação das amostras analisadas, ao esquema burocrático de classificação das necessidades humanas, à possível não interdependência entre as necessidades, ao exagerado nível de influência das necessidades no comportamento das pessoas e à não consideração das diferenças individuais, bem como das evoluções das necessidades humanas, não se pode desconsiderar que esses estudos *deram o que pensar.*

Tanto que, em 1959, Frederick Herzberg coordenou os trabalhos que aprimoraram os estudos de Maslow e resultaram na estruturação da "abordagem dos dois fatores", em que concluiu que a satisfação aumenta o nível de motivação das pessoas; entretanto, a insatisfação não diminuiu esse nível de motivação.

Nesse contexto, ele separou os fatores de influência da satisfação ou da insatisfação das pessoas em:

- fatores de higiene, os quais não provocam crescimento e desenvolvimento das pessoas, mas evitam deterioração e queda de desempenho profissional. Entre eles, podem ser considerados os salários – muito importantes –, a segurança no trabalho, a qualidade da supervisão, as relações interpessoais, os fatores externos ao trabalho; e
- fatores de motivação, os quais estão correlacionados às percepções e constatações que as pessoas têm sobre os trabalhos realizados nas empresas. Entre eles podem ser considerados a realização e o crescimento pessoal e profissional, bem como o reconhecimento pelos trabalhos efetuados.

A abordagem dos trabalhos coordenados por Herzberg mostrou que a otimização dos níveis de produtividade das empresas depende de se atender aos fatores de higiene, como premissa e sustentação a todos os trabalhos, bem como satisfazer aos fatores de motivação, os quais, efetivamente, vão proporcionar o aumento da produtividade nessas empresas.

Ou seja, os fatores que provocam insatisfação são diferentes dos fatores que provocam satisfação, pois o nível de satisfação das pessoas é afetado pelos fatores de motivação e o nível de insatisfação das pessoas é afetado pelos fatores de higiene.

Na prática, o ideal é as empresas trabalharem, conjuntamente, com as abordagens de Maslow e de Herzberg, quando a sua preocupação for o debate das questões e dos níveis de motivação existentes e a serem aprimorados.

Desafio

Faça uma análise, com detalhes e exemplos, de sua realidade pessoal e profissional, utilizando as abordagens de Maslow e Herzberg.

Guarde esses resultados e compare com uma nova análise daqui a quatro anos.

É possível que você tenha algumas surpresas.

b) Clima organizacional

Ele corresponde ao resultado da análise de como as pessoas se sentem em relação à empresa, com seu modelo de administração, bem como aos relacionamentos interpessoais existentes.

O clima organizacional recebe influência dos valores da empresa, representados pelos princípios, crenças e questões éticas que ela deve respeitar e consolidar ao longo do tempo; mas também da moral de cada profissional da empresa, que corresponde ao seu conjunto de regras de conduta em qualquer ambiente, seja pessoal ou nos trabalhos, individuais ou em equipes.

Portanto, existe uma interação entre os valores, os quais representam o todo da empresa; e a moral, que corresponde ao contexto individual de cada pessoa.

O clima organizacional também recebe influência dos comportamentos das pessoas, representados pelos conjuntos de atitudes e reações de cada pessoa, ao longo do tempo, perante as diversas situações apresentadas nas empresas e outros ambientes sociais; mas também das atitudes dessas pessoas, que corresponde ao modo de cada um se posicionar e agir perante cada situação apresentada na empresa onde trabalha ou ambiente onde vive.

Portanto, existe uma interação entre o comportamento, que estabelece o *jeito de ser* de cada pessoa; e a atitude, que corresponde à reação da pessoa em cada caso.

A análise e o aprimoramento do clima organizacional não são fáceis, mas cada empresa deve investir nessa questão, principalmente após a aplicação de estruturadas pesquisas e análises realizadas por especialistas.

Você tem mais detalhes a respeito do clima organizacional no item "g" da seção 4.1.3.

c) Estilo administrativo

Você vai verificar que o assunto *estilo administrativo* é evidenciado em vários pontos deste livro – como no item "c" da seção 4.1.3 – e isso porque representa o *jeito de ser* da realidade administrativa de uma empresa.

O estilo administrativo, junto com os outros instrumentos administrativos, forma o modelo administrativo de uma empresa; e as empresas deveriam debater essas questões de forma ampla e realística.

Na prática, não existe um estilo administrativo que seja ideal por si só, pois depende da realidade de cada empresa e da preferência de cada profissional que tem poder decisório na referida empresa.

Desafio

Explique, com detalhes e justificativas, o seu estilo administrativo.

E, depois, debata com alguns colegas.

d) Psicologia empresarial

Ela cuida da interação e da interdependência entre a empresa e os seus profissionais, na busca de otimizadas relações interpessoais e dos melhores resultados para a empresa, em um contexto de trabalho com qualidade de vida.

Aqui, o possível comentário é que as empresas precisam aprimorar o processo de aplicação da psicologia empresarial; e os profissionais das empresas precisam aprender a assimilar os seus ensinamentos. Essa é para você pensar!

Analise também o conteúdo do item "h" da seção 4.1.3.

e) Dinâmica de grupo

Ela, quando bem aplicada, facilita muito a consolidação de otimizados resultados, pois trabalha de forma estruturada e sustentada com profissionais com interesses comuns em uma atividade específica.

A dinâmica de grupo é algo relativamente fácil de ser aplicado e os resultados têm se apresentado adequados, desde que sejam respeitados alguns fatores de influência que são apresentados no item "d" da seção 4.1.3.

Desafio

Antes de analisar os fatores de influência da dinâmica de grupo apresentados mais à frente, identifique, na sua opinião, quais podem ser esses fatores.

Acredito que você vai errar por pouco!

Apesar das interessantes contribuições da Teoria Comportamentalista, ocorreram algumas críticas – e contracríticas –, como:

- falta de profundidade em algumas análises, o que parece ser uma verdade;
- análise incompleta dos fatores de influência das necessidades humanas, principalmente quanto aos fatores externos ou não controláveis pelas empresas. Essa questão foi resolvida posteriormente pela Teoria de Sistemas – ver seção 3.1.4 – e, principalmente, pela Teoria da Contingência (ver item II da seção 3.1.6); e
- relativa dificuldade de aplicação prática dos ensinamentos da teoria, o que também parece ser uma verdade. Mas essa é uma questão em que você pode se dedicar e sobressair profissionalmente, o que pode ser muito interessante para você!

Entretanto, você pode ter certeza que a Teoria Comportamentalista proporcionou a sustentação para algumas evoluções dos princípios e da prática da administração, como:

- aprendizado evolutivo no tratamento das questões inerentes à qualidade de vida no trabalho, inclusive em sua influência na produtividade e na vantagem competitiva de cada empresa e de cada pessoa; e
- maior amplitude na análise da atuação das pessoas nos diversos grupos sociais, tais como as empresas, a qual corresponde a uma contribuição para todas as teorias e escolas da administração.

III. Teoria Estruturalista

Ela se iniciou em 1964, nos Estados Unidos da América, liderada por Amitai Werner Etzioni (1929 – ...).

Desafio

Pesquise outros estudiosos da administração que contribuíram para o desenvolvimento e consolidação dessa teoria.

Foram cinco as principais contribuições da Teoria Estruturalista para a prática da administração:

a) Tratamento interativo dos fatores internos ou controláveis e dos fatores externos ou não controláveis das empresas

Isso proporcionou sustentação para as seguintes situações:

- questionamento da importância exagerada da Teoria das Relações Humanas, a qual apresenta uma abordagem praticamente interna das empresas; e
- contribuição para o desenvolvimento da Teoria de Sistemas e da Teoria da Contingência, as quais se preocupam fortemente com as interações entre os fatores internos e os fatores externos das empresas.

b) Análise estruturada dos processos de mudanças nas empresas

Essa foi uma contribuição direta para a teoria apresentada a seguir – Teoria do Desenvolvimento Organizacional – e já evidenciava que os profissionais das empresas devem tomar posicionamento quanto a três questões com contextos alternativos, a saber:

- utilizar a comunicação formal pela estrutura hierárquica estabelecida na empresa ou utilizar o fluxo livre de comunicação, para tentar facilitar o processo de tomada de decisões e de solução de problemas;
- aplicar as normas burocráticas de disciplina ou valorizar a especialização profissional e a habilidade de atuação frente às situações apresentadas pela empresa; e
- valorizar o planejamento centralizado e formal ou valorizar a iniciativa dos indivíduos frente aos assuntos, problemas e soluções administrativos que cercam a realidade das empresas.

Desafio

Qual é o seu posicionamento perante essas três questões?
Apresente justificativas e exemplos.
E reavalie esse seu posicionamento atual após a análise do Capítulo 4.
Podem surgir algumas surpresas!

c) Identificação de empresas de vários tipos e características, o que demanda diferentes tipos de estruturação organizacional

Na realidade, ela contribuiu para a consolidação de propostas iniciadas pela Teoria do Processo Administrativo, bem como para as teorias seguintes, como a Teoria da Contingência, a Teoria da Administração por Processos e a Teoria da Excelência das Empresas.

d) Identificação dos conceitos e abordagens dos conflitos e das interações entre diferentes grupos e suas influências nas realidades das empresas

Os conflitos são inevitáveis, mas a questão básica é como eles são administrados, o que depende da competência e da habilidade dos profissionais das empresas.

E não se pode esquecer que, do outro lado do conflito, existe a cooperação entre as pessoas e os grupos.

e) Constatação de que a identificação de problemas e de necessidades de mudanças é fundamental para manter o crescimento das empresas

A esse respeito, não existem maiores comentários!

Com base nessas cinco contribuições da Teoria Estruturalista, quatro instrumentos administrativos se consolidaram, a saber:

a) Estrutura organizacional formal e informal

Acredita-se que toda e qualquer empresa apresenta duas formatações básicas de sua estruturação organizacional:

- a formal, que é o principal foco dos estudos nas empresas, sendo representada, em alguns de seus aspectos, pelo tradicional organograma; e
- a informal, que é resultante das relações sociais e pessoais que não aparecem nos organogramas das empresas.

Deve-se lembrar que **organograma** é a representação gráfica de determinados aspectos da estrutura organizacional, a qual procura estabelecer a distribuição das responsabilidades e autoridades pelas unidades organizacionais ou áreas da empresa.

O ideal é cada empresa manter um equilíbrio otimizado entre a estrutura formal e a estrutura informal, pois não se consegue fugir desta última.

b) Níveis hierárquicos das empresas

A Teoria Estruturalista identificou a importância de se estabelecerem diferentes níveis das empresas os quais apresentam características, necessidades e atuações diferentes entre si.

A primeira estruturação de níveis das empresas que se consolidou considerou três níveis:

- institucional, que considerava a alta administração e, consequentemente, a empresa como um todo;
- gerencial, que considerava o nível intermediário da empresa, e deveria se preocupar com a orientação e a operacionalização das decisões decorrentes do nível institucional; e
- operacional, que considerava os funcionários do nível efetivo de realização dos trabalhos estabelecidos pelo nível institucional, bem como supervisionados e orientados pelo nível gerencial.

Essa questão dos níveis das empresas teve uma evolução lógica, com base na parte inicial do processo administrativo, que é representada pelo planejamento nas empresas e, portanto, os níveis ficam representados pelo estratégico, o tático e o operacional.

c) Estudo do ambiente empresarial

Já foi verificado que ambiente é tudo que envolve externamente uma empresa recebendo e, principalmente, proporcionando influência sobre a referida empresa.

O ambiente empresarial, conforme estudos de William R. Dill (1958) e Richard H. Hall (1973), pode ser dividido em duas partes:

- ambiente direto ou operacional, que representa o conjunto de fatores através dos quais a empresa tem condições não só de identificar, mas também de avaliar ou medir, de forma mais efetiva e adequada, o grau de influência recebido e/ou proporcionado; e
- ambiente indireto ou macroambiente, que representa o conjunto de fatores que a empresa identificou, mas não tem condições, no momento, de avaliar ou medir o grau de influência entre as partes. Pode ser, por exemplo, o caso de algumas variáveis culturais, demográficas ou sociais.

Portanto, a divisão do ambiente da empresa em duas camadas – ambiente direto e ambiente indireto – dá-se apenas para facilitar a manipulação das variáveis externas que apresentam, naquele momento, maior facilidade de mensuração da interação de influência entre a empresa e seu ambiente.

Naturalmente, você deve saber trabalhar com essas variáveis, pois, a partir do momento em que tem melhor conhecimento da influência de uma variável que esteja no ambiente indireto, deve ser tentada a transferência dessa variável para o ambiente direto. Portanto, é um processo evolutivo e questionador de conhecimento da influência de cada uma das variáveis ou fatores considerados.

Esse aspecto pode ser visualizado na Figura 3.6:

Figura 3.6 - Níveis do ambiente de uma empresa.

Naturalmente, essa análise também pode ser feita substituindo a empresa por você, quando da elaboração de seu plano de carreira como profissional da administração.

Na realidade, a Teoria Estruturalista se preocupou principalmente com o ambiente direto ou operacional, sendo que as questões inerentes ao ambiente indireto ou macroambiente foram mais bem analisadas pela Teoria de Sistemas (ver seção 3.1.4) e, principalmente, pela Teoria da Contingência (ver item II da seção 3.1.6).

O ambiente está fora do controle da empresa, mas afeta seu comportamento e vice-versa.

Os executivos também devem atentar para as falhas mais frequentes na consideração do ambiente de uma empresa, que são:

- não considerar fatores ambientais ou externos que exerçam influência sobre a empresa analisada;
- não considerar o grau de influência da empresa sobre os fatores considerados no ambiente; e
- não atuar de forma adequada sobre os fatores identificados no ambiente.

Para cada um dos fatores ou variáveis ambientais você deve efetuar uma análise para seus diversos itens de influência.

d) Interação entre empresas

Esses estudos decorreram dos fatores alocados no ambiente das empresas e propiciou, posteriormente, o início do estudo de *benchmarking* – aprender com os outros e fazer melhor – e da estruturação pela rede de integração entre empresas (ver seção 4.1.2).

Mas a Teoria Estruturalista recebeu algumas críticas – e contracríticas – com maior ou menor razão, a saber:

- o estruturalismo não se constitui em uma teoria específica da administração, pois seria uma junção da Teoria das Relações Humanas e da Teoria de Sistemas. Mas se isso fosse considerado como problema, todas as teorias estariam enquadradas nessa situação, pelo elevado nível de interação entre elas; e
- a Teoria Estruturalista é simplesmente uma teoria no processo evolutivo da administração, o que não pode ser considerada uma crítica válida, pois a administração é uma tecnologia – conhecimento – em constante evolução e, portanto, várias considerações apresentadas por teorias anteriores apresentam, em um momento posterior, outras abordagens e amplitudes.

E finaliza-se essa análise afirmando que a Teoria Estruturalista consolidou duas evoluções nos estudos da administração;

- foi a primeira visão das empresas de forma abrangente e interativa às influências dos fatores externos, ambientais ou não controláveis pelas empresas, o que em muito *abriu as mentes* dos profissionais das empresas; e
- contribuiu para a análise mais estruturada dos assuntos administrativos das empresas.

IV. Teoria do Desenvolvimento Organizacional

Ela se iniciou em 1969, sob a liderança de Richard Beckhard (1933-1999), e também por Warren Bennis (1925-2014).

Desafio

Pesquise outros estudiosos da administração que contribuíram para o desenvolvimento e consolidação dessa teoria.

É válido conceituar o termo administrativo foco desta teoria, pois ele não se explica por si só.

Desenvolvimento Organizacional (DO) é o processo estudado para consolidar a mudança planejada dos aspectos estruturais e comportamentais nas empresas, com a finalidade de otimizar as resoluções de problemas e os resultados anteriormente estabelecidos nos planejamentos elaborados, sempre com adequado relacionamento interpessoal.

Pode-se considerar que a Teoria do Desenvolvimento Organizacional nasceu de quatro atividades realizadas pelas empresas, conforme apresentado na Figura 3.7:

Figura 3.7 - Origens do desenvolvimento organizacional.

Desafio

Debata antecipadamente essas quatro atividades das empresas.

Você vai perceber que o entendimento do conceito e aplicação dessa teoria da administração é bem lógico e de fácil assimilação.

Com base em seus diversos estudos, a Teoria do Desenvolvimento Organizacional proporcionou sete contribuições principais para a prática da administração:

i. Melhor conhecimento das pessoas que trabalham nas empresas

A Teoria do Desenvolvimento Organizacional proporcionou efetivo conhecimento das mudanças resultantes do desenvolvimento profissional das pessoas que trabalham nas empresas; e mais, estruturou a maneira como esses processos de mudanças podem ser mais bem administrados, reduzindo, ao máximo, os conflitos interpessoais.

ii. Conhecimento do efeito das mudanças sobre as pessoas

As mudanças empresariais podem provocar uma série de efeitos sobre as pessoas e, com base nessa situação, pode-se ter o início de um processo de resistência a essas mudanças.

Muitas mudanças não chegam a provocar o real efeito sobre as pessoas conforme é esperado, mas a simples expectativa desse efeito pode ocasionar a resistência.

Alguns desses efeitos são:

- econômicos, tais como mudanças nos salários ou nos benefícios;
- organizacionais, tais como mudanças no poder, no *status*, na autonomia ou na carga de trabalho; e
- sociais, tais como mudanças no relacionamento com o chefe, com os subordinados, com os pares ou com assuntos administrativos nas empresas.

Entretanto, esses efeitos pessoais sofrem influência de duas variáveis: características pessoais de atuação, bem como o grau de poder de cada profissional da empresa.

Com base nessa situação cada pessoa pode enquadrar-se em uma das três situações perante as mudanças nas empresas:

- situação de aceitação;
- situação de alienação (ignorar ou acomodar-se); ou
- situação de resistência.

Os profissionais das empresas devem estar atentos a todo esse processo, para evitar uma quantidade maior de situações que fujam de seu controle.

Desafio

Explique, com detalhes e exemplos, a sua atuação e a sua reação em processos de mudanças na faculdade de administração e/ou na empresa onde trabalha.

E quais foram os resultados efetivos de sua postura de atuação.

iii. Conhecimento das causas das resistências às mudanças

Embora as causas possam ser as mais variadas possíveis, existem algumas situações que se mostram como mais influentes na geração de resistência às mudanças nas empresas, como:

- não aceitar o que incomoda;
- tendência a só perceber o que convém;

- desconfia de tudo que está acontecendo;
- receio de perder coisas boas atuais;
- insegurança pessoal por desconhecimento ou por falta de controle;
- dependência de ação para com outra pessoa; e
- necessidade de reagir *contra*.

Os profissionais das empresas, principalmente os que atuam como agentes de mudanças, devem saber trabalhar com essas causas ou resistências às mudanças, sendo possível estabelecer alguns processos que podem reduzi-las, tais como:

- informar fatos, necessidades, objetivos e prováveis efeitos da mudança;
- explicar sobre os fatores que levaram à decisão da mudança; e
- solicitar colaboração no diagnóstico, na decisão e no planejamento das ações decorrentes, ou seja, tornar a outra parte "cúmplice" do processo de mudança.

Verifica-se que esses processos, desde que adequadamente trabalhados, não representam dificuldades maiores para o agente de mudanças ou agente de DO competente, mas, na realidade, é praticamente impossível ter um único enfoque padronizado para os agentes de DO introduzirem e executarem uma mudança, pois:

- existem diferentes estilos pessoais de administrar; e
- seria impossível um único modelo considerar todas as variáveis do problema.

Desafio

Explicite, com exemplos verdadeiros, a principal causa de suas possíveis resistências a mudanças. E o que você vai fazer a respeito.

iv. Consolidação da função de agente de mudanças

Agente de mudanças – ou agente de desenvolvimento organizacional – é aquele profissional capaz de desenvolver comportamentos, atitudes e processos que possibilitem à empresa transacionar, proativa e interativamente, com os diversos aspectos externos – não controláveis – e internos – controláveis – da empresa considerada.

Ser agente de mudanças deve ser uma função – e não um cargo – nas empresas, pelo simples fato de que todo e qualquer profissional, com capacidade e habilidade para tal, deve catalisar e orientar, com sucesso, os processos de mudanças.

O agente de mudanças pode ser interno ou externo à empresa, cada um apresentando suas vantagens e desvantagens.

No caso do consultor externo ou agente de mudanças externo, tem-se:

Vantagens:

- maior experiência, por ter realizado serviços em várias empresas;
- maior aceitação nos níveis superiores da empresa contratante dos serviços;
- pode correr certos riscos (dizer e fazer coisas); e,
- geralmente, é mais imparcial.

Desvantagens:

- menor conhecimento dos aspectos informais da empresa;
- não tem poder formal;
- tem menor acesso informal a pessoas e equipes; e,
- geralmente, não tem presença diária.

E no caso do consultor interno ou agente interno de mudanças – funcionário da empresa – tem-se:

Vantagens:

- maior conhecimento dos aspectos informais;
- presença diária;
- maior acesso a pessoas e equipes;
- participação na avaliação e no controle dos processos;
- tem algum poder informal; e,
- geralmente, tem poder formal.

Desvantagens:

- menor aceitação nos níveis superiores da empresa;
- geralmente, tem menos experiência; e
- menor liberdade de dizer e fazer coisas.

Analisando os vários aspectos, pode-se concluir que o ideal é as empresas trabalharem, simultaneamente, com o consultor ou agente externo e o funcionário ou agente interno, procurando melhor usufruir das vantagens de atuação de cada um deles.[1]

v. Melhoria da qualidade do relacionamento entre as pessoas que trabalham nas empresas

Quando as necessidades de mudanças nas empresas são bem identificadas e todo o seu processo de operacionalização é bem estruturado e entendido por todos, o resultado final é, entre outros, a melhoria da qualidade do relacionamento, quer seja a nível pessoal ou a nível profissional nas empresas.

Você já deve ter passado por situações assim.

vi. Entendimento de que as mudanças nas empresas são necessárias

As empresas estão em ambientes em constante evolução – com maior ou menor rapidez – e deve-se entender que existem quatro situações:

- a empresa se antecipa às mudanças que o ambiente empresarial está sinalizando;
- a empresa tem atuação direta e forte no processo de mudança que irá ocorrer;
- a empresa *vai no vácuo* – e atrás – das mudanças que vão ocorrendo; ou
- a empresa não muda.

---

[1] Se você pretende trabalhar como consultor – externo ou interno –, pode analisar todos os aspectos de formação e atuação desse profissional no livro *Manual de consultoria empresarial*, dos mesmos autor e editora.

Pode-se considerar a primeira situação como a ideal; a segunda situação como a mais difícil de se conseguir; a terceira situação como um posicionamento passivo e atrasado; e a última situação como o *atestado de óbito* da empresa.

Como o ambiente das empresas está em constante evolução, é necessário, conforme já evidenciado, que as empresas saibam que as mudanças são essenciais e melhores serão os resultados para aquelas que sabem mudar com eficiência, eficácia e efetividade.

Para refletir

Transfira esses comentários a respeito de empresas para a sua realidade como pessoa.

vii. Conhecimento das condições para o fracasso e o sucesso do processo de desenvolvimento organizacional

Quando o executivo decide implementar o DO em uma empresa, deve estar atento a algumas condições que podem levar tanto ao fracasso quanto ao êxito dessa metodologia administrativa.

Richard Beckhard estudou essas questões e apresentou algumas situações, para as quais os agentes de mudanças ou de DO devem estar atentos em seus trabalhos.

As principais condições para o fracasso do DO são:

- contínua discrepância entre as afirmações da alta administração quanto a seus valores e estilos e o seu efetivo comportamento administrativo;
- um grande programa de atividades, sem qualquer base sólida quanto às metas de mudanças;
- confusão entre fins e meios, ou seja, entre os resultados a serem alcançados e as ações para alcançá-los;
- estrutura e foco de trabalho de curto prazo;
- nenhuma ligação entre esforços de mudança orientados para as atitudes, comportamentos e vontade de mudanças orientados para a administração de resultados e questões operacionais;
- excesso de dependência de auxílio externo ou de especialistas internos;
- um grande degrau entre o esforço de mudança na alta administração e os níveis intermediários;
- tentar introduzir importante mudança empresarial em uma estrutura inadequada;
- confundir *boas relações* como um fim com boas relações como um meio;
- buscar soluções prontas como *livros de receitas culinárias*; e
- aplicação inadequada de uma intervenção ou de uma estratégia de mudança.

Por outro lado, algumas das condições para o sucesso do DO são:

- pressão do ambiente, interno e/ou externo, para a realização da mudança;
- alguma pessoa estratégica está sendo vítima de um mal-estar;
- alguma pessoa estratégica deseja fazer um diagnóstico real do problema;
- existência de liderança;
- colaboração entre os profissionais alocados nas atividades de operação e os alocados nas atividades de apoio (assessoria etc.);
- disposição para assumir o risco;
- existência de perspectiva realística e de longo prazo;
- disposição de encarar e trabalhar com os dados da situação;
- o sistema recompensa as pessoas pelo esforço de mudança; e
- existência de resultados intermediários tangíveis.

Desafio

Embora todas essas condições apresentadas sejam de elevada importância, você deve hierarquizar, com base em um critério de sua escolha, essas condições para o fracasso e para o sucesso da técnica administrativa do desenvolvimento organizacional.

E explicar como você vai trabalhar com essas condições identificadas.

Com base nos diversos estudos realizados, a Teoria do Desenvolvimento Organizacional consolidou quatro instrumentos administrativos para a melhor prática da administração pelas empresas.

São eles:

a) Diagnóstico empresarial

Corresponde ao processo estruturado de análise e avaliação de uma situação, bem como ao estabelecimento da ação ou estratégia mais adequada para consolidar a mudança na empresa.

O diagnóstico empresarial também deve estar correlacionado à análise dos fatores externos ou não controláveis pela empresa; bem como considerar situações negativas e positivas para a empresa, pois, no primeiro caso, a situação deve ser eliminada e, no segundo caso, deve ser aprimorada, exigindo sempre um processo de mudança planejada na empresa.

b) Técnicas de intervenção

Para a adequada realização do processo de desenvolvimento organizacional, Kurt Lewin (1890-1947) considerou que sempre existem três etapas: o diagnóstico, a intervenção e o acompanhamento.

Pode-se detalhar mais a questão da intervenção do agente de mudança no assunto administrativo considerado e juntar com as fases de diagnóstico e de acompanhamento, ficando com a situação apresentada na Figura 3.8:

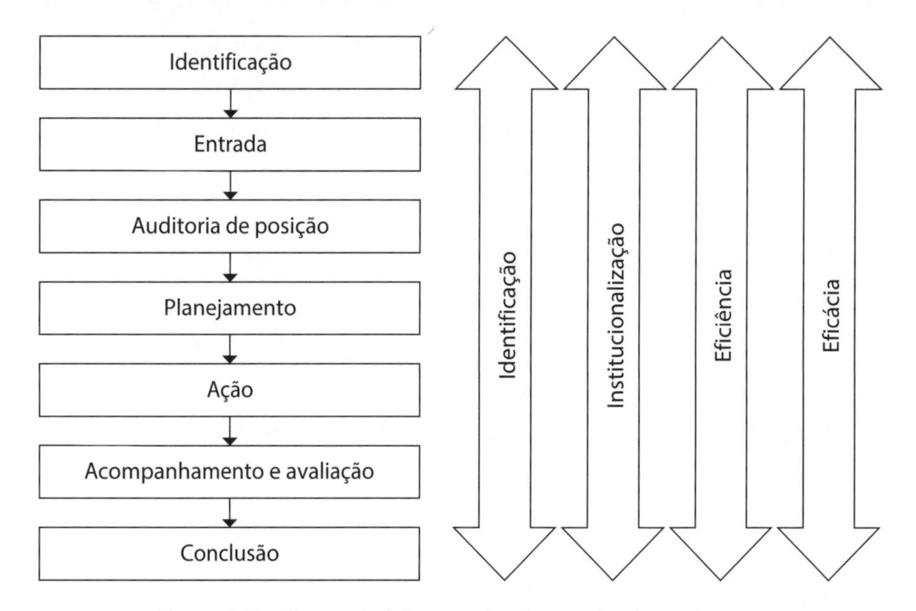

Figura 3.8 – Etapas de intervenção do agente de mudanças.

Vale a pena detalhar um pouco as sete etapas evidenciadas na Figura 3.8, pois você vai ter a oportunidade de atuar como agente de mudanças em situações diversas, até sem perceber que está sendo um agente de DO.

Nesse caso, tem-se:

Etapa 1: IDENTIFICAÇÃO

Essa etapa refere-se à sondagem e ao reconhecimento da situação da empresa pelo agente de mudança, ou seja, é a etapa de diagnóstico para se ter uma visão geral da situação a ser analisada.

Etapa 2: ENTRADA

- contrato (se for o caso);
- estabelecimento das expectativas e dos compromissos mútuos;
- estabelecimento do sistema-alvo do estudo e/ou do processo de mudança;
- testar receptividade, confiança etc.;
- sentir o clima organizacional e a cultura organizacional, que representam importantes questões informais da empresa; e
- sondar problemas, insatisfações etc.

Etapa 3: AUDITORIA DE POSIÇÃO

Nessa etapa, o agente de mudança deve:

- realizar entrevistas e levantamentos;
- efetuar análises, preferencialmente de forma estruturada;
- definir situação e necessidades de mudanças;
- identificar e equacionar problemas;
- analisar causas, alternativas, efeitos, riscos, custos, resistências, acomodações etc.;
- avaliar potencial de mudança; e
- identificar os pontos fortes e os pontos fracos do sistema-alvo.

Etapa 4: PLANEJAMENTO

Nessa etapa, o agente de mudança deve:

- definir estratégias e políticas para ação;
- definir os participantes; e
- estabelecer os programas de trabalho, com as atividades, sequência, tempo, recursos etc.

Etapa 5: AÇÃO

Nessa etapa, o agente de mudança deve:

- implementar o plano estabelecido;
- agir sobre o sistema considerado;
- treinar as pessoas envolvidas; e
- ter efetiva institucionalização da mudança, por meio de atitudes e métodos de solução de problemas.

Etapa 6: ACOMPANHAMENTO E AVALIAÇÃO

Nessa etapa, tem-se os seguintes aspectos:

- controle dos resultados;
- autoavaliação pelos usuários;
- avaliação pelo agente de mudança; e
- estudo da necessidade de nova auditoria de posição.

Etapa 7: CONCLUSÃO

Nessa etapa, o agente de mudança desliga-se do processo, pelo menos temporariamente.

Para refletir

Você deve se avaliar quanto à sua efetiva atuação nas sete etapas do processo de DO.

E como pretende se aprimorar a respeito.

c) Equipes multidisciplinares

Elas representam, por si só, uma forma interessante e simples de aplicação do processo de desenvolvimento organizacional e da atuação dos agentes de mudanças nas empresas, pois congregam diferentes conhecimentos e habilidades para propor e/ou decidir a respeito de assuntos diversos e, geralmente, complexos.

d) Cultura organizacional

Ela representa o conjunto estruturado de valores, crenças, normas e hábitos compartilhados de forma interativa pelos profissionais que atuam em uma empresa.

Na prática, a cultura organizacional, quando bem aplicada, pode proporcionar os seguintes benefícios para as empresas:

- desenvolvimento da competência interpessoal;
- mudança nos valores pessoais, de modo que os fatores e os sentimentos humanos sejam mais válidos para o assunto administrativo considerado;
- desenvolvimento de crescente compreensão entre as e dentro das equipes de trabalho envolvidas nos assuntos administrativos considerados, com o objetivo de reduzir tensões e atritos;
- geração de informações objetivas e subjetivas, válidas e pertinentes, sobre as realidades da empresa, bem como assegurar o retorno analisado dessas informações aos seus usuários;
- criação de um ambiente de aceitação e receptividade para o diagnóstico e a solução de problemas da empresa;
- estabelecimento de um ambiente de confiança, respeito e não manipulação entre chefes, colegas e subordinados no assunto administrativo considerado;
- maior integração de necessidades e objetivos dos indivíduos que fazem parte da empresa;
- desenvolvimento de um processo de *afloração* de conflitos, atritos e tensões e posterior tratamento de modo direto, racional e construtivo;

- criação de ambiente favorável para o estabelecimento de objetivos, sempre que possível quantificados e bem qualificados, que norteiem programação de atividades e a avaliação de desempenhos de forma adequada e mensurável de unidades organizacionais, equipes e indivíduos;
- desenvolvimento da empresa pelo aprimoramento das pessoas envolvidas nas várias atividades realizadas; e
- aperfeiçoamento de sistemas e processos de informação, decisões e comunicações (ascendentes, descendentes, diagonais e laterais).

A aplicação da cultura organizacional pode ser auxiliada pelo *iceberg* organizacional, estruturado em 1975 por Richard Selfridge e Stanley Sokolik.

***Iceberg* organizacional** é a identificação e a interação dos componentes visíveis e dos componentes não visíveis de uma empresa, formando um todo unitário e indivisível.

O *iceberg* organizacional pode ser visualizado na Figura 3.9:

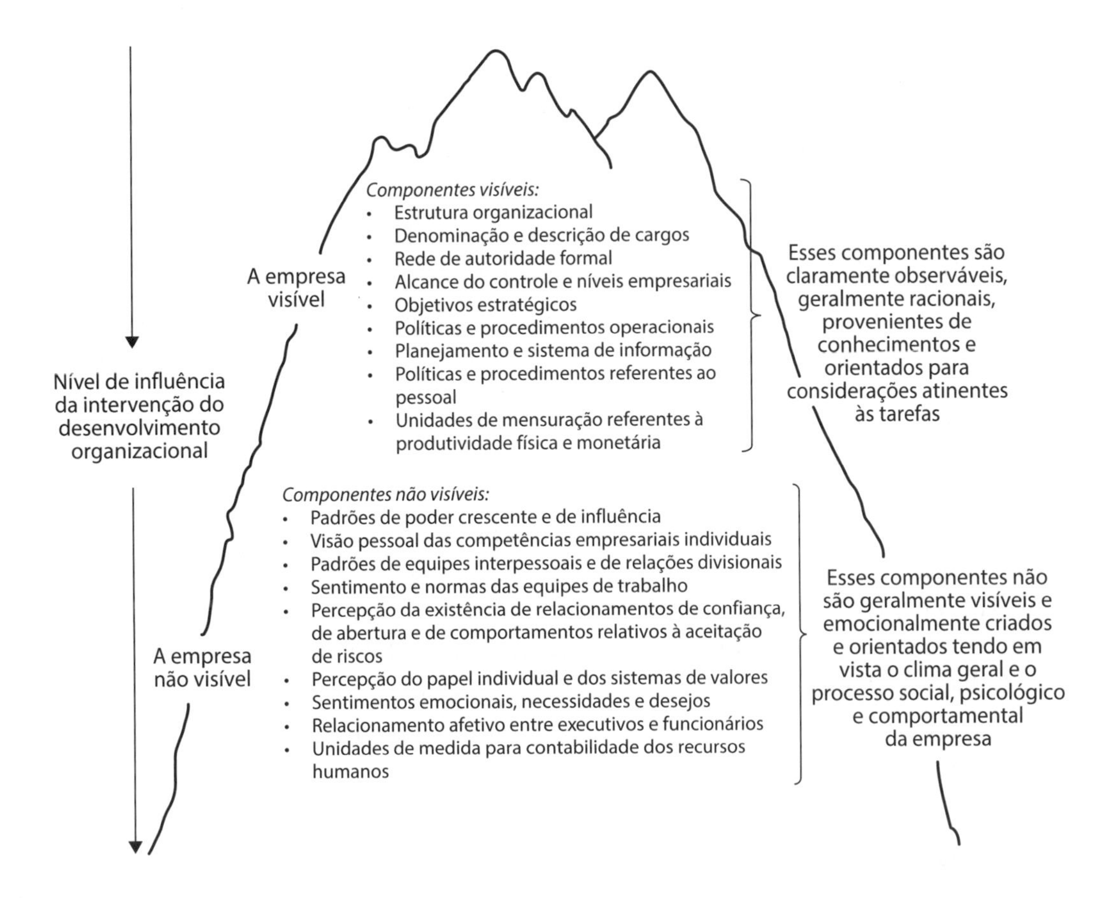

Figura 3.9 – *Iceberg* organizacional.

O agente de mudanças deve procurar conhecer os aspectos invisíveis da empresa, tendo em vista o processo de transação indivíduo *versus* empresa.

A identificação do *iceberg* organizacional é básica para o agente de mudança efetuar o estudo da cultura organizacional. Inclui-se ainda, na cultura organizacional a estrutura informal, ou seja, todo o sistema de relações informais, com seus sentimentos, ações e interações, grupos de pressão, valores e normas das equipes etc.

Assim, DO enfoca os dois sistemas, o formal e o informal, mas a técnica de intervenção que o agente de mudança deve usar, normalmente, inicia-se pelo sistema informal, porque as atitudes e os sentimentos das pessoas são, usualmente, as primeiras informações a serem confrontadas. Você concorda com isso?

O desempenho de cada indivíduo depende de um processo de mediação ou de regulação entre ele e a empresa. Nesse caso, a empresa é o meio no qual o indivíduo pode ou não satisfazer as suas necessidades; e é dessa satisfação ou insatisfação de necessidades que dependem sua motivação na tarefa, sua dedicação ao trabalho, sua produtividade, eficiência e eficácia.

Desafio

Identifique, na sua realidade como estudante ou profissional de empresa, aspectos visíveis e aspectos não visíveis.

E explique como você trabalha com essas questões.

Mas não se pode esquecer que a Teoria do Desenvolvimento Organizacional recebeu algumas críticas, e também contracríticas, inerentes às seguintes questões:

- as conclusões da Teoria do Desenvolvimento Organizacional carecem de comprovação científica, o que, na realidade, não invalida a sua plena utilidade para as empresas e os profissionais que trabalham nela;
- desconsidera outros importantes fatores de influência na administração das empresas, tais como a estrutura organizacional e a atuação diretiva e de mando dos executivos; e
- algumas colocações da Teoria do Desenvolvimento Organizacional já existiam em outras teorias anteriores, como as outras três teorias da Escola Humanista e a Teoria do Processo Administrativo.

De qualquer forma, algumas contribuições da Teoria do Desenvolvimento Organizacional evoluíram ao longo do tempo, como:

- amplitudes cada vez mais elevadas quanto aos assuntos analisados, permitindo que os seus ensinamentos sejam aplicados nas mais variadas questões administrativas, tais como alterações de estratégias, melhoria no clima organizacional, aperfeiçoamento do sistema de comunicações, melhoria dos relatórios gerenciais, aumento dos níveis de qualidade e produtividade, motivação das pessoas e das equipes de trabalho, solução de problemas de fusão e de cisão de empresas; e
- redução dos níveis de resistência aos processos de mudanças nas empresas, inclusive com o surgimento de novas lideranças nesse processo.

Não se esqueça

Lembre-se de que você ficou de escrever a sua conceituação para o termo *administração* de acordo com a abordagem da Escola Humanista e suas quatro teorias.

3.1.4 Escola Sistêmica

A Escola Sistêmica surgiu em 1951 e provocou várias modificações no estudo da administração, principalmente pela sua elevada abrangência no tratamento dos assuntos administrativos.

Foram três as razões básicas de surgimento da Escola Sistêmica:

i. Integração de todas as abordagens da administração até então estudadas, resgatando todos os aspectos positivos delas.
ii. Visualização das empresas no contexto ecológico, lembrando que a ecologia estabelece que os elementos do universo não são independentes, mas interdependentes, mostrando que, ao ocorrer uma modificação em um fator externo ou em uma parte da empresa, ocorrem alterações em toda a empresa, com maior ou menor intensidade.
iii. Necessidade de melhor tratamento do todo e das partes das questões administrativas das empresas; e, nesse contexto os sistemas podem ser:
    - fechados, quando seu resultado final é simplesmente estabelecido pela sua situação inicial, como os sistemas físicos ou mecânicos; e
    - abertos, quando eles são vivos e trocam energia, matérias, recursos e informações com o seu ambiente – que está fora da empresa – possibilitando alterar, anular, aumentar ou diminuir os elementos que compõem a empresa considerada.

Você vai verificar, a partir da única teoria que compõe a Escola Sistêmica, que essa poderia estar definindo o termo *administração* da seguinte maneira:

- Administração é a coordenação de recursos em sistemas orgânicos e abertos, com elevada interação e interdependência entre as suas diversas partes.

Para você pensar

Após analisar a teoria da administração decorrente da Escola Sistêmica, você deve escrever a sua conceituação do termo *administração* para essa escola.

I. Teoria de Sistemas

Ela surgiu no início da década de 1950, nos Estados Unidos da América, sob a liderança do biólogo austríaco Karl Ludwig Von Bertalanffy (1901-1972).

Para sua diversão

Pesquise outros estudiosos da administração que contribuíram para o desenvolvimento e consolidação dessa teoria.

A Teoria de Sistemas proporcionou duas contribuições para o estabelecimento dos princípios e da prática da administração.

São elas:

i. Maior facilidade no estabelecimento dos objetivos das empresas, com base no foco definido por cada sistema

Esse aspecto também ajuda no tratamento de outros assuntos administrativos, como processos, cenários, estratégias, políticas, projetos.

ii. Análise estruturada da empresa, de cada uma das suas partes e do ambiente empresarial

Portanto, a Teoria de Sistemas proporciona uma visão mais abrangente e detalhada das empresas e de seus vários assuntos administrativos, facilitando para que o senso crítico e o nível de conhecimento das pessoas sejam mais fortes e sustentados.

A Teoria de Sistemas estruturou e consolidou três instrumentos administrativos que têm proporcionado forte ajuda na prática administrativa nas instituições em geral.

São elas:

a) Estruturação de sistemas

A Teoria de Sistemas tem sofrido evoluções ao longo do tempo e, de maneira geral, pode-se considerar que o moderno enfoque de sistemas procura desenvolver:

- uma técnica para lidar com a amplitude e a complexidade das empresas;
- uma visão interativa do todo, a qual não permite a análise em separado das partes, em virtude das intricadas relações das partes entre si e com o todo, as quais não podem ser tratadas fora do contexto do todo; e
- o estudo das relações entre os elementos componentes em preferência ao estudo dos elementos em si, destacando-se o processo e as possibilidades de transição, especificados em função dos seus arranjos estruturais e da sua dinâmica.

Nesse contexto, você pode definir **sistema** como um conjunto de partes interagentes e interdependentes que, conjuntamente, formam um todo unitário com determinado objetivo e efetuam determinada função.

Na seção 4.2.4, são apresentados mais alguns aspectos do assunto *sistemas administrativos*, sendo que no momento o foco é inerente à contribuição da Teoria de Sistemas. Salienta-se que essa apresentação de um mesmo assunto em mais de um lugar do livro pode facilitar a análise e a consolidação do entendimento.

Você sempre deve considerar que os sistemas apresentam seis componentes básicos, a saber:

- os objetivos, que se referem tanto aos objetivos dos usuários do sistema quanto aos do próprio sistema considerado. O objetivo é a própria razão da existência do sistema, ou seja, é a finalidade para a qual o sistema foi criado;
- as entradas do sistema, cuja função caracteriza as forças que fornecem ao sistema o material, a energia e a informação para a operação, ou o processo, o qual gera determinadas saídas do sistema que devem estar em sintonia com os objetivos anteriormente estabelecidos;
- o processo de transformação do sistema, que é definido como a função que possibilita a transformação de um insumo (entrada) em um produto, serviço ou resultado (saída). Esse processador é a maneira pela qual os elementos componentes do sistema interagem, no sentido de produzir as saídas desejadas;
- as saídas do sistema, que correspondem aos resultados do processo de transformação. As saídas podem ser definidas como as finalidades para as quais se uniram objetivos, atributos e relações do sistema. As saídas devem ser, portanto, coerentes com os objetivos do sistema; e, tendo em vista o processo de controle e avaliação, devem ser quantificáveis, de acordo com critérios e parâmetros previamente fixados;

- os controles e a avaliações do sistema, principalmente para verificar se as saídas estão coerentes com os objetivos estabelecidos. Para realizar o controle e a avaliação de maneira adequada, é necessária uma medida do desempenho do sistema, chamada padrão; e
- a retroalimentação, ou realimentação, ou *feedback* do sistema, que pode ser considerada como a reintrodução de uma saída sob a forma de informação. A realimentação é um processo de comunicação que reage a cada entrada de informação incorporando o resultado da *ação-resposta* desencadeada por meio de nova informação, a qual afetará seu comportamento subsequente, e assim sucessivamente. Essa realimentação é um instrumento de regulação retroativa ou de controle, em que as informações realimentadas são resultantes das divergências verificadas entre as respostas de um sistema e os parâmetros previamente estabelecidos. Portanto, a finalidade do controle é reduzir as discrepâncias ao mínimo, bem como propiciar uma situação em que esse sistema se torne autorregulador.

Você pode visualizar esses seis componentes no seu processo de estudo, por exemplo, das escolas e teorias da administração, conforme evidenciado na Figura 3.10:

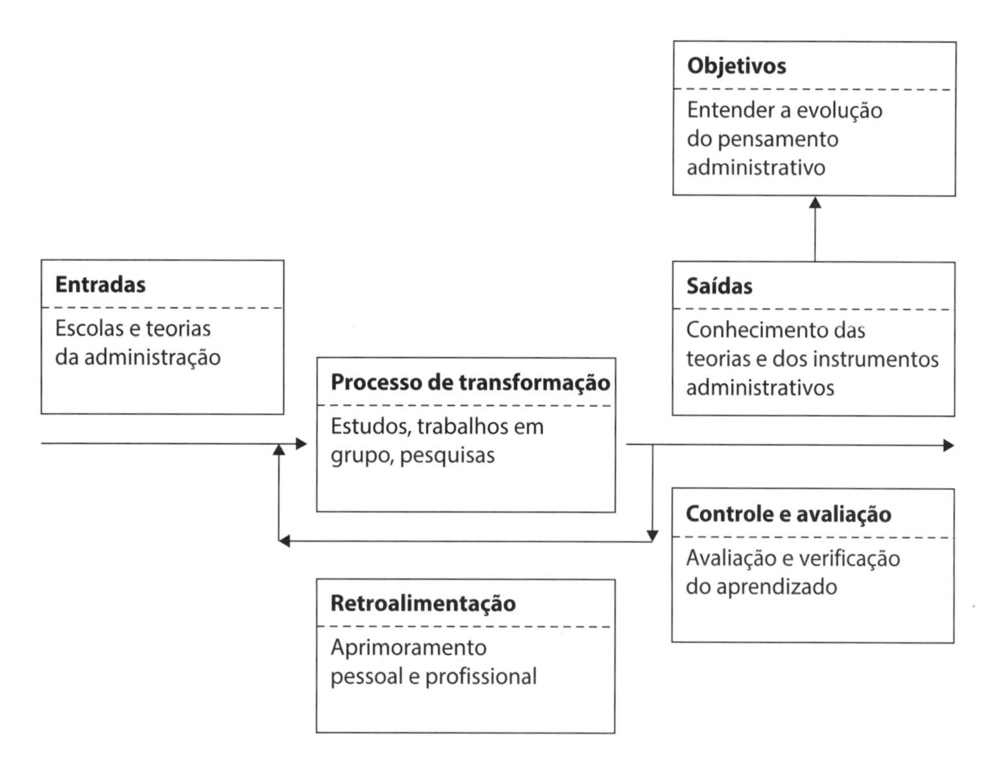

Figura 3.10 - Componentes de um sistema.

Existem os limites do sistema, dentro dos quais se analisa como o ambiente influi ou é influenciado pelo sistema considerado.

Ambiente do sistema é o conjunto de elementos que não pertencem ao sistema, mas qualquer alteração no sistema pode mudar ou alterar os seus elementos e qualquer alteração nos seus elementos pode mudar ou alterar o sistema.

A segunda situação (atuação dos elementos do ambiente provocando alterações no sistema) é mais fácil de ocorrer do que a primeira situação (atuação do sistema alterando os elementos do ambiente).

O ambiente de um sistema, representado por uma faculdade de administração, pode ser visualizado na Figura 3.11:

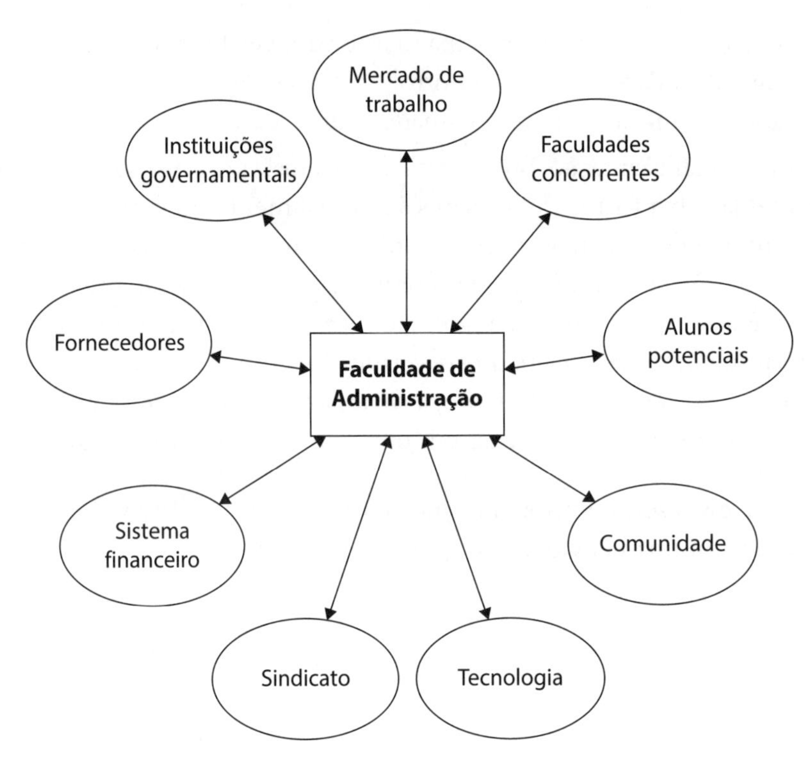

Figura 3.11 - Ambiente de um sistema.

A Figura 3.11 apresenta o ambiente do sistema "faculdade da administração". Portanto, o foco de estudo é a referida faculdade como um todo.

Naturalmente, pode-se considerar o ambiente para qualquer amplitude de sistema, como sistema orçamentário, de recursos humanos, financeiro, de tecnologia etc. Nesse caso, podem estar no ambiente do sistema considerado tanto variáveis dentro da própria empresa como variáveis que estejam fora da referida empresa.

O ambiente é também chamado de meio ambiente, meio externo, meio ou entorno.

Você deve considerar, no mínimo, três níveis na hierarquia de sistemas, a saber:

- sistema: é o que se está estudando ou considerando;
- subsistemas: são as partes identificadas de forma estruturada, que integram o sistema; e
- supersistema ou ecossistema: é o todo, sendo que o sistema é um subsistema dele.

b) Sistemas de informações gerenciais

Sistema de Informações Gerenciais – SIG – é o processo de transformação de dados em informações que são utilizadas na estrutura decisória da empresa, proporcionando, ainda, a sustentação administrativa para otimizar os resultados esperados.

Quando se considera o SIG, deve-se saber que o mesmo aborda apenas uma parte das informações globais das empresas, e essa situação pode ser visualizada na Figura 3.12:

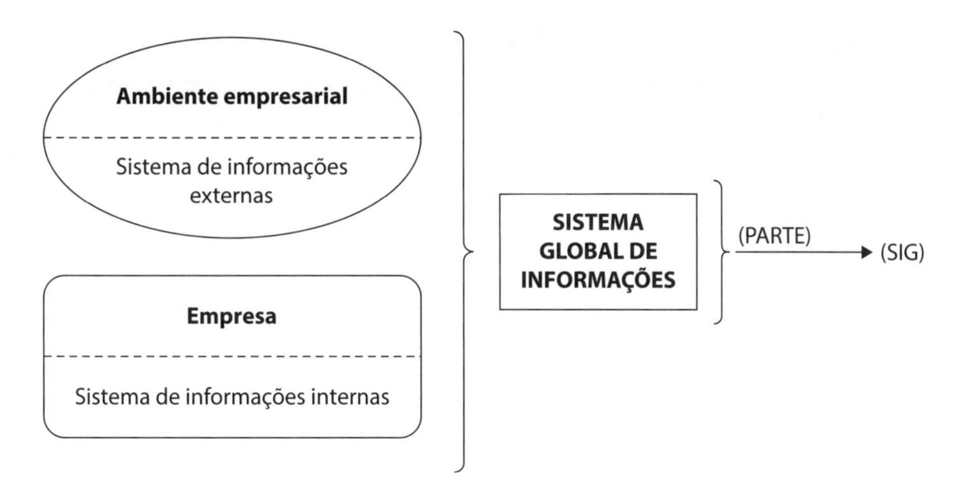

Figura 3.12 - Sistema de informações e as empresas.

A interação entre as informações e o processo decisório existente nas empresas deve ser o mais forte possível, dentro de uma forma esquemática resumidamente apresentada na Figura 3.13:

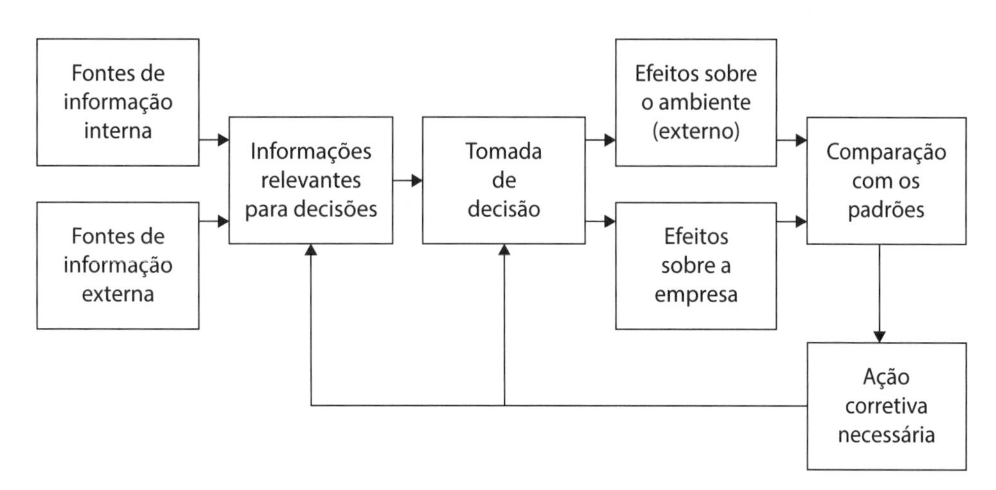

Figura 3.13 - Interação da informação com o processo decisório.

Os sistemas de informações gerenciais atuam como elementos polarizadores dos eventos das empresas provenientes dos ciclos de atividades, tanto internos como externos às referidas empresas.

O processo de administração nas empresas utiliza a informação como apoio às decisões, através de sistemas informativos que observam requisitos quanto a transmissores e receptores de informações, canais de transmissão, conteúdo das informações, periodicidade das comunicações, bem como processos de conservação das informações em decisões junto a cada um dos centros de responsabilidades – unidades organizacionais – das empresas analisadas.

Interagindo com as contribuições das diversas escolas e teorias da administração apresentadas neste livro, pode-se considerar que o sistema de informações gerenciais – SIG – proporciona efetivas vantagens para as empresas quando alguns aspectos são observados, tais como:

i. Envolvimento adequado da alta e média administração com o SIG. Se o envolvimento não for adequado, pode provocar situação de descrédito para com o sistema. O executivo deve lembrar-se de que o SIG é um instrumento básico para o processo decisório, e esse se direciona para resultados.

Essa situação considera tanto a alta como a média administração, de forma mais forte, mas não menospreza a baixa administração, principalmente como fonte geradora de dados e informações.

ii. Competência por parte das pessoas envolvidas no SIG. Isso porque, antes de ser um sistema com um conjunto de relatórios, exige uma competência profissional intrínseca às pessoas que irão utilizá-lo.

iii. Uso de um plano-mestre. O SIG deve ter um plano-mestre a ser implementado, adaptado e operacionalizado pelas várias unidades organizacionais da empresa de acordo com as necessidades de informações, tendo em vista as estratégias e os objetivos estabelecidos.

iv. Atenção específica ao fator humano da empresa. Esse aspecto pode ser evidenciado, principalmente, na participação efetiva e com responsabilidade dos vários executivos e demais profissionais da empresa envolvidos no processo de desenvolvimento e operacionalização do SIG.

v. Habilidades dos executivos da empresa em identificar a necessidade de informações. Se isso não ocorrer o SIG pode já *nascer morto*, pois não será *alimentado* como sistema.

vi. Habilidade dos executivos das empresas em tomar decisões com base em informações. Esse aspecto é o *centro nervoso* do SIG.

vii. Apoio global dos vários planejamentos da empresa. O fato de o planejamento estratégico considerar a empresa como um todo e perante o seu ambiente faz dele o principal instrumento de estabelecimento de resultados esperados, bem como das informações necessárias. Mas os planejamentos táticos, bem como os operacionais, proporcionam os detalhes dos sistemas de informações gerenciais das empresas.

viii. Apoio de adequada estrutura organizacional, bem como das normas e procedimentos e dos processos e atividades inerentes aos sistemas.

ix. Apoio catalisador de um sistema de controladoria – contabilidade, custos e orçamentos – que aparece, nesse contexto, como um instrumento catalisador e de consolidação do SIG na empresa considerada.

x. Conhecimento e confiança no sistema de informações gerenciais. Isso pode ser conseguido através do planejado e estruturado treinamento e capacitação dos vários usuários e administradores dos sistemas considerados.

xi. Existência de dados e informações relevantes e atualizados. Se o SIG não for atualizado periodicamente, poderá ficar em uma situação de descrédito perante os seus usuários.

xii. Adequada relação custos *versus* benefícios. O SIG deve apresentar uma situação de custos abaixo dos benefícios que proporciona à empresa.

Desafio

Adapte esses 12 aspectos evidenciados com a realidade das teorias da administração, e seus instrumentos administrativos já apresentados e a serem apresentados.

Você vai identificar que existe uma homogeneidade interessante quanto às precauções a serem consideradas na análise e aplicação dos ensinamentos de cada teoria da administração.

Verifica-se que esses aspectos podem proporcionar adequada sustentação de desenvolvimento e implementação do SIG nas empresas; e, por consequência, as potenciais vantagens de um adequado SIG poderão ser mais bem usufruídas por seus executivos e demais profissionais.

Nesse contexto, com base no que foi apresentado até o presente momento, é possível se pensar em um modelo geral do SIG nas empresas, que atende às diversas partes das funções da administração e pode ser visualizado, resumidamente, na Figura 3.14.

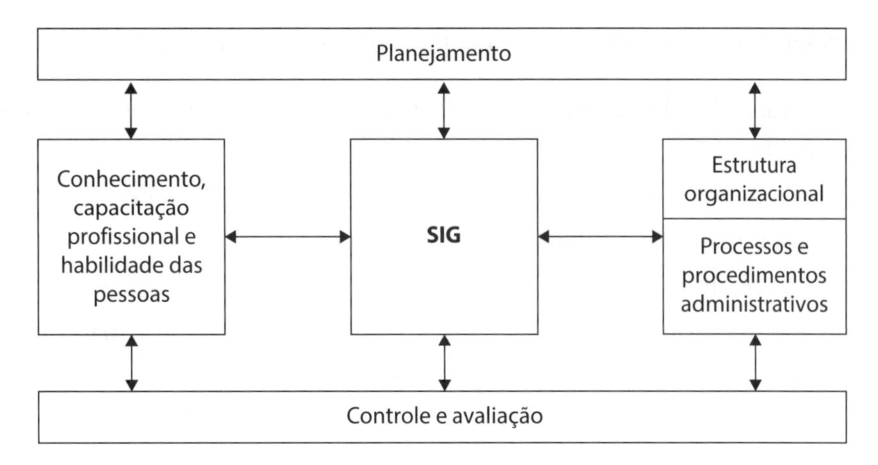

Figura 3.14 - Modelo geral do SIG.

O modelo geral evidencia perfeita interação do SIG com os objetivos, estratégias e políticas estabelecidos por meio dos processos de planejamento – estratégicos, táticos e operacionais –; com as unidades organizacionais estabelecidas pelo delineamento da estrutura organizacional e com os processos e os procedimentos administrativos formalizados; com as pessoas, principalmente quanto ao conhecimento, à capacitação profissional, à habilidade e ao comportamento, bem como com o processo de controle e avaliação como um todo. Pelo apresentado verifica-se que o SIG se interliga com vários dos instrumentos administrativos decorrentes das diversas escolas e teorias da administração apresentadas neste livro.

Portanto, procurou-se, no modelo geral de SIG, respeitar as funções básicas de um executivo, que são as inerentes a planejamento, organização, gestão e desenvolvimento de pessoas e avaliação (ver seção 4.1); ou seja, são as próprias funções da administração.

Pelo que foi apresentado, pode-se considerar, pela prática administrativa sustentada pela Teoria de Sistemas, que o SIG das empresas tem dez componentes, conforme apresentado na Figura 3.15:

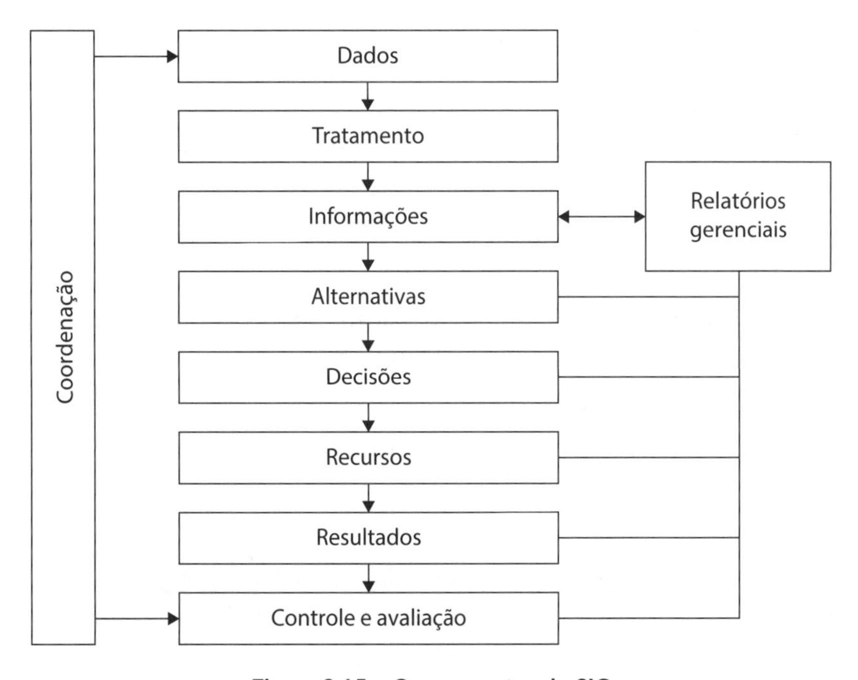

Figura 3.15 - Componentes do SIG.

A seguir, são apresentados os conceitos de cada um dos componentes da SIG, a saber:

- dado é o elemento identificado em sua forma bruta que, por si só, não conduz a uma compreensão de um fato ou situação;
- tratamento é a transformação de um insumo (dado) em um resultado administrável (informação);
- informação é o dado trabalhado que permite ao executivo tornar decisões;
- alternativa é a ação sucedânea que pode levar, de forma diferente, ao mesmo resultado;
- decisão é a escolha entre vários caminhos alternativos que levam a determinado resultado;
- recurso é a identificação das alocações ao longo do processo decisório (equipamentos, materiais, tecnologias, finanças, recursos humanos);
- resultado é produto final do processo decisório;
- controle e avaliação são as funções do processo administrativo que, mediante a comparação com padrões previamente estabelecidos, procuram medir e avaliar o desempenho e o resultado das ações, com a finalidade de realimentar os tomadores de decisão, de forma que possam corrigir e reforçar esse desempenho; e
- coordenação é a função do processo administrativo que procura aproximar, ao máximo, os resultados apresentados com a situação anteriormente planejada.

Pela Figura 3.15 verifica-se que os relatórios gerenciais, os quais são documentos que consolidam, de forma estruturada, as informações para o tomador de decisões, são efetivados a partir do componente informação, bem como recebem ou proporcionam influência direta em todos os outros componentes subsequentes, representados pelas alternativas, pelas decisões, pelos recursos, pelos resultados e pelo controle e avaliação do SIG.

Existem determinados fatores que são condicionantes da realidade do SIG nas empresas, a saber:

- os objetivos, as estratégicas e as políticas estabelecidas no planejamento das empresas;
- os fatores externos, ou não controláveis, ou ambientais das empresas;
- os níveis de conhecimento, de capacitação profissional e de habilidade dos profissionais das empresas, principalmente dos que têm o poder da decisão;
- a qualidade das informações disponíveis para o processo decisório executado pelos profissionais das empresas;
- a qualidade dos processos e dos sistemas onde os dados e as informações são alocados para posterior utilização nas decisões a serem tomadas nas empresas;
- o nível de tecnologia – principalmente a da informação – existente na empresa considerada;
- a relação custos *versus* benefícios no processo decisório. É importante que os benefícios sejam maiores que os custos inerentes à tomada das decisões; e
- o nível de risco identificado e aceito pelos profissionais envolvidos no processo decisório.

Desafio

Faça comentários, com justificativas e exemplos, a respeito dos diversos aspectos a serem considerados na análise, no desenvolvimento e na implementação dos sistemas de informações gerenciais nas empresas.

c) Tecnologia da informação

Tecnologia da informação é a interação estruturada entre sistemas de *software* e de *hardware* para o registro, transformação, transmissão e arquivamento de todos os tipos de informações das empresas.

A tecnologia da informação tem proporcionado diversos benefícios para a administração das empresas, tais como:

- sustentação automatizada ao processo decisório;
- desconsideração da questão da distância entre os pontos de comunicação;
- elevadas rapidez e segurança no processamento das informações;
- interligação estruturada entre processos e/ou atividades das empresas, consolidando redes virtuais de cooperação administrativa;
- desenvolvimento de *softwares* específicos para os processos de produção, tais como o MRP, que cuida do planejamento das necessidades de materiais;
- desenvolvimento de *softwares* específicos para os modelos de administração das empresas, tais como o ERP, que cuida do planejamento dos recursos das empresas;
- desenvolvimento dos serviços da Internet, a qual proporciona vários benefícios para as empresas, tais como o comércio eletrônico e a estruturação de complexas redes digitais de comunicação; e
- desenvolvimento de portais – dentro da Internet –, possibilitando a consolidação de comunidades virtuais voltadas à eficiência das comunicações entre as empresas.

Desafio

Explique, com justificativas e exemplos, o seu posicionamento pessoal e profissional quanto à tecnologia da informação.

E como você pretende se desenvolver a respeito.

A Teoria de Sistemas sofreu algumas críticas, mas também recebeu determinadas contracríticas, a saber:

- apresenta alguma dificuldade de aplicação prática, apesar de ter uma lógica interessante;
- não faz distinção entre os fatores de influência no funcionamento das empresas, como os fatores sociais, econômicos, políticos, tecnológicos, o que só começou a ser realizado com o uso das técnicas de cenários nos trabalhos de planejamento estratégico;
- existência de inverdades quanto a algumas premissas de funcionamento dos sistemas nas empresas, podendo ocorrer, por exemplo, uma alteração em uma parte da empresa que não provocará, de forma direta e inquestionável, alterações em toda a empresa; e
- nem sempre as empresas estão procurando um estado de equilíbrio, como no caso de uma empresa com diferentes negócios, diferentes tecnologias, diferentes mercados.

Mas algumas contribuições da Teoria de Sistemas têm evoluído até os dias atuais, como:

- maior aplicação dos seus ensinamentos pelas outras escolas e teorias da administração, pois a Teoria de Sistemas estruturou e consolidou o chamado *pensamento sistêmico*, o qual interliga o todo e cada uma das partes de cada um dos assuntos administrativos nas empresas; e
- identificação progressivamente melhor de "quem é quem" no processo decisório nas empresas, como resultado de toda a estruturação da base das atividades e processos de decisão nas empresas, dificultando que as pessoas se "escondam" nesse contexto.

Não se esqueça

Lembre-se de que você ficou de escrever a sua conceituação para o termo *administração* de acordo com a abordagem da Escola Sistêmica e de sua teoria.

3.1.5 Escola Quantitativa

A Escola Quantitativa se iniciou em 1915, mas só se consolidou a partir de 1939, na Inglaterra, sob a liderança de Patrick Maynard Stuart Blackett (1897-1974).

Foram duas as razões básicas do desenvolvimento da Escola Quantitativa:

i. Para tratar de decisões em contextos complexos na Segunda Guerra Mundial

Isso porque os militares precisavam de melhores e mais sofisticadas, rápidas e confiáveis ferramentas de auxílio ao processo decisório, em um momento crítico como o da Segunda Guerra Mundial.

Neste momento, as principais questões estavam correlacionadas à produção de armas, à colocação das armas nos locais de combate, à movimentação das tropas, ao suprimento das tropas, à locomoção dos feridos e à ocupação de territórios conquistados.

Portanto, a escola quantitativa começava a auxiliar no processo decisório, ainda que de forma específica e pontual.

ii. Para otimizar o processo decisório das empresas

Com base em sua utilização na Segunda Guerra Mundial, alguns estudiosos da administração perceberam que o apoio de ferramentas quantitativas seria de elevada importância para a otimização do processo decisório nas empresas.

Isso provocou uma pequena *revolução* na qualidade decisória das empresas, embora, infelizmente, até os dias atuais, sejam relativamente poucos os profissionais que saibam utilizar, na plenitude, as diversas ferramentas quantitativas disponíveis no mercado para auxílio na administração das empresas.

Você vai verificar, a partir da única teoria da administração que compõe a Escola Quantitativa, que essa poderia definir o termo *administração* da seguinte maneira:

- Administração é o processo estruturado de tomada de decisões, com base em aspectos quantitativos e programáveis, bem como sustentados por equações matemáticas e análises estatísticas e de probabilidades.

Desafio

Após analisar a teoria da administração decorrente da Escola Quantitativa, você deve escrever a sua conceituação do termo *administração* para essa escola.

I. Teoria Matemática

As suas principais contribuições são:

a. Melhoria da rapidez e da qualidade das decisões nas empresas

Embora essa contribuição da Teoria Matemática possa ser considerada inquestionável, não pode ser aceita na plenitude, pelo simples fato de que muitos profissionais das empresas – inclusive os que detêm elevado poder de decisão – não têm adequados conhecimentos para aplicar, adequadamente, os instrumentos administrativos decorrentes da referida teoria.

Entretanto, esse é um problema gerado pela realidade de alguns profissionais de empresas, e não pelos resultados e contribuições da Teoria Matemática e, portanto, a sua contribuição para as maiores rapidez e qualidade das decisões não deve ser questionada.

b. Melhoria do conhecimento, da capacitação profissional e da habilidade das pessoas

Um aspecto interessante é que a Teoria Matemática, pela aplicação de seus instrumentos administrativos apresentados a seguir, possibilitou o aprimoramento profissional das pessoas que sabem trabalhar com esses instrumentos, consolidando uma situação de causas *versus* efeitos que, efetivamente, contribuiu para a otimização do processo administrativo nas empresas.

Desafio

Explique como você vai utilizar os ensinamentos da Teoria Matemática para aprimorar a sua vantagem competitiva como administrador.

A Teoria Matemática consolidou três instrumentos administrativos para a melhor aplicação da administração pelas empresas, a saber:

a. Pesquisa operacional

Pesquisa operacional é a metodologia administrativa estruturada que possibilita a otimização das equipes multidisciplinares nas questões inerentes ao planejamento, à solução de problemas e ao processo de tomada de decisões nas empresas.

Na prática, a pesquisa operacional possibilita aos profissionais das empresas integrar todas as variáveis de influência em uma decisão, bem como facilita a identificação de alternativas de decisão e a escolha da melhor solução para um problema específico.

A aplicação da pesquisa operacional pelas empresas considera a identificação e a orientação do foco de estudo na solução do problema, o desenvolvimento dos trabalhos utilizando critérios lógicos e econômicos, a adequada utilização de modelos e técnicas matemáticas, bem como a intensa utilização de sistemas e equipamentos informatizados como apoio ao processo decisório.

A pesquisa operacional pode ser desenvolvida em seis fases, conforme apresentado na Figura 3.16:

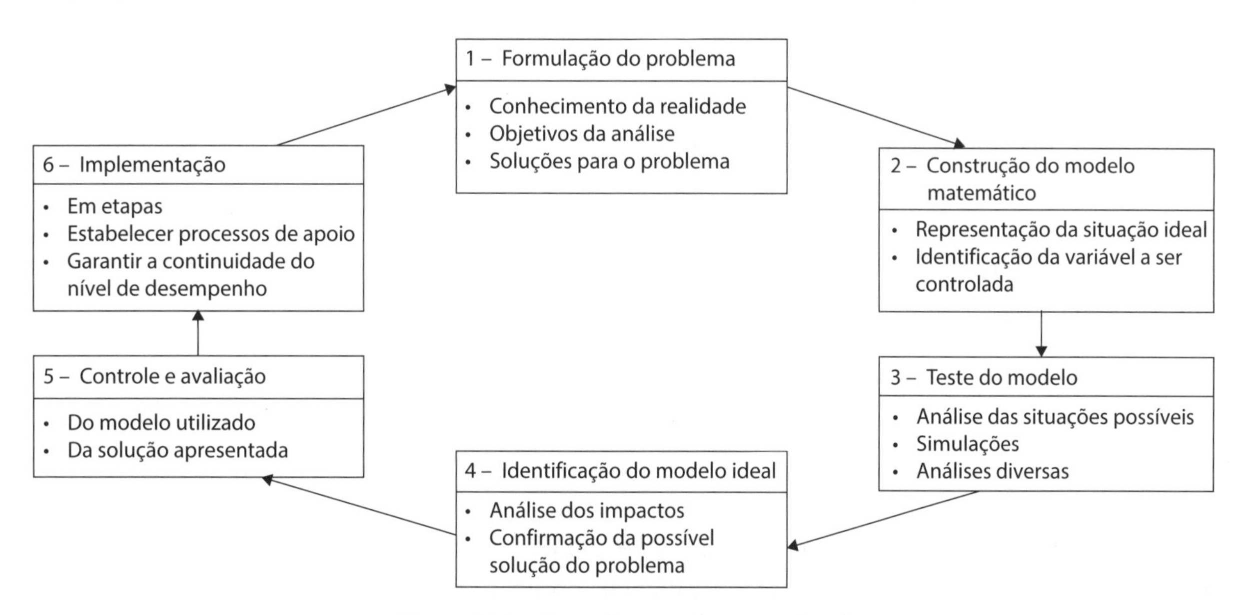

Figura 3.16 – Fases da pesquisa operacional.

Estas seis fases, apresentadas em um processo integrado e evolutivo, têm a vantagem de facilitar o entendimento e a aplicação da pesquisa operacional nas empresas, mas você deve saber, conforme as necessidades específicas, decompor cada uma das fases em partes menores para facilitar os trabalhos.

A pesquisa operacional consolidou determinadas técnicas de auxílio ao processo decisório, como:

- análise do ponto de equilíbrio, que é uma importante técnica que contribui, diretamente, para o estabelecimento do nível de vendas de uma empresa, para o qual as receitas totais são analisadas em relação aos custos totais de produção, consolidando uma situação de equilíbrio operacional e financeiro para a empresa considerada;
- teoria dos jogos, que corresponde a uma técnica matemática para análise de ameaças e de oportunidades em um ambiente empresarial, principalmente frente aos concorrentes, incluindo a orientação para o estabelecimento de ações e estratégias para reverter resultados de crise;
- programação linear, sendo uma técnica matemática que procura otimizar a alocação dos recursos para o alcance dos objetivos ou resultados previamente estabelecidos, administrando situações de recursos limitados;
- teoria das redes, que é uma abordagem matemática derivada das técnicas de planejamento e programação por redes, tal como a técnica PERT-PCM, aplicada em projetos diversificados e com interessante representação gráfica, em que as atividades dos projetos são decompostas e estabelecidos os momentos de sua realização, indicando as interligações e interdependências dessas atividades, os seus caminhos e pontos críticos, bem como os momentos em que os recursos deverão ser alocados;
- teoria das filas, que é uma técnica matemática que procura otimizar os arranjos dos objetos ou dos assuntos em condições de aglomeração, administrando os pontos de "estrangulamento" e os tempos de espera;
- análise estatística, que é a técnica matemática que, pela análise de probabilidades e de estatísticas, identifica o máximo possível de informações a partir dos dados disponíveis nas empresas;
- programação dinâmica, que é uma técnica matemática aplicada na solução de problemas que apresentam várias questões inter-relacionadas, as quais devem ter propostas de decisão específicas, mas que o resultado final do problema seja alcançado da melhor forma possível;
- *just in time*, sendo que essa técnica auxilia a combater os desperdícios que as empresas apresentam. Significa produzir no momento certo, na quantidade exata e na qualidade esperada, bem como procura eliminar tudo o que não acrescenta valor ao produto, tais como inspeções e estoques exagerados; e
- *kanban*, que é a técnica para programar e controlar a produção das empresas, sendo utilizada para administrar o *just in time*. Controla o fluxo de materiais e a movimentação de componentes distribuídos ou recebidos de fornecedores, com estoque tendendo a zero.

b. Indicadores de desempenho

Esse é um instrumento administrativo pelo qual a Teoria Matemática proporcionou elevada contribuição a vários outros instrumentos administrativos e, por decorrência, às diversas escolas e teorias da administração.

Indicador de desempenho – ou de avaliação – é o parâmetro e critério de avaliação previamente estabelecido que permite a análise da realização, bem como da evolução dos principais resultados da empresa e dos profissionais que trabalham nela.

Desafio

Pesquise e identifique um conjunto de indicadores de desempenho para você aplicar em sua realidade quanto à sua evolução como estudante e/ou profissional da administração.

Uma abordagem interessante é você fazer uma análise conjunta do estabelecido pela Fundação Programa Nacional de Qualidade (FPNQ) e pelo *Balanced Scorecard* (BSC) desenvolvido por Kaplan e Norton em 1992, podendo realizar uma análise ampliada abordando oito perspectivas: dos mercados e clientes; financeira; dos processos; do aprendizado, inovação e crescimento; de responsabilidade social; das pessoas; das aquisições e fornecedores; e do ambiente empresarial.

Na seção 4.1.4, você encontra outras considerações a respeito dos indicadores de desempenho.

c. Análise de risco e de decisão

Inicialmente devem ser considerados os dois conceitos apresentados a seguir:

- **risco** é o estado de conhecimento no qual cada ação ou estratégia alternativa leva a um conjunto de resultados, sendo a probabilidade de ocorrência de cada resultado conhecida do tomador da decisão; e
- **decisão** é o delineamento de um futuro estado de coisas, que pode ser verdadeiro ou falso, em função dos elementos que o tomador da decisão tem em mãos e que lhe permitem ter visão factual da situação presente e futura. Corresponde a uma escolha entre vários caminhos alternativos que levam a determinado resultado.

As decisões podem ser tomadas em condições de certeza e em condições de risco ou incerteza.

As condições de certeza ocorrem quando o profissional decisor sabe exatamente o que vai ocorrer no futuro, como decorrência da decisão tomada hoje.

As condições de risco ocorrem quando existem causalidades que podem influenciar os resultados de decisão tomada.

Algumas técnicas matemáticas que podem auxiliar o tomador de decisão, nessas situações de risco, são apresentadas no item "m" da seção 4.1.3, quando são abordadas as questões inerentes ao processo decisório e aos relatórios gerenciais. Mas você já pode ir pesquisando esse assunto e analisando algumas técnicas como a análise de previsões, a matriz de resultados e a árvore de decisão.

Mas a Teoria Matemática recebeu algumas críticas e contracríticas, a saber:

- a Teoria Matemática apresenta algumas limitações nas análises decisórias e de resolução de problemas, sendo que essa situação ocorre, inclusive, e principalmente, na utilização da pesquisa operacional, a qual pode ser considerada o principal instrumento administrativo e matemático de auxílio no processo decisório nas empresas. Mas, logicamente, essa crítica só é verdade se for considerado que existem profissionais nas empresas que sabem utilizar, adequadamente, a pesquisa operacional; o que nem sempre – ou geralmente – é verdade;
- dificuldade da apresentação das questões decisórias da administração em termos de abordagens matemáticas, sendo que essa dificuldade ocorre em questões complexas, mas também em questões administrativas simples, o que tem levado os administradores a utilizarem a heurística, ou seja, um método analítico para o descobrimento de verdades científicas. O principal problema é que nem todos os administradores das empresas sabem utilizar adequadamente essas técnicas de tentativas, correlacionadas aos acertos e aos erros nos processos decisórios nas empresas; e

- dificuldade de identificação da melhor abordagem matemática para cada questão administrativa e decisória das empresas. Isso porque, como não existe uma única abordagem matemática a ser aplicada e, muito menos, uma correlação direta entre as abordagens matemáticas e os tipos de problemas administrativos ou decisórios, a sua escolha e aplicação se torna, muitas vezes, bastante problemática e receosa.

De qualquer forma, a aplicação de abordagens matemáticas, principalmente a pesquisa operacional, tem tornado, na maior parte das vezes, o processo decisório mais rápido; e, dependendo das qualidades do decisor e da informação, pode ocorrer uma decisão com boa qualidade.

Embora alguns críticos possam afirmar que a aplicação de abordagens matemáticas representa apenas uma simplificação de uma situação real, pode-se considerar como verdadeira a afirmação: "ruim com as abordagens matemáticas, pior sem elas", principalmente quando as suas ausências forem provocadas pelo desconhecimento do assunto pelos profissionais das empresas.

De qualquer forma, algumas evoluções das contribuições da Teoria Matemática devem ser evidenciadas, como:

- contínuo desenvolvimento e aprimoramento dos modelos e técnicas matemáticas; e
- uso gradativamente maior de modelos matemáticos no processo decisório das empresas, o que pode ser considerado o grande *lance* da Teoria Matemática, embora muitos profissionais das empresas, pelo seu desconhecimento de matemática e estatística, menosprezem esse aspecto.

Para refletir

Decida "qual é a sua" nessa questão!

E depois aguente as consequências!

Não se esqueça

Lembre-se de que você ficou de escrever a sua conceituação para o termo *administração* de acordo com a abordagem da Escola Quantitativa e de sua teoria.

3.1.6 Escola Contingencial

A Escola Contingencial se iniciou em meados da década de 1950 por três razões básicas:

- identificação do rápido processo de adaptação que as empresas devem ter para com as contingências apresentadas pelo ambiente empresarial;
- busca da melhoria da qualidade do processo decisório; e
- tratamento das questões administrativas no contexto de "cada caso é um caso".

Ela se consolidou por duas teorias da administração apresentadas a seguir, e pode ter definido o termo *administração* da seguinte maneira:

- Administração é uma metodologia estruturada, situacional e específica, cujo processo decisório deve estar correlacionado aos fatores externos ou não controláveis predominantes para a atuação da empresa.

Para você pensar

Após analisar as duas teorias da administração decorrentes da Escola Contingencial, você deve escrever a sua conceituação do termo *administração* para essa escola.

I. Teoria da Administração por Objetivos

Ela surgiu em 1954, nos Estados Unidos da América, liderada pelo austríaco Peter Ferdinand Drucker (1909-2005).

Desafio

Pesquise outros estudiosos da administração que contribuíram para o desenvolvimento e consolidação dessa teoria.

Antes de apresentar as contribuições da Teoria da Administração por Objetivos, são necessários alguns esclarecimentos quanto a dois possíveis questionamentos.

Embora possa ocorrer questionamento por se considerar o assunto *administração por objetivos* como uma teoria da administração e não como uma abordagem, ou mesmo um instrumento administrativo, este autor optou pela primeira opção pelos seguintes fatos:

- o conteúdo e os estudos da administração por objetivos respeitam o conceito de Teoria Geral da Administração; e
- a administração por objetivos contribuiu para o desenvolvimento de instrumentos administrativos específicos, os quais têm sido importantes para a evolução da administração das empresas.

Outro questionamento que pode ser feito é quanto à alocação da Teoria da Administração por Objetivos como parte integrante da Escola Contingencial.

Este autor tomou essa decisão pelos seguintes fatos:

- a análise da interação das empresas com os fatores ou variáveis externas sofre elevada influência dos objetivos estabelecidos nos diversos níveis das empresas, assunto esse proporcionado, de forma negociada entre os profissionais envolvidos no assunto, pela Teoria da Administração por Objetivos; e
- a Teoria da Administração por Objetivos proporcionou a ferramenta básica e o foco orientativo inicial para o posterior estabelecimento de outros instrumentos administrativos para a interação das empresas com o ambiente empresarial, tais como as estratégias, as políticas, os estudos de cenários, os quais foram consolidados pela Teoria da Contingência (ver item II nesta seção).

Com referência às principais contribuições da Teoria da Administração por Objetivos você pode considerar cinco questões:

i. Estruturação do processo negocial de estabelecimento dos resultados a serem alcançados pelas empresas

A Teoria da Administração por Objetivos surgiu em um contexto empresarial com quatro características básicas:

- forte pressão recebida pelos profissionais das empresas para apresentarem resultados efetivos;
- necessidade de direcionamento dos esforços despendidos pelos profissionais das empresas para resultados comuns anteriormente estabelecidos;
- necessidade de controle rápido das atuações e dos resultados apresentados pelas diversas áreas das empresas; e
- busca de maior nível de participação dos profissionais no processo administrativo das empresas, possibilitando descentralização das decisões, bem como autocontrole das atividades realizadas.

Neste enfoque de descentralização decisória e de administração por resultados, foi consolidado um processo negocial entre os diversos níveis hierárquicos das empresas, efetivado pela Teoria da Administração por Objetivos.

ii. Melhoria na eficácia organizacional como resultado do processo estruturado de estabelecimento e de direcionamento de esforços para os objetivos estabelecidos pelas empresas.

iii. Redução do nível de conflitos nas empresas, pelo fato dos objetivos estabelecidos serem, antecipadamente, negociados entre as partes envolvidas.

Essa situação melhorou, consideravelmente, a relação entre os superiores e os subordinados nas empresas.

iv. Consolidação de uma estrutura organizacional dinâmica e com as responsabilidades estabelecidas, como decorrência da própria aplicação dos ensinamentos da Teoria da Administração por Objetivos.

Esses trabalhos também propiciam a melhoria da comunicação e dos relacionamentos interpessoais, bem como acentuam a motivação para o aperfeiçoamento do desempenho individual.

Também identificam as necessidades de treinamento, bem como melhora os sistemas de avaliação e a criação de procedimentos mais adequados e equitativos de programas de remuneração e de promoção nas empresas.

v. Identificação de "onde e quando" as mudanças empresariais são necessárias

O próprio desenvolvimento dos trabalhos de administração por objetivos vai identificando e analisando, com sustentação, esses pontos e questões administrativas a sofrerem alterações; ou seja, a Teoria da Administração por Objetivos proporcionou efetiva colaboração para a melhor aplicação dos ensinamentos da Teoria do Desenvolvimento Organizacional (ver item IV da seção 3.1.3).

Esses diversos estudos contribuíram para o desenvolvimento e consolidação de três instrumentos administrativos.

São eles:

a) Metodologia de estabelecimento de objetivos e metas

Você deve lembrar que **administração por objetivos** é a técnica estruturada e interativa de negociação e de estabelecimento dos objetivos individuais, como decorrência e como sustentação aos objetivos das empresas.

O processo de administração por objetivos deve respeitar os seguintes aspectos básicos:

- análise da situação atual da empresa;
- debate da situação idealizada para a empresa;
- estabelecimento dos objetivos da empresa;
- estabelecimento dos objetivos das áreas principais para o alcance dos objetivos da empresa;
- interligação de todos os objetivos das diversas áreas da empresa;
- decomposição negociada dos objetivos das áreas principais pelas áreas subordinadas;
- estabelecimento dos meios e das atividades que propiciem o alcance dos objetivos intermediários e finais da empresa; e
- estabelecimento dos critérios de medição e de avaliação do alcance dos objetivos estabelecidos.

b) Planejamento tático

Planejamento tático é a metodologia administrativa que tem por finalidade otimizar determinada área de resultado da empresa.

Na Figura 3.17 é apresentada uma sistemática de desenvolvimento dos planejamentos táticos, a partir do planejamento estratégico das empresas, sendo que a nomenclatura dos planejamentos táticos evidencia uma combinação das funções das empresas e das funções da administração (ver seções 4.1 e 4.2).

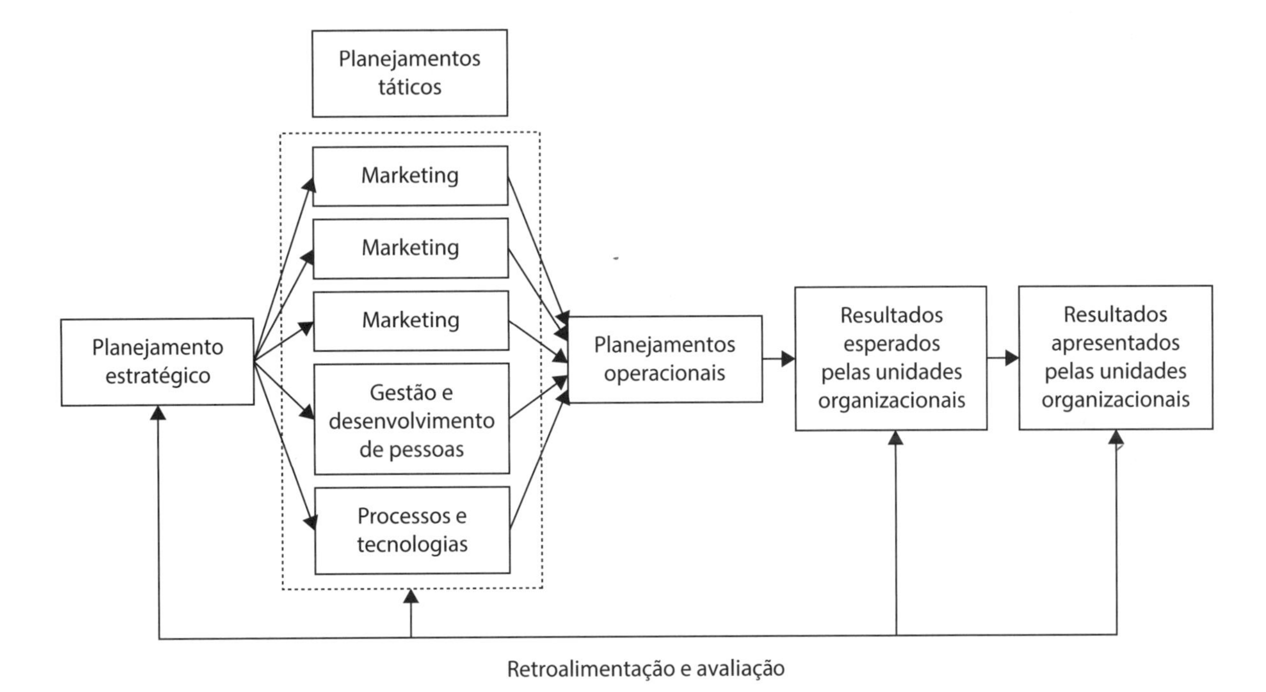

Figura 3.17 - Desenvolvimento de planejamentos táticos.

O planejamento tático é desenvolvido pelos níveis organizacionais intermediários, tendo como principal finalidade a utilização eficiente dos recursos disponíveis para a consecução de objetivos previamente fixados, segundo uma estratégia predeterminada, bem como as políticas orientativas para o processo decisório da empresa considerada.

c) Planejamento operacional

Planejamento operacional é a formalização das metodologias de desenvolvimento e de implementação de resultados específicos a serem alcançados pelas áreas funcionais da empresa.

Portanto, nessa situação tem-se, basicamente, os planos de ação ou planos operacionais.

Os planejamentos operacionais correspondem a um conjunto de partes homogêneas do planejamento tático, sendo que cada um dos planejamentos operacionais deve conter, com detalhes:

- os recursos necessários para seu desenvolvimento e implementação;
- os procedimentos básicos a serem adotados;
- os resultados finais esperados;
- os prazos estabelecidos; e
- os responsáveis por sua execução e implementação.

O planejamento operacional é, normalmente, elaborado pelos níveis organizacionais inferiores, com foco básico nas atividades do dia a dia da empresa.

As diferenças básicas entre o planejamento tático e o planejamento operacional são apresentadas na Tabela 3.3, ressaltando-se que todas as considerações apresentadas têm aspecto de relatividade entre os dois tipos de planejamento nas empresas.

Tabela 3.3 - Diferenças entre planejamento tático e planejamento operacional

DISCRIMINAÇÃO	PLANEJAMENTO TÁTICO	PLANEJAMENTO OPERACIONAL
Prazo	Mais longo	Mais curto
Amplitude	Mais ampla	Mais restrita
Riscos	Maiores	Menores
Atividades	Fins e de apoio	De apoio
Flexibilidade	Menor	Maior

Essas mesmas diferenças relativas também podem ser consideradas entre o planejamento estratégico e o planejamento tático.

A Teoria da Administração por Objetivos – APO recebeu algumas críticas e contracríticas, a saber:

i. Não trabalha com os conflitos, naturais e sistemáticos, entre os objetivos das pessoas e os objetivos das empresas

Os objetivos das empresas são decorrentes da consolidação dos objetivos das pessoas, as quais têm o poder de decisão nas referidas empresas. Entretanto, esse processo de consolidação, normalmente, não é simples, lógico, rápido e sustentado, estabelecendo objetivos da empresa que representem, na totalidade, todos os objetivos das pessoas que participaram desse processo. Alguém pode ter que *bater na mesa com mais força*!

E aí é que surgem os conflitos entre os objetivos da empresa e das pessoas, inclusive entre os objetivos dessas pessoas, levando, em alguns casos, as empresas a não terem foco nos objetivos estabelecidos.

ii. Não aborda, adequadamente, a questão do trabalho em equipes, principalmente as multidisciplinares

A Teoria da APO considera os objetivos de cada um dos profissionais das empresas, o que dificulta a interação das partes e, principalmente, a consolidação do todo, representado pela empresa como um ente único.

Essa é uma questão que foi ajustada com a Teoria de Sistemas (ver seção 3.14) e a Teoria da Contingência (ver item II nesta seção).

iii. Prioriza as atividades de curto prazo

Essa situação é decorrente do fato da Teoria da APO, basicamente, trabalhar as questões internas ou controláveis das empresas, levando o processo decisório a uma visão de curto prazo.

Uma nova realidade administrativa só se consolidou como o advento da Teoria da Contingência, em que os fatores e variáveis externos ou não controláveis pelas empresas tiveram o mesmo nível de importância que as questões internas ou controláveis; e, em alguns casos, até uma importância bem maior.

iv. Incentiva um viés pelo mais fácil e pelos objetivos mais simples de serem alcançados

A crítica se baseia no corporativismo dos profissionais das empresas, em que todos facilitam as situações dos outros, alocando objetivos facilmente alcançáveis e todos ficam felizes e com os prêmios financeiros *nos bolsos*. Infelizmente, essa questão da *dramaturgia* na busca de resultados e da negociação de resultados fáceis ainda é uma realidade em muitas empresas.

É possível afirmar que as teorias que mais têm contribuído para o fim desse corporativismo são a Teoria da Administração por Processos – ver item I da seção 3.1.7 – e a Teoria Matemática, principalmente com o estabelecimento de indicadores de desempenho (ver seção 3.1.5).

v. Dificuldade de comparar os padrões de desempenho entre diferentes áreas de uma mesma empresa

Essa é uma crítica verdadeira, que só foi amenizada, de maneira mais forte, pela Teoria da Administração por Processos.

De qualquer forma, não se pode esquecer que foi a Teoria da Administração por Objetivos quem primeiro se preocupou, de forma estruturada – mas não completa – com a avaliação de resultados; portanto, esse é um mérito que ninguém pode tirar dela.

vi. Possibilidade de avaliações subjetivas

Essa crítica está correlacionada a forte possibilidade de existirem várias situações nas empresas em que os critérios e parâmetros de avaliação não são bem estabelecidos e, como consequência, as pessoas são avaliadas por *juízo de valor* e *achismo* dos avaliadores.

Essa situação é uma das principais causas de conflitos existentes nas empresas; sendo que, infelizmente, essa situação ocorre com elevada frequência, até nos dias atuais nas empresas.

vii. Elevada dificuldade, para a maior parte das empresas, em fazer uma interligação entre as atividades de um cargo inferior com um cargo superior

Existe dificuldade em se estabelecer até onde vai o limite de competência – e de incompetência – de cada profissional de uma empresa.

Essa situação foi amenizada por planos de carreira (ver Teoria Estruturalista no item III da seção 3.1.3), pelos processos (ver Teoria da Administração por Processos no item I da seção 3.1.7) e pelos indicadores de desempenho (ver Teoria Matemática na seção 3.1.5).

viii. Dificuldade de consolidar todo o processo, em um único momento, em toda a empresa

Isso porque pode ocorrer um *emaranhado* de indicadores de desempenho e de avaliações – muitas vezes confusas e subjetivas –, levando a empresa a um caos administrativo; e essa confusão toda é ótima para quem não quer ser avaliado, sendo a melhor maneira de acabar com todo e qualquer sistema de avaliação de desempenho.

Mas não se pode esquecer que as contribuições da Teoria da Administração por Objetivos apresentam evoluções até os momentos atuais, como:

- o processo de estabelecimento, de avaliação e de aprimoramento de objetivos será, cada vez mais, sustentado, interativo, participativo e responsável; ou seja, o estabelecimento dos objetivos das empresas e, consequentemente, os objetivos das áreas e das pessoas, gradativamente, vai deixar o *achismo* de lado e haverá, inclusive, responsabilidade efetiva dos executores e avaliadores dos objetivos nas empesas; e
- a existência e a cobrança de objetivos serão consideradas como "algo bom" pelas pessoas, sendo importante evidenciar essa questão, pois muitas pessoas não gostam de ser cobradas pelos outros, quanto aos resultados a serem alcançados.

Isso acontece com alunos de faculdades, profissionais de empresas, na realidade em todos os segmentos de atuação das pessoas. Mas elas deveriam entender que o simples fato de uma pessoa ser cobrada quanto aos seus resultados esperados significa, no mínimo, que os serviços realizados por essa pessoa são importantes e, portanto, ela é importante no curso da faculdade ou na área de uma empresa.

Lembre-se: se ninguém lhe cobra nada, significa que as suas atividades não servem para nada, e você não significa nada!

Desafio

Explique, com detalhes e exemplos, como você é quanto a ser cobrado por resultados anteriormente planejados.

Mas sem exageros!

II. Teoria da Contingência

Ela surgiu em 1958, na Inglaterra, sob a liderança de Joan Woodward (1916-1971).

Desafio

Pesquise outros estudiosos da administração que contribuíram para o desenvolvimento e a consolidação dessa teoria.

As principais contribuições da Teoria da Contingência são:

i. Maior abrangência no estudo dos assuntos administrativos das empresas, o que pode ser considerado a sua principal contribuição.

Nessa maior abrangência, ela também procurou facilitar o processo de isolamento de alguns determinantes situacionais que facilitam o processo decisório nas empresas; ou seja, a Teoria da Contingência soube trabalhar com o todo mais amplo, mas também com as suas partes, desde que sejam perfeitamente identificadas.

A abordagem situacional é amplamente utilizada pela Teoria da Contingência, em que os profissionais das empresas devem ter pleno entendimento do problema em questão, antes de estabelecer regras e estratégias de ação, ou seja, o conhecimento das causas pode ser mais importante do que conhecer as consequências.

Os administradores contingenciais sabem que cada situação é única e dever ter a capacidade de antecipar a incerteza e a impossibilidade de entendimento do futuro, reduzindo as incertezas e consolidando uma previsão mais certa sobre o futuro.

ii. Obrigatoriedade do conhecimento e do uso dos assuntos administrativos de forma interligada e global

Essa é uma contribuição muito interessante da Teoria de Contingência, que consolidou uma contribuição inicialmente proporcionada pela Teoria de Sistemas – ver seção 3.1.4 –, mas que não tinha se efetivado na plenitude.

Talvez se possa afirmar que a análise das empesas – com seus fatores internos e controláveis – perante suas interações, com todos os fatores e variáveis externos ou não controláveis, tenha aguçado a inteligência humana a patamares até então não exercitados, e, nesse contexto, a Teoria da Contingência facilitou a identificação de "quem é quem" no raciocínio estratégico nas empresas.

iii. Contribuição para o desenvolvimento e consolidação da adhocracia nas empresas, lembrando que **adhocracia** é uma estruturação temporária, flexível, inovadora e antiburocrática, em que se formam equipes multidisciplinares para resolver rapidamente problemas complexos e não programáveis.

A adhocracia – ou adocracia – foi idealizada por Warren Bennis e se constitui em uma opção interessante às tradicionais formas de se departamentalizar ou organizar as empresas – ver seção 4.1.2 – e, principalmente, às propostas da Teoria da Burocracia (ver seção 3.1.2).

Na prática, os ensinamentos da adhocracia têm sido aplicados em unidades pequenas, normalmente autoadministradas e fortemente centradas nas pessoas que constituem as equipes multidisciplinares estabelecidas nas empresas.

Como decorrência dessas três contribuições, podem ser identificados cinco instrumentos administrativos decorrentes dos estudos da Teoria da Contingência.

São eles:

a) Análise externa da empresa

Análise externa é a identificação das oportunidades e das ameaças inerentes à empresa, bem como das melhores maneiras de usufruí-las e de evitá-las.

A análise externa da empresa é feita no contexto do ambiente da empresa considerada – ver seção 3.1.4 –, no qual podem ser identificados alguns fatores, tais como concorrentes, o mercado comprador, o mercado fornecedor, os sindicatos, os governos, o sistema financeiro, a evolução tecnológica e o mercado de mão de obra.

b) Planejamento estratégico

Como decorrência do instrumento administrativo anterior – análise externa da empresa –, bem como da aplicação dos planejamentos tático e operacional, pode-se considerar, de forma simplista, a estruturação e a consolidação do planejamento estratégico, como importante fator de aprimoramento da administração pelas empresas.

O planejamento estratégico é o instrumento administrativo que mais tem contribuído para a eficácia das empresas, ou seja, para que essas alcancem os resultados esperados, sendo que esse processo é realizado de maneira integrada com os planejamentos tático e operacional. Portanto, o planejamento estratégico, de forma isolada, é insuficiente, uma vez que o estabelecimento de objetivos a longo prazo, bem como seu alcance, resulta numa situação nebulosa, pois não existem ações mais imediatas que operacionalizem o planejamento estratégico.

Planejamento estratégico é a metodologia administrativa que proporciona sustentação para se estabelecer a melhor direção a ser seguida pela empresa, visando ao otimizado grau de interação com os fatores externos – não controláveis – e atuando de forma inovadora e diferenciada.

Essa interação entre os três tipos ou níveis de planejamento deve ser efetuada de maneira estruturada, considerando que o planejamento estratégico aborda toda a empresa, o planejamento tático considera uma parte homogênea da empresa e planejamento operacional aborda os planos detalhados e específicos de assuntos ou partes do planejamento tático, sendo que essa situação pode ser visualizada na Tabela 3.4:

Tabela 3.4 – Tipos e níveis de planejamento nas empresas

<table>
<tr><th colspan="5">TIPO</th><th>NÍVEL</th></tr>
<tr><td colspan="5">PLANEJAMENTO ESTRATÉGICO</td><td>ESTRATÉGICO</td></tr>
<tr><td>Planejamento mercadológico</td><td>Planejamento financeiro</td><td>Planejamento de produção</td><td>Planejamento de recursos humanos</td><td>Planejamento da estrutura</td><td>TÁTICO</td></tr>
<tr><td>Plano de preços e produtos</td><td>Plano de despesas</td><td>Plano da capacidade de produção</td><td>Plano de recrutamento e seleção</td><td>Plano diretor de sistemas</td><td rowspan="6">OPERACIONAL</td></tr>
<tr><td>Plano de promoção</td><td>Plano de investimento</td><td>Plano do controle de qualidade</td><td>Plano de treinamento</td><td>Plano da estrutura organizacional</td></tr>
<tr><td>Plano de vendas</td><td>Plano de compras</td><td>Plano de estoques</td><td>Plano de cargos e salários</td><td>Plano de rotinas administrativas</td></tr>
<tr><td>Plano de distribuição</td><td>Plano de fluxo de caixa</td><td>Plano de utilização de mão de obra</td><td>Plano de promoções</td><td>Plano de Informações gerenciais</td></tr>
<tr><td>Plano de pesquisas de mercado</td><td>Plano orçamentário</td><td>Plano de expedição de produtos</td><td>Plano de capacitação interna</td><td>Plano de comunicações</td></tr>
</table>

Detalhes a respeito da metodologia de desenvolvimento e implementação, bem como precauções no uso do planejamento estratégico pelas empresas, são apresentados no livro *Planejamento estratégico: conceitos, metodologia e práticas*, dos mesmos autor e editora, sendo que um resumo básico é evidenciado na seção 4.1.1.

c) Estratégias e técnicas estratégicas

Foi verificado que as estratégias representam as ações ou caminhos mais adequados e, preferencialmente, criativos, inovadores e diferenciados, a serem executados para se alcançar os objetivos e metas das empresas.

Em seu estabelecimento existe muito de criatividade e de percepção e iniciativa por parte dos profissionais das empresas; entretanto, para proporcionar maior sustentação a esse processo decisório, a Teoria da Contingência estruturou algumas técnicas estratégicas.

Técnica estratégica é a forma estruturada e interativa para o tratamento das informações básicas inerentes ao processo decisório no estabelecimento das estratégicas das empresas. Portanto, as técnicas estratégicas servem como *roteiro* a ser seguido por cada empresa. Naturalmente, esse roteiro tem – e deve ter – variações resultantes das realidades atuais e situações futuras idealizadas para cada empresa, focando seus negócios, produtos e serviços atuais e potenciais.

Algumas dessas técnicas têm uma abordagem tão ampla que chegam a substituir o processo de planejamento estratégico. Embora este autor não concorde com tal situação, não se pode negar que isso é executado em muitas empresas.

As técnicas estratégicas podem incrementar as estratégias e as vantagens competitivas das empresas, mas somente quando usadas adequadamente. O executivo deve ter determinada vivência empresarial e *jogo de cintura* para adequar uma técnica estratégica, da melhor maneira, para sua empresa.

As técnicas estratégicas também têm a finalidade de auxiliar os executivos no estabelecimento de um portfólio de negócios e produtos ou serviços que estejam no contexto do *core business* da empresa, bem como consolidem as vantagens competitivas reais, sustentadas e duradouras da empresa considerada.

O processo de estruturação de uma técnica estratégica deve ter, no mínimo, três abordagens:

- a operacional, responsável pela geração dos resultados do negócio no momento atual;
- a inovativa, que leva à geração futura de novos produtos e serviços e, até, de novos negócios e mercados; e
- a da alta administração, que dirige, proporciona visão e determina o curso de negócio, tanto para o momento atual como para o futuro.

Normalmente, as técnicas estratégicas apresentam os seguintes pontos positivos:

- definição e classificação das empresas em relação ao mercado e nível de competição;
- alocação de recursos sob uma análise posicional e seletiva;
- consistência e compatibilidade na análise de desempenho das empresas;
- linguagem relativamente simples e atuante sob o foco do problema;
- minimização da *miopia* administrativa, incluindo o aprimoramento do processo decisório;
- melhor negociação e operacionalização de questões estratégicas;
- maiores segurança e comprometimento nas decisões de investir ou de desinvestir;
- melhor nível de entendimento sobre qual é a missão ou *razão de ser* do negócio; e
- melhor definição dos níveis de autonomia e de descentralização das empresas.

Por outro lado, as técnicas estratégicas apresentam algumas limitações, tais como:

- longo período para implantação, tendo em vista, principalmente, os problemas de sua aceitação por parte de alguns executivos das empresas;
- seu uso inadequado ou excesso de crédito podem causar divergências quanto à essência do principal problema da empresa analisada;
- pelo fato de adotarem alguns rótulos, podem limitar o nível de criatividade, que é tão necessário no processo estratégico;
- são, geralmente, inadequadas quando se consideram negócios inéditos para as empresas;
- sua simplicidade encobre a relativa dificuldade de implantação, sendo que, no mínimo, fica evidenciada a estrutura de poder existente nas empresas;
- quando consideram as unidades estratégicas de negócios – ver seção 4.1.2 – de forma independente, esquecem a sinergia necessária;
- em mercados muito agressivos, sua utilização pode ser problemática;
- sua análise de alocação de recursos restringe-se, na prática, basicamente aos aspectos monetários; e
- prognósticos resultantes das análises realizadas são bastante afetados por fatores subjetivos.

Entretanto, quando os profissionais das empresas analisam e ponderam as vantagens e limitações das técnicas estratégicas, podem chegar à conclusão, de maneira extremamente lógica, de que as vantagens suplantam as limitações, bem como auxiliam diretamente no estabelecimento de estratégias criativas e inovadoras para as empresas.

Não é intenção, neste livro de análise da evolução do pensamento administrativo, explicar-se a utilização de todas as técnicas estratégicas existentes e à disposição dos profissionais das empresas. Se você quiser saber detalhes a esse respeito, pode analisar no já citado livro *Estratégia empresarial e vantagem competitiva: como estabelecer, implementar e avaliar*, dos mesmos autor e editora.

Entretanto, apenas para você ir se familiarizando com os nomes dessas técnicas estratégicas, elas são listadas a seguir, bem como separadas, de acordo com opinião deste autor, em técnicas estratégicas direcionadas para a análise de negócios atuais, para novos negócios, bem como para o estabelecimento das vantagens competitivas das empresas.

Essa questão de familiaridade, gradativa e acumulativa, dos assuntos administrativos ao longo do tempo – curso de administração, treinamentos específicos etc. – é de elevada importância para que ocorra o aprendizado sustentado por parte do leitor, e este autor realiza esse processo em alguns pontos deste livro.

Essas técnicas estratégicas – ou pelo menos algumas delas – poderão ser estudadas posteriormente, em alguma disciplina específica.

São dez as técnicas que se enquadram, com maior facilidade, na situação de análise dos negócios atuais:

- matriz de portfólio de negócios, produtos e serviços do BCG;
- ciclo de vida do negócio, produto ou serviço;
- impacto das estratégias de marketing no lucro-PIMS;
- matriz de atratividade de mercado;
- modelo de avaliação das possibilidades de negócios de McKinsey/GE;
- modelo de Lorange e Vancil;
- modelo de desempenho de produtos, serviços ou negócios;
- modelo de análise do processo de negócio;
- modelo da massa crítica; e
- matriz de custo e valor.

Para o processo de análise de novos negócios enquadram-se, como maior facilidade, cinco técnicas estratégicas:

- modelo do retorno e risco;
- matriz de política direcional da Shell;
- matriz de Petrov;
- matriz de Booz-Allen; e
- modelo de Abell.

No processo de estabelecimento das vantagens competitivas, os profissionais das empresas podem utilizar seis técnicas estratégicas:

- matriz do posicionamento competitivo;
- matriz do perfil do negócio de ADL;

- matriz de análise da carteira de negócio de Hofer e Schendel;
- matriz de liderança;
- modelo de Porter; e
- modelo integrado de análise de posição competitiva – MIP.

d) Cenários estratégicos

Os cenários estratégicos representam uma das principais técnicas administrativas para fazer as visões das pessoas interagirem com as estratégias empresariais. Isso porque o processo de elaboração de cenários parte de um conjunto de pressupostos bem definidos, e representa como deverá ser o futuro, caso esses pressupostos sejam verdadeiros.

De maneira geral, os cenários podem ser definidos como a descrição idealizada e aproximada das situações futuras de um fenômeno, as quais estão, em maior ou menor escala, condicionadas à ocorrência ou mudanças de estados das variáveis principais que explicam a situação atual desse fenômeno, bem como do tipo e nível de influência proporcionada para as empresas.

Os cenários, quando formulados e implementados de maneira adequada, representam um conjunto de variáveis inter-relacionadas e interdependentes que caracterizam arenas e panoramas futuros para os horizontes escolhidos, nos quais as empresas devem inserir-se o mais competitivamente possível, mediante estratégias que consolidam suas vantagens competitivas.

Portanto, as finalidades dos cenários devem estar correlacionadas a:

- identificar antecipadamente e interpretar as mudanças futuras no ambiente das empresas;
- contribuir para o aprimoramento do processo estratégico das empresas; e
- consolidar a visão do negócio em torno de certas expectativas identificadas e incorporadas pelas empresas, como possíveis de ocorrerem.

Verifica-se que a finalidade não é gerar cenários como um fim em si próprio, mas aprimorar o processo decisório estratégico. Portanto, os cenários têm a finalidade básica de otimizar as decisões de hoje a respeito de um futuro possível que ainda não existe.

As empresas podem desenvolver cenários que retratem determinado momento no futuro, ou que detalhem a evolução e a sequência de eventos, desde o momento atual até determinado momento futuro.

Por apresentarem informações sobre causa e efeitos, os cenários de evolução são considerados mais ricos em pormenores, permitindo a análise de pontos de transição, e são mais plausíveis por parte do usuário.

Por outro lado, existem cenários alternativos que, por definição, não são previsões do que deve ocorrer. Pelo contrário, para questionarem premissas, devem explorar possibilidades alternativas do futuro, possibilidades essas inconsistentes entre si em algumas dimensões, mas compatíveis em outras.

A elaboração dos documentos escritos dos cenários finais é a culminação de um processo que deve considerar todos os executivos-chave da empresa que, normalmente, são envolvidos em questões estratégicas. Isso porque, além do benefício de maior riqueza de ideias, informações e visões sobre o futuro que um processo participativo proporciona, seu objetivo principal é estimular maior interesse e aceitação dos cenários como importantes para os debates e o estabelecimento de todas as questões estratégicas.

Dentro do processo de os executivos das empresas conceberem o futuro como resultado da interação entre tendências e eventos, os cenários são composições consistentes entre projeções variadas de tendências históricas e o estabelecimento de eventos específicos.

O executivo deve considerar que, à medida que o ambiente se torna mais turbulento, os cenários se tornam mais importantes para o processo decisório estratégico.

Quando do estabelecimento de cenários para as empresas, pode ser efetuada uma divisão estruturada, conforme apresentado na Figura 3.18:

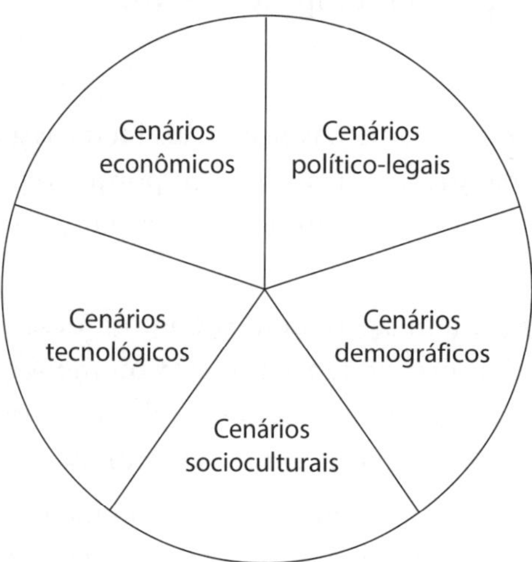

Figura 3.18 - Cenários estratégicos.

Para cada um desses cenários podem ser estabelecidas algumas variáveis ou fatores de análise; e para cada uma dessas variáveis ou fatores, você deve estabelecer o nível de interpretação, bem como o tempo de reação necessário.

O nível de interpretação corresponde a uma classificação em alta, média e baixa capacidade que a empresa tem para analisar a referida variável.

Por outro lado, a medida do tempo de reação é a definição do tempo necessário, em determinado setor da economia, para aproveitar oportunidades ou neutralizar ameaças; sendo, portanto, uma medida da flexibilidade requerida pelo setor da economia em análise.

O conhecimento das principais vantagens e, principalmente, das preocupações no uso dos cenários pode auxiliar, em muito, o processo estratégico das empresas.

Pode-se considerar que as razões mais comuns para o uso de cenários estratégicos são:

- existência de ambientes empresariais – externos e não controláveis – de grande incerteza;
- correlacionar os cenários com o processo decisório das empresas, ou seja, o debate dos cenários deve fazer parte do dia a dia dos principais executivos das empresas;
- criar uma situação em que os executivos das empresas estejam comprometidos com os resultados que devem ser alcançados, como resultantes do delineamento dos cenários;
- usar os cenários para *quebrar* antigos paradigmas da empresa e, inclusive, consolidar uma cultura receptiva à utilização de cenários;
- utilizar um número adequado de cenários, que podem ser três, referentes à situação mais provável, à otimista e à pessimista;
- usar cenários que tenham credibilidade perante as pessoas e utilidade para a empresa; e
- ter horizonte de tempo adequado para os cenários, pois esses devem *enxergar* oportunidades e ameaças em um horizonte, o mais longo possível, desde que não perca sua validade.

Verifica-se que as várias precauções apresentadas estão correlacionadas, em maior ou menor intensidade, com o fato de os cenários não representarem uma realidade futura, mas mecanismos de representar essa realidade, visando orientar as estratégias atuais frente aos futuros possíveis e desejáveis.

Existem várias técnicas que auxiliam – e muito – no processo de delineamento de cenários estratégicos, mas essa é uma questão muito específica e se você quiser saber detalhes pode analisar no livro *Estratégia empresarial e vantagem competitiva: como estabelecer, implementar e avaliar,* dos mesmos autor e editora.

e) Modelos de estruturação organizacional

A Teoria da Contingência contribuiu diretamente para a consolidação de duas formas de departamentalizar as atividades das empresas: a departamentalização matricial e a departamentalização por unidades estratégicas de negócios, sendo que os seus aspectos principais são evidenciados, resumidamente, na seção 4.1.2.

Mas a Teoria da Contingência recebeu algumas críticas, e contracríticas, sendo as principais as seguintes:

i. Trabalha mais com as diferenças entre as empresas do que com as semelhanças em si

Embora, na prática, cada empresa deva ser considerada um caso especifico, também é verdade que, no estudo da administração e, principalmente, na consolidação das teorias, é necessário abordar as empresas, principalmente com suas semelhanças, caso contrário não se fecha o estudo.

Essa questão das semelhanças foi fortemente considerada nas Teorias da Administração Científica, do Processo Administrativo, de Relações Humanas e Estruturalista.

Mas a Teoria da Contingência considera que o fator propulsor das questões administrativas das empresas está em seu ambiente, ou seja, na influência das variáveis externas ou não controláveis pelas empresas.

Por mais fortes que possam ser as críticas para a Teoria da Contingência, não se pode esquecer que foi ela que consolidou, na prática, a abordagem estratégica das empresas, ou seja, a interação, em *tempo real*, dos fatores internos ou controláveis com os fatores externos ou não controláveis pelas empresas.

E esse tratamento das questões externas de forma interativa com as questões internas tem sido – e seguramente sempre será – um fator de diferenciação da qualidade dos profissionais das empresas.

ii. Dificuldade de identificar a mudança mais significativa nos fatores ou variáveis externos ou não controláveis; ou seja, identificar, com significativa margem de segurança, qual foi o fator cuja variação está provocando ou provocará elevado efeito sobre os resultados gerais da empresa.

Ao longo do tempo foram desenvolvidas metodologias e técnicas de análise de fatores externos, bem como de cenários, que amenizaram o problema apresentado.

iii. Dificuldade de identificar a frequência, a velocidade e a intensidade das mudanças nas variáveis ambientais ou externas.

Esse é um problema que só foi amenizado com as técnicas de cenários; e como se tem observado que as empresas estão aplicando, cada vez com maior intensidade, o debate de cenários, acredita-se que essa dificuldade irá se reduzindo de forma gradativa.

iv. Dificuldade em identificar todas as variáveis externas de influência nas empresas e, mais ainda, a interligação entre essas variáveis, sendo que esse problema também foi amenizado com o advento de técnicas de cenários e a sua adequada aplicação pelas empresas.

v. Dificuldade de trabalhar com a estrutura de poder em uma empresa com forte interação com as variáveis externas ou não controláveis.

Na prática, esse problema geralmente ocorre quando, na estrutura de poder das empresas, não existem profissionais que, efetivamente, saibam trabalhar com as questões estratégicas dessas empresas.

Aqui a solução é, mais uma vez, a mesma: saber trabalhar com o instrumento administrativo do planejamento estratégico, incluindo as suas várias partes: visão, missão, análise externa e interna, análise dos concorrentes, vantagens competitivas, objetivos, estratégias, políticas etc. (ver seção 4.1.1).

vi. Dificuldade de avaliar o desempenho e os resultados efetivos globais e parciais das empresas em forte interação com as variáveis externas, sendo que essa dificuldade pode ser reduzida pela aplicação de um conjunto amplo, estruturado e interligado de indicadores de desempenho – ver seção 4.1.4 –, bem como uma forte e sustentada vontade de acompanhar, analisar e avaliar resultados.

vii. Dificuldade em planejar e operacionalizar um processo de mudança nas empresas, para melhor interagir com as alterações nas variáveis externas ou não controláveis, sendo que, para resolver esse problema, é necessário resgatar os ensinamentos da Teoria do Desenvolvimento Organizacional (ver item IV da seção 3.1.3).

Mas você não pode esquecer que a Teoria da Contingência facilitou algumas evoluções nos estudos da administração, a saber:

- ampliação das aplicações das partes do processo de planejamento estratégico, sendo que essa pode ser considerada, sem qualquer dúvida, como a principal evolução das contribuições da Teoria da Contingência; e
- plena amplitude para a análise decisória nas empresas, pois um aspecto que se tem observado, na prática, é que a aplicação dos ensinamentos da Teoria da Contingência coloca os profissionais das empresas em um contexto decisório o mais amplo possível, o que é muito bom para as pessoas que conseguem usufruir dessa situação com pleno sucesso profissional.

Não se esqueça

Lembre-se de que você ficou de escrever a sua conceituação do termo *administração* de acordo com a abordagem da Escola Contingencial e de suas duas teorias.

3.1.7 Escola Moderna

Inicialmente, afirma-se que este autor está chamando de Escola Moderna – ou Escola Contemporânea – a que procura aglutinar as últimas abordagens e instrumentos administrativos que as empresas estão considerando para sustentar o desenvolvimento de seus negócios, produtos e serviços.

A Escola Moderna se iniciou com estudos diversos na década de 1950, e se consolidou na década de 1990, por três razões básicas.

São elas:

i. Novo contexto competitivo, tanto entre empresas como entre nações, sendo que essa situação é resultante, principalmente, da globalização, do elevado nível das comunicações e da otimização da qualidade decisória pelos profissionais das empresas.

Acredita-se que a natural evolução dessas três questões vai provocar o surgimento de outras teorias da administração, possivelmente a curto ou a médio prazo.

ii. Mudanças nos comportamentos e nas necessidades das pessoas, pois a atual situação das empresas influencia e recebe influência do comportamento, bem como das necessidades das pessoas que interagem com essas empresas.

E, embora a administração seja estudada em seis níveis – a sociedade, o conjunto de empresas, a empresa isolada, as equipes de trabalho, as lideranças das equipes e os indivíduos isoladamente –, não se pode esquecer que a influência para as mudanças empresariais nasce no final desse processo, ou seja, nos indivíduos.

Pelo fato de a administração estar, cada vez mais, focada nos indivíduos – como explicado em várias teorias apresentadas neste livro –, pode-se concluir que muitos novos estudos e teorias da administração estão por surgir.

iii. Desenvolvimento de novos modelos de administração das empresas, sendo que isso é decorrente dos próprios tipos de empresa que estão se desenvolvendo, tais como a mais inovadora, a diversificada, a profissionalizada, a transparente e participativa, a com forte abordagem política; tudo isso sustentado pela evolução do processo de aprendizado e do conhecimento administrativo por parte dos profissionais das empresas.

A Escola Moderna se consolidou por duas teorias da administração apresentadas a seguir e pode ter definido o termo *administração* da seguinte forma:

- Administração é o processo estruturado, criativo, inovativo e sustentado de gerar, desenvolver e operacionalizar conhecimentos, habilidades e atitudes de forma mais eficiente, eficaz e efetiva do que as empresas concorrentes.

Desafio

Após analisar as duas teorias da administração decorrentes da Escola Moderna, você deve escrever a sua conceituação do termo *administração* para essa escola.

I. Teoria da Administração por Processos

Ela se consolidou em 1951, nos Estados Unidos da América, com vários avanços posteriores, sob a liderança do estatístico William Edwards Deming (1900-1993), com forte enfoque na questão da qualidade total nas empresas.

As principais contribuições da Teoria da Administração por Processos são:

i. Plena estruturação e consolidação otimizada do processo decisório nas empresas

A Teoria da Administração por Processos fez a sua parte, ou seja, ela proporcionou toda a base de sustentação para que a qualidade das decisões fosse a melhor possível. Entretanto, não se pode esquecer que a qualidade decisória depende também da qualidade da informação – para a qual a referida teoria tem influência parcial –, e da qualidade do decisor, para a qual a Teoria da Administração por Processos tem baixa influência.

ii. Direcionamento às expectativas e necessidades dos clientes e, aqui, são considerados tanto os clientes externos quanto os clientes internos nas empresas.

Os cinco instrumentos administrativos decorrentes da Teoria da Administração por Processos, apresentados a seguir, se preocupam com o otimizado atendimento dessas expectativas e necessidades identificadas.

iii. Efetiva busca da eficácia organizacional, sendo que essa questão estava sendo debatida desde os primórdios da Teoria da Administração Científica, mas apenas nesse momento esse assunto foi identificado, debatido, consolidado e avaliado de maneira adequada e completa.

Portanto, a Teoria da Administração por Processos proporciona todas as condições básicas para que o nível de racionalização das atividades das empresas alcance uma situação otimizada.

iv. Consolidação do modelo japonês de administração

A questão de diferentes abordagens administrativas, principalmente quando se considera a qualidade total nas empresas, levou à existência de duas situações diferentes quando se analisa a realidade da administração no mundo ocidental ou no mundo oriental, mais especificamente o Japão, sendo que essas abordagens podem ser visualizadas na Tabela 3.5:

Tabela 3.5 - Abordagens administrativas do Ocidente e do Oriente

ABORDAGEM OCIDENTAL	ABORDAGEM ORIENTAL (JAPÃO)
Foco no controle da qualidade	Foco nos círculos de qualidade e na melhoria contínua
Produtos luxuosos e preços elevados	Elevada qualidade e preço baixo
Grandes estruturas organizacionais divididas em unidades de negócios	Estruturas organizacionais pequenas e enxutas
Máquinas e equipamentos especializados e específicos	Produção flexível
Elevado nível de verticalização	Elevado nível de parcerias
Trabalhadores fixos especializados	Equipes multidisciplinares de trabalho
Estrutura hierárquica forte	Trabalhos autogeridos

Com base nesses estudos, podem ser identificados cinco principais instrumentos administrativos decorrentes da Teoria da Administração por Processos.

São eles:

a) Desenho de processos

Desenho de processos é a metodologia estruturada de identificar, ordenar em sequência lógica e otimizada, implementar e avaliar as atividades que contribuem, direta ou indiretamente, para o maior valor agregado para as empresas, bem como seus diversos públicos (clientes, fornecedores, funcionários, governo, comunidade).

Apesar de o assunto *processo administrativo* ser antigo nas teorias da administração, apenas na década de 1980 é que ocorreu uma preocupação maior, inclusive e principalmente quanto aos diversos instrumentos administrativos nas empresas.

Sem medo de errar, pode-se afirmar que a quase totalidade dos instrumentos administrativos – novos e antigos – estão sustentados pela estruturação de processos administrativos, lembrando que **processo** é o conjunto estruturado de atividades sequenciais que apresentam relação lógica entre si, com finalidade de atender e, preferencialmente, suplantar as necessidades e as expectativas dos clientes externos e internos das empresas.

Podem ser consolidados dois contextos de aplicação dos processos administrativos nas empresas:

- como a sequência de atividades dentro de uma metodologia de desenvolvimento e de implementação de um instrumento administrativo, ou seja, da metodologia de aplicação do referido instrumento (contexto que pode ser considerado o mais importante); e
- como a sequência de atividades a serem realizadas para a consolidação de um trabalho específico, de um produto ou serviço.

Com referência ao contexto de consolidação de um trabalho, um produto ou serviço, os principais resultados que o desenho de processo pode proporcionar para as empresas são:

- modelos de processos, com gráficos de cada processo, definição das atividades e das transações dos processos, definição dos postos de trabalho envolvidos e definição da sistemática de controle administrativo, incluindo indicadores de desempenho;
- modelos de postos de trabalho, com a definição dos postos de trabalho necessários à operacionalização dos novos processos, com as capacitações necessárias, atribuições, responsabilidades e critérios de avaliação, bem como a definição dos recursos a serem disponibilizados para cada posto de trabalho;
- modelos de transações, com a definição das transações envolvidas, com seus volumes e frequências, de forma a subsidiar a definição das bases de dados e a implementação de aplicações de tecnologia da informação; e
- modelos de dados e informações, com a definição das bases de dados necessárias para suportar os novos processos, reforçando a integração dos sistemas a serem disponibilizados, detalhamento das bases de dados em termos de entidades, relacionamentos e atributos, bem como a interligação das bases de dados com as transações, permitindo análises de volume, frequência de atualização, acesso e compartilhamento.

Em um contexto mais amplo, verifica-se que, na prática, os processos têm proporcionado elevada contribuição para a otimizada departamentalização ou estruturação das empresas, como é o caso da consagrada departamentalização por processos (ver seção 4.1.2).

Para detalhes a respeito desse importante instrumento administrativo que corresponde aos processos, ver o livro *Administração de processos: conceitos, metodologia e práticas*, dos mesmos autor e editora.

b) Qualidade total

Qualidade total é a capacidade de um produto ou serviço de satisfazer – ou suplantar – as necessidades, exigências e expectativas dos clientes externos e internos das empresas.

Verifica-se que a qualidade total, em uma empresa, exige o envolvimento de todas as áreas, atividades e pessoas, visando à satisfação dos clientes internos e externos, através de um processo de melhoria contínua, em tudo o que é feito. Portanto, o conceito de qualidade está correlacionado às necessidades, exigências e expectativas dos clientes, bem como à sustentação de um processo de melhoria contínua.

O processo de melhoria contínua tem duas sustentações e resultados:

- tornar os processos – administrativos, operacionais, tecnológicos – cada vez mais capazes de gerar produtos e serviços que atendam às crescentes exigências dos clientes externos e internos das empresas: e
- ajustar, continuamente, os padrões de qualidade para as novas situações desejadas.

Você deve considerar que existe diferença entre melhoria contínua e inovação do processo:

- **melhoria contínua** é tornar o processo mais capaz, utilizando recursos existentes e à disposição da empresa considerada; e
- **inovação** é tornar o processo mais capaz, inserindo recursos atualmente não disponíveis na empresa.

Portanto, só se deve aplicar a inovação nos processos da empresa depois que toda melhoria contínua possível foi realizada, sendo que a qualidade total, em sua plenitude, deve considerar a melhoria contínua e a inovação do processo.

Quando se compara o desempenho médio do Brasil, em termos de qualidade, com o padrão mundial considerando os países desenvolvidos, verifica-se uma situação problemática, que, embora tenha apresentado melhoras, essas têm sido, em significativa parte das vezes, insuficientes e segmentadas.

De maneira resumida, verifica-se que a evolução da qualidade total esteve posicionada, no mundo todo, em quatro momentos:

- momento 1: controle final do produto ou serviço, que é baseado na inspeção final dos produtos e serviços da empresa;
- momento 2: controle estatístico de processo, que é baseado na segurança e zero defeito;
- momento 3: garantia da qualidade, que é baseada em processos, normas e procedimentos formais; e
- momento 4: qualidade total, que é sustentada na satisfação dos clientes e na competitividade.

Na prática, a qualidade total deve estar sustentada por cinco fatores, conforme apresentado na Figura 3.19:

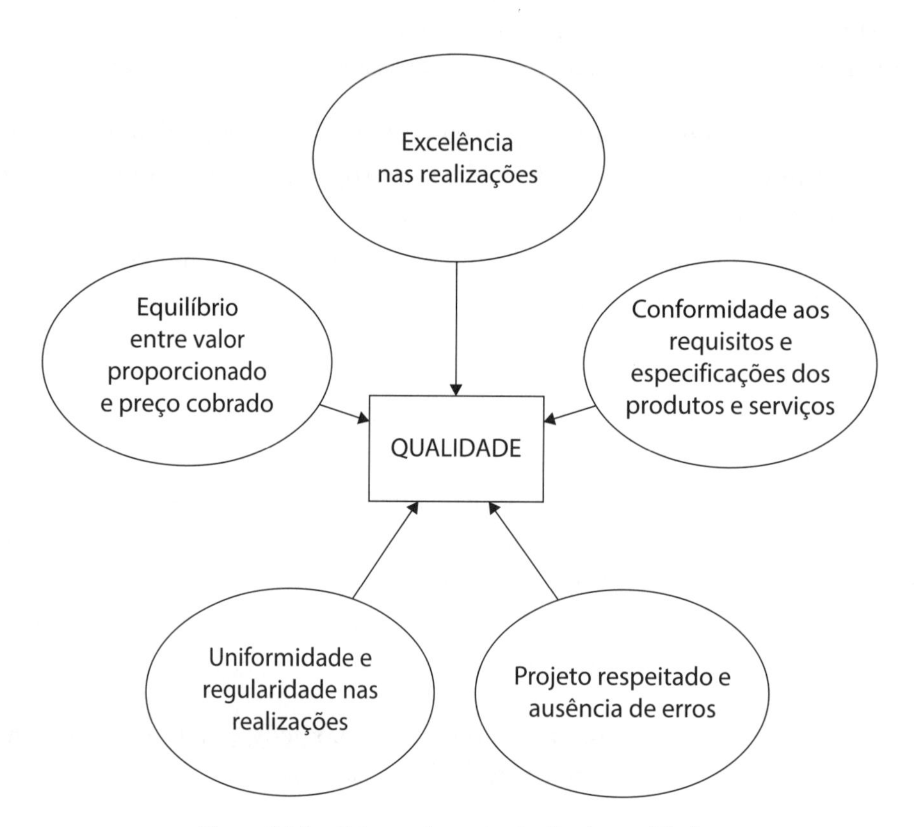

Figura 3.19 – Fatores de sustentação da qualidade.

Esses cinco fatores devem estar em constante equilíbrio e com forte atuação sobre a qualidade, pois qualquer desequilíbrio entre esses fatores pode prejudicar a ocorrência da qualidade total na empresa.

Mas é bom lembrar que é mais fácil melhorar o que pode ser medido. Deve-se criar um conjunto de indicadores que retrate a situação existente, para depois compará-la com outras situações em que as melhorias e inovações introduzidas possam ser avaliadas.

A qualidade total deve ser medida pelos indicadores, índices e padrões estabelecidos, os quais devem ter perfeita interação com os referenciais de avaliação das etapas da administração de processos.

Padrão de qualidade é a medida de grau de satisfação das necessidades e exigências estabelecidas e requeridas pelos clientes.

Deve-se lembrar que padrão é diferente de norma, índice e indicador, pois:

- **norma** é aquilo que se estabelece como base ou medida para a realização ou avaliação de algo. Refere-se a um princípio, regra, preceito ou lei;
- **índice** é a relação entre as medidas identificadas em um processo estruturado de análise; e
- **padrão ou indicador** é aquilo que serve de base para se avaliar qualidade ou quantidade. Refere-se a tudo o que unifica e simplifica para benefício das pessoas. É a expressão numérica do índice; é o foco básico da medida.

Considerando o exemplo de um trabalhador que produz 100 peças por dia, tem-se:

- norma: produtividade do trabalhador;
- índice: produtividade do trabalhador por dia; e
- padrão ou indicador: 100/peças/dia/trabalhador.

Os padrões representam números tratados a partir dos dados registrados nos processos que permitem melhor base para o acompanhamento e o controle dos resultados obtidos, possibilitando uma administração mais consistente. Geralmente, correlacionam os resultados ou as saídas dos processos com os recursos utilizados, que representam as entradas dos fluxos de transformação dos processos.

Na interação das normas, índices e padrões com a análise da qualidade total, deve-se utilizar a ferramenta dos 5W e 2H, compreendendo as seguintes questões: o que, como, quem, quando, por que, onde e quanto.

Esses padrões de qualidade e de resultado devem ser mantidos e melhorados, com base em efetivo esforço dos executivos e demais profissionais das empresas. Para tanto, os processos administrados podem contribuir, efetivamente, para a melhoria dos resultados da empresa.

Manter padrões de qualidade de produtos e serviços significa satisfazer, ao longo do tempo, às necessidades e às exigências dos usuários; e melhorar padrões de qualidade de produtos e serviços significa satisfazer às necessidades e às exigências dos usuários, superando suas expectativas.

A finalidade dos padrões de qualidade é fornecer informações para cada profissional da empresa, no sentido de visualizar os resultados e as respectivas tendências do assunto administrativo em análise.

A qualidade total também deve estar correlacionada à **produtividade**, que é a otimização dos recursos disponíveis para a obtenção de melhores resultados para a empresa.

Uma diferenciação genérica entre a qualidade total e produtividade é apresentada na Tabela 3.6.

Tabela 3.6 - Diferenças entre qualidade total e produtividade

ITENS	PRODUTIVIDADE	QUALIDADE
Abordagem	Modo de utilizar os recursos disponíveis	Efetiva satisfação dos clientes
Avaliação	Eficiência dos processos	Eficácia dos processos
Foco	No esforço	Nos resultados
Estruturação	Como fazer	O que fazer
Treinamento	Fazer certo as coisas	Fazer as coisas certas
Índice	Tem no denominador o fator a ser avaliado	Expressa o grau de aceitação de uma característica (em porcentagem)

c) Logística

Logística é o processo estruturado e integrado que considera todas as atividades que têm relação entre si e uma sequência lógica, desde o planejamento das necessidades e expectativas de mercado, passando por todos os insumos, transformações, vendas, entregas, até o pós-venda do produto ou serviço colocado no mercado.

Portanto, logística é um processo que corta matricialmente toda a empresa, interligando todas as suas atividades essenciais, com base nas necessidades e nas expectativas de mercado, e em direção a essas. Ela cuida do fornecimento do produto certo, na hora certa e no local certo.

Esse mesmo processo de logística deve ser o processo básico para o desenvolvimento da qualidade total da empresa e vice-versa.

Se a empresa decidir desenvolver e implementar os processos de qualidade total e de logística de maneira simultânea, ela tem a oportunidade de desenvolver um único processo básico – e da mais elevada amplitude –, que atende aos dois instrumentos administrativos citados. Você verifica que essa situação torna o desenvolvimento e a implementação dos instrumentos administrativos bem mais fáceis, baratos e rápidos.

Na verdade, essa situação interativa entre os processos deve ser uma realidade para os diversos instrumentos administrativos citados neste livro, consolidando o modelo da administração integrada (ver na seção 4.3).

Analise outras questões da logística no item "c" da seção 4.2.4, facilitando sua interação com as questões inerentes à qualidade total.

d) Rede de integração entre empresas

As redes de integração entre empresas começaram a ser estudadas, de forma estruturada e detalhada, em 1992, por David Lei e John Slocum Jr. quanto às alianças estratégicas no contexto global, e por Gerhard Rosegger quanto às cooperações estratégicas de empresas do setor metalúrgico.

Eles verificaram que o padrão dinâmico de concorrência e cooperação simultâneas, verificado em diversos setores da economia mundial, tinha sofrido várias transformações.

O conceito de rede tem sido genericamente utilizado no sentido de facilitar a análise da estrutura do sistema de relações que conectam diversos agentes econômicos em mercados específicos; e essa abordagem de elevada amplitude começa a ser realidade no contexto mundial, principalmente para consolidar fortes e internacionais vantagens competitivas.

Rede de interação entre empresas é a cooperação estruturada visando consolidar fortes e internacionais vantagens competitivas, sustentadas por otimizadas tecnologias, melhor utilização dos ativos, bem como maiores produtividade, flexibilidade, qualidade, rentabilidade e lucratividade das empresas participantes.

Naturalmente, por mais ampla que seja a rede de integração, o estudo da estruturação organizacional deve extrapolar as empresas participantes, interagindo com outros agentes nesse processo, tais como os clientes, os fornecedores, os governos e as comunidades onde as empresas participantes da rede atuam e/ou pretendem atuar.

No processo de desenvolvimento de uma rede de integração entre empresas, alguns princípios administrativos devem ser respeitados, a saber:

- os mecanismos de interação e de cooperação entre as empresas devem estar bem definidos, estruturados, aplicados e respeitados;
- devem existir transparência e transferência de conhecimentos, bem como complementaridade estruturada de sinergias intra e entre as empresas participantes do processo;
- toda a estrutura organizacional da rede de integração entre empresas deve estar, preferencialmente, baseada no modelo administrativo da governança corporativa (ver seção 4.1.2 e principalmente item "f" quando da análise da Teoria da Excelência das Empresas a seguir);
- o resultado final do processo deve ser o incremento sustentado da vantagem competitiva de cada uma das empresas participantes; e
- a aplicação da rede de integração entre empresas é válida para qualquer tipo e tamanho de empresa.

e) Reengenharia

A reengenharia, da maneira como foi idealizada pelos seus criadores – Michael Hammer e James Champy, em 1993 –, tem recebido uma série de elogios e críticas nos últimos anos.

Algumas críticas à reengenharia têm procedência porque, na verdade, determinados executivos usam indevidamente a palavra *reengenharia* para qualquer alteração no processo da administração das empresas, especialmente quando significar uma redução de custos.

Ela não deve ser considerada um sinônimo de técnica de redução de custos, pois, nesse caso, normalmente não se mexe na situação geral da empresa. Portanto, a empresa continua a mesma, quando o momento exige todo um processo de adaptação e de transformações contínuas em um mundo de mudanças.

Reengenharia é um trabalho participativo de elevada amplitude, direcionado para os negócios e seus resultados, que tem como sustentação o desenvolvimento e a implementação de novos processos que integrem funções e áreas das empresas na busca contínua da excelência na realização de serviços e no fornecimento de produtos e serviços aos clientes internos e externos das empresas.

A reengenharia, independentemente de sua abordagem e amplitude, sempre está baseada nos processos das empresas e, nesse contexto, alguns princípios básicos devem ser considerados:

- os processos estão em qualquer nível da reengenharia – inclusive da estruturação organizacional e dos negócios –, pois representam os novos focos de atuação das pessoas nas empresas;
- as responsabilidades das pessoas devem estar nos processos e não nas unidades ou áreas das empresas;
- cada um dos processos inerentes aos sistemas e subsistemas identificados para consolidação da reengenharia nas empresas deve ser delineado como um procedimento administrativo que seja simples, entendível, aplicável, interativo e, preferencialmente, informatizado; e

- na reengenharia, é reavaliada cada uma das atividades correlacionadas aos processos desenvolvidos e operacionalizados pelas empresas.

Se cada uma dessas atividades for competitiva, em termos de custos *versus* benefícios, os produtos e serviços da empresa serão competitivos no mercado.

A reengenharia pode ser considerada uma evolução por si só, inclusive porque, na década de 1960, o foco básico de administração era representado pelos métodos, rotinas e procedimentos de trabalho; depois, durante o período de 1970-1990, o foco básico passou a ser representado pelos sistemas, e a partir da década de 1990, o foco é a reengenharia em suas várias amplitudes (negócios, estrutural e processos).

Entretanto, qualquer que seja a abordagem que os administradores considerem para o processo de reengenharia, deve-se lembrar que o fundamental é transformar, e não simplesmente melhorar. E tudo isso de maneira forte e consolidando oportunidades que estão no ambiente das empresas.

A situação de a reengenharia provocar mudanças nas empresas deve ser considerada um processo sem fim. Isso porque, a partir das mudanças efetuadas, novos problemas devem surgir, o que exigirá novas soluções, as quais podem necessitar de nova reengenharia. Naturalmente, esse processo não pode ser sintomático, mas sistemático, gradativo e acumulativo.

Surgiram algumas críticas e contracríticas à Teoria da Administração por Processos, a saber:

i. Dificuldade em se estruturar processos que proporcionem resultados efetivos para as empresas

Essa pode ser considerada uma crítica inquestionável, mas não se pode esquecer que os resultados efetivos das empresas são consolidados dentro de um processo evolutivo, gradativo e acumulativo, o qual envolve vários assuntos e instrumentos administrativos. Portanto, pode-se considerar que os resultados efetivos para as empresas sofrem elevada influência da qualidade dos processos estabelecidos.

ii. Descrença em processos administrativos por *modismos* mal aplicados pelas empresas.

O maior exemplo dessa aplicação errada – provocada por inadequada visão administrativa – foi o caso da reengenharia.

Mas existem sucessos que consolidam a importância da otimizada administração de processos nas empresas, sendo os maiores exemplos a qualidade total e a logística, sendo bastante natural que você se envolva, de forma direta ou indireta, com esses dois assuntos em suas atividades profissionais.

Mas até os dias atuais se verificam algumas evoluções das contribuições da Teoria da Administração por Processos, como:

a) Os processos vão se tornar, cada vez mais, focos de análise das realizações consolidadas nas empresas

Ou seja, mais importante que *o que* foi realizado pelas empresas é *como* as empresas realizaram as suas atividades básicas.

Existe uma afirmação, no campo da administração, que consolida o *como* deve ser realizada uma atividade como sendo o mais importante, correspondendo à questão fundamental onde os conhecimentos e inteligências são aplicados. E *o que* deve ser realizado pode envolver, além do conhecimento, também o *achismo* e a incompetência dos profissionais das empresas.

b) Os processos vão se tornar o foco básico e sustentado do poder decisório nas empresas

Em contrapartida à evolução anterior, pode-se considerar, para os bons administradores de empresas – os que não têm medo das decisões –, que os processos administrativos estão se tornando – cada vez de forma mais intensa e ampla – o foco básico do poder decisório nas empresas.

Aqui a diferença é uma só: os que sabem decidir e os que não sabem e nunca tiveram competência para tomar decisões.

Mas não se preocupe: a própria realidade das empresas vai mostrar "quem é quem". É aqui que reside a diferença: os que não sabem tomar decisões com base em processos estabelecidos serão *expulsos* da administração das empresas eficientes, eficazes e efetivas.

II. Teoria da Excelência das Empresas

Este autor considera que essa teoria da administração congrega a "parte boa" das várias teorias anteriormente apresentadas, bem como alguns outros assuntos administrativos que estão ocorrendo nas empresas.

Pode-se considerar que a Teoria da Excelência das Empresas começou a se desenvolver na década de 1960, mas se consolidou na década de 1990, e que tem proporcionado instrumentos administrativos sofisticados – quanto à exigência de níveis adequados de inteligência administrativa – e de elevado impacto nas empresas em geral.

São vários os estudiosos da administração que contribuíram para o desenvolvimento e consolidação dessa teoria, mas pode-se concentrar no advogado norte-americano Robert Monks (1933-...) por ter sido o principal idealizador e estruturador do modelo administrativo baseado na governança corporativa, a qual:

- é a melhor forma para consolidar maior proteção ao patrimônio das empresas;
- é a melhor forma de conseguir maiores atratividade e valor das empresas;
- obriga as empresas a terem boas administrações, pela necessidade de disponibilizar informações verdadeiras e atualizadas ao mercado;
- otimiza o processo de prestação de contas das empresas aos seus diversos públicos (acionistas, clientes, fornecedores, funcionários, governos, comunidade); e
- obriga as empresas a terem maior respeito às leis – questões formais – e à ética, à moral e às responsabilidades social e ambiental.

E você, certamente, deve considerar que isso não é pouco!

Você pode considerar que as principais contribuições da Teoria da Excelência das Empresas são:

i. Tornar a otimizada administração das empresas algo plenamente estruturado, lógico e disponível

Nos dias atuais, os profissionais das empresas, principalmente os executivos da alta administração, não podem mais afirmar que têm dificuldades de aplicar os diversos instrumentos administrativos na estrutura de suas empresas.

Se essa dificuldade ocorrer, independentemente de sua intensidade, pode-se afirmar que existe um nível de incompetência administrativa na empresa considerada.

ii. Consolidação de um processo administrativo ágil, sustentado e focado nas pessoas

Como o foco da administração já tinha se consolidado nas pessoas, principalmente como resultado dos ensinamentos das quatro teorias da Escola Humanista – ver seção 3.1.3 –, e como as pessoas têm todos os instrumentos administrativos disponíveis – desde que tenham conhecimento adequado deles –, pode-se considerar que a Teoria da Excelência das Empresas proporciona uma consolidação desse processo evolutivo, gradativo e acumulativo de conhecimentos administrativos.

iii. Maior facilidade de aprendizado e de aplicação dos ensinamentos administrativos

Isso porque ocorreu, ao longo dos anos, significativa melhoria dos instrumentos administrativos, tanto dos antigos como dos atuais, consolidando, por consequência, uma otimização decisória e incremento da satisfação profissional das pessoas que trabalham nas empresas.

iv. Consolidar uma interação entre os conhecimentos de administração e os acontecimentos – e indícios de acontecimentos – nas empresas

Os administradores capacitados e inteligentes estão sempre *ligados* nos indícios de influência nas questões administrativas nas empresas, principalmente para antecipar, com qualidade, o seu processo decisório.

Para tanto, eles devem ter um *sexto sentido* profissional que inclui:

- competência de perceber fatores de influência *escondidos* na empresa, mas que podem afetar – positiva ou negativamente – a atuação dos profissionais e, consequentemente, os resultados dessas empresas;
- percepção estruturada e com senso crítico, para fazer previsões e conseguir antecipar-se no desdobramento futuro de processos em andamento;
- percepção de incongruências e incoerências administrativas diversas;
- habilidade e capacidade de captar o sentimento dos outros, mesmo daqueles que tentam esconder essa situação; e
- capacidade de detectar, o quanto antes, que as coisas não estão indo bem em seu trabalho, adotando as medidas corretivas adequadas.

Os estudos realizados pela Teoria da Excelência das Empresas propiciaram o desenvolvimento e a consolidação dos seguintes instrumentos administrativos:

a) Administração participativa

Embora a administração participativa tenha as suas origens nas Teorias Comportamentalista e do Desenvolvimento Organizacional – ver seção 3.13 –, ela é colocada somente neste momento como instrumento administrativo, pelo simples fato de que esse foi um assunto, embora de elevada simplicidade administrativa, que só começou a ser adequadamente aplicado quando outros instrumentos administrativos, provenientes de outras teorias, se consolidaram nas empresas. Entre esses instrumentos podem ser citados a liderança e os indicadores de desempenho.

Desde os primeiros debates inerentes à administração participativa, há quase dois séculos, quando na Grécia foram idealizados e debatidos os conceitos básicos de democracia, a questão da administração participativa tem evoluído, às vezes de forma acelerada e em outros momentos de forma morosa, mas é algo que hoje, e sempre, estará em debate evolutivo da administração das empresas.

O estudo mais importante nessa questão foi realizado por Rensis Likert, que estabeleceu quatro sistemas, dentro de um *continuum*, para identificar as características com o melhor ou o pior desempenho, quanto aos resultados gerais apresentados.

Nos extremos existem os sistemas 1 e 4, correspondentes, respectivamente, ao modelo de administração diretivo-autoritário (a pior situação) e ao modelo de administração consultivo-participativo (a melhor situação); e ente os dois extremos ficam as situações intermediárias dos sistemas 2 e 3.

Os sistemas 1 e 4 de modelo de administração apresentado por Rensis Likert podem ser verificados na Tabela 3.7.

Tabela 3.7 - Sistemas de modelos de administração

SISTEMA 1	SISTEMA 4
Subordinado sem liberdade para discutir problemas com os superiores.	Processo de liderança envolve confiança entre os superiores e os subordinados.
Atitudes desfavoráveis em relação à empresa.	Nível de motivação tem como fator básico a participação das pessoas.
Informação de cima para baixo, gerando situações distorcidas e imprecisas.	Informações disseminadas e conhecidas na empresa.
Processo de interação limitado e viciado.	Elevado processo de interação com as pessoas influenciando o estabelecimento dos objetivos da empresa.
Estabelecimento de objetivos e metas feito apenas pela alta administração, sem a participação dos níveis intermediários e inferiores.	Estabelecimento participativo de metas e objetivos a serem alcançados.
Controle centralizado.	Foco no autocontrole e autodesenvolvimento pessoal e profissional.
Profissionais da empresa não se comprometem com as metas de desempenho estabelecidas.	Metas elevadas de desempenho, debatidas e aceitas por todos os envolvidos no processo de desenvolvimento da empresa.

Na prática, a administração participativa nas empresas tem três pontos de apoio e um objetivo geral a ser alcançado.

Os pontos de apoio são representados pela participação na estruturação das informações, participação nas decisões e participação na consolidação dos resultados; e o objetivo geral a ser alcançado é a autogestão da empresa considerada.

Esta situação pode ser visualizada na Figura 3.20:

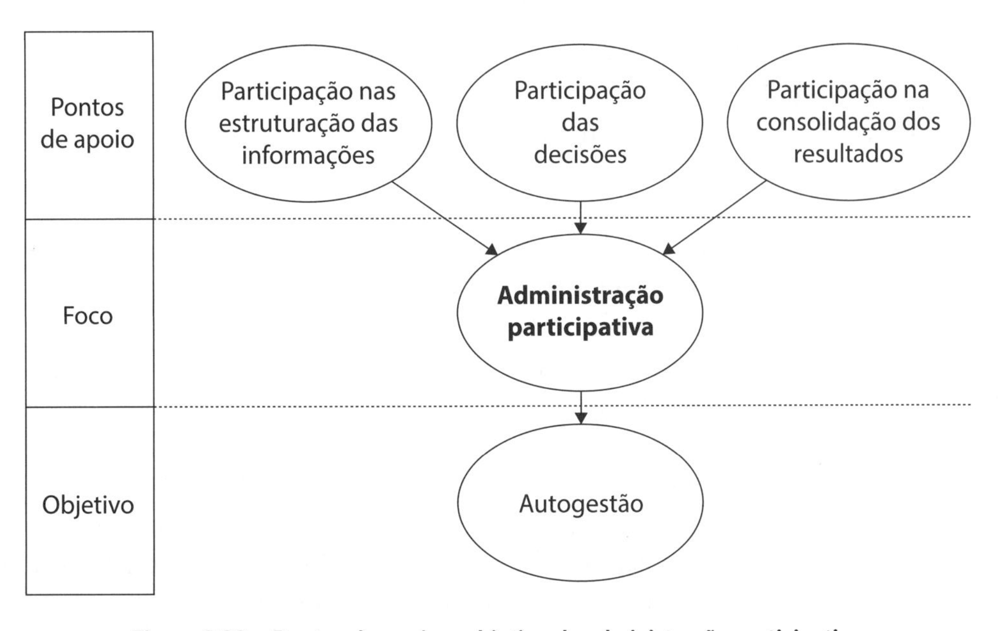

Figura 3.20 - Pontos de apoio e objetivo da administração participativa.

A participação na estruturação das informações básicas das empresas é fundamental para os processos de comunicação, de aprendizado, de conhecimento, bem como de relacionamento pessoal e profissional.

A participação nas decisões é fundamental para os processos de cooperação e compartilhamento de autoridades e responsabilidades, bem como de desenvolvimento pessoal e profissional.

A participação na consolidação de resultados é fundamental para os processos de distribuição de resultados entre os profissionais da empresa, de compartilhamento de posicionamentos pessoais e profissionais e de programas de evolução profissional.

O objetivo de autogestão consolida o processo de administração participativa, pois, nesse caso, a equipe de profissionais considerada tem a autonomia – e a competência – para administrar uma empresa, negócio, produto ou serviço. Embora o termo *autogestão* se refira ao contexto de propriedade do negócio por parte dos profissionais envolvidos no processo de autogestão – tipo cooperativas, clubes, associações – pode-se extrapolar, no contexto administrativo, para outras situações que não envolvam a premissa da propriedade, mas, sim, a questão da autonomia administrativa.

Para a adequada implementação da administração participativa nas empresas devem-se considerar alguns fatores de influência, como:

- os modelos de administração que a empresa quer operacionalizar, tais como mais descentralizado ou mais centralizado, estruturado ou não por equipes multidisciplinares;
- os comportamentos e as atitudes dos profissionais da empresa considerada; e
- a estrutura organizacional ideal para a otimizada administração da empresa.

Desafio

Qual a sua atuação - ativa ou passiva - em ambientes participativos?
Independentemente de sua resposta, como pretende se aprimorar a respeito?

b) Administração estratégica

A administração estratégica pode ser considerada, de forma simplista, o contexto mais amplo das funções da administração – ver seção 4.1 –, recebendo influência de, praticamente, todas as teorias da administração, principalmente das teorias da Escola Contingencial (ver seção 3.1.6).

Administração estratégica é uma administração contemporânea que, de forma estruturada, sustentada, sistêmica, intuitiva e criativa, consolida um conjunto de princípios, normas e funções para alavancar, harmoniosamente, o processo de planejamento da situação futura desejada da empresa como um todo e seu posterior processo de avaliação perante os fatores externos ou não controláveis pela empresa, bem como a estruturação organizacional e a gestão e desenvolvimento das pessoas e de outros recursos da empresa, sempre de forma otimizada com a realidade externa e com a maximização das relações interpessoais.

Essa definição de administração estratégica explicita que ela pode ser formada por cinco pares: as quatro funções da administração evidenciadas na seção 4.1, acrescidas do desenvolvimento organizacional por causa do forte processo de mudanças nas empresas e das possíveis resistências que podem ocorrer; mas com a diferença de que essas cinco partes são analisadas no contexto estratégico, ou seja, interligando, de forma estruturada, os fatores internos ou controláveis e os fatores externos ou não controláveis pela empresa.

Na prática, pode-se considerar que o modelo de administração influencia as outras cinco partes da administração estratégica, e essas cinco partes influenciam o delineamento do modelo de administração ideal da empresa, dentro de um processo interativo e estratégico. Essa situação pode ser visualizada na Figura 3.21.

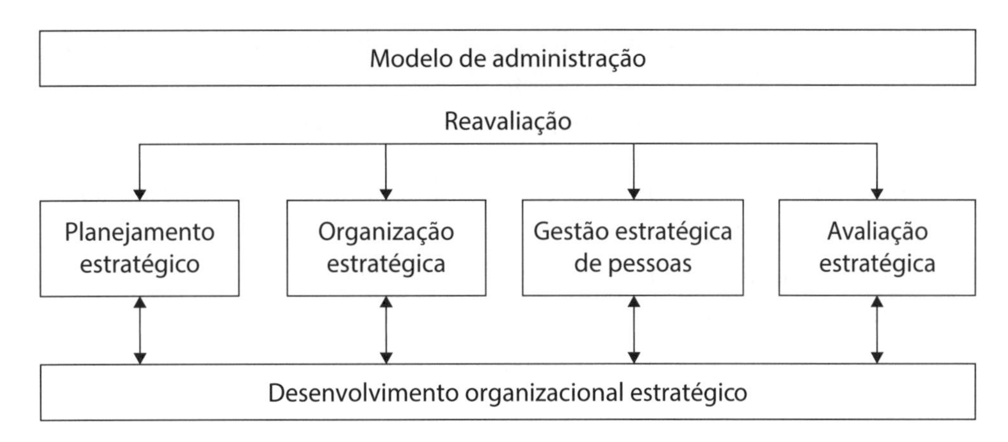

Figura 3.21 - Modelo geral de administração estratégica.

Se você analisar o livro *Administração estratégica na prática*, dos mesmos autor e editora, vai perceber que foi realizada uma pequena alteração no modelo geral de administração estratégica. Isso é importante para evidenciar que todo e qualquer modelo administrativo pode sofrer algumas alterações e ajustes para melhor evidenciar uma realidade administrativa. Mas lembre-se: nunca perca a lógica do processo de análise, de decisão e de ação!

Desafio

Você deve estabelecer os conceitos das seis partes da administração estratégica, com base em ajustes nas conceituações dos referidos termos já apresentados neste livro; lembrando que no contexto estratégico ocorre a plena e estruturada interligação entre os fatores externos ou não controláveis pela empresa e os fatores internos ou controláveis. Se você não conseguir, pode ler no glossário ao final deste livro.

Esses seis componentes ou partes da administração estratégica devem estar constantemente em perfeito equilíbrio. Embora alguns executivos possam considerar essa situação como "teórica e ideal", é muito importante que ela seja devidamente perseguida e alcançada. Isso porque possíveis desequilíbrios podem representar uma situação de cacoete ou de viés administrativo, em que se pode estar puxando mais para o planejamento, ou estruturação organizacional, ou gestão de pessoas, ou avaliação, ou, finalmente, para os aspectos comportamentais dos profissionais envolvidos no processo administrativo.

Pela leitura deste livro fica evidente que esse desequilíbrio não é nada interessante para as empresas em geral.

O entendimento dessas seis partes da administração estratégica, quanto a seus conceitos e metodologias de aplicação, é de elevada importância para a busca da excelência administrativa por parte dos profissionais das empresas. Seguramente, a empresa que tiver condições de adequada aplicação desses seis componentes terá uma vantagem competitiva efetiva perante as empresas que estiverem em um momento mais ultrapassado do entendimento e aplicação dos referidos instrumentos administrativos.

c) Administração virtual

Administração virtual é a forma estruturada e sustentada, pela tecnologia da informação, de interações entre pessoas e/ou empresas próximas ou distantes entre si.

O comércio eletrônico é um exemplo, dos mais disseminados no mundo todo, da administração virtual.

A tecnologia da informação – ver seções 3.1.4 e 4.2.4 – é o fator básico de sustentação ao desenvolvimento da Internet e do comércio eletrônico e, consequentemente, de redes digitais complexas, tais como os chamados *portais*, que otimizam as transações de informações e a qualidade decisória das pessoas e das empresas.

A administração virtual pode estar correlacionada a duas situações:

- trabalho a distância, que é o realizado pelo contratado fora do estabelecimento administrado pelo contratante, sendo geralmente aplicado a produtos; e
- teletrabalho, que está muito ligado à tecnologia da informação e aos sistemas de comunicação, sendo aplicado apenas para serviços.

Desafio

Explique como você se sente para trabalhar no contexto da administração virtual. E como pretende se aprimorar a respeito.

d) Empreendedorismo

Empreendedorismo é o processo evolutivo e inovador da capacidade e habilidade profissionais direcionadas à alavancagem dos resultados das empresas e à consolidação de novos projetos estrategicamente relevantes.

No contexto do empreendedorismo, deve-se considerar o tradicional *entrepreneur*, ou empreendedor externo, ou empreendedor que empreende um negócio ou empresa, bem como o *intrapreneur*, ou empreendedor interno, ou empreendedor funcionário de uma empresa.

Os empreendedores estão, normalmente, associados a atividades de alto risco, principalmente pelo seu aspecto inovador e, nesse contexto, os empreendedores devem saber praticar a inovação sistemática, que consiste na busca deliberada e organizada de mudanças e na constante análise das oportunidades que tais mudanças podem oferecer para a inovação econômica ou social.

A maioria das inovações bem-sucedidas explora a mudança, sendo que o inovador não precisa procurar entender por que a coisas não funcionam como deveriam. O que ele deve procurar é identificar como pode ser mudada determinada situação que não seja muito interessante para sua empresa.

Quando se exploram mudanças na percepção, é necessário investigar se ela é uma necessidade passageira ou algo permanente; e quais são realmente as consequências desse processo.

A inovação baseada na percepção deve começar pequena e ser bem específica, podendo ser ampliada quando aquele pequeno foco de mudança começar a apresentar resultados efetivos.

A inovação baseada no conhecimento é a *superestrela* do espírito empreendedor. Ela ganha publicidade e reconhecimento, sendo aquela que proporciona melhor sustentação para o desenvolvimento dos profissionais das empresas.

As inovações baseadas no conhecimento apresentam algumas características básicas, como:

- possuem elevado período de maturação, pois precisam ser aplicáveis à tecnologia e depois transformadas em processos e, finalmente, em produtos ou serviços;
- quase nunca se baseiam em um só fator, mas na convergência de vários tipos de conhecimento, e nem todos eles científicos ou tecnológicos;
- requerem análise meticulosa de todos os fatores sociais, econômicos e tecnológicos. A análise precisa identificar quais são os fatores ainda não disponíveis, de modo que os administradores das empresas possam decidir se esses fatores que faltam podem ser produzidos, ou se a inovação talvez devesse ser adiada, por ainda não ser viável; e

- não podem ser introduzidas por tentativas. O fato de que a introdução de uma inovação cria um estímulo envolvendo, inclusive, outras pessoas significa que o inovador tem que estar certo na primeira vez, pois dificilmente ele terá uma segunda oportunidade.

Diante desses aspectos, pode-se considerar que os profissionais empreendedores apresentam a característica de *conservadorismo inteligente*, pois se concentram nas oportunidades de mercado e não nos riscos do negócio.

A inovação e o espírito empreendedor são, portanto, necessários na sociedade tanto quanto na economia; na instituição de serviço público, tanto quanto em empresas privadas. Isso requer dos profissionais de todas as instituições que façam da inovação e do empreendedorismo uma atividade normal que funcione como parte integrante do seu dia a dia, sendo uma prática em seu próprio trabalho e no de suas empresas.

Desafio

Você vai analisar outras questões inerentes ao empreendedorismo neste livro, principalmente na seção 5.4.2.

Neste momento, você deve se posicionar a respeito desse assunto e, se possível, já ir considerando em seu plano de carreira.

e) Responsabilidade social e ética

Responsabilidade social é a abordagem das empresas como instituições sociais, dentro de um contexto interativo de dependência e de auxílio à sociedade onde elas atuam.

Ética é o conjunto estruturado e sustentado de valores considerados como ideais e que orientam o comportamento das pessoas, dos grupos, das empresas e da sociedade como um todo.

As questões da responsabilidade social e da ética devem estar, sempre, interagentes com os modelos da administração e as estratégias das empresas, sendo que essa situação pode ser visualizada na Figura 3.22:

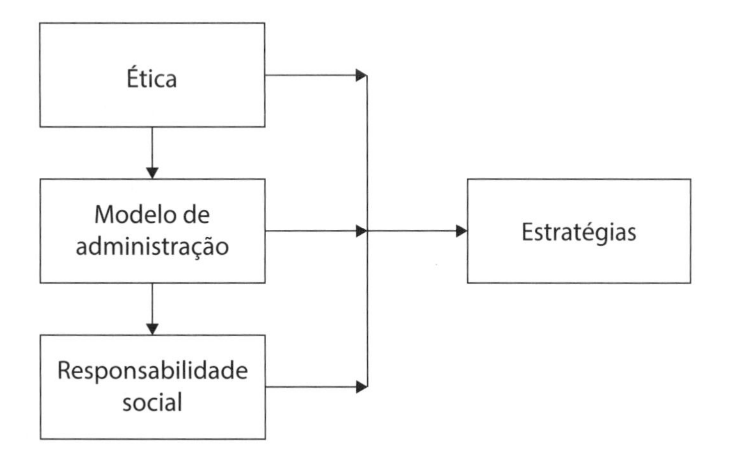

Figura 3.22 – Interação entre ética, responsabilidade social e estratégias.

Pela Figura 3.22 verifica-se que a ética é um fator de elevada influência no modelo de administração das empresas, e que esse influencia a atuação das empresas na questão da responsabilidade social. Observa-se, também, que a ética, o modelo de administração e a responsabilidade social têm forte influência no estabelecimento das estratégias das empresas.

Com referência à administração das questões éticas, é necessária a criação de códigos de ética para diferentes grupos e segmentos de atuação, tais como médicos, advogados, engenheiros, administradores, contabilistas, consultores, agências de propaganda, professores, indústrias em geral, empresas de serviços em geral etc.; e, naturalmente, que esses códigos de ética sejam respeitados.

Código de ética é o conjunto estruturado, lógico e disseminado de normas de conduta e de orientações ao processo decisório, quanto ao que deve ser considerado certo ou errado.

Um exemplo de código de ética de elevada abrangência é o Código de Defesa do Consumidor, o qual representa uma resposta direta da sociedade aos danos e prejuízos provocados por fornecedores de produtos e serviços, de forma internacional ou não. Um outro exemplo pode ser o Código de Ética do administrador.

De maneira mais restrita, a ética pode ter uma abordagem absoluta ou relativa.

A abordagem absoluta considera que a questão ética analisada não deve ser questionada, pois não dá margem à interpretação pessoal. Um exemplo é a questão do preconceito quanto à raça, cor, religião ou nível econômico-social.

A abordagem relativa evidencia que a questão ética considerada está correlacionada a interpretações pessoais, tais como aceitar preços menores em serviços recebidos pela não emissão de nota fiscal pelo prestador de serviços, aceitar presentes de vendedores de produtos ou serviços, *falar mal* da empresa onde trabalha ou da instituição onde estuda.

Comece agora

Comece a escrever o seu código de ética, como pessoa e como administrador, e o incorpore ao seu plano de carreira.

Salienta-se que, dentro da responsabilidade social, deve-se considerar a questão ambiental.

A prática tem demonstrado que as empresas que se declaram comprometidas com a responsabilidade e sustentabilidade social e ambiental, bem como a ética, ainda encontram fortes dificuldades de inserir esse conceito em suas estratégias, o que pode inviabilizar a adequada operacionalização desses conceitos de responsabilidade.

A grande questão que algumas instituições colocam na responsabilidade social e ambiental, como instrumento administrativo efetivo, é se realmente ela proporcionará os resultados esperados para a comunidades e o meio ambiente; ou seja, ninguém questiona a validade e a aplicabilidade da responsabilidade social e ambiental no contexto mais restrito das empresas, mas existem questionamentos de que as demandas sociais e as questões do meio ambiente consigam avanços significativos.

A principal razão dessa descrença é que a variável tecnologia não está adequadamente alocada nesses debates e nos estudos de cenários.

De qualquer forma, deve-se considerar que responsabilidade social e ambiental das empresas não é um fim em si próprio, mas um meio – instrumento administrativo – para se chegar à equidade social e à preservação ambiental, bem como à geração e distribuição das riquezas.

E não se deve esquecer que a premissa de tudo isso é que as questões sociais e ambientais devem estar incorporadas – e também como fatores de influência e de resultado – às estratégias das empresas. Nesse caso, pode-se considerar a abordagem da responsabilidade corporativa.

Mas lembre-se: uma empresa ser socialmente responsável significa muito mais do que ter suas questões sociais e ambientais incorporadas em suas estratégias.

A questão da responsabilidade social tomou tal amplitude no contexto da sociedade brasileira que, do outro lado da impossibilidade – ou incompetência – das instituições governamentais em tratar adequadamente os assuntos sociais, têm sido criadas as chamadas organizações do terceiro setor ou organizações não governamentais (ONGs).

Embora significativa parte das ONGs sejam éticas, com propósitos bem definidos e administração transparente, infelizmente, no momento de escrever este livro, aproximadamente metade das ONGs existentes no país estavam sob investigação do Ministério Público. Espera-se que os resultados dessas investigações separem o *joio do trigo* e as ONGs passem a ser respeitadas como deveriam ser.

f) Governança corporativa

A governança corporativa representa o principal instrumento administrativo para proporcionar a sustentação de otimizada estrutura organizacional visando ao melhor modelo de administração para empresas.

Já foi evidenciado que modelo de administração é o processo estruturado, interativo e consolidado de desenvolver e operacionalizar as atividades – estratégicas, táticas e operacionais – de planejamento, organização empresarial, gestão de pessoas e outros recursos, bem como a avaliação dos resultados, visando ao crescimento e ao desenvolvimento sustentado da empresa. Verifica-se que esse conceito se fundamenta nas funções da administração – ver seção 4.1 – e visa à qualidade administrativa das empresas.

Governança corporativa é o modelo de administração que, a partir da otimização das interações entre acionistas ou quotistas, conselhos – de administração, fiscal, deliberativo e consultoria –, auditorias – externa e interna – e diretoria executiva, proporciona a adequada sustentação para o aumento da atratividade da empresa no mercado – financeiro e comercial – e, consequentemente, incremento no valor da empresa, redução no nível de risco e maior efetividade da empresa ao longo do tempo.

Com referência às suas origens, pode-se considerar um tripé como a base de sustentação da governança corporativa nas empresas.

O tripé é formado pelo fundo LENS, pelo relatório Cadbury e pelos princípios da OCDE; e o filtro básico do processo corresponde à Lei Sarbanes-Oxley, sendo que essa situação pode ser visualizada na Figura 3.23:

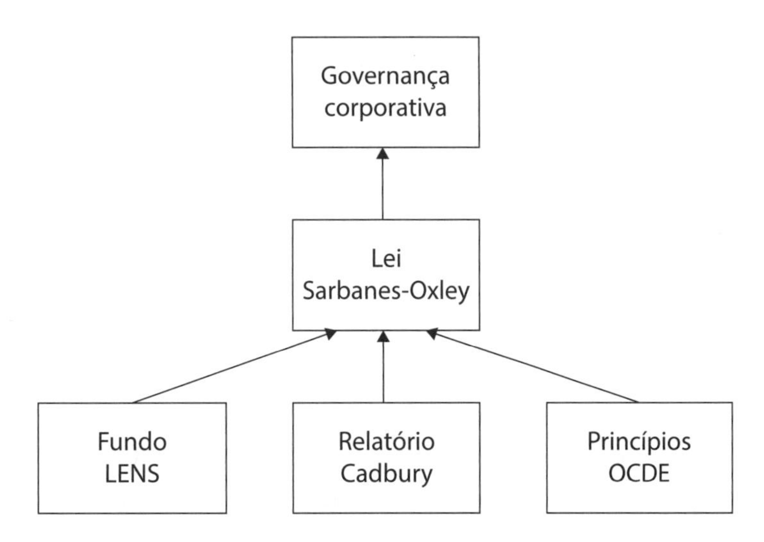

Figura 3.23 – Origens da governança corporativa.

O fundo de investimento LENS, constituído por Robert Monks em 1992, efetivou um novo modelo de administração para consolidar melhores resultados e maior valor para as empresas.

Esse modelo de administração, ampliado por outros trabalhos coordenados por Robert Monks, se baseia em cinco princípios básicos, os quais são apresentados de maneira genérica e ajustada à atual realidade das empresas:

- a atuação e o monitoramento eficazes pelos acionistas adicionam melhores resultados e valor para as empresas;
- as empresas éticas e com valores de atuação bem consolidados e disseminados têm forte sustentação para suas possíveis recuperações;
- a ética tem ligação direta com os resultados das empresas;
- as empresas modernas são complexas e dinâmicas e procuram gerar riquezas para seus proprietários e para a comunidade onde atuam; e
- o direito e a vontade de realizar investimentos são a base de sustentação do desenvolvimento e da liberdade das empresas.

Desafio

Comente, com justificativas e exemplos, os princípios LENS.

Quanto ao relatório Cadbury, esse está focado, de forma resumida, em três princípios básicos:

- constituição e estruturação do Conselho de Administração;
- estruturação e separação das responsabilidades do Conselho de Administração e da Diretora Executiva; e
- alocação da administração geral da empresa – diretrizes básicas– no Conselho de Administração.

Desafio

Comente, com justificativas e exemplos, os princípios do relatório Cadbury.

O relatório Candbury, divulgado em 1992, teve a sua validação reforçada e detalhada por outros relatórios, tais como o Greenbury, de 1995, o Hampel, de 1998 – com focos na atuação, responsabilidades e remuneração dos conselheiros, na relação com os acionistas, na prestação de contas e na atuação dos auditores e dos conselheiros externos independentes –, o relatório Turnbull, de 1999, e o relatório Higgs, de 2003.

Com referência à OCDE – Organization for Economic Co-operation and Development, de 1999, a sua contribuição para a governança corporativa está baseada em cinco princípios:

- não há um modelo único de governança corporativa, embora possam ser identificados elementos comuns que proporcionam suporte às melhores práticas;
- os princípios de governança são de natureza evolutiva e devem ser revistos sempre que ocorrerem mudanças significativas, dentro das empresas e em seu ambiente de atuação;
- para se manter competitivas em um mundo em transformação, as empresas precisam inovar e adaptar suas práticas de governança, para atender às novas exigências e alavancar novas oportunidades;
- os governos têm grande responsabilidade na criação de uma estrutura reguladora que proporcione flexibilidade suficiente para que os mercados funcionem de maneira eficaz e atendam aos interesses dos acionistas e de outras partes interessadas; e

- são os governos, os órgãos reguladores do mercado de capitais, as empresas e seus acionistas que devem decidir os princípios de governança corporativa, levando em conta os custos e os benefícios de sua regulamentação.

A partir desses princípios estabelecidos pela OCDE, consolidaram-se cinco objetivos inerentes à governança corporativa nas empresas:

- toda e qualquer estruturação de governança corporativa deve proteger os direitos dos acionistas;
- todos os acionistas, independentemente de serem majoritários ou minoritários, nacionais ou estrangeiros, devem ter tratamento igualitário e equitativo da empresa;
- devem existir transparência e veracidade nas informações disponibilizadas em geral, consolidando, inclusive, maior interesse pela empresa;
- todos os fatos relevantes devem ser prontamente divulgados aos públicos interessados; e
- as responsabilidades e a forma de atuação do Conselho de Administração devem estar muito bem definidas, entendidas, operacionalizadas e avaliadas.

Desafio

Comente, com justificativas e exemplos, os princípios e os objetivos estabelecidos pela OCDE.

E, finalmente, a Lei Sarbanes-Oxley se baseia em quatro princípios que os estudos anteriores de governança corporativa vinham aprimorando e consolidando ao longo do tempo:

- a conformidade legal e ética, ou seja, a governança corporativa não é simplesmente um assunto de *boas intenções*;
- a adequada administração e a correspondente prestação responsável das contas e dos resultados, incluindo a plena indicação dos responsáveis;
- a adequada transparência e veracidade das informações disponibilizadas aos diversos públicos interessados; e
- o senso de propósito e de justiça nas várias decisões adotadas pela empresa.

Desafio

Comente, com justificativas e exemplos, os princípios decorrentes da Lei Sarbanes-Oxley.

É importante lembrar que a Lei Sarbanes-Oxley, idealizada pelos congressistas norte-americanos Paul Sarbanes e Michael Oxley, nasceu em resposta ao fato de a economia americana, que costuma se financiar fortemente através do mercado de capitais, naquele momento estar muito contaminada com a sequência de fraudes bilionárias e, portanto, era necessário resgatar a confiança da comunidade de investidores e manter a liquidez e a atratividade do sistema financeiro e das empresas do país.

Portanto, sob uma legislação muito mais rigorosa, as empresas passaram a exigir, da parte dos conselheiros e dos executivos, uma disciplina e uma ética muito fortes e sustentadas.

Nesse contexto, a Lei Sarbanes-Oxley se preocupa primordialmente com dois aspectos: o rigor da atuação da auditoria e das fiscalizações dos atos das empresas, bem como a punição, com severidade, dos atos fraudulentos praticados pelos administradores das empresas.

Entretanto, algumas importantes empresas americanas ainda estão relutantes em aceitar, passivamente, as fortes exigências da Lei Sarbanes-Oxley de controles internos das empresas. Um exemplo dessa situação é a crise financeira mundial que ocorreu no segundo semestre de 2008.

De qualquer maneira as empresas deverão perceber, ao longo do tempo, que os otimizados e transparentes controles serão a base de sustentação para que elas tenham adequada administração e consolidação de interessantes resultados.

Lembre-se: só se consegue aprimorar o que é controlado e avaliado.

E não adianta o controle ser interno e divulgado apenas aos principais executivos das empresas. É necessário que os vários públicos interessados tenham acesso a essas informações de resultado, pois só dessa forma os conselheiros e diretores das empresas, seguramente, estarão direcionados a fazer o melhor para elas.

Os principais resultados que as empresas querem efetivar são as maiores proteção do patrimônio, atratividade e valor da empresa, devidamente sustentada pela transparência de informações, equidade no tratamento dos acionistas, otimizada prestação de contas e respeito às leis, sendo que essa situação você visualiza na Figura 3.24:

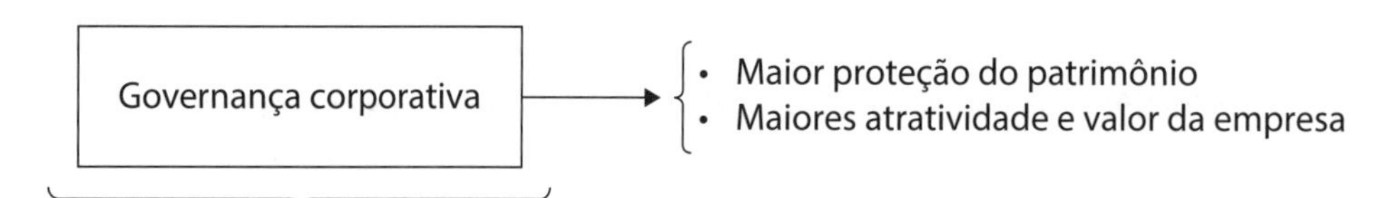

Figura 3.24 - Finalidades da governança corporativa.

Você pode analisar outras questões inerentes ao modelo administrativo baseado na governança corporativa, no item da seção 4.1.2, e detalhes a respeito das vantagens e precauções no uso da metodologia de desenvolvimento, das interligações entre Assembleia Geral, Conselhos – de Administração, Fiscal, Deliberativo e Consultivo –, auditorias – externa e interna –, comitês e Diretoria Executiva são apresentados no livro *Governança corporativa na prática*, dos mesmos autor e editora.

g) Administração do conhecimento

Administração do conhecimento é o processo estruturado, criativo, inovativo e sustentado de identificar, absorver, desenvolver e operacionalizar os conhecimentos necessários para alavancar os resultados globais das empresas.

A administração do conhecimento nas empresas teve sua consolidação na última década do século passado, como decorrência de duas causas principais:

- a necessidade de aprimorar as atividades de P&D – Pesquisa e Desenvolvimento – e de TI – Tecnologia de Informação – das empresas; e
- a necessidade de aprimorar, diferenciar e consolidar as vantagens competitivas das empresas.

Isso tudo porque havia o consenso geral que o conhecimento é o principal fator de incentivo e de sustentação da evolução das empresas, bem como dos países.

Na prática, a administração do conhecimento corresponde ao fator básico da excelência das empresas. Possivelmente, todos os leitores deste livro concordem com essa afirmação, mas o problema é saber como se pode desenvolver e operacionalizar a administração do conhecimento nas empresas.

Uma ideia, bastante simples, é se visualizar a administração do conhecimento em um processo, conforme apresentado na Figura 3.25:

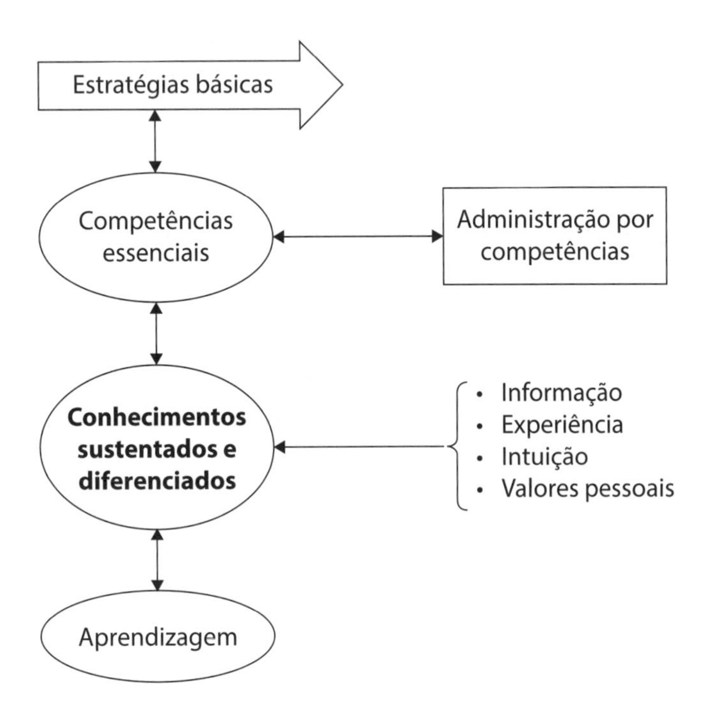

Figura 3.25 - Administração do conhecimento.

Pela Figura 3.25, verifica-se que as estratégias básicas das empresas representam o *guarda-chuva* orientativo para o estabelecimento das competências essenciais da empresa considerada.

Competências essenciais das empresas são o conjunto de todos os conhecimentos, habilidades e atitudes necessárias para sustentar as vantagens competitivas dessas empresas, bem como agregando valor aos resultados globais e consolidando um otimizado local de trabalho.

Verifica-se que as competências essenciais são representadas por metodologias, técnicas e habilidades que propiciam às empresas condições para atender às necessidades e expectativas dos clientes atuais e potenciais, de forma estruturada, criativa, inovadora e sustentada. Portanto, as competências essenciais proporcionam toda a sustentação para que as empresas trabalhem no importante contexto da administração por competências.

Administração por competência é o processo estruturado de operacionalizar as competências – essenciais e auxiliares – nas atividades básicas da empresa.

As competências essenciais atuam em um amplo contexto, cujos limites – que atuam como fatores de influência – são formados por quatro pontos, conforme apresentado na Figura 3.26.

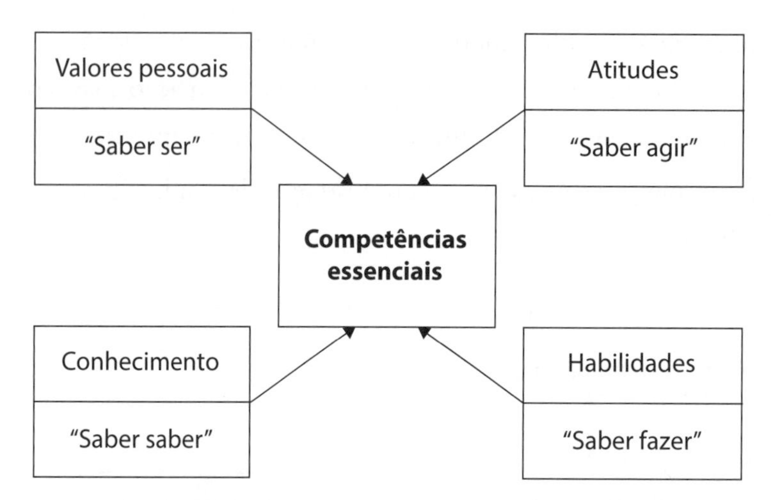

Figura 3.26 - Fatores de influência das competências essenciais.

As competências essenciais das empresas se tornam tão ou mais sustentadas, diferenciadas e inovadoras, quanto mais fortes e atuantes forem os quatro pontos apresentados na Figura 3.26, lembrando que a questão dos valores é algo muito pessoal, e os conhecimentos, as habilidades e as atitudes essenciais de um administrador são apresentados para análise e debate na seção 5.2.

Para refletir

Você pode adequar a análise e identificação das competências essenciais à sua realidade pessoal e profissional, trabalhando com o apresentado na seção 5.2.

Essa questão de saber identificar, desenvolver e interagir com talentos é de elevada importância para o aprimoramento sustentado das empresas; e as empresas que sabem trabalhar com pessoas talentosas têm uma interessante vantagem competitiva.

Como consequência, pode-se afirmar que as empresas têm dois grandes ativos intangíveis:

- um corresponde à estrutura externa, sendo esta representada pelas marcas – da empresa, dos produtos e dos serviços – e pelas relações com os clientes e fornecedores; e
- outro corresponde à estrutura interna, representada pelos conhecimentos e pelas competências individuais.

Para você pensar e repensar

O que significa, na plenitude, o termo *conhecimento* para você?

A Teoria da Excelência das Empresas também tem recebido algumas críticas e contracríticas, a saber:

i) Dificuldade em realizar efetivo processo de *benchmarking*, que é o processo de análise referencial da empresa perante outras empresas do mercado, incluindo o aprendizado do que essas fazem de melhor, bem como a incorporação dessas realidades de maneira otimizada e mais vantajosa para aquela que aplicou o *benchmarking*.

Essa questão do *benchmarking* deverá ser aprimorada, de forma natural, ao longo do tempo, pois um dos aspectos mais interessantes – e inteligentes – em administração é "saber aprender com os outros", quer seja entre pessoas ou entre empresas.

ii) Dificuldade em estruturar e, principalmente, operacionalizar otimizados modelos de administração; mas aqui aparece um contrassenso, pois, à medida que as teorias da administração foram estruturando e disponibilizando metodologias e técnicas administrativas para as empresas, muitas dessas têm apresentado dificuldades – e, principalmente, desconhecimento – para a sua aplicação.

Entretanto, a solução para esse problema – que pode ser grande ou pequeno, mas seguramente importante – pode ser considerada fácil e de valor para os profissionais das empresas: o da efetiva necessidade do otimizado conhecimento de administração pelas empresas, sendo que a disciplina *Evolução do Pensamento Administrativo* é a base de todo esse processo e aprendizado evolutivo, gradativo e acumulativo.

Aqui, a questão da vantagem competitiva fica focada em cada profissional de uma empresa: os que sabem e os que não sabem administrar. A decisão é de cada um!

iii) Falta de planos mais amplos e melhor elaborados do aprendizado da administração do conhecimento.

Você pode considerar que as causas dos problemas na elaboração de planos adequados de administração do conhecimento, geralmente, são:

- questão do conteúdo inadequado, muitas vezes copiado de outras empresas que tiveram sucesso com a administração do conhecimento. Pelo fato de não existirem as adaptações básicas, as consequências para a empresa que copiou podem ser bem desagradáveis;
- baixo nível de aprendizado e de criatividade das pessoas envolvidas, transformando a administração do conhecimento em simples programas de treinamento;
- falta de definição adequada das responsabilidades dos profissionais envolvidos no desenvolvimento e na consolidação da administração do conhecimento na empresa considerada; e
- dificuldade de identificar as competências essenciais e os problemas críticos da empresa no processo de aplicação da administração do conhecimento.

iv) Dificuldade, e falta de interesse, em se disseminarem conhecimentos

A análise genérica do nível de conhecimento existente a respeito de um assunto, por um país, uma região, uma empresa, uma equipe de trabalho ou uma pessoa nos leva à constatação de algumas verdades:

- as pessoas – em qualquer nível de agregação – não têm muito interesse em disseminar conhecimentos; e
- o real conhecimento está correlacionado à prática do referido conhecimento, pois, caso contrário, vira uma *conversa fiada*, a qual, infelizmente, é muito exercitada nas empresas em geral.

Por isso, é importante que a administração esteja baseada em instrumentos administrativos – conforme os apresentados neste livro –, os quais devem estar sustentados por metodologias e técnicas administrativas que explicitem "como" as atividades devem ser desenvolvidas e implementadas nas empresas.

Desafio

Explique, com detalhes e exemplos, como você considera ideal se trabalhar frente a essas quatro críticas.

Mas você deve considerar que a Teoria da Excelência das Empresas tem consolidado interessantes evoluções para os princípios e a prática da administração nas empresas. São elas:

- maior flexibilidade e qualidade administrativa e de raciocínio dos profissionais das empresas, pelos vários ensinamentos proporcionados pela Teoria da Excelência das Empresas, inclusive com evoluções de estudos e teorias anteriores;
- constatação de que a boa qualidade administrativa será, cada vez mais, a principal e mais forte sustentação para uma vantagem competitiva real, sustentada e duradoura, tanto para as empresas como para as pessoas; e
- efetivo foco na administração do conhecimento para consolidar o crescimento sustentado das empresas, pois esse está fortemente vinculado ao nível de conhecimento das pessoas, e é resultante – ou, pelo menos, sofre influência – das estratégias, das tecnologias em constante evolução, do modelo de administração ideal, do desenvolvimento das pessoas, da produtividade e do nível da sustentabilidade dos conhecimentos e dos negócios que estão ocorrendo no período analisado.

Desafio

Comente, com exemplos, o seu pensamento a respeito dessas três evoluções da Teoria da Excelência das Empresas.

Não se esqueça

Lembre-se de que você ficou de escrever a sua conceituação do termo *administração* de acordo com a abordagem da Escola Moderna e de suas teorias.

3.2 Exemplos de interação entre as escolas e teorias da administração e as disciplinas dos cursos de administração

Essa é uma questão de elevada importância, até para você proporcionar o adequado valor às disciplinas que você estuda em seu curso de administração.

Sabendo que os nomes das disciplinas podem sofrer alterações de faculdade para faculdade, você pode considerar o apresentado na Tabela 3.8:

Tabela 3.8 - Teorias e suas contribuições para o curso de administração

TEORIA	CONTRIBUIÇÃO/INSTRUMENTOS ADMINISTRATIVOS	DISCIPLINAS BENEFICIADAS
Administração científica	• Estruturação da especialização dos trabalhos • Análise da produção em massa • Estudo dos tempos e métodos	• Estrutura organizacional • Tempos e métodos
Processo administrativo	• Funções da administração • Funções das empresas • Papel e atuação dos executivos • Maneiras de estruturar as empresas	• Estrutura organizacional • Planejamento nas empresas • Processo diretivo • Atuação profissional
Burocracia	• Estrutura formal • Autoridade hierárquica	• Estrutura organizacional • Organização e métodos • Processos administrativos

Tabela 3.8 - Teorias e suas contribuições para o curso de administração (*continuação*)

TEORIA	CONTRIBUIÇÃO/INSTRUMENTOS ADMINISTRATIVOS	DISCIPLINAS BENEFICIADAS
Relações humanas	• Liderança • Comunicação • Criatividade	• Liderança nas empresas • Comunicações nas empresas
Comportamentalista	• Necessidades humanas e motivação • Clima organizacional • Estilo administrativo • Psicologia empresarial • Dinâmica de grupo	• Motivação • Estilos administrativos • Psicologia nas empresas • Comportamento humano nas empresas
Estruturalista	• Estrutura organizacional formal e informal • Níveis da empresa • Ambiente organizacional • Interações entre empresas	• Estruturas organizacionais
Desenvolvimento organizacional	• Diagnóstico organizacional • Técnicas de intervenção • Equipes multidisciplinares • Cultura organizacional	• Desenvolvimento organizacional • Estrutura organizacional • Cultura nas empresas • Trabalhos em equipes
Sistemas	• Estruturação de sistemas • Sistemas de informações gerenciais • Tecnologia da informação	• Sistemas administrativos • Sistemas de informações gerenciais • Tecnologia da informação
Matemática	• Pesquisa operacional • Indicadores de desempenho • Análise de risco e decisão	• Matemática e estatística aplicadas à administração • Pesquisa operacional • Análise de risco
Administração por objetivos	• Estabelecimento de objetivos (com resultados negociados) • Planejamento tático • Planejamento operacional	• Negociação • Planejamento nas empresas
Contingência	• Análise externa • Planejamento estratégico • Estratégias e técnicas estratégicas • Cenários estratégicos • Modelos organizacionais	• Planejamento estratégico • Técnicas estratégicas • Cenários • Administração estratégica • Estrutura organizacional
Administração por processos	• Desenho de processos • Qualidade total • Logística • Reengenharia • Rede de integração entre empresas	• Administração de processos • Qualidade total • Logística • Reengenharia • Estrutura organizacional
Excelência das empresas	• Administração participativa • Administração estratégica • Administração virtual • Empreendedorismo • Responsabilidade social e ética • Governança corporativa • Administração do conhecimento	• Modelos de administração • Qualidade decisória • Planejamento estratégico • Administração estratégica • Empreendedorismo • Plano de negócios • Responsabilidade social e ética • Estrutura organizacional • Governança corporativa • Administração do conhecimento

Quando você entende a interligação entre as escolas e teorias da administração e as diversas disciplinas que está estudando, ocorrem duas situações:

- o entendimento do conteúdo e da finalidade de cada disciplina se torna mais sustentado, pois se compreendem as origens e as razões dos assuntos de cada disciplina em estudo; e
- a disciplina considerada ganha nova e forte razão de ser, pois todos entendem a sua finalidade, nos contextos teórico e prático.

Portanto, bons estudos e entendimentos da importante questão inerente à evolução do pensamento administrativo!

3.3 Tendências a curto prazo

A separação entre tendências a curto prazo e tendências a médio e longo prazos não é um modelo matemático, mas apenas uma abordagem deste autor, que a coloca para análise específica do leitor.

De qualquer forma, você pode considerar que as tendências a curto prazo exigem uma ação mais forte de você, possivelmente durante o próprio curso de administração, enquanto as outras tendências podem ser trabalhadas com mais afinco depois de você se formar no referido curso.

Para sua análise, debate e incorporação são apresentadas as seguintes tendências de evolução do pensamento administrativo que deverão se consolidar a curto prazo:

a) Estruturação de modelos administrativos que facilitam a disseminação das comunicações, a criatividade, o desenvolvimento de lideranças, a otimização do processo decisório e a melhor qualidade de vida no trabalho.

Essa questão da otimizada estruturação dos modelos administrativos está passando a ser uma preocupação de todos os profissionais das empresas, e não mais de responsabilidade específica de uma área da empresa.

E você pode assimilar, com qualidade, todas essas questões no curso de administração e em suas atividades básicas em uma empresa.

b) Abordagem fortemente comportamental e baseada nos conhecimentos das pessoas

A administração está cada vez mais focada nas pessoas, até por serem essas que detêm o conhecimento e os processos de aprendizado que alavancam os negócios e os resultados das empresas.

E para reforçar essa tendência não se pode esquecer que a administração do conhecimento é o foco catalizador da diferenciação e das vantagens competitivas das empresas e, também, das pessoas!

Você já verificou que **administração do conhecimento** é o processo estruturado e sistematizado de obter, coordenar e compartilhar as experiências, os conhecimentos e as especializações dos profissionais das empresas, visando ao acesso à melhor informação no tempo certo, com a finalidade de otimizar o desempenho global das atividades, dos negócios e da empresa.

c) Maior interação entre os instrumentos administrativos das empresas

Essa tendência é algo sem volta, pois as empresas modernas e evoluídas procuram consolidar a administração integrada em suas realidades, pois essa é lógica, simples, sustentada e de baixo custo.

Talvez se possa afirmar que a velocidade nesse processo não está sendo ideal porque não são todos os profissionais de empresas que enxergam essa realidade, até porque não têm condições e conhecimentos para trabalhar em tal contexto. Contudo, esteja certo de que essas pessoas serão substituídas.

Como corolário dessa tendência pode-se afirmar, também, que os sistemas e processos administrativos estão sendo divididos em partes, dentro de uma relação clientes *versus* fornecedores, tanto externos quanto internos às empresas, cada um "prestando serviços" ao próximo, numa cadeia de valor que pode ser interessante para todos os envolvidos.

d) Necessidade de maior comprometimento para com os resultados esperados

Aqui a vantagem é uma só: os tempos de "conversa fiada" estão acabando!

Você já deve ter observado planos de participação dos funcionários no processo decisório das empresas que não alavancaram o nível de comprometimento e, consequentemente, os resultados efetivos da empresa considerada.

Na primeira prática, observa-se que os termos *participação* e *comprometimento* devem caminhar juntos e com elevada qualidade, caso contrário os resultados da empresa continuarão os mesmos, ou até mesmo ficarão piores.

Desafio

Explique, com exemplos e justificativas, os resultados de suas atuações nos contextos de participação e do comprometimento, e a suas facilidades e dificuldades nessas situações.

e) Alteração de alguns cargos e funções e, até, dos *papéis* desempenhados pelos profissionais das empresas

Essas alterações são resultantes das próprias evoluções naturais das empresas com seus negócios, produtos e serviços, e os consequentes ajustes em seus modelos organizacionais.

Uma dica

Você deve procurar ser especialista em cargos e funções correlacionados a assuntos administrativos cujo ciclo de vida dentro das empresas seja o mais longo possível; caso contrário, você vai ficar com uma especialidade que "não serve para nada"!

f) Evolução das formas estruturadas de identificar as atividades essenciais das empresas e avaliar a atuação de seus profissionais

Essa tendência está correlacionada à necessidade de as empresas identificarem e avaliarem para que serve cada uma das atividades realizadas e o que seus profissionais estão fazendo a respeito.

A questão básica é que os desperdícios e a realização de algumas atividades inúteis têm acabado com a rentabilidade e a lucratividade de muitas empresas. Portanto, essa tendência visa colocar *ordem na casa*, bem como estabelecer *quem é quem* na empresa analisada.

g) Consolidação da economia compartilhada

A economia compartilhada ocorre quando diferentes pessoas compartilham o uso de um bem, quer seja móvel ou imóvel.

Você tem observado essa tendência nos mais diversos segmentos da economia, quer essas tenham abordagem macro ou micro, tais como sistemas de *coworking* em escritórios, serviços de carona, aluguéis esporádicos de carros e espaços em residências, entre vários outros assuntos. Deve-se considerar que essa tendência é irreversível, sendo o único debate quanto à velocidade e à amplitude da economia compartilhada, mas parece que ela está sendo bem forte nesses dois aspectos.

A principal questão é como se deve administrar a execução da economia compartilhada em um assunto específico; e aí a pergunta básica é: você sabe como deve ser feita a sua administração?

A resposta a essa questão é única: você deve aplicar, com a devida qualidade, todos os princípios e práticas administrativas apresentados neste livro. Daí, surge uma evidência que já foi apresentada neste livro: administração é simples e lógica, e sempre deve ser aplicada na plenitude.

Fique atento

Pense em algum assunto para você trabalhar no princípio da economia compartilhada e comece a estruturar a forma ideal de administrar esse assunto.

Ao final da análise completa deste livro, você deve rever esse trabalho inicial. Você terá uma surpresa bem interessante!

3.4 Tendências a médio e longo prazos

As tendências de evolução do pensamento administrativo que poderão se consolidar a médio e longo prazos exigem de você uma preparação que deve começar o mais breve possível para que você possa usufruir dessas tendências de uma maneira bem estruturada e forte.

Para sua análise, debate e incorporação, você pode considerar as seguintes tendências, sem estabelecer a sua ordem de importância:

a) Redução dos níveis de resistência aos processos de mudanças nas empresas

Embora ainda não estejam na velocidade ideal, as resistências às mudanças estão diminuindo e sendo realizadas de maneira mais simples e entendíveis, pois os profissionais das empresas começam a perceber que se isso não ocorrer, a empresa onde trabalham pode deixar de existir.

Alguns profissionais diferenciados chegam a se antecipar a esse processo, analisando e propondo importantes mudanças e evoluções nas empresas, em seus negócios, produtos e serviços, em seus processos, atividades e tecnologias, em seu estilo e modelo administrativo etc.

Você pode ter uma postura de atuação que facilite a sua redução – ou, até, extinção – das suas possíveis resistências aos processos de mudanças, como:

- ter "mente aberta" em suas análises;
- conhecer o fato em si, com suas causas e consequências;
- saber o você conhece e não conhece em suas análises;
- saber identificar especialistas de assuntos fora de seu conhecimento básico;
- saber debater em equipes multidisciplinares, inclusive aprendendo com os outros; e
- ter otimizado nível de humildade.

Desafio

Faça uma autoanálise, com exemplos e justificativas, de suas interações com processos de mudanças que afetem a sua realidade profissional e/ou pessoal. E explique, com detalhes, o que você fará a respeito.

b) Contínuo desenvolvimento e aprimoramento dos modelos e técnicas matemáticas

Essa evolução tem contribuído de maneira intensa na qualidade do processo decisório nas empresas.

A razão básica de se esperar uma mudança no nível de utilização de modelos e técnicas matemáticas, mais a médio e longo prazos, é pela dificuldade que vários profissionais de empresas têm apresentado em entender e aplicar esses instrumentos facilitadores do processo decisório.

Mas você pode ser uma exceção nessa realidade e começar agora a estudar e a entender esses modelos e técnicas matemáticas que constam da grade curricular do seu curso de administração.

c) Os sistemas de avaliação – das empresas e dos profissionais – estarão cada vez mais aprimorados e incorporados

A existência e a cobrança de resultados serão consideradas como "algo bom" pelos profissionais das empresas. As pessoas devem entender que o simples fato de serem cobradas quanto aos seus resultados esperados, significa, no mínimo, que os serviços realizados por essas pessoas são importantes.

Para refletir

Se ninguém lhe cobra nada, significa que as suas atividades não servem para nada!

d) A grande busca dos profissionais das empresas deverá ser, cada vez de forma mais intensa, por uma vantagem competitiva real, sustentada e duradoura

Na maior parte das vezes, essas vantagens competitivas estarão baseadas no efetivo conhecimento desses profissionais; e, no seu caso como estudante ou profissional da administração, no efetivo conhecimento da teoria e da prática das metodologias e técnicas administrativas.

Na seção 5.4.1, você encontrará outras questões a respeito do estabelecimento, e sustentação, de sua vantagem competitiva como profissional da administração.

e) Universalização da administração

Isso ocorre pelas aplicações dos princípios e das práticas administrativas em empresas de diferentes nações e culturas, o que tem incentivado o incremento de processos de *benchmarking*, em que cada empresa procura aprender, preferencialmente, com os líderes do setor e, se possível, ser melhor do que esses.

Alguns desses ensinamentos que podem ser obtidos nesse processo são:

- saber otimizar a interação entre a teoria e a prática administrativa;
- saber ouvir, incorporar e aplicar bons ensinamentos;
- saber identificar e usufruir, com agilidade e qualidade, as oportunidades externas, bem como evitar ameaças externas à empresa;
- saber trabalhar com equipes multidisciplinares, criando um processo de maior integração, motivação e troca de conhecimentos entre diferentes profissionais;
- saber manter o foco, sem perder a visão do todo, com otimizado processo de estabelecimento de prioridades;
- saber avaliar as pessoas e criar mecanismos facilitadores de formação de novos líderes; e
- saber estudar, entender e aplicar os assuntos administrativos em diferentes contextos.

Desafio

Identifique outros ensinamentos que a universalização da administração pode lhe proporcionar e explicitar como você vai incorporar os diversos ensinamentos relacionados.

3.5 Influências das tendências da administração

Essas tendências da administração a curto, médio e longo prazos podem influenciar tanto as empresas como as pessoas; e, portanto, é importante se pensar como os efeitos dessas tendências podem ser benéficos.

Para debate, você pode considerar o apresentado a seguir.

3.5.1 Influências nas empresas

Existem pesquisas que mostram que, de forma geral, uma parte significativa das empresas se preocupa, com maior ou menor intensidade e sustentação, com as tendências que podem ocorrer com o assunto *administração*. A questão, entretanto, é o que essas empresas fazem a respeito!

Para sua análise, debate e complementação são apresentadas as seguintes influências das tendências e evoluções dos princípios e da prática administrativa:

i. Maior abrangência de aplicação das questões administrativas

Essa situação ocorrerá em todo e qualquer assunto administrativo, quer seja de maior ou menor complexidade, pois está-se verificando, com maior ou menor intensidade, que a administração facilita e sustenta a qualidade decisória nas empresas.

ii. Aprimoramento dos instrumentos administrativos

Essa tem sido umas das principais contribuições da evolução do pensamento administrativo pelas constantes melhoras nas estruturações e consequente processo de aplicação dos diversos instrumentos administrativos.

iii. Maior disseminação e utilização dos instrumentos administrativos

Essa situação é decorrência direta do item anterior, pois as estruturações dos instrumentos administrativos tornam esses mais acessíveis, entendíveis e aplicáveis pelos profissionais das empresas.

iv. Aprimoramento das interligações entre os instrumentos administrativos

Isso como consequência direta das melhores estruturações e das disseminações dos instrumentos administrativos, os quais vão naturalmente ocupando os "espaços vazios" nos modelos administrativos das empresas, gerando um contexto administrativo mais simples, lógico, ágil e de baixo custo.

v. Maior facilidade de identificar "quem é quem"

Todas as tendências anteriores já começaram a influenciar a análise da atuação dos profissionais das empresas em geral, e dos administradores em particular. E aqui é que vai aparecer a validade de seu plano de carreira, inclusive com o estabelecimento de sua vantagem competitiva. Portanto, você tem, nesse contexto, a oportunidade de mostrar "qual é a sua" como profissional da administração.

vi. Os modelos de administração deixarão de ser um problema nas empresas

Algumas empresas apresentam uma ou mais das seguintes situações:

- não tem modelo de administração e nem sabe o que é isso;
- não tem competência de estabelecer o modelo administrativo ideal para ela;
- não sabem aplicar um modelo administrativo; e
- não sabe o que fazer com um modelo administrativo.

Entretanto, as tendências evolutivas da administração estão revertendo essa realidade, pois as suas estruturações e divulgações estão, aos poucos, acabando com essas situações desagradáveis para as empresas.

Atualmente existem até *softwares* aplicativos de modelos administrativos, devendo-se tomar os naturais cuidados quanto à rigidez operacional desses aplicativos.

Desafio

Comente a respeito das reais influências das tendências da administração para a realidade das empresas, e como as empresas podem usufruir, positivamente, dessas influências.

3.5.2 Influências nas pessoas

As tendências da administração a curto, médio e longo prazos podem provocar algumas influências nas pessoas.

A questão aqui é qual a influência que essas pessoas vão proporcionar para o processo de identificação, análise e incorporação dessas tendências, pois existem pessoas que acham que tendências não existem e, quando alguém as informa a respeito, elas afirmam que já tomaram todas as providências, ou que não acreditam nelas sem explicar em quais tendências elas acreditam; ou, seja, elas não fazem nada a respeito!

Desafio

Explique, com detalhes e exemplos, como você é perante o assunto *tendências* em seus vários contextos. Debata com duas pessoas que o conhecem bem.

Você pode considerar que as pessoas, de forma geral, demoram a perceber as influências da administração em suas vidas, quer seja no momento atual e, principalmente, a curto, médio e longo prazos. E por que isso ocorre?

Você pode considerar que a razão básica é o desconhecimento dos princípios e da prática administrativa, mas existem outros fatores que podem estar influenciando, positiva ou negativamente, essa situação, como:

i. Maior conscientização da importância da administração

Esse é um aspecto interessante do processo evolutivo do pensamento administrativo, pois as pessoas começaram a identificar, de forma natural, esse nível de importância talvez pela simplicidade e lógica das soluções administrativas.

ii. Melhor sustentação no processo de aprendizado e de aplicação dos princípios, metodologias e técnicas administrativas

Essa pode ser considerada uma influência resultante da anterior e, também, porque as pessoas têm se mostrado, de forma geral, interessadas nesses aprendizados.

Talvez, essa questão também sofra influência daquela máxima: o meu vizinho sabe e, portanto, eu também preciso saber administração.

iii. Consolidação da aplicação da teoria e da prática administrativa em questões pessoais

Talvez essa questão seja o principal fator de aceleração da maior amplitude de aplicação da administração em praticamente todos os segmentos, pois é fácil as pessoas entenderem que o importante para elas é, logicamente, muito importante para as empresas.

iv. Consolidação do profissional da administração como um generalista com uma ou poucas especializações

Em uma empresa todos os assuntos ou instrumentos administrativos podem – e devem – ser aplicados na plenitude. Entretanto, uma pessoa não pode ser conhecedora e especialista em todas as questões administrativas e, se ela se julga como tal, pode estar certo que é um profissional "enganador".

Ser generalista é fundamental para conseguir trabalhar no importante princípio da administração integrada (ver seção 4.3.), mas quanto a ser especialista, a prática tem demonstrado que um profissional pode ter conhecimento profundo de um ou, no máximo, dois ou três assuntos administrativos.

Naturalmente, é interagindo com outros colegas, especialistas de outros assuntos administrativos, é que o referido profissional pode consolidar a administração total ou integrada. E você deve consolidar essa situação desde o início de seu curso de administração.

Fique atento

Trabalhe, muito bem, a sua atuação como generalista e, principalmente, como especialista em seu plano de carreira.

v. Entendimento que a administração é um conhecimento que interage e contribui para praticamente todos os outros conhecimentos

Esse é um grande "lance" da administração como uma área do conhecimento, pois, nesse contexto, ela ajuda e recebe contribuições de praticamente todas as outras áreas do conhecimento. Essa é uma razão básica para se afirmar que a evolução do pensamento administrativo é um processo contínuo, sustentado, lógico, amplo e de elevada importância para as empresas e, também, para as pessoas.

vi. É uma importante profissão

Pode-se afirmar que, cada vez mais, está acabando o possível preconceito quanto à alta validade da profissão de administrador, pois não existem mais dúvidas quanto à sua importância, em contextos de ampla aplicação ou em situações mais específicas. O resto é com você!

Desafio

Comente a respeito das seis influências das tendências da administração para a realidade das pessoas, e sobre como as pessoas podem usufruir, positivamente, essas influências.

3.6 Como se antecipar às tendências da administração

Por que as pessoas e, até, as empresas geralmente não colocam em suas preocupações as inevitáveis evoluções da administração? E mais, por que algumas empresas – talvez sejam muitas – não se preocupam em modernizar os seus estilos e modelos administrativos quando seus concorrentes estão fazendo isso ou até já fizeram?

A pergunta básica é: por que a modernização administrativa de muitas empresas – e pessoas – evolui como um paquiderme?

Mas existe uma realidade inquestionável: a modernização administrativa de uma empresa é decorrente direta da postura de atuação moderna de seus administradores. Portanto, esse debate tem foco bem definido: o fato gerador da modernidade ou da atrofia administrativa de uma empresa é o profissional de administração.

Não se preocupe com isso, pois fica evidenciado que é uma situação controlável, ou seja, as pessoas são ou não competentes para tal situação; e o nível de competência é de responsabilidade de cada um!

Para você pensar e repensar, podem ser elencadas algumas ações que você pode consolidar para se antecipar, com qualidade, às possíveis tendências da administração, como:

- seja um estudioso – e curioso – da administração e da evolução do pensamento administrativo;
- seja esperto e procure realizar os seus trabalhos acadêmicos e suas atividades nas empresas com os melhores alunos e profissionais da administração, pois ainda não inventaram algo melhor e mais rápido do que aprender com os outros, desde que "esses outros" sejam os bons e mais inteligentes;
- nesse contexto, você deve ter como filosofia de vida a aplicação do *benchmarking*, procurando copiar e aprendendo como os outros fazem, e se esforçando para fazer melhor;
- tenha a disciplina de sempre integrar a teoria e prática da administração, proporcionando efetiva sustentação ao seu aprendizado administrativo;
- lembre-se de que para todo e qualquer assunto ou instrumento administrativo você deve saber o seu conceito – o que é e para que serve –, a sua metodologia estruturada para o seu adequado desenvolvimento e aplicação, bem como as possíveis técnicas auxiliares que permitem melhor utilização dos ensinamentos administrativos; e
- estudar e estudar!

Mas aqui vai um lembrete muito chato: tem gente que estuda, mas não aprende, sendo que essa situação geralmente está correlacionada ao fato de a pessoa não saber estudar. Portanto, saber estudar também é um importante treino, aprendizado e aplicação.

Para comentários e complementos

Comente, com exemplos e justificativas, as reais ações básicas para você se antecipar às tendências da administração. E identifique outras ações que você considera importantes.

Todas essas ações de antecipação às tendências da administração – e outras ações estabelecidas por você – devem ser alocadas em seu plano de carreira, que é, e sempre será, o documento básico de orientação para o processo evolutivo de sua atuação como administrador.

3.6.1 Ajustes em seu plano de carreira

Neste momento, você já pode – e deve – fazer alguns ajustes em plano de carreira pela absorção de novos conhecimentos e, espera-se, novas expectativas de vida, tanto profissional como pessoal.

É natural que um plano de carreira tenha alguns ajustes em determinados intervalos de tempo, como dois ou cinco anos; e esses ajustes podem ser de pequena ou grande monta, mas o importante é que eles sejam necessários e válidos para a sua evolução profissional e maior motivação pessoal.

Essa questão de ajustes periódicos do plano de carreira pode ser considerada normal no processo evolutivo das pessoas e do mercado de trabalho. Entretanto, para debate, você pode considerar que existem alguns aspectos do plano de carreira que devem ser considerados mais fixos e outros que, naturalmente, podem passar por alguns ajustes.

Essa situação não é exata para todas as pessoas, principalmente em virtude de variações de realidades pessoais, mas você pode considerar a seguinte situação básica:

i. Aspectos do plano de carreira que, idealmente, podem ser considerados estáveis:

- a sua visão, pois você não vai ficar alterando, sem mais, o que pretende ser em um futuro próximo ou mais distante;
- os seus valores, pois esses representam o conjunto de seus princípios, crenças e questões éticas que sustentam as suas decisões e moldam a sua personalidade;
- a sua vocação profissional – pois você não pode ser "cada dia uma pessoa" – e, consequentemente, a sua missão ou razão de ser como administrador e os seus focos de atuação, pois você deve ser um especialista com interação junto a outras áreas de conhecimento;
- a sua vantagem competitiva, pois é muito difícil e, até esquisito você ficar mudando o seu diferencial como administrador, pois "não chegará a lugar nenhum"; e
- as suas políticas de sustentação ao seu processo decisório e forma de atuação, incluindo o seu código de ética como pessoa e como profissional da administração.

Desafio

Explique como você pretende manter a estabilidade nos cinco aspectos mencionados em seu plano de carreira. E como vai usufruir melhor dessa estabilidade para ir moldando a sua personalidade e forma de atuação como profissional da administração.

ii. Aspectos do plano de carreira que normalmente podem sofrer ajustes:

- a identificação de oportunidades e ameaças no mercado de trabalho e os consequentes cenários com indicações do que poderá ocorrer nesse ambiente a curto, médio e longo prazos;
- os seus pontos fortes e pontos fracos como estudante e como profissional da administração;
- os seus concorrente, com suas vantagens competitivas e formas de atuação;
- os seus objetivos e, mais precisamente, as suas metas, preferencialmente que esses resultados desejados se tornam mais desafiadores; e
- as suas estratégias, ações e projetos para alcançar os resultados esperados, pois você sempre deve ser criativo, inovador e, até, ousado em seus atos e suas decisões.

Desafio

Explique, com o máximo de detalhes, como você pretende estar atento, obter informações, fazer análises e agir frente aos cinco aspectos apresentados para que os ajustes em plano de carreira sejam otimizados.

Resumo

O objetivo desse capítulo foi apresentar a análise da evolução do pensamento administrativo influenciando as tendências da administração, quer sejam a curto prazo quer, também, a médio e longo prazos.

Como os focos básicos do estudo da administração neste livro são as empresas e as pessoas, foram apresentadas as influências das tendências identificadas nos dois referidos focos de análise; e, você deve ter verificado que existem várias similaridades entre as influências nas empresas e nas pessoas, sendo que as maiores diferenças ocorrem na forma de resolver essas questões.

Também, foram evidenciadas possíveis ações para que as empresas e as pessoas possam se antecipar a essas tendências – que podem ser boas ou ruins – incluindo alguns necessários ajustes ao seu plano de carreira.

Questões para debate e consolidação de conceitos

Lembrete: considere o apresentado no início das "Questões para debate" no Capítulo 1, visando obter maior amplitude de análise das questões administrativas a seguir evidenciadas.

1. Comente o que a Escola Clássica proporcionou para o estudo da evolução do pensamento administrativo e o que você identifica como atual quanto a esses ensinamentos.
2. Idem quanto à Escola Burocrática.
3. Idem quanto à Escola Humanista.
4. Idem quanto à Escola Sistêmica.
5. Idem quanto à Escola Quantitativa.
6. Idem quanto à Escola Contingencial.
7. Idem quanto à Escola Moderna.
8. Identifique algumas disciplinas de seu curso de administração que poderão sofrer alterações pela evolução do pensamento administrativo.
9. Debata as tendências da administração procurando identificar algumas tendências a curto prazo que poderão ter influências a médio e longo prazos.
10. Hierarquize, por um critério de sua escolha, as influências que as tendências da administração podem provocar nas empresas.
11. Idem quanto às influências nas pessoas.
12. Faça todos os ajustes e complementações em seu plano de carreira e debata com dois profissionais de seu conhecimento.

Exercício para reflexão

Um "exercício mental" para saber trabalhar, para efetivo benefício próprio, com as tendências evolutivas dos princípios e da prática administrativa.

Neste terceiro ano do curso, você analisou e debateu o que deverá acontecer com o pensamento administrativo em seu processo evolutivo, em suas influências nas empresas e nas pessoas, quer seja a curto, médio ou longo prazo, para que você possa – pelo menos tentar – se antecipar a essas tendências evolutivas.

Nesse contexto, você deve:

i. Identificar, com justificativas, outras possíveis evoluções do pensamento administrativo a curto prazo.
ii. Idem quanto a possíveis evoluções a médio e longo prazos.
iii. Hierarquizar, com justificativas, as possíveis influências dessas evoluções junto às empresas.
iv. Idem quanto às pessoas.

v. Explicar, com justificativas, o que você vai fazer para conseguir se antecipar, com resultados positivos, frente às evoluções do pensamento administrativo identificadas.
vi. Explicar, com justificativas, como você vai contornar os problemas decorrentes de algumas evoluções do pensamento administrativo quando essas situações o "pegarem de surpresa".
vii. Explicar, com o máximo de detalhes, a alocação dos resultados dos debates das seis questões anteriores no seu plano de carreira como profissional da administração.

E não se esqueça de juntar as suas conclusões deste exercício com as dos exercícios anteriores e, também, com os exercícios posteriores quando de seus desenvolvimentos.

Dessa forma, você ficará com uma análise bem ampla, o que é muito importante no estudo da administração.

Outra questão é você fazer uma análise crítica – e verdadeira – de suas dificuldades e facilidades em resolver os diversos exercícios do livro.

Essa informação será muito importante na elaboração de detalhes de seu plano de carreira como administrador.

Caso para análise, debate e proposta de solução

Consolidação de sua atuação profissional no contexto da evolução do pensamento administrativo

Chegou o momento de você interagir a sua realidade, e da empresa onde trabalha, com a evolução do pensamento administrativo em um *continuum* desde os eventos que já ocorreram até os possíveis eventos e pensamentos futuros, respeitando os atuais.

Uma questão interessante e que pode reforçar o seu pensamento administrativo é fazer as seguintes interligações:

a) As tendências a curto prazo apresentadas na seção 3.3, e outras tendências que você tenha identificado, correlacionadas e sustentadas pelas linhas de pensamento administrativo atuais e anteriores.
b) Idem quanto às tendências a médio e longo prazos, apresentadas na seção 3.4.

A partir dessas duas interligações, as quais você deve ir aprimorando pela análise dos capítulos subsequentes dos casos anexados, hierarquize – com base em um critério estabelecido por você – os níveis de influência dessas tendências em dois contextos:

i. Para as empresas ou especificamente para a empresa onde você trabalha e/ou para a instituição onde você estuda.
ii. Para você, em suas atividades profissionais e, a seguir, em suas atividades pessoais.

Independentemente de suas análises, você vai perceber que existe uma similaridade em várias das influências exercidas pelas tendências identificadas. Essa situação evidenciará que um esforço de sua parte pode resultar em algumas consequências sinérgicas entre empresas e pessoas.

A partir dessa identificação você deverá realizar a tarefa seguinte neste caso, que corresponde a hierarquizar as várias tendências.

A sua penúltima tarefa corresponde a você estabelecer, com as devidas justificativas, as suas ações para melhor usufruir as tendências identificadas, quer seja em sua vida profissional ou pessoal.

Agora chegou a sua última tarefa, que é alocar todas as suas considerações realizadas neste caso para a realidade do Jaqueira Esporte Clube, considerando, também, o que você relatou nos dois casos anteriores.

Você vai perceber que ocorrerão muito mais similaridades de problemas e soluções administrativas do que divergências, o que reforça, de maneira genérica, a lógica do processo administrativo.

CAPÍTULO 4

Partes da administração

"Um administrador permanece sendo um líder apenas enquanto continua provando que é o homem mais capaz com o melhor método de trabalho."

Kenneth Walker

OBJETIVOS DE APRENDIZAGEM

Depois de estudar o conteúdo deste capítulo, você será capaz de:

1. Saber como a administração pode ser dividida em funções específicas para facilitar o seu entendimento e posterior aplicação.
2. Compreender que essas partes divididas devem ser trabalhadas de forma interativa, em relação de causa *versus* efeito, fechando no contexto da administração total ou integrada.
3. Interligar as partes da administração – pelas funções da administração e pelas funções da empresa – com as disciplinas do curso de administração e o seu plano de carreira como administrador.

Lembre-se de que as "chamadas" provocativas no texto, bem como as questões para debate, o exercício e o caso no final do capítulo proporcionam efetiva sustentação ao seu otimizado processo de aprendizagem.

Desenvolva-os com dedicação e criatividade e, preferencialmente, depois debata com os seus colegas de estudo e/ou trabalho.

Agora chegou o momento de você visualizar os principais assuntos da administração que você pode - e deve - aplicar em suas atividades nas empresas, ou mesmo para cuidar de suas questões pessoais.

Ao final da análise do conteúdo deste capítulo, você terá estabelecido, ainda que de forma genérica, o desenvolvimento básico de sua carreira profissional ou o aprimoramento de sua atual situação.

E, no final da análise deste livro, você terá interessantes estruturação e sustentação para consolidar o seu plano de carreira, com forte interação com as disciplinas da grade curricular do curso de administração; ou seja, as suas atividades escolares serão bastante prazerosas e motivadoras.

Aproveite!

A administração é dividida em partes, quer seja pelos seus itens básicos, quer seja pelas suas áreas de aplicação.

As suas partes integrantes básicas podem ser as mais usuais, representadas pelas funções de planejamento, organização, gestão e desenvolvimento de pessoas, bem como avaliação, conforme evidenciado na seção 4.1.

As suas áreas clássicas de aplicação podem ser marketing, produção, finanças, bem como processos e tecnologias, conforme apresentado na seção 4.2.

As duas apresentações das partes da administração – a primeira pelas funções da administração e a segunda pelas funções das empresas – podem ter outros nomes, bem como podem ser decompostas em outras funções. De qualquer forma, as apresentadas possibilitam a você ter ampla visão e análise do contexto do estudo e aplicação dos conhecimentos em administração.

Com referência à sua aplicação você deve considerar que, em um processo decisório, o administrador deve efetivar, conjunta e interativamente, as quatro funções da administração, embora possa estar focando prioritariamente uma delas em contexto específico.

Quanto às funções das empresas, o administrador geralmente aborda uma das quatro funções, mas não se esquecendo da interação entre elas pelo princípio da administração integrada, conforme evidenciado na seção 4.3.

Essa situação interativa pode ser visualizada na Figura 4.1.

Figura 4.1 – Abordagem interativa da administração.

E para tornar o entendimento mais lógico quanto às partes da administração, essas são apresentadas conforme estruturado no capítulo anterior, ou seja:

- primeiro é evidenciado o conceito do termo administrativo para não haver dúvida a respeito de sua finalidade;
- depois é apresentada, de forma resumida, uma metodologia básica com as etapas que você pode considerar para ao adequado desenvolvimento e implementação do assunto administrativo. Portanto, neste momento se explica, ainda que genericamente, "como" fazer os trabalhos; e
- finalmente, são abordadas, se for o caso, as principais técnicas administrativas que você pode utilizar para melhor realizar seus trabalhos.

Você verifica que o conhecimento da administração é algo simples e lógico, desde que se respeitem alguns princípios básicos.

Desafio

Faça alguns comentários, com maior ou menor sustentação, a respeito do seu foco de atuação preferido nas áreas de conhecimento em administração.

E, se já houve alterações em seu foco preferido atual, apresente as possíveis razões dessas mudanças de expectativas, bem como as dificuldades e as facilidades que ocorreram nesse processo.

4.1 Partes pelas funções da administração

Todo e qualquer profissional de empresa, em seus processos de análise, decisão e operacionalização de atividades, deve considerar, e respeitar, as funções básicas da administração, pois essas é que proporcionam a sustentação essencial para sua qualidade decisória.

Você vai verificar que a ordem apresentada das quatro funções básicas da administração tem uma lógica operacional, pois:

- primeiramente, você deve planejar aonde pretende chegar, com a identificação do que você vai fazer para se aproximar, ao máximo, dessa situação futura desejada;
- depois, você deve organizar todos os recursos existentes – e a serem obtidos – para proporcionar a devida sustentação ao processo evolutivo de alcançar a situação futura planejada;
- a seguir, você deve cuidar do principal recurso das empresas, representado pelas pessoas, para que essas trabalhem em um modelo administrativo otimizado e que ocorra o natural desenvolvimento delas nesse processo, quanto aos seus conhecimentos, habilidades e atividades; e
- finalmente, você deve cuidar para que todos os recursos e atividades da empresa sejam avaliados quanto à efetiva contribuição para o alcance dos resultados planejados, inclusive facilitando o processo de ajustes e aprimoramentos.

E esses resultados avaliados servem, inclusive, para fornecer os insumos para a sistemática de realimentação do planejamento, fechando o processo de administração que passa a se aprimorar automaticamente. Essa situação pode ser visualizada na Figura 4.2:

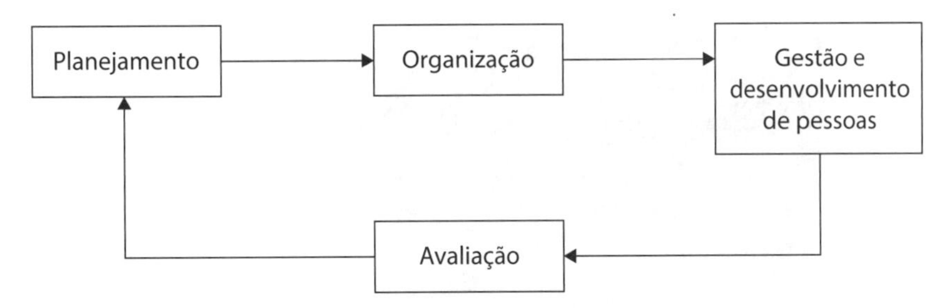

Figura 4.2 - Interação entre as funções da administração.

Na prática, as funções da administração podem ocorrer de forma mais interativa, e até sobreposta, mas você deve ter sempre em mente a existência e o exercício de cada uma delas, com suas finalidades específicas.

Fique atento

Para uma atividade qualquer, como, por exemplo, um trabalho em grupo no seu curso de administração, você deve fazer comentários a respeito das finalidades e das interações entre as funções da administração aplicadas no referido trabalho.

O ideal é que cada participante do grupo de trabalho realize essa análise individualmente e, depois, debata no grupo, consolidando um posicionamento único.

Nesse momento, é importante fazer um comentário a respeito das funções da administração, que pode valer, também, para o caso das funções das empresas (na seção 4.2).

Você pode considerar as funções da administração como as quatro clássicas: planejamento, organização, direção e avaliação, o chamado PODA, ou considerar algumas pequenas variações dessas e, até, algumas decomposições, aumentando o número das funções de empresas.

Este autor preferiu considerar a função *gestão e desenvolvimento de pessoas,* e não a função *direção* pelas seguintes razões básicas:

- as pessoas são o *centro nervoso* da concentração e da aplicação dos conhecimentos, habilidades, atitudes, tecnologias, ações, reações, hábitos, crenças, éticas, aprimoramentos das diversas atividades, negócios, produtos e serviços das empresas;
- o ato de dirigir, orientar e supervisionar os diversos atos e decisões na empresa é realizado pelas pessoas;
- o ato de receber orientações, supervisões ou ordens também é uma realidade das pessoas;
- o processo diretivo e decisório das empresas só pode acontecer e evoluir pelas pessoas;
- a direção, como um ato, não proporciona, por si só, resultados interessantes para as empresas; e
- este livro aborda a administração no contexto da evolução do pensamento administrativo, e esse contexto tem demonstrado que o foco da administração são as pessoas.

4.1.1 Planejamento

Planejamento é a metodologia administrativa que permite diagnosticar e analisar situações atuais, de estabelecer resultados – objetivos e metas – a serem alcançados pelas empresas e pelas pessoas e de delinear ações – estratégias – para se alcançar esses resultados, bem como de leis e normas – políticas – que servem de sustentação a esse procedimento administrativo.

Jirapong Manustrong | iStockphoto

Portanto, a função *planejamento* tem a finalidade, desde que seja elaborado de maneira estruturada, de proporcionar toda a sustentação para que uma empresa, cidade, região ou pessoa consiga estabelecer uma situação futura desejada e o que deve ser realizado para se alcançar essa situação ou, pelo menos, se aproximar ao máximo desse futuro planejado.

Se você não tiver a disciplina de exercitar, de maneira sistemática, o processo de planejamento, sempre terá "sustos" com os resultados que aparecerem, mas se o planejamento foi realizado de maneira estruturada e sustentada você terá plenas condições de realizar ajustes necessários nos resultados planejados e nas ações programadas para o alcance dos referidos resultados.

Desafio

Debata duas situações distintas em sua realidade pessoal ou profissional:

- uma situação em que você elaborou um processo de planejamento de uma questão em análise; e
- uma situação em que você não planejou nada e "deixou à própria sorte".

Explique, com justificativas, como você se sentiu em cada uma das situações e quais foram os resultados apresentados.

Um aspecto importante é que o processo de desenvolver e consolidar o planejamento de maneira sistemática e evolutiva é mais importante que o documento final do planejamento, ou seja, o básico é a incorporação do processo de planejamento como algo que faz parte do seu dia a dia, quer seja no contexto profissional ou pessoal.

Para refletir

Pense, por exemplo, na situação de uma pessoa que não planeja as suas questões financeiras pessoais.

Como você é nessa questão?

A seguir, vamos debater alguns aspectos importantes da função *planejamento,* quer seja focando as instituições em geral ou as pessoas.

a) Níveis ou tipos de planejamento

Para se estabelecer uma situação futura desejada para você ou para a empresa onde trabalha, podem-se utilizar três níveis ou tipos de planejamento:

- **planejamento estratégico** é a metodologia administrativa que permite estabelecer a direção a ser seguida pela empresa, e que visa ao maior grau de interação com o ambiente, onde estão os fatores não controláveis pela empresa. Você vai constatar, pela análise da seção 4.4, que pode aplicar essa mesma metodologia administrativa para a sua realidade pessoal quando da elaboração de seu plano de carreira, o qual é de suma importância para a sua realidade profissional;
- **planejamento tático** é a metodologia administrativa que tem por finalidade otimizar determinada área de resultado da empresa; e no seu caso pessoal, você está procurando otimizar determinada área de conhecimento e, portanto, ter uma melhor qualidade de vida pessoal e profissional. Como exemplos, você pode considerar as quatro funções das empresas apresentadas na seção 4.2 e ter o planejamento tático de marketing, o de produção, o de finanças e o de processos e tecnologia; e
- **planejamento operacional** é a formalização de metodologias de desenvolvimento e implementação de ações em áreas específicas visando alcançar os resultados esperados pela empresa ou pela pessoa. Como exemplo você pode considerar os itens integrantes de cada uma das funções das empresas tendo, no caso da função *marketing*, os planejamentos operacionais de propaganda, de promoção, de pontos de venda, de formação de preços, bem como de marca conforme evidenciado na seção 4.2.1. Nas seções 4.2.2, 4.2.3 e 4.2.4 você tem vários outros exemplos de itens integrantes das funções das empresas que podem corresponder a planejamentos operacionais.

Essa situação de dividir a função *planejamento* em três níveis ou tipos é mais por uma questão didática, pois, na prática, os três planejamentos devem estar adequadamente interligados formando um todo perfeitamente administrável, sendo que o planejamento estratégico considera toda a empresa – ou você – perante os fatores externos não controláveis; o planejamento tático considera uma parte bem definida desse todo; e o planejamento operacional considera uma questão específica do processo administrativo do dia a dia da empresa ou da pessoa.

Para refletir

Considere um assunto qualquer correlacionado ao seu dia a dia e identifique o seu todo, depois as suas partes principais e, finalmente, os detalhes de cada uma dessas partes.

Você vai perceber que está realizando essas decomposições em vários momentos de suas atividades profissionais ou pessoais.

Considerando-se a perfeita interação entre os três níveis ou tipos de planejamento, a análise da metodologia de desenvolvimento e implementação pode ser efetuada de maneira conjunta, conforme evidenciado na Tabela 4.1, e a apresentação dos conceitos dos diversos termos é abordada em seguida.

Você deve considerar que o conjunto de itens dos processos de planejamento apresentados na Tabela 4.1 é genérico e representa o elenco de assuntos que, normalmente, são abordados nesses processos; e a ordem apresentada pode sofrer algumas alterações de acordo com a realidade do processo de planejamento de cada empresa ou pessoa.

Tabela 4.1 - Interações entre planejamentos

ITEM	PLANEJAMENTO		
	ESTRATÉGICO	TÁTICO	OPERACIONAL
Visão Valores Missão Cenários	Estabelece	Consolida e aprimora	Operacionaliza
Oportunidades Ameaças Pontos fortes Pontos fracos Atuação estratégica	Analisa	Analisa, detalha e operacionaliza	Detalha e operacionaliza
Objetivos Metas	Estabelece	Decompõe e aprimora	Detalha
Estratégias Políticas	Estabelece	Consolida e aprimora	Operacionaliza
Projetos Planos de ação	Orienta	Estabelece e detalha	Operacionaliza

A seguir, são apresentados os conceitos e as finalidades dos termos evidenciados na Tabela 4.1, alocados em grupos de acordo com a sua finalidade maior – para as empresas ou para as pessoas – e, para consolidar o pleno entendimento, inicialmente são apresentados os grupos e suas finalidades, bem como as suas partes integrantes.

Depois, são apresentados os conceitos e as finalidades, bem como alguns exemplos de cada uma das partes integrantes de cada grupo que foi estabelecido de acordo com a sua finalidade maior.

Essa forma de apresentação facilita para você trabalhar com o todo e com cada uma das partes, sempre interligando tudo.

Nesse contexto, tem-se:

i. As grandes orientações estratégicas, que consolidam para as empresas, ou para você, as principais diretrizes que devem ser seguidas para o otimizado desenvolvimento do processo de planejamento.

   Nesse grupo devem ser identificados, consolidados e respeitados os seguintes itens do processo de planejamento: a visão, os valores, a missão e os cenários.

ii. As realidades controláveis e não controláveis pela empresa ou por você no processo de planejamento.

   Nesse grupo devem ser identificadas e trabalhadas as oportunidades e ameaças externas ou não controláveis, e os pontos fortes e pontos fracos internos ou controláveis pela empresa ou por você.

   Nesse momento, você também deve estabelecer a abordagem básica de sua atuação estratégica, incluindo a sua vantagem competitiva.

iii. Os resultados que a empresa, ou você, pretende alcançar.

   Nesse grupo devem ser considerados os objetivos e as metas.

iv. O que você vai fazer e respeitar para alcançar os resultados anteriormente estabelecidos.

   Nesse grupo você deve estabelecer as estratégias e as políticas para a empresa analisada ou para você se consolidar como administrador de sucesso.

v. O que você deve fazer para interligar as questões estratégicas com as questões táticas ou operacionais, ou seja, a interligação dos assuntos macros com os assuntos do dia a dia da empresa analisada, ou os seus assuntos, no processo evolutivo para se consolidar como administrador de sucesso e de valor para as empresas.

   Nesse grupo você deve considerar os projetos e os planos de ação, bem como todos os outros instrumentos administrativos das empresas.

Fique atento

A partir desse momento ficará extremamente fácil você consolidar a interligação do conteúdo deste livro com as diversas disciplinas de seu curso de administração, quer sejam já cursadas ou futuras disciplinas.

Você deve fazer uma grade completa dessas interligações no final de seu curso, o que muito facilitará o seu processo de educação continuada (ver seção 5.3).

Evidencia-se que a ordem dos termos do assunto *planejamento* a seguir apresentados é estabelecida, principalmente, para respeitar a ordem geral dos cinco grupos de termos anteriormente apresentados, e que, na prática, podem ocorrer algumas alterações de ordem entre os termos alocados nos diferentes grupos, dentro do princípio básico de que "a ordem dos fatores não altera o resultado final", desde que você realize os trabalhos de acordo com uma lógica.

Somente como ilustração, é apresentada na Figura 4.3 a sequência lógica dos diversos termos do assunto *planejamento* de acordo com o raciocínio básico deste autor, mas evidenciando que em alguns trabalhos de consultoria ele teve de alterar essa ordem, desde que não perdesse a lógica do raciocínio do processo de planejamento.

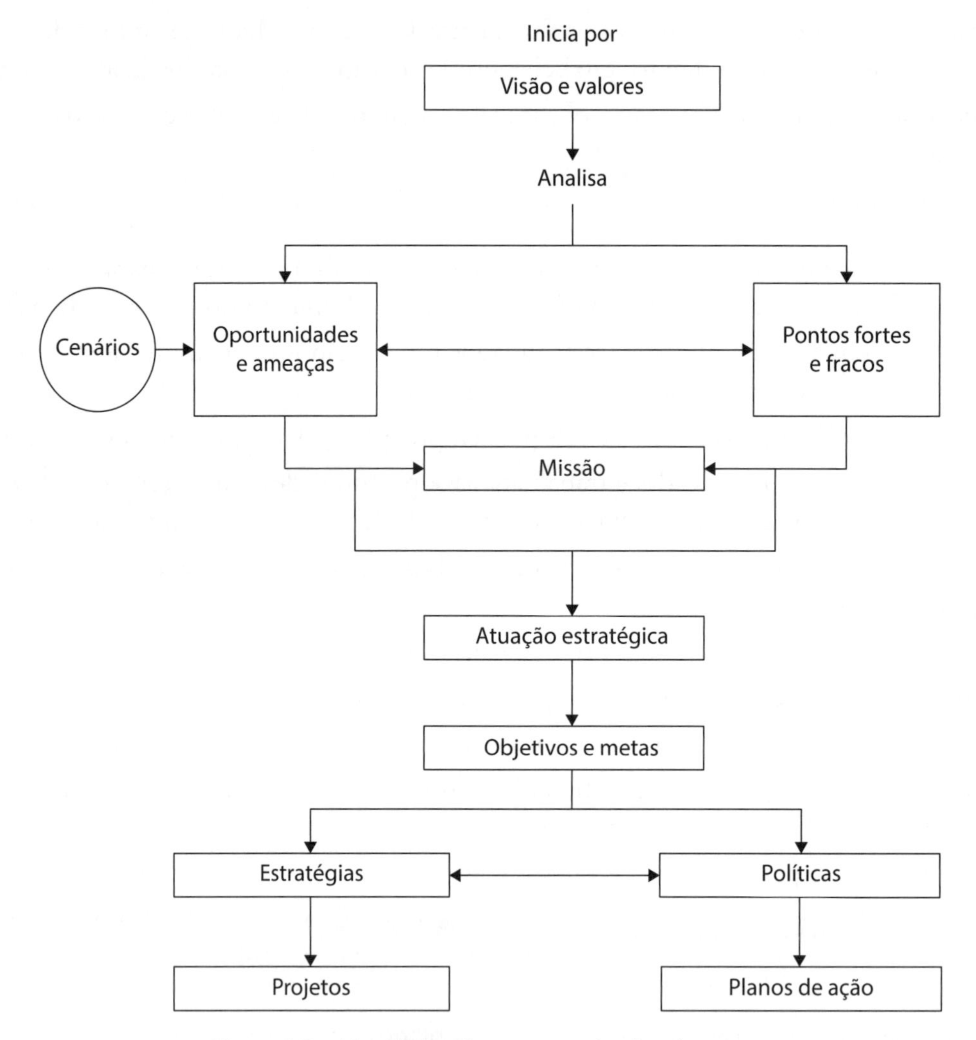

Figura 4.3 - Uma lógica do processo de planejamento.

Desafio

Explique a sequência do processo de planejamento apresentado na Figura 4.3, utilizando a conceituação dos diversos termos apresentados com detalhes a seguir.

Evidencia-se que este autor utiliza algumas variações – pequenas, na verdade – no processo de planejamento estratégico aplicados em empresas clientes, pela realidade administrativa e dos negócios de cada empresa. E essa questão de pequenas adaptações – desde que se mantenha a lógica do processo – você vai realizar em várias aplicações dos instrumentos administrativos em que vai trabalhar.

Se quiser ver a outra abordagem, com pequenas alterações e com mais detalhes que este autor utiliza, pode analisar o livro *Planejamento estratégico*, dos mesmos autor e editora.

Nesse momento, é válido iniciar a apresentação dos conceitos e das finalidades dos termos inerentes ao assunto *planejamento* evidenciados na Figura 4.3.

a) Quanto às grandes orientações estratégicas

Nesse grupo, você deve considerar para a empresa, ou para você, o estabelecimento, a incorporação e o respeito aos seguintes itens:

i. **Visão** é a explicitação do que a empresa quer ser.

A sua finalidade é proporcionar o grande delineamento das questões estratégicas a serem desenvolvidas e operacionalizadas pela empresa, sendo o foco de direção de todas as suas estratégias e ações, ou seja, do que ela vai fazer para alcançar sucesso em seu processo de planejamento.

A visão estará correta se tudo que a empresa vai efetivar, ou seja, as suas estratégias e ações estão direcionadas para a referida visão; caso contrário, você precisa rever a visão estabelecida ou identificar novas estratégias e ações.

As frases de visão devem ser curtas e de fácil entendimento, como:

- Ser referência em serviços completos de turismo.
- Ser pioneiro no lançamento de aplicativos operacionais para os negócios das empresas.
- Ser um seguidor forte e ativo dos produtos alimentícios populares de sucesso na região.
- Ser uma marca líder na lembrança dos consumidores.

Apenas por curiosidade este autor informa que a sua visão é:

- Ser referência em questões estratégicas e organizacionais.

Essa visão pode ser considerada adequada, pois:

– este autor trabalha como consultor, professor e autor em questões estratégicas e organizacionais;
– pelos vários livros de sua autoria quanto a assuntos estratégicos e organizacionais, pode-se considerar que este autor representa algum nível de referência nos assuntos considerados. Aqui não interessa se o nível de referência está em 9 ou 5 ou 1, mas a análise é se ela existe ou não; e
– existe pleno foco de atuação, correspondendo à visão estabelecida e que orienta e direciona todas as atividades profissionais deste autor.

Você percebe que a visão não deve ser quantificada, o que vai ocorrer com os objetivos e as metas (veja item "c").

O ideal é que a visão estabelecida perdure ao longo do tempo, preferencialmente o mais longo possível, desde que mantenha a lógica e a realidade de atuação da empresa ou da pessoa.

Desafio

Estabeleça uma frase de visão para você; e procure questioná-la ao final da análise deste livro.

ii. **Valores** – no contexto estratégico – representam o conjunto de princípios, crenças e questões éticas fundamentais de uma empresa – ou de uma pessoa –, bem como fornecem sustentação a todas as suas principais decisões.

Imagine uma empresa, uma pessoa ou até um país sem valores consagrados e respeitados!

Os valores devem proporcionar sustentação ao que uma empresa deve realizar para se direcionar à sua visão.

Na prática, pode-se considerar que os valores estabelecem a *personalidade* de uma empresa. Você verifica, com facilidade, essa situação no caso de uma pessoa.

Desafio

Faça comentários iniciais e verdadeiros a respeito de seus valores e questões éticas e morais e debata com dois amigos.

Alguns exemplos de frases que podem representar os valores de uma empresa são:

- Respeitar e saber trabalhar em todos os contextos de diversidades.
- Ter o código de ética da empresa como "guarda-chuva" das decisões e ações.

Para refletir

Estabeleça, na sua opinião, quais são alguns valores da instituição onde estuda e/ou empresa onde trabalha.

Se você já tiver conhecimento desses valores, faça comentários com justificativas a respeito deles.

Apenas por curiosidade, este autor estabeleceu alguns valores em seu código de ética como consultor – que é explicitado para as empresas-clientes – os quais, resumidamente, são:

- Propor apenas serviços para os quais tenha plena e comprovada capacidade e conhecimento.
- Desenvolver serviços que contribuam para a introdução de inovações na empresa-cliente.
- Estabelecer, de forma clara e antecipada:
  - as finalidades dos serviços;
  - os resultados a serem alcançados;
  - os recursos a serem utilizados;
  - as prováveis limitações e dificuldades que poderão ocorrer no desenvolvimento dos trabalhos;
  - o prazo previsto para a realização dos serviços; e
  - o investimento e as despesas gerais na empresa-cliente.
- Preservar o sigilo com referência às atividades e informações da empresa-cliente.
- Entender a realidade e a situação futura desejada da empresa-cliente.
- Transferir para a empresa-cliente, com sustentação, todos os conhecimentos básicos quanto aos serviços realizados.
- Só realizar serviços para empresas concorrentes da empresa-cliente dois anos após o término dos serviços.
- Ficar responsável pelos serviços realizados por outras consultorias de sua indicação.
- Nunca impor suas ideias e convicções à empresa-cliente, mas procurar, pelos conhecimentos e experiências, contribuir para a melhoria dos resultados da empresa-cliente.

Comece agora

Elabore o seu código de ética e o aprimore – e respeite – ao longo de sua vida profissional.

iii. **Missão** é a razão de ser da empresa, correspondendo à conceituação da sua área de atuação, agora e no momento futuro, explicitando a quem ela oferece os seus produtos e serviços.

Portanto, a missão tem a finalidade de estabelecer o *campo de futebol* dentro do qual a empresa atua com seus produtos e serviços atuais, bem como os seus potenciais negócios futuros; e os negócios que estão fora desse campo não interessam para a empresa e, consequentemente, não entram em seu processo de planejamento.

A mesma coisa ocorre com você como atual ou futuro profissional de administração: é importante estabelecer o campo dentro do qual você atua ou poderá atuar no futuro, bem como a quem você vai disponibilizar seus conhecimentos, habilidades e atitudes (ver seções 5.2.1., 5.2.2. e 5.2.3).

Embora algumas empresas juntem numa única frase a visão e a missão da empresa – usando para tal o termo *visão* ou *missão* –, este autor é contra essa prática pelo simples fato que as finalidades dos referidos termos serem diferentes, apesar de poderem ser considerados complementares entre si.

Algumas frases que podem representar a missão de uma empresa são:

- Atender as necessidades e expectativas de alimentação da comunidade.
- Consolidar, com qualidade, todos os serviços automotivos para as diversas marcas de veículos de passeio.
- Oferecer, com diferencial competitivo, todos os cursos da área de humanas para os moradores da região.

Apenas por curiosidade, este autor afirma que estabeleceu a seguinte frase de missão para o seu plano estratégico de carreira:

- Atender às necessidades e expectativas de evolução das empresas em suas questões estratégicas e organizacionais.

Você verifica que os focos de atuação deste autor são as questões estratégicas e organizacionais da empresa, tanto com as metodologias e técnicas atuais como suas possíveis futuras evoluções e, portanto, esses são os conhecimentos básicos que estão sendo disponibilizados pelo autor.

Nesse contexto, o que estiver fora dessas duas questões são assuntos nos quais este autor não deve se intrometer, a não ser para fazer interligações com esses outros assuntos, dentro da moderna abordagem da administração integrada (ver seção 4.3).

Dentro das questões estratégicas e organizacionais, este autor definiu os seus focos de atuação por assuntos da empresa e/ou por tipo de empresa, como:

- metodologia de elaboração e implementação do planejamento estratégico;
- técnicas de cenários estratégicos;
- técnicas de delineamento estratégico;
- administração por objetivos;
- decomposição das estratégias em projetos e processos;
- interações com outros instrumentos administrativos;
- outros assuntos estratégicos;
- metodologia de elaboração e implementação da estrutura organizacional;

- tipos de estrutura organizacional;
- modelos de responsabilidades, autoridades, sistemas de comunicações e processo decisório;
- governança corporativa;
- interações com outros instrumentos administrativos; e
- outros assuntos organizacionais.

E por tipo de empresa, tem-se:

- empresa de energia ou telefonia ou papel e celulose ou automotivo etc.;
- empresa familiar, sociedade anônima, economia mista, pública, ONG etc.;
- empresa grande, média ou pequena; e
- empresa nacional ou multinacional.

Você percebe que os focos de atuação devem ser bem definidos, mas tomando-se cuidado com o número deles, principalmente quanto aos assuntos que serão trabalhados e aprimorados na empresa, pois é aqui que o nível de conhecimento efetivo do profissional aparece, para mais ou para menos!

Desafio

Estabeleça duas frases de missão:

a) Para a empresa onde trabalha ou instituição onde estuda.
b) Para você como profissional de administração.

Debata essas frases com colegas de trabalho e/ou estudo.

Repense essas frases depois de alguns poucos anos e comente as possíveis alterações.

iv. **Cenários** representam situações, critérios e medidas para a preparação do futuro da empresa e, logicamente, também das pessoas.

Portanto, a finalidade básica dos cenários é de facilitar, de maneira estruturada, a visualização da situação mais provável que pode acontecer em um futuro próximo ou mais distante.

Normalmente se trabalham também com as situações futuras otimistas e pessimistas, embora esta última situação possa "servir de bengala" para possíveis incapacitações para se alcançar o que se deseja.

Os cenários estão bastante correlacionados às crenças das pessoas, portanto é fundamental que se acredite que a situação mais provável tem reais possibilidades e, até, probabilidades de acontecer, sendo o mais importante o estabelecimento do que você vai fazer para melhor usufruir as oportunidades advindas desses cenários, bem como evitar as possíveis ameaças.

O estabelecimento de cenários possíveis não é algo fácil ou difícil, mas tem que ser exercitado.

Você deve se acostumar a ler jornais, ver programas de televisão com debates de especialistas e analisar com conhecidos os possíveis cenários que podem ocorrer em questões econômicas, tecnológicas, políticas etc., e identificar as situações que você acredita: esses serão os seus cenários.

Portanto, seja inteligente nessas análises e debates. As consequências serão suas!

Um exercício mental interessante é você debater com alguns colegas os cenários estratégicos alternativos apresentados na Tabela 4.2.

Tabela 4.2 - Cenários estratégicos alternativos

CENÁRIOS ESTRATÉGICOS ALTERNATIVOS	HIPÓTESES RELEVANTES	EFEITOS RESULTANTES/ AÇÕES DOS AGENTES	QUANTIFICAÇÃO INDICATIVA
A Situação otimista	• Redução das transferências de recursos ao exterior. • Flexibilização de preços não traumática quanto à inflação. • Controle do déficit público. • Elevação da taxa de poupança interna. • Ausência de demandas setoriais (governo, trabalhadores e capitalistas).	• Aumento dos investimentos públicos e privados. • Manutenção do crescimento econômico como meta. • Equilíbrio do balanço de pagamentos. • Inflação reduzida e estável.	PIB: 6% a 7% Inflação: 2% a 3%
B Situação provável	• Pequena redução das transferências ao exterior. • Dificuldades em ampliar a poupança interna. • Excessivo nível de consumo frente à capacidade produtiva. • Problemas marginais na flexibilidade de preços.	• Políticas monetária e fiscal intervencionistas. • Pequena elevação dos investimentos. • Equilíbrio do balanço de pagamentos. • Redução do ritmo de crescimento econômico. • Inflação reduzida, porém ascendente.	PIB: 3% a 4% Inflação:4% a 6%
C Situação pessimista	• Dificuldades na renegociação da dívida externa. • Manutenção da poupança interna em níveis reduzidos. • Demanda aquecida. • Dificuldades na flexibilização de preços. • Dificuldades de negociação no Mercosul e com outros países.	• Manutenção da opção pelo crescimento econômico. • Investimentos públicos via ampliação do déficit. • Congelamento de preços mantido como último recurso. • Riscos de perda de competitividade externa (taxa de câmbio). • Mercados paralelos, ágios etc. • Inflação ascendente.	PIB: 2% a 3% Inflação: 7% a 10%

Desafio

Comece a estabelecer alguns cenários inerentes a duas áreas de conhecimento de assuntos administrativos de seu possível interesse.

Vá coletando informações decorrentes de vários veículos de comunicação - jornais, revistas etc. - para você estabelecer cenários correlacionados às referidas duas áreas de conhecimento, sendo que você deve ir fazendo os ajustes necessários ao longo do tempo.

Troque o máximo de ideias e percepções com profissionais que você respeite.

Assim, você terá gratas surpresas com esse exercício mental.

Uma questão importante em todo e qualquer processo de planejamento, principalmente estratégico, é a identificação básica de "qual é o da alta administração nesse processo".

Você pode acreditar que existe muita "conversa fiada" a respeito, mas pode fazer algumas perguntas básicas:

- Qual é a visão que a empresa tem do futuro? É convencional e de curto prazo ou é empreendedora e de longo prazo?
- Quais os problemas que estão absorvendo mais a atenção dos executivos da alta administração? É a redução de custos ou o desenvolvimento dos negócios?
- Os concorrentes visualizam a empresa como inovadora e líder ou uma simples seguidora?
- Qual é a da empresa em questões inerentes ao desenvolvimento profissional e tecnológico?

Para refletir

Estabeleça algumas outras questões para definir "qual é a da empresa?".

Você já deve ter percebido que vários itens pertencentes às funções da administração – o mesmo ocorrendo com as funções das empresas apresentadas na seção 4.2 – são provenientes dos estudos decorrentes das teorias e escolas da administração apresentadas na seção 3.1. Por exemplo, os cenários são decorrentes da Teoria da Contingência (ver item II da seção 3.1.6).

Desafio

Faça as ligações das funções da administração e das empresas com as escolas e teorias da administração.

Você vai perceber que houve uma melhor alocação das ideias administrativas.

E vai analisar outras interligações na seção 4.3.

b) Análise das realidades controláveis e não controláveis

Tanto as empresas como as pessoas têm fatores internos ou controláveis e fatores externos ou não controláveis.

Os dois conjuntos de fatores devem ser identificados, analisados e trabalhados, procurando usufruir das situações boas e evitando, ao máximo, a interferência das situações ruins.

Esses trabalhos possibilitam, também, a identificação da postura ideal de atuação da empresa ou da pessoa em seu processo de desenvolvimento profissional, bem como o estabelecimento de seu diferencial perante os concorrentes, representados pela vantagem competitiva (ver seção 5.4.1).

Analisando as partes componentes das realidades controláveis e não controláveis das empresas e das pessoas, tem-se:

i. Fatores controláveis e não controláveis

As empresas e as pessoas não podem se desenvolver focando apenas as questões e fatores sobre os quais têm controle, pois estariam abordando apenas uma parte de suas realidades.

As situações boas e controláveis são chamadas de pontos fortes; e as situações boas e não controláveis são chamadas de oportunidades.

As situações ruins e controláveis são chamadas de pontos fracos; e as situações ruins e não controláveis são chamadas de ameaças.

twinsterphoto | iStockphoto

As conceituações desses termos são:

- **ponto forte** é a vantagem estrutural controlável pela empresa e que a favorece perante as oportunidades e ameaças do ambiente, onde estão os assuntos não controláveis pela referida empresa;
- **ponto fraco** é a desvantagem estrutural controlável pela empresa e que a desfavorece perante as oportunidades e ameaças do ambiente externo e, portanto, não é controlável pela referida empresa;
- **oportunidade** é a força ambiental ou externa, incontrolável pela empresa, que pode favorecer a sua ação estratégica, desde que reconhecida e aproveitada adequadamente enquanto perdura; e
- **ameaça** é a força ambiental ou externa, incontrolável pela empresa e que cria obstáculos à sua ação estratégica, mas que poderá ou não ser evitada, desde que reconhecida em tempo hábil.

Você percebe que em todo processo de desenvolvimento empresarial é fundamental se trabalhar com questões ou fatores que sejam controláveis – desde que se tenha competência para tal – de forma interligada e interativa com as questões ou fatores que não são controláveis, mas que se deve ter competência de identificar e usufruir de coisas boas, bem como evitar ou reduzir o efeito das coisas ruins.

Essa situação acontece tanto para as empresas, países, regiões, como para as pessoas, para os quais se deve estar atento e saber que isso tudo ocorre como um processo, ou seja, está no dia a dia das pessoas.

Nesse momento, é válido consolidar o conceito e a finalidade de outros dois importantes termos no processo de planejamento:

- **ambiente** é o conjunto de fatores externos ou não controláveis pela empresa ou pessoa, mas que qualquer alteração nessas pode mudar ou alterar os referidos fatores; e qualquer alteração nos fatores pode alterar a situação da empresa ou pessoa; e
- **sistema** é o conjunto de partes interativas e interdependentes que, conjuntamente, formam um todo unitário com determinado objetivo e efetuam determinada função.

Você pode considerar que o sistema é aquilo que você está verificando ou analisando, o qual pode ser uma empresa, uma cidade, um bairro, uma região, uma parte da empresa, ou você, ou a sua família, ou a sua faculdade de administração etc.

Em um exemplo hipotético para facilitar o entendimento dos termos *sistema* e *ambiente*, vamos considerar que estamos considerando a sua faculdade de administração.

Nesse caso, o sistema é a referida faculdade de administração, e como todo e qualquer sistema deve conter os seguintes elementos básicos:

- objetivo, que é a finalidade do sistema, e, no caso pode ser o desenvolvimento e a disseminação de conhecimentos teóricos e práticos dos assuntos inerentes à profissão do administrador;
- saídas, que correspondem aos resultados do processo de transformação e devem estar coerentes com o objetivo anteriormente estabelecido e, no caso, são os formandos que são colocados no mercado de trabalho com todos os conhecimentos básicos de administração;
- entradas, que correspondem a todas as forças e entidades que fornecem os conhecimentos, materiais, bibliografias, metodologias etc. para a consolidação do processo, representados pelos professores, funcionários, alunos;
- processamento, que transforma as entradas em saídas, representadas, no caso, pelas aulas, seminários, palestras, trabalhos individuais e em grupos, laboratórios, pesquisas etc.;
- controles e avaliações, para se verificar se as saídas estão coerentes com os objetivos estabelecidos, representados pelas avaliações diversas, provas, trabalhos, pesquisas, análises, TCC etc.; e
- retroalimentação ou *feedback* do sistema, que corresponde à ação-resposta que o mercado de trabalho evidencia à faculdade de administração a respeito da qualidade de suas saídas, ou seja, dos alunos, contribuindo, também, para o aprimoramento da grade curricular, entre outros assuntos.

A representação gráfica simplificada de um sistema inerente a uma faculdade de administração pode ser sinalizada na Figura 4.4:

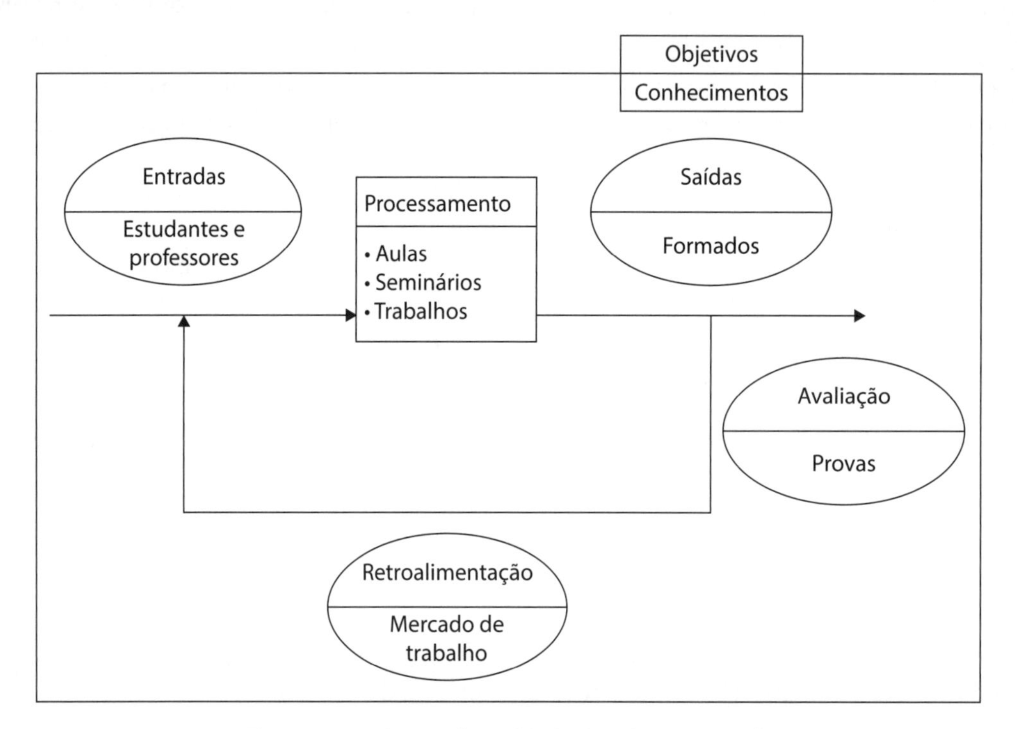

Figura 4.4 – Sistema "Faculdade de Administração".

ii. Abordagem da atuação estratégica

Com base em toda análise dos fatores controláveis e dos fatores não controláveis, é possível estabelecer a sua abordagem ideal de atuação estratégica.

Atuação estratégica é a escolha consciente de uma das alternativas possíveis, em determinado período de tempo, tendo em vista a interação estruturada entre os pontos fortes e fracos, bem como as oportunidades e ameaças identificadas pela empresa.

Nesse contexto, você pode considerar as quatro situações seguintes:

- Sobrevivência, se a empresa, ou você, tiver predominância de pontos fracos internos e de ameaças externas.
- Manutenção, se a empresa, ou você, tiver predominância de pontos fortes internos e de ameaças externas.
- Crescimento, se a empresa, ou você, tiver predominância de pontos fracos internos e de oportunidades externas, as quais "puxam" a empresa ou você, disponibilizando situações interessantes, mas pode ser que não sejam aproveitadas, por causa dos inúmeros pontos fracos internos.
- Desenvolvimento, se a empresa, ou você, tiver predominância de pontos fortes internos e de oportunidades externas, ou seja, é a chamada "festa da uva". Mas apesar disso, muitas empresas não usufruem essa situação porque não têm um plano estratégico bem estruturado e elaborado.

Outro aspecto é que você não deve simplesmente somar o número de pontos fortes, pontos fracos, oportunidades e ameaças identificados, pois o nível de impacto na empresa, ou em você, pode ser bem diferente para cada um dos itens identificados.

Nesse caso, você pode trabalhar, por exemplo, com escalas de importância em pontos abordando, pelo menos, três aspectos (Kepner e Tregoe, 1978, p. 20):

- o nível de gravidade ou de impacto que o fator analisado pode provocar na empresa ou na pessoa;
- o nível de urgência que se tem para resolver a situação; e
- a tendência da evolução da situação analisada, sem que se aloquem esforços e recursos extras.

A escala de pontos – pode ser de 1 a 5 – deve ser correlacionada a diferentes situações para análise; e os pontos obtidos nos três aspectos analisados devem ser multiplicados, com o resultado evidenciando o nível de importância do fator analisado quanto à gravidade, à urgência e à tendência.

Essa é uma interessante maneira de você estabelecer prioridades.

Desafio

Pesquise uma maneira de estabelecer prioridades quando você tem uma quantidade elevada de itens componentes do assunto em análise.

iii. Vantagem competitiva

Vantagem competitiva é a identificação dos produtos ou serviços, bem como os mercados para os quais a empresa está, realmente, capacitada para atuar de forma diferenciada em relação aos seus concorrentes.

Você deve concordar que todo e qualquer profissional deve ter uma vantagem competitiva, a qual facilita a decisão de uma empresa querer "comprar" os seus serviços em detrimento de seus concorrentes ao cargo ou função na referida empresa.

O problema é que muitas empresas não sabem qual é, efetivamente, a sua vantagem competitiva; e você alguma vez pensou em estabelecer, de maneira sustentada e verdadeira, qual é – ou vai ser – sua vantagem competitiva?

A eficiência, a eficácia e a efetividade da vantagem competitiva de uma empresa ou pessoa influenciam e dependem, e muito, da qualidade de suas estratégias, ou seja, o que vai ser feito para se alcançar os resultados esperados.

E nunca se esqueça de que cada empresa, normalmente, está em um contexto fortemente competitivo e atua em um setor ou indústria – conjunto de empresas do mesmo ramo e numa situação competitiva – de maneira efetiva; essa é uma das principais razões da necessidade das empresas estarem atentas aos fatores externos ou do ambiente empresarial, envolvendo várias partes como: econômica, legal, cultural, política, demográfica, social, ecológica e tecnológica.

A vantagem competitiva de uma empresa pode ser o resultado do ambiente onde ela atua, da situação geral da empresa, bem como da postura de atuação da sua alta administração.

O processo de determinação da vantagem competitiva pode ser feito:

- de dentro para fora: quais as vantagens que a empresa apresenta para operar numa relação produtos *versus* mercados; e
- de fora para dentro: quais são os produtos e os mercados para os quais a empresa tem condições únicas – ou no mínimo interessantes – de competição.

Desafio

Troque, nas duas situações anteriores, o contexto de uma empresa por uma situação em que o foco é você.

Em seguida, debata esse assunto com alguns colegas.

A vantagem competitiva de uma empresa, ou de você, pode ser:

- externa, se estiver baseada em qualidades diferenciadas do produto ou serviço oferecido ao mercado, sendo que representam valor para os clientes pela diminuição de seus custos ou melhoria no desempenho operacional ou comercial; e
- interna, se estiver baseada em custos baixos, elevada produtividade e qualidade do produto ou serviço oferecido pela empresa ou por você.

O ideal é que a vantagem seja externa e interna, bem como real, sustentada e perene.

Lembre-se de que, para alguns assuntos, este autor decidiu pela apresentação em determinados momentos deste livro, facilitando o seu pleno entendimento perante diferentes contextos da administração. Esse é o caso do assunto *vantagem competitiva*, que é evidenciado em outras partes do livro e, principalmente, na seção 5.4.1, com referência ao estabelecimento e consolidação da sua vantagem competitiva como profissional da administração.

Uma dica importante

Como a determinação da vantagem competitiva é uma análise relativa, ou seja, a sua empresa ou você em relação aos principais concorrentes, é muito importante que você se coloque, por empatia, no lugar do outro e faça uma parte do plano estratégico desses concorrentes.

Você passará a conhecer muito melhor a atuação desses concorrentes; e esse é um processo que você deve estar sempre atualizando.

O tempo despendido nesse trabalho representa um investimento muito importante para você e sua empresa.

Experimente! Vale a pena.

c) Resultados que se pretende alcançar

Esse é um assunto que as empresas e as pessoas normalmente estabelecem, mas a questão é: será que esses resultados esperados foram estabelecidos com sustentação, bem como representam desafios? E eles são acompanhados e adequadamente avaliados? E qual o nível de motivação e comprometimento que eles geram e que necessitam para esses resultados serem alcançados?

Você já deve ter ouvido a frase: "Eu sou comprometido com os resultados". Mas o que significa estar comprometido com algo?

Comprometimento é o processo interativo em que se consolida a responsabilidade isolada ou solidária pelos resultados esperados pela empresa e seus proprietários e funcionários.

O termo *comprometimento* tem sido utilizado, em muitas vezes, de forma leviana; e você já deve ter observado pessoas que ficam falando em comprometimento, mas, na realidade, não conseguem nem ser comprometidas com as suas próprias expectativas.

Essa situação foi colocada porque, em administração, muitos dos termos são utilizados de forma inconsequente e geram "conversa fiada", bem como níveis erráticos de produtividade e de qualidade.

Essa é uma observação para o qual você deve estar atento quanto à maior parte dos assuntos abordados neste livro.

Por isso este autor procura, na maior parte das vezes, apresentar o conceito e a finalidade de cada termo administrativo e também, em alguns casos, como ele deve ser desenvolvido e aplicado por você na empresa ou em sua vida pessoal e profissional.

A seguir, são apresentados comentários inerentes aos principais resultados que as empresas e você devem alcançar sempre com qualidade; lembrando que a Escola Contingencial, pelas suas duas teorias, proporcionou várias contribuições a esses estudos (ver seção 3.1.6).

i. Objetivo

Objetivo é o alvo ou situação que a empresa pretende alcançar.

Os objetivos devem estar na realidade do dia a dia das pessoas, pois devem existir resultados – os mais diversos – a serem alcançados e, em alguns casos, até suplantados.

Para refletir

Imagine uma empresa, um país, uma cidade, uma pessoa sem objetivos. Comente a respeito.

Você deve tomar cuidado com o processo de estabelecimento de objetivos para que esses não fiquem como "frases soltas" e sem utilidade.

Todo e qualquer objetivo deve ser quantificado quanto aos resultados esperados, bem como ao tempo de realização e ao seu responsável.

Pode existir uma dificuldade momentânea de se quantificar os resultados esperados e, nesse caso, você deve fazer todas as análises necessárias para que essa quantificação ocorra o mais breve possível, e sempre representando algo desafiador, mas não impossível para as pessoas envolvidas na sua realização.

Não existe um número ideal de objetivos para uma empresa ou para uma pessoa, mas, preferencialmente, eles devem ser em número bem reduzido e com alguma interação entre eles, para que não ocorra dispersão de esforços.

Desafio

Estabeleça, com justificativas, alguns objetivos para a instituição onde você trabalha e explique o processo de estabelecimento desses objetivos.

Como exemplos gerais, alguns objetivos para empresas são:

- Aumentar a participação de mercado em x% até o final do ano, mantendo o nível de rentabilidade dos produtos e sob a responsabilidade de Fulano de Tal.
- Conquistar "y" novos clientes, com o mesmo perfil dos atuais, até o final do ano, sob a responsabilidade de Sicrano.

E alguns exemplos de objetivos para pessoas são:

- Aumentar o valor da carteira de investimentos em x% até o final do ano, mantendo o mesmo perfil de aplicação.
- Conquistar "y" novos clientes de seguro, com o mesmo perfil dos atuais, até o final do ano.
- Concluir o curso de administração no tempo ideal, como um dos cinco melhores alunos e com a vantagem competitiva e o plano de carreira estabelecidos.

Você percebe que a essência dos objetivos empresariais e dos objetivos pessoais é a mesma.

Os objetivos podem ser estabelecidos de algumas maneiras como:

- cruzamentos de fatores externos e não controláveis e fatores internos ou controláveis, o que pode ser considerada a forma ideal, pois essa é a abordagem estratégica dos objetivos, lembrando que, nesse caso, o diagnóstico estratégico da empresa deve ser muito bem realizado, o que representa uma vantagem para a empresa;
- interação com os cenários – ver item "a", *iv* nesta seção – sendo, nesse caso, mais um fator para ajuste para cima ou para baixo, do período de tempo e da quantificação do objetivo; e
- intuição, que é a forma – infelizmente – mais aplicada pelas empresas e pelas pessoas em suas projeções da vida profissional. Não se está afirmando que o uso da intuição seja um problema para as empresas e para as pessoas, mas que o seu uso intenso e indiscriminado – inclusive pelo famigerado "achismo" – tem provocado o caos estratégico para quem a usa.

Comece agora

Comece a estabelecer alguns - não muitos - objetivos que você pretende alcançar na vida profissional.

Você perceberá que as metas, apresentadas no item a seguir, auxiliam, em muito, administrar a realização dos objetivos estabelecidos.

ii. Meta

Meta é a etapa intermediária que é realizada para o alcance do objetivo.

Assim como os objetivos, as metas devem ser quantificadas quanto ao resultado final e ao prazo de sua realização, bem como a indicação de seu responsável.

Na prática, o responsável da meta ou do objetivo deve ser uma pessoa, evitando-se indicar uma área da empresa, pois, nesse caso, a responsabilidade final pode ficar um pouco dispersa.

Considerando-se o exemplo de um objetivo e sua decomposição em metas, pode-se ter:

- Objetivo: aumentar a participação de mercado da empresa em 4% mantendo o atual nível de lucratividade dos produtos no período de 12 meses, sob a responsabilidade de Fulano de Tal.

Com base nesse objetivo as metas podem ser apresentadas para o final de cada um dos 12 meses, considerando a evolução do percentual mensal de participação de mercado até chegar a 4% no final do período.

Você percebe que o responsável por esse processo evolutivo está identificado e ele deve analisar, mês a mês, o aumento do nível de participação de mercado, verificando gradativamente o que está acontecendo e quais os resultados apresentados, para não "levar um susto" se a empresa, ao final de 12 meses, não alcançar o resultado almejado de ter 4% de participação de mercado.

E mais: todo esse processo evolutivo deve manter o atual nível de lucratividade dos produtos considerados. Portanto, é uma análise interativa e global!

d) O que vai fazer, e respeitar, para alcançar os resultados anteriormente estabelecidos

Nesse momento, o fundamental é a existência do conhecimento básico do assunto em análise e o exercício otimizado do nível de criatividade quanto ao que vai fazer para que os resultados – objetivos e metas – sejam alcançados, bem como uma adequada disciplina de atuação para não tomar decisões erráticas e sem sustentação.

Para refletir

Pense em sua vida e nos momentos em que você teve que tomar importantes decisões.

Quais foram os resultados?

Para você analisar esses aspectos deve entender o significado e a aplicação de dois termos administrativos: *estratégia* e *política*.

i. Estratégia

Estratégia é o caminho, maneira ou ação formulada e adequada para alcançar, preferencialmente de maneira diferenciada, os objetivos e metas estabelecidos, no melhor posicionamento da empresa perante o seu ambiente, que é externo e não controlável pela mesma.

Radachynskyi | iStockphoto

Seguramente, você estabelece várias estratégias de maneira intuitiva, como o melhor caminho para chegar a um encontro, ou como você vai estudar para uma prova na faculdade, mas você vai enfrentar situações profissionais e pessoais em que o processo de estabelecimento de estratégias terá que ser mais estruturado, analisado e pensado, pois as consequências poderão ser mais fortes.

Nesses casos, você deve considerar todas as análises e decisões consolidadas nos três itens anteriores da função *planejamento* e, em alguns casos até utilizar algumas técnicas estratégicas que você deverá estudar em disciplina específica ou pode analisar no Capítulo 4 do livro *Estratégia empresarial e vantagem competitiva*, dos mesmos autor e editora.

Outra questão interessante é você estabelecer algumas estratégias que poderão consolidar o processo básico para que você alcance o seu objetivo principal, anteriormente estabelecido no item "c", *i*, que é:

- Concluir o curso de administração no tempo ideal, como um dos cinco melhores alunos e com a vantagem competitiva e o plano de carreira estabelecidos.

Para alcançar esse objetivo de maneira otimizada você pode estabelecer e operacionalizar algumas estratégias, como:

- Elaborar um plano de estudo completo envolvendo vários momentos: o curso todo, cada ano, cada semestre etc.
- Estabelecer a sua atuação em sala de aula para otimizar o aprendizado naqueles momentos.
- Estabelecer a sua atuação na elaboração dos trabalhos em grupos, inclusive nas apresentações e debates na sala de aula.
- Estabelecer uma postura de atuação em sala de aula para ser considerado um "aluno diferenciado", facilitando a consolidação de sua "marca registrada". Acredite: o seu *marketing* pessoal e profissional começa em sala de aula.
- Estabelecer o seu plano de elaboração do TCC – Trabalho de Conclusão de Curso de forma interativa com algumas disciplinas do curso de administração e com seu plano de carreira.

Desafio

Estabeleça outras estratégias, em sua realidade de vida, para você alcançar o seu objetivo básico como estudante de administração e se esforce ao máximo para consolidar, com qualidade, essas estratégias.

Você deve considerar que existem algumas restrições que limitam a escolha das estratégias, como:

- os recursos existentes, pois ninguém vai alocá-los indiscriminadamente;
- a homogeneidade do produto ou do serviço, pois é a heterogeneidade de uso e aplicação deles que permite maior flexibilidade no delineamento das estratégias;
- a posição no ciclo de vida do produto ou serviço, pois se tiver na posição inicial ou embrionária, a empresa pode preferir desenvolver o mercado em detrimento do produto ou serviço;
- a homogeneidade de mercado, pois se houver um único segmento de mercado as estratégias serão limitadas; e
- as estratégias da concorrência, pois essas podem influenciar a nossa realidade.

ii. Política

Política é o parâmetro ou orientação para a tomada de decisão.

Na prática empresarial, corresponde à definição dos níveis de delegação, das faixas das quantias e/ou quantidades limites de compras e utilização e de abrangência das estratégias e ações para a consolidação das metas e objetivos, com respeito às questões éticas e morais.

Mesmo que não saiba, seguramente há uma série de políticas que você considera e respeita em seu processo decisório e de atuação, delineando o seu "jeito de ser" ou a sua personalidade.

As políticas correspondem à parte operacional dos valores estabelecidos (ver item "a"). No sentido figurativo, cada valor estabelecido corresponde ao "guarda-chuva" de um conjunto de políticas.

As empresas também apresentam a sua *personalidade* como decorrência de seus valores e suas políticas praticadas, quanto às questões comerciais, de qualidade, de gestão de pessoas, de assistência pós-vendas etc.

Alguns exemplos genéricos de políticas de empresas são:

- a pesquisa e o desenvolvimento de produtos representam o fator básico para a alocação de nossos recursos;
- a prioridade é a manutenção de altos valores éticos nas nossas relações com o mercado;
- o critério básico para qualquer decisão é a relação dos custos com a rentabilidade;
- a avaliação das pessoas é sobre os resultados apresentados e não por suas características pessoais;
- é prioritária a busca de concordância na tomada de decisões;
- os títulos não pagos até o 15º dia corrido do vencimento serão enviados ao cartório de protesto; e
- exigência mínima do nível universitário para os cargos de chefia.

Outra questão interessante é que você pode estabelecer políticas que proporcionem sustentação às suas estratégias – ver item "i" – e ao seu plano de carreira (ver seções 1.7, 2.7, 3.6.1, 4.4 e 5.4).

Alguns exemplos dessas possíveis políticas que poderão influenciar sua vida, tanto pessoal como profissional são:

- ter a disciplina de analisar antecipadamente os assuntos de cada aula (para otimizar o processo de aprendizado);
- sempre utilizar o momento da aula para tirar todas as possíveis dúvidas a respeito do assunto administrativo em análise;
- ter colegas de trabalho em grupo com efetivo interesse em aprender (lembre-se do lema: "mostre-me com quem anda, que te mostrarei quem você é");
- procurar aplicar os conceitos teóricos em situações práticas (ainda que essas possam ser fictícias); e
- ter disciplina, satisfação e motivação para o estudo e o aprendizado.

Desafio

Essas foram cinco frases genéricas - mas importantes! - de políticas que você deve entender e respeitar em sua vida pessoal.

Você deve ir complementando a sua lista ideal - e real! - e fazendo a interligação com os seus valores estabelecidos no item "a", *ii*.

Você vai verificar a elevada importância disso em sua vida profissional, desde que essas políticas estabelecidas sejam respeitadas!

Na realidade, existe uma perfeita interação entre os objetivos, as estratégias e as políticas, sendo que esse trio é normalmente chamado de "centro nervoso" do processo de planejamento, pois é ali que as "grandes coisas" acontecem. Na realidade, esse trio deve ser denominado diretrizes.

Em um exemplo dessa interação pode-se ter:

- Objetivo: aumentar a participação de mercado da empresa em x% até o final do ano, mantendo o nível de rentabilidade dos produtos, sob a responsabilidade de Fulano de Tal.
- Estratégias para alcançar o referido objetivo:
  - lançar dois novos produtos;
  - incrementar as vendas nos clientes atuais;
  - conquistar "y" novos clientes; e
  - fazer campanha promocional.
- Políticas que sustentam as referidas estratégias:
  - manter o nível de rentabilidade dos produtos;
  - ter qualidade total em todos os produtos, serviços e atos da empresa; e
  - remunerar os profissionais da empresa pelos resultados apresentados.

e) Interligações diversas

É importante você entender que, em administração, todas as áreas, atividades, conhecimentos e procedimentos devem estar adequadamente interligados, formando um sistema único e perfeitamente administrado.

Na seção 4.3 e em outras partes do livro, são evidenciadas situações inerentes à administração integrada e sua importância, lembrando que, em administração, já se falou que quando não se consegue interligar, de forma direta ou indireta, dois assuntos da administração é porque não se conhece os referidos assuntos. Sem comentários!

São inúmeras as interligações entre os assuntos administrativos que você pode fazer com base na função *planejamento*. Entretanto vamos nos concentrar em alguns mais importantes – e usuais – tais como os projetos e os planos de ação.

i. Projeto

Projeto é o trabalho a ser executado com responsabilidade de execução, resultado esperado com quantificação de benefícios e prazo de execução preestabelecidos, considerando os recursos humanos, financeiros, tecnológicos, materiais e de equipamentos, bem como as áreas envolvidas e necessárias ao seu desenvolvimento.

Portanto, um projeto serve, no mínimo, para "colocar em ordem" uma série de assuntos administrativos que serão utilizados para realizar, com qualidade, um determinado trabalho, tais como:

- quem é o responsável pelo trabalho e os integrantes de sua equipe, com suas responsabilidades específicas;
- qual o resultado que esse trabalho vai proporcionar e como fazer a sua avaliação;
- quais os recursos que serão utilizados, com suas quantidades e momentos; e
- quais as áreas – controláveis ou não – que proporcionarão maior sustentação ao trabalho a ser desenvolvido.

Na prática, pode-se considerar que o projeto "dá vida" a uma estratégia, pois esta última pode ser considerada uma "simples frase", embora de elevadíssima importância – enquanto o projeto fornece, de forma estruturada, todas as informações básicas para que a referida estratégia seja desenvolvida, operacionalizada, avaliada e aprimorada.

Por exemplo, se você considerar uma das estratégias citadas anteriormente, a saber:

- lançar dois novos produtos (para consolidar o objetivo de aumentar a participação de mercado em % até o final ano, mantendo o nível de rentabilidade dos produtos, sob a responsabilidade de Fulano de Tal).

Você tem de estabelecer todos os detalhes para a sua operacionalização, tais como: o período de tempo para a sua realização, as suas partes ou atividades específicas, os recursos necessários etc. Portanto o detalhamento de um projeto torna a estratégia operacionalizável.

Na prática, você pode considerar que uma estratégia deve gerar, no mínimo, um projeto. Entretanto, algumas estratégias podem gerar mais de um projeto, sendo que esse conjunto pode ser denominado de programa.

Programa é o conjunto de projetos homogêneos quanto ao seu objetivo maior.

É bem possível que você estabeleça alguns programas inerentes aos seus projetos de estudos da administração, consolidando uma situação de interessante sinergia.

Sinergia é a ação coordenada entre vários elementos – ou partes – que compõem um sistema – ou processo ou instrumento administrativo – de tal modo que a soma das partes é maior do que o efeito obtido isoladamente por meio de cada elemento.

Inteligente é o aluno que consegue consolidar um processo sinérgico entre diferentes disciplinas do curso de administração, como, por exemplo, planejamento estratégico com planejamento de marketing, planejamento financeiro, planejamento de produção, planejamento e gestão de pessoas etc., sendo que você pode analisar algumas situações de sinergia administrativa na seção 4.3.

ii. Plano de ação

Plano de ação é o conjunto de partes comuns dos diversos projetos quanto ao assunto que está sendo tratado (recursos humanos, tecnologia, marketing, finanças etc.).

Um plano de ação tem uma interessante finalidade: a de identificar a contribuição de cada área da empresa para a realização de um trabalho específico, que é administrado por uma determinada área; ou seja, possibilita que todas as áreas da empresa contribuam, com suas especialidades e conhecimentos, para um trabalho específico em uma área.

Portanto, os planos de ação, na conceituação apresentada, representam a abordagem micro e operacional de algo bastante amplo, que é o processo de planejamento, principalmente quando se parte do mais macro deles, que é o planejamento estratégico.

Essa situação, de forma genérica, pode ser visualizada na Figura 4.5:

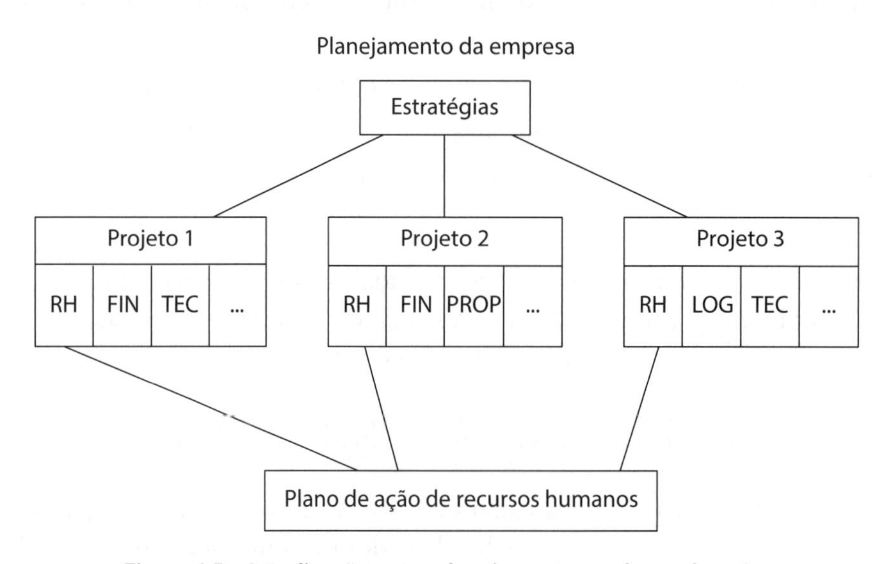

Figura 4.5 - Interligação entre planejamentos e planos de ação.

iii. Outras interligações

Na seção 4.3.2, são apresentados alguns comentários a respeito de interligações diversas que as empresas devem consolidar tendo em vista o modelo da moderna administração integrada.

Neste momento, são apresentados comentários gerais a respeito de duas interligações:

- com o sistema orçamentário; e
- com o sistema de avaliação, tanto da empresa como dos profissionais que trabalham nela.

Essas apresentações preliminares evidenciam para você que:

- quando analisar qualquer instrumento administrativo você deve estruturar, ainda que resumidamente, as possíveis interligações com outros instrumentos administrativos "para cima, para baixo e para os lados"; e
- a estruturação entre os instrumentos administrativos de uma empresa é algo lógico e, normalmente, simples, fácil e rápido.

Com referência à interligação do processo de planejamento estratégico com o sistema orçamentário da empresa, você pode considerar o apresentado na Figura 4.6.

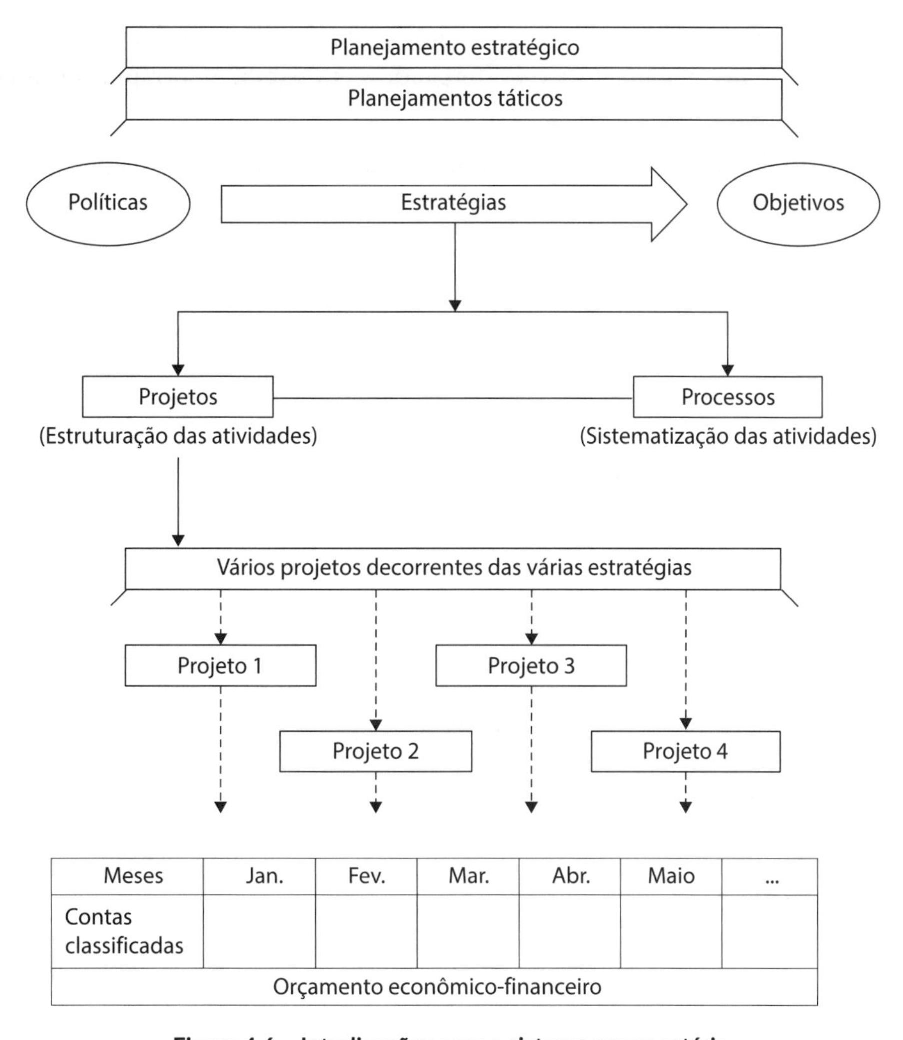

Meses	Jan.	Fev.	Mar.	Abr.	Maio	...
Contas classificadas						
Orçamento econômico-financeiro						

Figura 4.6 – Interligações com o sistema orçamentário.

Pela Figura 4.6 você deve observar que o "meio do campo" da interligação entre os planejamentos estratégico e tático com o orçamento econômico-financeiro – que é um planejamento operacional – é realizado pelos projetos, os quais são decorrentes diretos das estratégias, para que essas possam ser administradas lembrando que, normalmente, uma estratégia é representada por uma simples frase, ainda que de elevada importância para a empresa, sendo que projetos explicitam todas as informações necessárias: recursos essenciais, tempos de execução, responsáveis, resultado final dos trabalhos, atividades intermediárias, indicadores de avaliação.

Uma questão interessante é que todo projeto, uma vez implementado, normalmente tem que formar um processo, sistematizando as atividades que foram anteriormente estruturadas pelo projeto.

A interligação entre os projetos e o orçamento econômico-financeiro tem uma lógica muito simples, pois ambos os instrumentos administrativos trabalham, de forma isolada e/ou interativa, com:

- indicações de previsão de receitas, despesas e investimentos inerentes aos assuntos administrativos considerados;
- alocações desses assuntos administrativos em contas contábeis, embora esta última questão não seja tão comum como a primeira; e
- indicações das variáveis orçamentárias em cada projeto, ou seja, cada projeto é um "miniorçamento".

Como consequência, existe uma vantagem extra correspondente às possíveis realocações dos projetos ao longo do tempo – com antecipações e postergações – possibilitando rápidos e adequados ajustes orçamentários.

Quanto à interligação do processo de planejamento estratégico com o sistema de avaliação da empresa e dos profissionais que trabalham nela pode-se considerar o apresentado resumidamente na Figura 4.7:

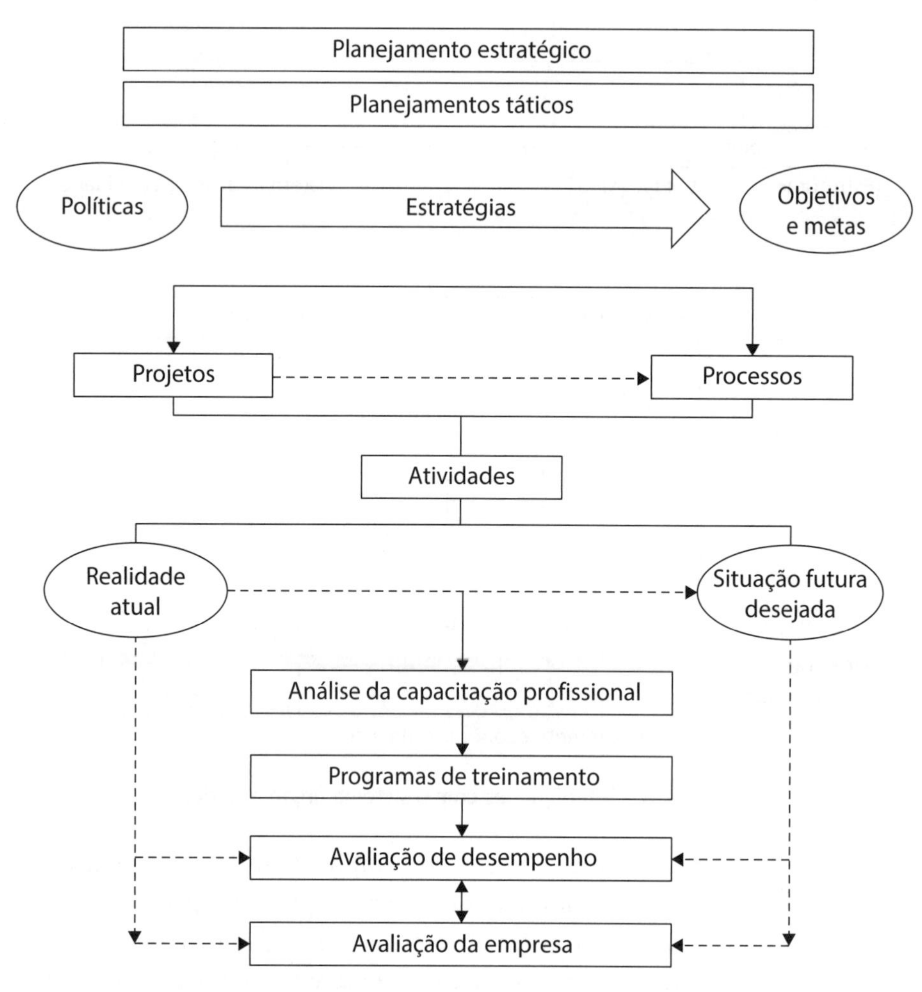

Figura 4.7 - Interligações com os sistemas de avaliação.

Pela Figura 4.7 você observa que o início do sistema de análise é idêntico ao da Figura 4.8 e que, a partir da consolidação de qual é a situação futura desejada pela empresa, deve-se estabelecer a situação futura desejada para os profissionais da empresa, com base na operacionalização das atividades decorrentes dos projetos e processos estabelecidos.

Com base na análise da capacitação profissional dos envolvidos nas diversas atividades, deve-se estabelecer e operacionalizar os programas de treinamento necessários, o que dará a sustentação para um otimizado e justo processo de avaliação de desempenho dos profissionais de forma interativa com a avaliação dos resultados da empresa.

Naturalmente, você pode fazer a avaliação de desempenho dos profissionais e a avaliação da empresa pelos diversos indicadores estabelecidos de forma simultânea, sendo essa uma sugestão deste autor, pois uma avaliação depende da outra e o programa de aprimoramento deve ser único.

Fique atento

Pelo que foi apresentado anteriormente, principalmente nas Figuras 4.5 e 4.6, fica evidente que você deve interligar, na plenitude, o conteúdo das disciplinas do curso de administração, caso contrário, o seu raciocínio administrativo "não vai fechar".

Acredite: uma das piores coisas é ficar estudando o conteúdo das diversas disciplinas do curso sem efetivar, no seu raciocínio, as diversas interligações dos assuntos administrativos.

E mais: se você não respeitar essa premissa terá fortes dificuldades de se consolidar como um administrador de sucesso e de valor para as empresas.

Nesse momento, é válido você relembrar quais escolas e teorias da administração – apresentadas na seção 3.1 – que proporcionaram contribuições diretas e efetivas, para a função da administração *planejamento* e que você tem a oportunidade de estudar, de maneira específica ou genérica, em alguma disciplina de seu curso de administração, sendo que, neste último caso, pode ocorrer a utilização de outro nome que identifique essa disciplina.

Em ocorrendo essa situação, você não deve perder a oportunidade de já aprender, da melhor maneira possível, os referidos assuntos e instrumentos administrativos.

A partir desse momento, considerando o que você aprendeu pelo conteúdo deste livro e pelas suas aulas no curso de administração, é possível fazer uma interligação estruturada entre o conteúdo da grade curricular oferecida pela sua instituição de ensino e o que você pretende consolidar em seu plano de carreira como administrador.

O apresentado nas Tabelas 4.3, 4.4, 4.5, 4.6, 4.7, 4.8, 4.9 e 4.10 é apenas orientativo para você elaborar o seu plano de aprendizado dos diversos assuntos administrativos; e, portanto, você deve detalhar as duas realidades: a do conteúdo das disciplinas de seu curso de administração e a essência de seu plano de carreira, ou seja, o que é que você vai fazer com os seus aprendizados no curso de administração.

Começando pela função da administração *planejamento*, tem-se a Tabela 4.3, apresentada a seguir:

Tabela 4.3 - Teorias e suas contribuições para disciplinas de planejamento

ESCOLA	TEORIA	ASSUNTO OU INSTRUMENTO ADMINISTRATIVO	NOME DA DISCIPLINA
Clássica	Processo administrativo	• Funções da administração • Funções das empresas • Papel e atuação dos executivos	• Planejamento empresarial
Contingencial	Administração por objetivos	• Estabelecimento de objetivos	• Planejamento empresarial
	Contingência	• Análise externa • Planejamento estratégico • Estratégias e técnicas estratégicas • Cenários estratégicos	• Planejamento estratégico • Técnicas estratégicas • Cenários • Administração estratégica
Moderna	Excelência das empresas	• Administração estratégica	• Planejamento estratégico • Administração estratégica • Plano de negócios

Pela Tabela 4.3 você percebe que a evolução do pensamento administrativo, por meio dos estudos realizados pelas escolas e teorias de administração, contribui, direta ou indiretamente, com maior ou menor intensidade, para a consolidação de alguns instrumentos administrativos de elevada importância para as questões empresariais e, também, para a administração de questões pessoais.

Evidencia-se que:

- os nomes das disciplinas são genéricos e apenas orientativos, sendo que a sua instituição de ensino pode estar utilizando outro nome; e
- alguns assuntos ou instrumentos administrativos podem não ter gerado disciplinas específicas em seu curso de administração, mas serem apenas parte do conteúdo de uma disciplina.

Esta última questão é normal de ocorrer, bem como alguns assuntos podem ser considerados de interesse mais específico para um programa de educação continuada (ver seção 5.3).

Fique atento

Analise com detalhes a grade curricular do seu curso de administração e identifique os instrumentos administrativos decorrentes da função *planejamento*.

Em seguida, aloque o resultado em seu plano de carreira.

Salienta-se que alguns assuntos identificados em sua grade curricular poderão ser decomposições e detalhes dos instrumentos administrativos e, nesse caso, você deve fazer a alocação de acordo com um critério estabelecido por você, pois o mais importante é você conseguir identificar e entender a efetiva contribuição do processo evolutivo do pensamento administrativo e, portanto, você entenderá que a administração é um conhecimento que está em constante evolução, sempre de maneira sustentada, lógica e simples.

Naturalmente, você deve fazer essa análise para as outras três funções da administração e as quatro funções das empresas apresentadas a seguir.

Ao final desse interessante e importante trabalho, você terá delineado todo o alicerce de conhecimentos fornecidos pelo seu curso de administração para se consolidar como um administrador de sucesso e que proporciona valor para as empresas.

E nunca se esqueça da interação entre assuntos de uma disciplina de acordo com o princípio da administração integrada (ver seção 4.3), o que provoca uma elevada interligação de conhecimentos entre as diversas disciplinas de seu curso de administração; e você deve aproveitar essa oportunidade no seu processo de aprendizado.

4.1.2 Organização

Organização é a função da administração que orienta a capacidade de ordenação, estruturação e apresentação de um sistema, de um projeto, de um trabalho e dos recursos alocados visando alcançar os resultados estabelecidos nos planejamentos anteriormente elaborados.

Portanto, a função *organização* serve para "dar uma ordem" em todas as atividades a serem realizadas e recursos a serem utilizados pela empresa, ou país, ou região, ou cidade, ou bairro, ou pessoa, para que os resultados anteriormente planejados sejam alcançados ou, no mínimo, se aproximem de tal situação, mas lembrando que, em alguns casos, esses resultados esperados são até suplantados.

Independentemente da ordem das disciplinas do seu curso de administração – pois essa depende da abordagem didática da instituição – você deve evitar trabalhar o assunto *organização* na sua empresa sem ter elaborado e consolidado, anteriormente, o processo de planejamento estratégico, estabelecendo para

phototechno | iStockphoto

onde a empresa quer ir, ou seja, a organização tem a principal finalidade de proporcionar maior sustentação operacional, pelos vários recursos da empresa, para que essa alcance os seus objetivos estabelecidos nos processos de planejamento.

Guarde este lema: "Evite organizar a empresa pela simples organização; esse processo deve ser realizado para facilitar o alcance dos resultados esperados."

Embora essa possa ser considerada uma afirmação evidente, muitas empresas gastam enormes recursos em organização sem ter estabelecido, anteriormente, aonde quer chegar e quais as atividades organizacionais devem ser realizadas para alcançar tal fim.

Infelizmente, essa é uma realidade em várias atividades administrativas: gastar dinheiro sem finalidade!

A melhor maneira de você visualizar e entender a ordem ideal de desenvolvimento das atividades administrativas é pelo modelo da administração integrada que é apresentada na seção 4.3 e em outras partes deste livro.

Uma dica importante

Você está percebendo que é muito importante conhecer as várias partes da administração e como elas se interligam.

Você vai poupar muito tempo de estudo e de trabalho, e otimizar o seu aprendizado e sua produtividade.

Nunca se esqueça disso!

a) Modelos organizacionais

Modelo organizacional é o processo estruturado, interativo e consolidado de identificar, desenvolver, operacionalizar e avaliar as diversas atividades realizadas pela empresa, considerando as suas partes integrantes e os fatores de influência.

Na prática, pode-se considerar que o modelo organizacional é, de forma geral, a explicação do funcionamento das várias áreas e atividades da empresa.

Você vai encontrar modelos organizacionais estruturados de maneira plena e ampla, e outros de forma extremamente simples. A sugestão deste autor é que vale a pena investir tempo na análise, debate e explicitação de um modelo organizacional, somente tomando cuidado de não burocratizá-lo, no sentido de torná-lo prejudicial à velocidade e até à qualidade do processo decisório.

Em todo e qualquer modelo organizacional você deve considerar as suas principais partes integrantes, bem como os fatores de influência na qualidade de seu funcionamento.

Com referência às principais partes integrantes de todo e qualquer modelo organizacional, você pode considerar:

- estabelecimento da melhor forma de estruturar ou departamentalizar a empresa, sendo que aspectos gerais são apresentados nesta seção;
- estabelecimento das interações entre as atividades-fim e as atividades-meio ou de apoio da empresa, inclusive em seu contexto de terceirização de atividades;
- estabelecimento do equilíbrio otimizado dos níveis de descentralização e de centralização das atividades no contexto mais amplo do processo decisório, e o processo de delegação de autoridade, sem a transferência da autoridade no processo decisório;
- estabelecimento da situação ideal dos níveis hierárquicos ou de decisão e a amplitude de controle, que estabelece o número ideal que alguém pode coordenar de maneira otimizada;
- estabelecimento das fichas de funções com as responsabilidades, autoridades, processos de comunicação e de decisão de cada uma das unidades organizacionais ou áreas da empresa;
- estabelecimento dos níveis de autoridade, ou seja, o direito estabelecido de designar o que – e, se necessário, como, por quem, quando e por quanto – deve ser realizado em sua área de responsabilidade na empresa;
- estruturação do processo ideal de comunicação entre as unidades organizacionais, bem como junto aos agentes externos à empresa;
- estruturação do processo decisório ideal, que seja sustentado, rápido, lógico, incorporado e avaliado; e
- estruturação dos relatórios gerenciais que são os documentos que consolidam, de forma estruturada, as informações para a tomada de decisões.

Desafio

Analise as nove partes integrantes do modelo organizacional para a situação atual de sua instituição de ensino.

Então, debata as suas considerações com os professores responsáveis pela disciplina *estrutura organizacional* (ou outro nome estabelecido).

Quanto aos fatores de influência na qualidade do funcionamento do modelo organizacional você pode considerar:

- estabelecimento da visão, da missão e dos valores da empresa, de acordo com seu planejamento estratégico anteriormente delineado (ver item "a", *i*, *ii* e *iii*, da seção 4.1.1);
- estruturação da interação da empresa – pelos seus produtos e serviços oferecidos – com cada um dos segmentos de mercado;

- análise da evolução tecnológica e da tecnologia aplicada inerentes aos seus produtos e serviços atuais e potenciais, bem como aos processos de realização dos trabalhos na empresa;
- análise dos concorrentes atuais – e identificação dos potenciais – e das vantagens competitivas (ver seções 4.1.1 e 5.4.1);
- decomposição dos diversos planejamentos que sejam estratégicos, táticos e operacionais, fechando o plano de realizações futuras da empresa; e
- estabelecimento dos objetivos, estratégias e políticas, ou seja, dos resultados esperados, das ações a serem operacionalizadas e das leis a serem respeitadas.

Desafio

Analise os seis fatores de influência do modelo organizacional para a situação atual de sua instituição de ensino.

Em seguida, debata as suas considerações com os professores responsáveis pela disciplina *estrutura organizacional* (ou outro nome estabelecido).

Você pode concluir esse trabalho inerente às partes integrantes e aos fatores de influência do modelo organizacional de uma empresa desenvolvendo as seguintes etapas de trabalho:

- fazer a análise da capacitação profissional dos envolvidos, direta ou indiretamente, com os trabalhos (ver seções 5.1 e 5.2);
- elaborar o manual de organização ou do modelo organizacional com as fichas de funções inerentes às responsabilidades e aos níveis de autoridade quanto às funções administrativas de planejamento, organização, gestão e desenvolvimento de pessoas, bem como avaliação de resultados, mas também particularizando quanto à especialização em uma das funções das empresas: marketing, produção, finanças, bem como processos e tecnologia (ver seções 4.1 e 4.2);
- elaborar o plano de implementação do modelo organizacional considerando a atuação dos agentes de mudanças e procurando a otimização do processo de mudança organizacional;
- interligar o estudo do modelo organizacional ideal com os outros instrumentos administrativos da empresa, dentro do contexto da administração integrada (ver seção 4.3); e
- efetivar o processo de avaliação e de aprimoramento sistemático e periódico do modelo organizacional.

Você pode considerar que uma metodologia ideal de análise, desenvolvimento e implementação de um modelo organizacional nas empresas deve considerar, com detalhes e de maneira integrada, os aspectos anteriormente apresentados, a saber:

- as nove partes integrantes do modelo organizacional;
- os seis fatores de influência do modelo organizacional; e
- os cinco trabalhos complementares envolvendo capacitação profissional, fichas de funções, agentes de mudanças, interligações diversas com outros instrumentos administrativos, bem como avaliações e aprimoramentos dos trabalhos.

Na prática, você pode focar os vinte assuntos acima citados de maneira conjunta e ir desenvolvendo e interligando os trabalhos, bem como fazendo os possíveis ajustes para consolidar um modelo organizacional otimizado.

Lembre-se de que todos esses vinte assuntos – e outros que aparecerem – são de elevada importância e que o estudo e a aplicação da administração é de elevada amplitude.

Em termos de seu plano de carreira você deve considerar que a função *organização* é extremamente importante, pois:

- todo e qualquer profissional de empresa tem que saber cuidar das questões inerentes à **estrutura organizacional**, que é o instrumento administrativo resultante da identificação, análise, ordenação e agrupamento das atividades e dos recursos das empresas, incluindo o estabelecimento dos níveis de alçada e dos processos decisórios, visando ao alcance dos objetivos estabelecidos pelos planejamentos da empresa;
- você pode trabalhar como consultor empresarial especializado nos diversos tipos de estrutura organizacional (ver itens *i*, *ii* e *iii* a seguir);
- ou ser o chamado consultor de O&M (Organização e Métodos), lembrando que:
  - **O** se refere a Organização; e
  - **M** se refere a Métodos, considerando as normas e os procedimentos que representam a explicitação de quem faz, como e onde as atividades da empresa são realizadas, se por meios manuais ou eletrônicos, se de forma individual ou pelas unidades organizacionais estabelecidas.

i. Estruturas organizacionais tradicionais

Talvez possa ser considerada uma rotulação, mas existem determinadas estruturas organizacionais que podem ser consideradas tradicionais e já se disseminaram amplamente em empresas de diferentes tipos e tamanhos.

Nesse contexto, você pode considerar as seguintes estruturações organizacionais ou departamentalizações de empresas, cada qual com a sua vantagem específica:

- estrutura organizacional funcional, em que as áreas da empresa são separadas por especialização do trabalho, ou áreas funcionais, como marketing, produção, finanças, logística, qualidade etc.;
- estrutura organizacional territorial ou geográfica, em que a empresa procura o melhor conhecimento e consequente atuação em regiões ou locais específicos;
- estrutura organizacional por clientes, quando a empresa se departamentaliza focando o melhor conhecimento específico e a possibilidade de tirar proveito das condições de grupos de clientes bem definidos;
- estrutura organizacional por produtos ou serviços, quando a principal finalidade é a maior facilidade de colocação – e venda – desses produtos e/ou serviços nos diversos segmentos de mercado; e
- estrutura organizacional por projetos, quando a empresa objetiva a melhor atuação das equipes de trabalho, o melhor atendimento dos clientes, bem como o melhor cumprimento dos prazos e dos orçamentos estabelecidos.

Na Figura 4.8, é apresentado um organograma representativo dos cinco tipos de estruturação organizacional ou departamentalização evidenciados para uma faculdade fictícia. Nesse caso, a representação gráfica ou organograma é de uma departamentalização mista, que pode ser considerada a mais comum nas empresas.

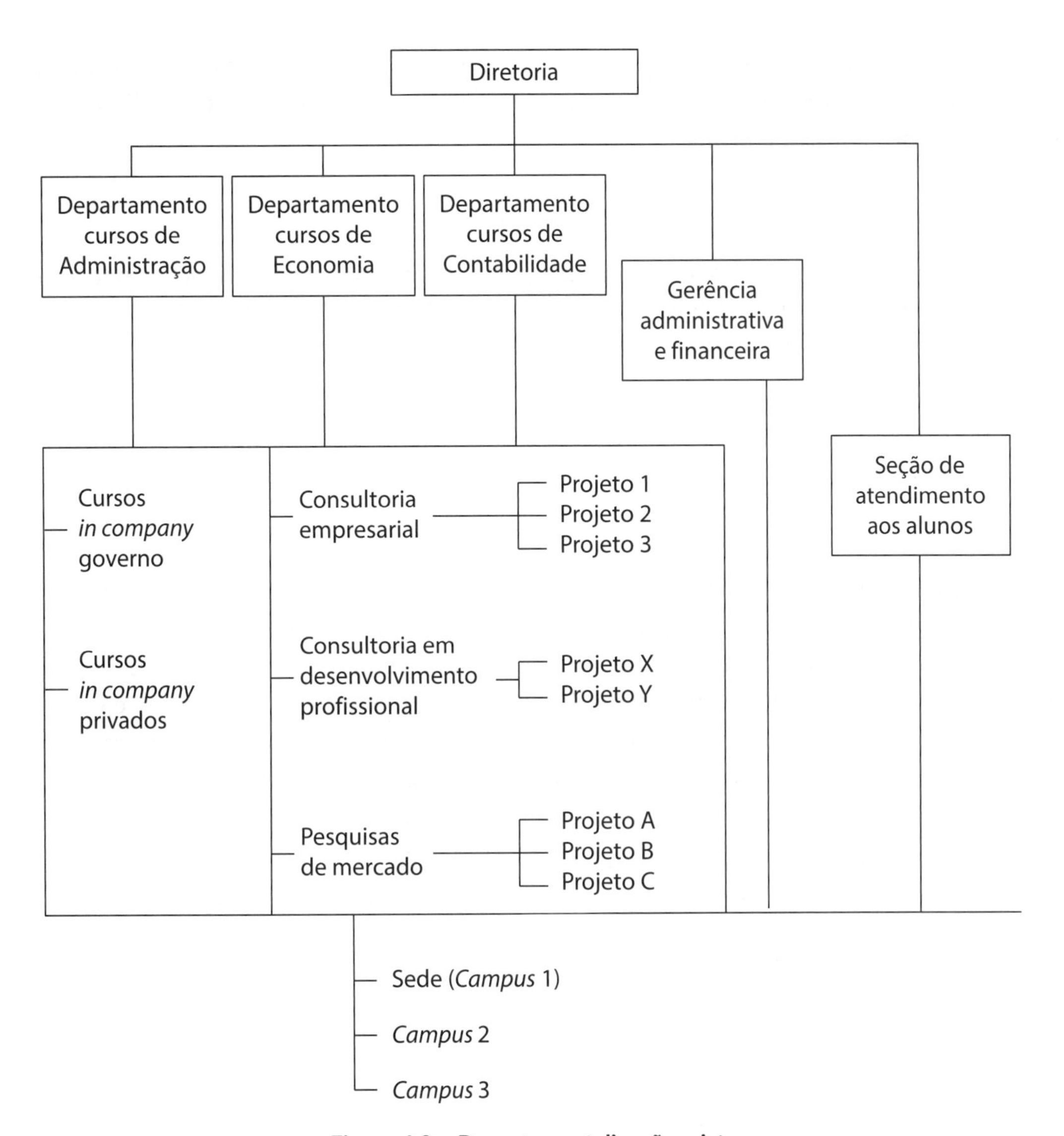

Figura 4.8 - Departamentalização mista.

Desafio

Identifique, antes de ler o parágrafo seguinte, os cinco tipos de estruturação organizacional que podem ser considerados tradicionais.

Na Figura 4.8, você pode considerar a seguinte situação:

- como estrutura organizacional funcional, os três departamentos – administração, economia e contabilidade –, a gerência e a seção;
- como estrutura organizacional por clientes, os cursos *in company* para empresas governamentais e para as empresas privadas;
- como estrutura organizacional por produtos ou serviços, as atividades de consultoria empresarial, consultoria em desenvolvimento profissional e as pesquisas de mercado;
- como estrutura organizacional por projetos, você tem os diversos projetos (1, 2, 3, X, Y, A, B, C); e
- como estrutura organizacional territorial você tem a sede (*Campus* 1) e os *Campi* 2 e 3 em suas respectivas regiões.

Para detalhes desses cinco tipos de estruturação organizacional ou departamentalização, bem como os diversos outros tipos apresentados nos itens *ii* e *iii* a seguir, você pode analisar o livro *Estrutura organizacional*, dos mesmos autor e editora.

Desafio

Detalhe o organograma representativo da estrutura organizacional da instituição onde você estuda e debata os seus possíveis aspectos positivos e negativos com seus professores.

ii. Estruturas organizacionais de impacto

Existem dois tipos de estrutura organizacional ou departamentalização que proporcionam resultados interessantes para as empresas, mas você deve tomar cuidados extras quando de sua implementação.

São elas:

- estrutura organizacional matricial, ocorrendo a sobreposição de dois tipos de departamentalização – geralmente a funcional e a por projetos – sobre a mesma pessoa, gerando uma situação de dupla subordinação e uma responsabilidade compartilhada perante dois chefes e, consequentemente, dificultando a definição das responsabilidades e das autoridades de cada profissional. De qualquer forma, esse tipo de departamentalização facilita os trabalhos com atividades complexas, envolvendo várias áreas de conhecimento científico e com prazos determinados para sua realização, bem quando os ambientes empresariais são sensíveis a fortes e rápidas mudanças; e
- estrutura organizacional por unidades estratégicas de negócios, que consolida um modelo organizacional com sua estrutura direcionada para resultados efetivos. Nesse caso cada UEN – Unidade Estratégica de Negócio deve ter, sob sua responsabilidade, todas as atividades básicas para consolidar os seus resultados esperados; e as atividades que forem comuns para as diversas UENs devem ficar na administração corporativa.

Você percebe que esses dois tipos de departamentalização exigem profissionais com características específicas que, embora evidentes, algumas vezes são relativamente difíceis de se encontrar:

- a dupla subordinação na departamentalização matricial; e
- a postura de atuação empreendedora e totalmente voltada para os resultados de cada negócio, no caso da departamentalização por UEN (ver algumas questões na seção 5.4.2).

De forma resumida, é apresentado, na Figura 4.9, o organograma representativo de uma faculdade com os dois tipos de estrutura organizacionais de impacto.

A Figura 4.9 apresenta uma departamentalização mista na qual você pode identificar a estrutura organizacional matricial e a por UEN – Unidade Estratégica de Negócio.

Desafio

Identifique, antes de ler o parágrafo seguinte, os dois tipos de estruturação organizacional que podem ser consideradas de impacto.

Na Figura 4.9, você pode considerar a seguinte situação:

- as três UENs – cursos de administração, economia e contabilidade – mais a administração corporativa representam a departamentalização por unidades estratégicas de negócios; e
- a coordenadoria de projetos e os projetos 1, 2 e 3 representam a departamentalização por projetos, a qual cruza com funções e atividades exercidas nos três cursos da faculdade, sendo que algumas pessoas podem estar subordinadas a um coordenador de curso e também a um coordenador de projeto.

Você deve saber que os três responsáveis pelas UENs da Figura 4.9 têm maior responsabilidade sobre os resultados dos três negócios do que os três chefes de departamento – Administração, Economia e Contabilidade – evidenciados na Figura 4.8.

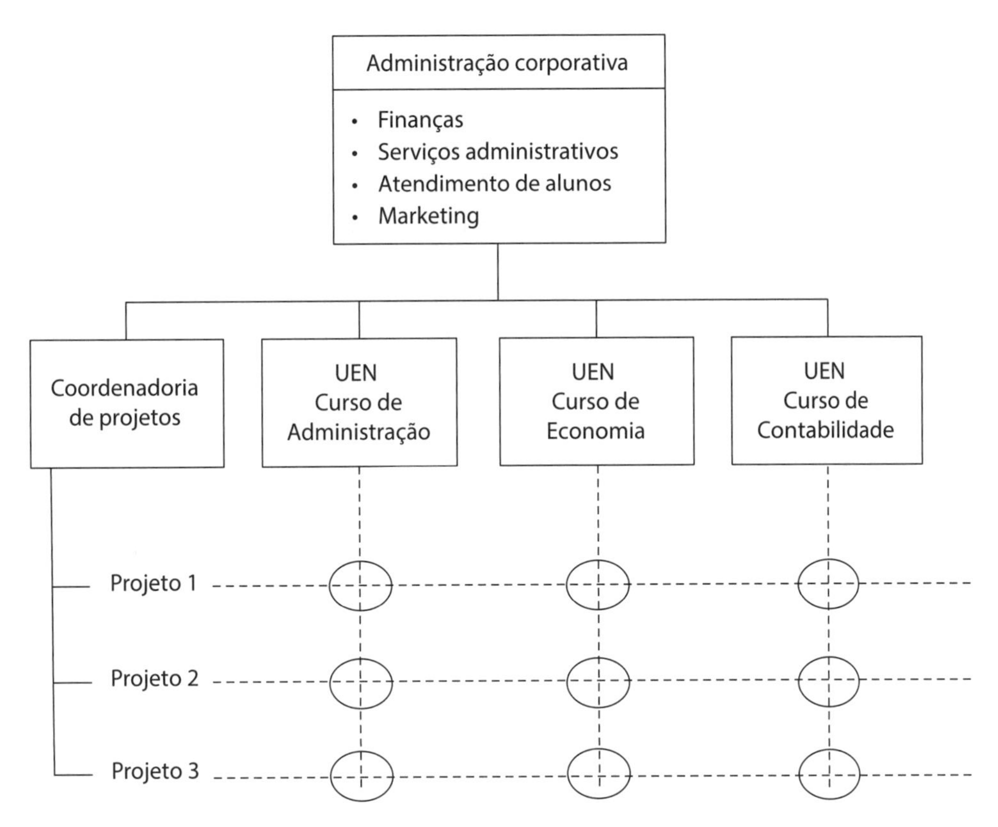

Figura 4.9 - Departamentalização mista 2.

Desafio

Debata com alguns de seus professores se a instituição onde você estuda tema estrutura organizacional matricial e/ou por UEN.

Se ela já tiver, pergunte a respeito das facilidades e dificuldades que as referidas departamentalizações proporcionam para os professores e demais funcionários da referida instituição de ensino.

iii. Estruturas organizacionais modernas

Este autor chama de "modernas" três tipos de estrutura organizacional que têm apresentado excelentes resultados para as empresas, sendo que duas delas sofreram aprimoramentos que proporcionaram outras abordagens de aplicação, e uma – governança corporativa – é realmente mais moderna e está se consolidando como o melhor modelo organizacional para as empresas.

O primeiro tipo de estrutura organizacional corresponde à departamentalização por processos, em que as atividades das empresas são agrupadas de acordo com as atividades de um processo e, portanto, considera a maneira pela qual são executadas as atividades para a consecução de uma meta ou objetivo específico de uma empresa.

Processo é um conjunto estruturado de atividades sequenciais que apresentam relação lógica entre si, com a finalidade de atender, e, preferencialmente, suplantar as necessidades e as expectativas dos clientes externos e internos da empresa.

As principais vantagens desse tipo de departamentalização são:

- maior especificação dos recursos alocados, pois são agrupados em centros de custos ou de resultados, considerando cada etapa do processo produtivo; e
- possibilidade de comunicação mais rápida de informações técnicas, otimizando o processo decisório.

Para mais detalhes, analise o livro *Administração de processos*, dos mesmos autor e editora.

O segundo tipo de estrutura organizacional que pode ser chamada de moderna é a **rede de integração entre empresas**, que corresponde a um processo de cooperação estruturada visando consolidar fortes e internacionais vantagens competitivas, sustentadas por otimizadas tecnologias, melhor utilização dos ativos, bem como maiores produtividade, flexibilidade, qualidade, rentabilidade e lucratividade das empresas participantes da rede. Portanto, é uma abordagem administrativa do "ganha-ganha", que é altamente interessante para todas as empresas participantes.

Naturalmente, essas redes de integração podem ser as mais amplas possíveis, envolvendo clientes, fornecedores, diferentes níveis de governo, bem como as comunidades nas quais as empresas participantes da rede atuam e/ou pretendem atuar.

A rede de integração entre empresas pode efetivar interessante **cadeia de valor**, em que as atividades de um processo podem ter maior **valor agregado**, que é o aumento do valor final de um negócio, produto ou serviço, resultante de uma mudança evolutiva na tecnologia aplicada, no processo em si, na atividade ou no conhecimento, o qual contribui para a alavancagem do valor global da empresa, ou das empresas participantes da rede.

Você já teve a oportunidade de analisar as premissas básicas para o desenvolvimento de uma rede de integração entre empresas pela Teoria da Administração por Processos na seção 3.1.7, sendo importante a identificação das contribuições das escolas e teorias da administração para a prática administrativa.

O terceiro tipo de estrutura organizacional moderna é governança corporativa, resultante de importantes contribuições da Teoria da Excelência das Empresas (ver item II da seção 3.1.7).

Você já verificou que **governança corporativa** é o modelo organizacional que, a partir das interações entre acionistas ou quotistas, conselheiros – de administração, fiscal, deliberativo, consultivo –, auditorias – externa e interna – e diretoria executiva, proporciona a adequada sustentação para o aumento da atratividade da empresa no mercado – financeiro e comercial – e, consequentemente, incremento no valor da empresa, redução do nível de risco e maior efetividade da empresa ao longo do tempo.

São vários os princípios administrativos que sustentam a governança corporativa, os quais você pode obter no livro *Governança corporativa na prática*, dos mesmos autor e editora. Entretanto, nesse momento você já deve saber as seguintes questões inerentes ao desenvolvimento e aplicação do modelo de governança corporativa:

- a atuação e o monitoramento eficazes pelos acionistas ou quotistas adicionam melhores resultados, disciplina e valor para as empresas;

- as empresas éticas e com valores de atuação bem consolidados e disseminados têm forte sustentação para apresentar otimizados resultados, tais como lucro e participação de mercado;
- as empresas modernas são complexas e dinâmicas, e procuram gerar riquezas para seus proprietários e para a comunidade onde atuam;
- o direito e a vontade de realizar investimentos são a base de sustentação do desenvolvimento e da liberdade de atuação das empresas;
- existência de otimizadas estruturação e separação das responsabilidades dos Conselhos estabelecidos e da Diretoria Executiva;
- tratamento igualitário e equitativo de todos os acionistas, sejam eles majoritários ou minoritários, nacionais ou estrangeiros;
- transparência e veracidade nas informações disponibilizadas;
- senso de propósito e de justiça nas várias decisões tomadas pela empresa;
- rigor da atuação da auditoria e das fiscalizações dos atos das empresas; e
- punição, com severidade, dos atos fraudulentos praticados pelos administradores das empresas.

Desafio

Faça comentários, com justificativas e exemplos, a respeito dessas dez questões inerentes à governança corporativa como modelo organizacional.

De acordo com as modernas práticas de governança corporativa as empresas que pretendem evoluir no atual mercado fortemente competitivo têm que, no mínimo, adotar sistemas de ***compliance*** – que cuida das otimizadas regulamentação e respeito de todos os procedimentos estabelecidos pela empresa e pelos órgãos externos competentes – e regras de transparência para ganhar, pelo menos, mais estabilidade e segurança no processo decisório, na relação entre diretoria executiva e os conselhos – administrativo, fiscal, deliberativo e consultivo – e também com o mundo externo da empresa.

Existem algumas realidades que ajudam as empresas a entenderem que determinadas mudanças evolutivas são inquestionáveis e irreversíveis, tais como:

- a dispersão do poder, que passou dos detentores dos meios de produção para o consumidor final dos produtos e serviços e a sociedade organizada. A esse respeito você pode completar com o estudo da função empresarial *marketing* – ver seção 4.2.1 –, principalmente em sua atividade de pesquisa e análise de mercado, para saber "o que o consumidor quer";
- o surgimento de novas ideias, inclusive com o auxílio de empresas *startups*, muitas delas apresentando inovações de sucesso; e
- o desenvolvimento de novas tecnologias de processos, produtos e serviços, bem como de modelos de administração, incentivando o surgimento de novas lideranças que obtenham efetivos resultados por meio das pessoas que trabalham com ela, e todos sentem orgulho disso. Esses líderes pensam no todo – a sociedade, os clientes e a empresa – e, geralmente, deixam um interessante legado de sua administração.

Fique atento

Comece a pensar, e debater, a respeito de sua possível atuação futura como líder e complete com o apresentado na seção 4.1.3, item *a*, e outras partes do livro.

As instituições brasileiras, em sua maioria, têm se mostrado incompetentes e fracas em implementar modelos de governança corporativa e de *compliance,* gerando, no momento de se escrever este livro, vários processos no contexto da famosa Operação Lava Jato, tal como de uma importante empresa brasileira do ramo de engenharia e obras, a qual teve que se desculpar publicamente por ter participado de práticas corruptas em suas atividades empresariais, bem como apresentando um elenco de medidas inerentes a um compromisso público para uma atuação ética, íntegra e transparente em um processo de mudança de sua atuação, envolvendo dez compromissos básicos, resumidos a seguir e, espera-se, que sejam respeitados:

- combater e não tolerar a corrupção em quaisquer de suas formas, inclusive extorsão e suborno;
- dizer não, com firmeza e determinação, a oportunidades de negócio que conflitem com esse compromisso;
- adotar princípios éticos, íntegros e transparentes no relacionamento com agentes públicos e privados;
- jamais invocar condições culturais ou usuais do mercado como justificativa para ações indevidas;
- assegurar transparência nas informações sobre a empresa que devem ser precisas, abrangentes, acessíveis e divulgadas de forma regular;
- ter consciência de que desvios de conduta, sejam por ação, omissão ou complacência, agridem a sociedade, ferem as leis e destroem a imagem e a reputação de todo o nosso grupo empresarial;
- garantir no grupo empresarial e em toda a cadeia de valor dos negócios a prática do sistema de conformidade, sempre atualizado com as melhores referências;
- contribuir, individual e coletivamente, para mudanças necessárias nos mercados e nos ambientes onde possa haver indução a desvios de conduta;
- incorporar nos programas de ação dos integrantes, avaliação de desempenho no cumprimento do sistema de conformidade; e
- ter convicção de que este compromisso nos manterá no rumo da sobrevivência, do crescimento e da perpetuidade do nosso grupo empresarial.

Desafio

Analise os dez compromissos da empresa envolvida na Operação Lava Jato e tente explicar, com o máximo de detalhes e exemplos, como a referida empresa poderá, efetivamente, cumprir o prometido.

Separe as suas respostas em dois grupos: os mais fáceis de serem cumpridos e os mais difíceis de serem cumpridos.

Você poderá ter uma interessante surpresa!

A Figura 4.10 evidencia uma terceira representação gráfica de uma estrutura organizacional com os três tipos de departamentalização que podem ser consideradas modernas; e mais uma vez vamos focar a situação hipotética de uma instituição de ensino com uma departamentalização mista, a qual, conforme já evidenciado, é a mais comum nas empresas.

A única diferença dos casos anteriores é que aqui se considera um grupo empresarial ou uma universidade com três faculdades: Humanas, Exatas e Biomédicas.

A Figura 4.10 mostra a seguinte situação:

- a departamentalização pela rede de integração entre empresas aparece pelas unidades organizacionais das três faculdades independentes com sócios com diferentes participações acionárias;

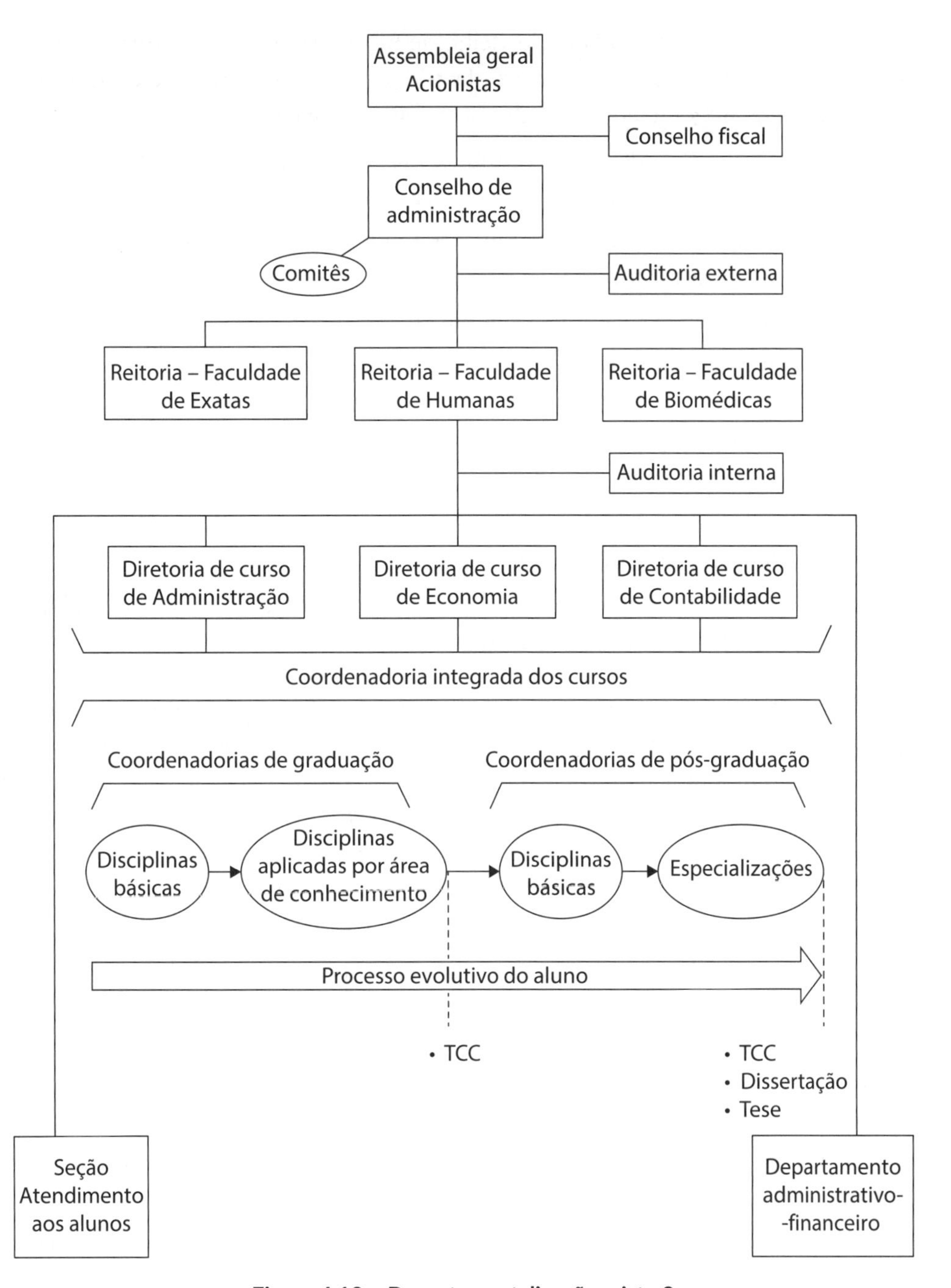

Figura 4.10 – Departamentalização mista 3.

- a departamentalização por processo aparece pelas unidades organizacionais das coordenadorias de integração dos cursos de cada uma das faculdades, desde a graduação até a pós-graduação – em suas diversas modalidades – pelo programa de educação continuada; e
- a departamentalização por governança corporativa aparece nas outras unidades organizacionais da universidade. Embora pela visualização você possa considerar como departamentalização funcional – ver item "a", *i*, nesta seção –, não é isso que ocorre, por causa das atribuições gerais estabelecidas para a alta administração da referida universidade ou grupo empresarial acadêmico:
  - plena interação e relacionamento aberto e franco com todos os acionistas e quotistas, sustentado por um processo democrático, sistemático, transparente e verdadeiro de transferência de informações;

- fortes interações e relacionamentos do Conselho de Administração, com conselheiros independentes e trabalhando junto com os reitores das três faculdades e com a ajuda de comitês especialistas em questões cruciais dos negócios e atividades da referida universidade;
- conselheiros fiscais com elevados conhecimentos teóricos e práticos de controladoria – contabilidade, custos, orçamento, tesouraria –, processos administrativos e questões legais;
- elevada interação com a auditoria externa ou independente, inclusive via Conselho Fiscal, Conselho de Administração e auditoria interna;
- idem quanto à atuação da auditoria interna em si;
- interações e relacionamentos das três reitorias e das diversas diretoriais e departamentos das faculdades;
- plano estruturado e aplicado para aumentar o nível de atratividade da universidade no mercado financeiro – para maior acesso ao capital externo – e ao mercado comercial, para ter maior número de alunos inscritos em seus diversos cursos;
- redução do nível de risco da universidade e suas três faculdades; e
- maior efetividade, perenidade e perpetuidade da universidade e de suas três faculdades e, até, consolidação de maior possibilidade de efetivar uma quarta faculdade.

E aqui vai um comentário: você talvez considere que essas nove questões apresentadas sejam evidentes para todo e qualquer modelo organizacional, mas na realidade não são e, muitas vezes, "nem batem na trave". Você vai observar, na prática, que o modelo de governança corporativa veio para dar uma disciplina efetiva de atuação nessas questões, embora, por enquanto, o "jeitinho brasileiro" tem apresentado situações esdrúxulas de empresas que se apresentam com rótulo de governança corporativa e têm causado o maior estrago no mercado. Você tem observado isso em várias notícias da mídia, mas podemos acreditar, com bom nível de otimismo, que esses casos vão acabar. Espera-se!

Encerramos a apresentação dos aspectos básicos da função *organização* evidenciando o que você deve considerar como básico quanto à aplicação da referida função nas empresas.

São eles:

- ter uma metodologia de desenvolvimento e implementação da estrutura organizacional;
- consolidar a estrutura organizacional como fator de sustentação para a empresa alcançar os objetivos estabelecidos em seus processos de planejamento;
- estabelecer as interligações entre as atividades das diversas unidades organizacionais ou áreas da empresa;
- estabelecer critérios e parâmetros de avaliação das diversas unidades organizacionais da empresa, bem como dos profissionais que trabalham nelas;
- analisar e consolidar a interação da estrutura organizacional com os diversos instrumentos administrativos existentes e a serem desenvolvidos na empresa;
- ter efetivo conhecimento e entendimento do termo, da abordagem e da amplitude de aplicação da estrutura organizacional nas empresas;
- começar o mais cedo possível o estudo, o desenvolvimento e a implementação de uma otimizada estrutura organizacional na empresa;
- deixar o mercado, com os clientes e os fornecedores da empresa, influenciar o delineamento da estrutura organizacional;

- focar a estrutura organizacional também para os negócios futuros da empresa;
- procurar trabalhar com estruturas mais horizontalizadas, normalmente sustentadas por processos bem estabelecidos;
- acabar com as *igrejas* e disputas internas provocadas pela busca do poder pelas unidades organizacionais ou áreas da empresa;
- trabalhar com o ***empowerment*** que corresponde ao ato de delegar – transferir – responsabilidades e autoridades para os funcionários que trabalham com você; e
- ter efetivo envolvimento e patronos da alta administração que "comprem a ideia" da nova estrutura organizacional da empresa.

Desafio

Comente cada um dos treze aspectos básicos que você deve considerar na aplicação da função *organização* nas empresas.

Em seguida identifique, com suas razões, os aspectos que você considera mais fáceis e mais difíceis de serem operacionalizados nas empresas.

Nesse momento é válido você relembrar quais escolas e teorias da administração – apresentadas na seção 3.1 – que proporcionaram contribuições diretas e efetivas para a função da administração *organização* e que você tem a oportunidade de estudar de maneira específica ou genérica, em alguma disciplina de seu curso de administração, sendo que, neste último caso, pode ocorrer a utilização de outro nome que identifique essa disciplina.

Em ocorrendo essa situação, você não deve perder a oportunidade de já aprender, da melhor maneira possível, os referidos assuntos e instrumentos administrativos. Na Tabela 4.4 são apresentadas as principais contribuições das escolas e teorias da administração para a função *organização*.

Você observa que as contribuições das escolas e teorias da administração para as quatro funções da administração cruzam com os conteúdos das disciplinas inerentes às funções das empresas, ou seja, reforça o já evidenciado de que você pode se especializar em uma função das empresas, mas deve conhecer todas as quatro funções da administração.

Tabela 4.4 – Teorias e suas contribuições para disciplinas de organização

ESCOLA	TEORIA	ASSUNTO OU INSTRUMENTO ADMINISTRATIVO	NOME DA DISCIPLINA
Clássica	Administração científica	• Estruturação da especialização dos trabalhos • Análise da produção em massa	• Estrutura organizacional
	Processo administrativo	• Funções da administração • Funções das empresas • Maneiras de estruturar as empresas	• Estrutura organizacional
Burocrática	Burocracia	• Estrutura formal • Autoridade hierárquica	• Estrutura organizacional • Organização e métodos
Humanista	Estruturalista	• Estrutura organizacional formal e informal • Níveis da empresa • Ambiente empresarial • Interações entre empresas	• Estrutura organizacional • Planejamento empresarial

Tabela 4.4 – Teorias e suas contribuições para disciplinas de organização (*continuação*)

ESCOLA	TEORIA	ASSUNTO OU INSTRUMENTO ADMINISTRATIVO	NOME DA DISCIPLINA
Contingencial	Contingência	• Modelos organizacionais	• Estrutura organizacional
Moderna	Administração de processos	• Rede de integração entre empresas	• Estrutura organizacional
	Excelência das empresas	• Governança corporativa • Administração do conhecimento	• Modelos de administração • Estrutura organizacional • Governança corporativa

Para a análise da função *organização* você deve considerar todos os aspectos evidenciados para a função *planejamento*, inclusive a questão das interações entre as diversas funções da administração e das empresas; e esse exercício você pode fazer agora.

Fique atento

Analise, com detalhes, a grade curricular do seu curso de administração e identifique os instrumentos administrativos decorrentes da função *organização*.

Aloque o resultado em seu plano de carreira.

4.1.3 Gestão e desenvolvimento de pessoas

Gestão e desenvolvimento de pessoas é a função da administração que proporciona sustentação às otimizadas coordenação, supervisão, orientação e desenvolvimento dos profissionais que trabalham nas empresas.

Portanto, essa função tem a finalidade de cuidar das pessoas esperando, em contrapartida, que essas pessoas cuidem da empresa.Você vai perceber que as escolas e teorias da administração proporcionaram várias contribuições para essa função da administração, principalmente a escola humanista e as suas quatro teorias.

Na prática, pode-se considerar que as pessoas representam o principal recurso ou ativo de uma empresa, pois são elas que possuem os conhecimentos, as habilidades e as atitudes para o desenvolvimento e a consolidação dos negócios, produtos, serviços e atividades das empresas.

timsa | iStockphoto

Para a otimizada gestão e desenvolvimento das pessoas, você deve considerar algumas importantes questões, a saber:

a) Liderança

Liderança é o processo em que uma pessoa é capaz, por suas características individuais, de entender as necessidades dos profissionais da empresa, bem como de exprimi-las de forma válida e eficiente, obtendo o engajamento e a participação de todos no desenvolvimento e na implementação dos trabalhos necessários ao alcance das metas e objetivos da empresa.

Na realidade, você já deve ter identificado líderes em vários grupos de atividades diversas que você já frequentou: e no seu curso de administração você terá oportunidade de identificar determinados colegas que assumirão esse *papel*, sendo que você poderá ser um desses líderes.

Os grupos sociais, tais como as empresas e as faculdades, atribuem a alguém o papel de líder quando veem nele a projeção de suas expectativas mais profundas realizadas.

As pessoas consagram líderes não por meio de raciocínios objetivos, mas por meio de uma comunicação que se processa em níveis inconscientes e com elementos emocionais, como atitudes, tom de voz, forma de olhar, frases, maneirismos.

Se a liderança é formada com base nas expectativas e esperanças do grupo, ela será menos ou mais forte conforme o volume das projeções individuais, ou seja, quanto maior a expectativa, mais forte a liderança e, quanto mais variado o tipo de necessidade das quais o grupo espera atendimento, mais poderoso será o líder.

Deve-se tomar cuidado com a confusão entre liderança e comando, pois muitos executivos de empresas pensam que são líderes, mas são simplesmente chefes formais, ou seja, as empresas formalizaram os seus poderes de mando.

O líder aparece como o ego e o *guru* do grupo e, normalmente, não ocorrem riscos de ser rejeitado ou de se enfraquecer ao interagir com os níveis hierárquicos inferiores ao seu na empresa.

O líder pode até contradizer o grupo, desde que essa situação esteja inserida em uma estratégia geral cujo objetivo final é, sempre, a realização das expectativas gerais dos profissionais da empresa.

O líder precisa ter essas expectativas sempre em mente, bem como a flexibilidade operacional de adequar-se às alterações sofridas por ela, sob pena de deixar de ser o portador das esperanças e, assim, perder a razão de ser de sua liderança.

Para refletir

Você deve se avaliar como um possível líder, bem como a sua atuação como liderado.

Deve analisar também a evolução dessa análise até a conclusão da leitura dos diversos capítulos.

Você deve se lembrar de que a Teoria das Relações Humanas decorrentes da Escola Humanista proporcionou várias contribuições para esse assunto (ver seção 3.1.3).

b) Mudanças planejadas

Toda e qualquer empresa está, constantemente, em processos de mudanças.

A teoria administrativa proporciona uma importante técnica para trabalhar com essa questão de forma planejada, sendo ela chamada de desenvolvimento organizacional, que corresponde a um conceito já apresentado neste livro.

Desenvolvimento organizacional (DO) é o processo estruturado para consolidar as mudanças planejadas dos aspectos organizacionais e comportamentais nas empresas, com a finalidade de otimizar o processo de resolução de problemas e os resultados anteriormente estabelecidos nos planejamentos elaborados, sempre com adequado relacionamento interpessoal.

Portanto, nesses processos de mudanças planejadas são considerados vários aspectos subjetivos e alguns aspectos objetivos, quando se abordam duas técnicas auxiliares básicas:

i. Cultura organizacional

Cultura organizacional é o conjunto estruturado de valores, crenças, normas e hábitos compartilhados, de forma interativa, pelas pessoas que atuam em uma empresa.

A estruturação e a aplicação da análise da cultura organizacional podem trazer alguns benefícios para as pessoas e as empresas, como:

- desenvolvimento da competência interpessoal;
- evolução nos valores pessoais;
- desenvolvimento de crescente compreensão entre e dentro das equipes de trabalho envolvidas nos assuntos administrativos considerados;
- geração otimizada de informações;
- criação de um ambiente de aceitação de diagnósticos e soluções de problemas;
- estabelecimento de um ambiente de confiança, respeito e não manipulação entre chefes, colegas e subordinados;
- maior interação de necessidades e de objetivos das pessoas;
- evidência de conflitos que são posteriormente tratados de forma direta, objetiva e racional;
- ambiente favorável para processos de avaliação de resultados da empresa e de cada área, bem como da avaliação de desempenho dos profissionais que atuam na empresa; e
- desenvolvimento da empresa pelo aprimoramento profissional das pessoas envolvidas nas várias atividades realizadas.

Desafio

Explique, com detalhes, como você se posicionou e agiu perante algum processo de mudança, planejado ou não, em que você foi o líder ou liderado.

Se possível, avalie-se nas quatro situações: planejada e não planejada, líder e liderado.

E liste as ações que você pretende implementar para otimizar a sua atuação nos processos de mudança.

ii. *Iceberg* organizacional

Iceberg organizacional é a identificação e a interação dos componentes visíveis e dos componentes não visíveis de uma empresa, formando um todo unitário e indivisível.

Alguns desses componentes visíveis são:

- estrutura organizacional;
- denominação e descrição de cargos;
- objetivos, estratégias, políticas, projetos e processos; e
- indicadores de avaliação.

Alguns componentes não visíveis, mas também de elevada influência decisória, são:

- padrões e focos de poder;
- visão pessoal das competências empresariais e individuais;
- percepção de níveis de confiança e de comprometimento; e
- relacionamento afetivo entre executivos e funcionários.

Na prática, o *iceberg* organizacional pode ser considerado parte integrante do estudo da cultura organizacional das empresas; o mesmo acontece com a estrutura organizacional informal, ou seja, a que não aparece no organograma da empresa, mas evidencia todo o sistema de relações informais, com seus sentimentos, ações e interações, grupos de pressão, valores e normas das equipes etc.

Para refletir

Considerando a faculdade onde estuda ou a empresa onde trabalha, você deve identificar os componentes visíveis e não visíveis.

Depois, deve analisar como cada um desses componentes interfere no processo decisório e na atuação da faculdade ou empresa.

E, finalmente, explicar como esses componentes afetam você de maneira direta ou indireta e o que você vai fazer a respeito disso.

c) Estilo administrativo

Estilo administrativo é o contexto geral de atuação de uma empresa, consolidando se o processo decisório é mais centralizado ou descentralizado, com maior ou menor nível de participação, qual a abordagem de comprometimento e de cobrança de resultados, entre outros assuntos administrativos.

Você, seguramente, já tem ou terá um estilo administrativo que poderá ser julgado bom ou ruim, como decorrência dos resultados que você vai consolidando pelas suas atitudes e decisões administrativas.

Este autor tem observado que o autojulgamento do estilo administrativo tem se mostrado como algo complicado e tendencioso, pois as pessoas geralmente acham que seus estilos e "maneiras de ser" estão corretos e são "o máximo".

Nesses casos, as mudanças de estilo só ocorrem após um forte impacto na realidade dessas pessoas, o que pode trazer consequências negativas adicionais.

Diante disso, a *dica* é cada pessoa fazer uma análise e debate de seu estilo administrativo. Mas como fazer isso?

Uma ideia é você desenvolver uma autoanálise passando por quatro etapas:

- primeiramente, você deve escrever exemplos reais de seu estilo administrativo e quais os resultados alcançados, inclusive quanto ao nível de interação com outras pessoas envolvidas;
- depois, debater esses exemplos reais com as outras pessoas envolvidas e fazer possíveis ajustes em suas anotações;

- a seguir, debater esses exemplos, com os possíveis ajustes, com outras pessoas que não tenham participação nos referidos exemplos e fazer possíveis ajustes e aprimoramentos; e
- finalmente, aplicar, com qualidade, o estilo administrativo resultante desse amplo processo de debate, mas sempre analisando, com veracidade, os resultados apresentados, para que o processo possa ser naturalmente aprimorado.

De qualquer forma, o seu real estilo administrativo só poderá ser aprimorado se você tiver a humildade de debatê-lo com pessoas envolvidas e com outras pessoas que tenham senso crítico e contributivo para sua realidade, mas nunca se esquecendo de analisar os resultados apresentados, pois nesses debates de estilos administrativos pode ocorrer muita "conversa fiada e achismo".

d) Equipes multidisciplinares e dinâmica de grupo

Equipe multidisciplinar é o conjunto de profissionais, com diferentes conhecimentos, habilidades e atitudes, que realizam reuniões coordenadas e programadas, em caráter temporário ou permanente, para emitir, mediante discussão organizada, opiniões a respeito de assuntos previamente estabelecidos e que, nascidas dos debates, sejam as mais adequadas à realidade e às necessidades da empresa.

As equipes multidisciplinares representam um dos principais mecanismos para o adequado aprendizado das pessoas, no contexto de "cada um aprender com os outros".

Dinâmica de grupo é a interação estruturada e sustentada entre pessoas com interesses comuns em uma atividade específica buscando, em um contexto de solidariedade, um resultado coordenado comum.

Durante suas atividades no curso de administração, você terá oportunidade de trabalhar em equipes multidisciplinares com maior ou menor ênfase na dinâmica de grupo, pois você deverá realizar diversos trabalhos acadêmicos em grupos de estudo, sendo que os seus parceiros nesses grupos serão de sua livre escolha ou estabelecidos pelo professor da disciplina.

A questão básica é: você sabe trabalhar e/ou estudar com os outros?

A observação deste autor é que apenas algumas poucas pessoas têm essa capacidade para obter resultados interessantes quando atuam em grupos ou equipes de trabalho.

Para você evoluir nessa questão é válido observar, e respeitar, alguns princípios básicos, como:

- os interesses devem ser comuns, para que exista coesão no grupo;
- a interação e o relacionamento devem ser fortes, inclusive com pessoas de fora do grupo, para que atividades sejam realizadas com qualidade e os objetivos alcançados;
- os níveis de motivação e de comprometimento devem ser elevados, criando um sentido especial de pertencer ao grupo;
- o grupo, e suas atividades, devem ser atrativos para os participantes, inclusive como incentivos aos estudos, análises, projetos etc.;
- o tamanho do grupo deve ser adequado para a qualidade dos debates e interações, bem como a realização das atividades;
- existência de forte liderança, preferencialmente decorrente do nível de conhecimento diferenciado do líder;
- a comunicação e as informações devem ser bem estruturadas e disseminadas entre os membros do grupo, para se evitar dúvidas, ambiguidades e conflitos; e

- a elevada participação, o respeito, a boa vontade, o bom senso e, se possível, o consenso devem imperar nas atividades dos grupos e equipes de trabalho.

Desafio

Você percebeu que nas equipes multidisciplinares trabalham pessoas com diferentes conhecimentos, habilidades e atitudes.

Forme uma equipe multidisciplinar com a sua "turma" e veja o que acontece; e como vocês vão administrar essa situação.

Depois, quando da análise das seções 5.1 e 5.2, procure identificar conhecimentos, habilidades e atitudes de diferentes pessoas que podem apresentar algum nível de sinergia.

e) Motivação

Motivação é o processo e a consolidação do estímulo e da influência no comportamento das pessoas, tendo em vista um objetivo específico e comum para os profissionais da empresa.

Essa é uma questão que você deve analisar, com sustentação e veracidade, desde o início de seu curso de administração. E a pergunta básica é: Qual o seu nível de motivação para com o curso?

E nunca use a frase: "O professor Fulano não me motiva", pois a motivação é algo intrínseco a cada pessoa – ninguém consegue motivar outra pessoa! –, sendo que o máximo que o professor Fulano pode fazer é propiciar determinados instrumentos administrativos e situações que facilitem o processo motivacional dos alunos, sendo que estes podem absorver com maior ou menor intensidade os referidos instrumentos administrativos e situações criadas pelo professor Fulano.

Lembre-se: é você que entra motivado ou desmotivado em uma sala de aula!

E você deve concordar que, estando motivado pelo curso de administração – sabendo o que esse curso pode proporcionar para você como futuro profissional –, naturalmente o seu processo de aprendizado e de consolidação de conhecimentos será otimizado, consolidando o que você estabeleceu em seu plano de carreira.

Desafio

Explique como você se motiva e se já saiu de uma situação desmotivada para uma situação motivada, justificando por que isso ocorreu, ou seja, se você tem ou não tem controle do seu nível de motivação.

f) Criatividade

Criatividade é a capacidade intrínseca ao indivíduo *diferenciado*, de dar origem, com maior ou menor sustentação metodológica e técnica, a uma nova situação de realizar algo já existente ou, preferencialmente, algo novo.

Normalmente, as pessoas apresentam determinado nível de criatividade, o qual pode ser menos ou mais aguçado conforme o processo criativo é exercitado no dia a dia de cada pessoa.

A criatividade, no contexto da administração, tem se caracterizado como uma vantagem competitiva de elevada importância, seja para as empresas, seja para os profissionais que a possuem.

Quando uma empresa tem elevado número de profissionais efetivamente criativos ela pode consolidar uma cultura pró-inovação, que é uma premissa básica para o crescimento e o desenvolvimento sustentado da empresa.

Desafio

Faça uma autoavaliação - verdadeira! - de seu nível de criatividade com exemplos de situações ocorridas e depois debata com dois colegas que o conhecem bem.

Então, faça um plano de aprimoramento de seu nível de criatividade, tanto no contexto profissional como pessoal.

g) Clima organizacional

Clima organizacional é o resultado da análise de como as pessoas se sentem em relação à empresa, com seu modelo de administração, bem como aos relacionamentos interpessoais existentes.

Portanto, a análise do clima organizacional está correlacionada ao nível de moral, aos valores, bem como aos comportamentos e atitudes dos profissionais da empresa.

A análise do clima organizacional deve ser efetuada com base em pesquisas estruturadas, em que são identificadas as causas das ansiedades, frustações e tensões, bem como as alegrias e contentamentos existentes entre as pessoas que trabalham na empresa considerada. Mas um lembrete: nunca deixe de aplicar os resultados apresentados pela pesquisa, caso contrário todo o processo cairá em descrédito.

Melhorar o clima organizacional não é algo fácil, mas algumas ações podem otimizar uma situação diagnosticada, tais como consolidar maior integração entre as pessoas, estabelecer objetivos e metas compartilhadas pelas pessoas, consolidar rapidez e justiça na solução de problemas, ter identidade e *personalidade* de empresa.

Na prática, o clima organizacional é, simultaneamente, a percepção que os profissionais têm da empresa e sua reação a essa percepção.

Pode-se considerar que o clima organizacional:

- tem impacto direto na eficiência, eficácia e efetividade da empresa por ser importante base de informações, decisões e ações, bem como de valores e crenças;
- é constituído ao longo de um período significativo de tempo e, portanto, alterações são também de longa maturação; e
- é o resultado da percepção coletiva sendo, portanto, pouco relevante o estudo de percepções individuais.

Desafio

Estabeleça o clima organizacional na instituição onde estuda ou empresa onde trabalha, podendo considerar o todo ou parte dela (por exemplo, a sua sala de aula).

Debata os resultados com, no mínimo, dois colegas.

Depois vocês devem estabelecer algumas ações básicas para melhorar o clima organizacional analisado.

h) Psicologia empresarial

Psicologia empresarial é o estudo da interação e da interdependência entre a empresa e seus profissionais na busca da otimização das relações interpessoais e dos resultados dessas empresas.

Você verifica que a aplicação da psicologia empresarial – também chamada de psicologia industrial ou administrativa ou organizacional – está mais presente na análise do bem-estar das pessoas nos seus ambientes de trabalho e atua, principalmente, nas atividades de recrutamento, seleção e treinamento de pessoas, bem como nos diagnósticos realizados nas empresas; ou seja, o foco básico é o conhecimento mais profundo das pessoas que trabalham na empresa.

i) Coordenação

Coordenação é a função do processo administrativo que procura aproximar, ao máximo, os resultados apresentados com a situação anteriormente planejada.

Portanto, a coordenação é uma função básica para integrar, com método e ordem, os diversos conhecimentos, atividades e pessoas alocadas no desenvolvimento e operacionalização de um processo, projeto ou sistema, visando a um objetivo comum da empresa.

Verifica-se que, onde não existe coordenação, "cada um vai para um lado".

Desafio

Explique, com exemplos, o seu posicionamento em situações que apresentam elevado nível de coordenação das atividades desempenhadas.

j) Relações trabalhistas

Essa é uma questão ampla e, em alguns casos, até complexa na administração das empresas – e em assuntos particulares – para os quais você deverá ter o auxílio de algum especialista, se você não decidir ser um profissional desse ramo.

De qualquer forma, algumas questões inerentes às relações trabalhistas podem, e devem, ser debatidas neste momento.

Uma questão que você terá que enfrentar, quer seja como empresário ou como funcionário de uma empresa, é a progressiva modernização das relações trabalhistas, as quais são baseadas na "jurássica" CLT – Consolidação das Leis Trabalhistas de 1943 quando, por exemplo, não existia a atual e evolutiva informática e tecnologia da informação, que estão provocando a extinção de várias funções das empresas e criando outras que exigem maior nível de capacitação profissional dos candidatos a tais cargos.

Esteja atento: quem lutar contra essa evolução inquestionável vai "morrer na praia" do ambiente competitivo do mercado de trabalho.

O que se deve procurar é o otimizado equilíbrio entre a competitividade e produtividade das empresas com a devida proteção do trabalhador, desde que ele atenda aos requisitos básicos de sua atuação no cargo ou função para o qual foi designado.

Um exemplo desse debate sem foco é a questão da **terceirização**, que corresponde à situação em que se entrega a terceiros atividades que não sejam o negócio principal da empresa, como normalmente acontecem com limpeza, vigilância, serviços gerais. E a briga foi que se estabeleceu que não se pode efetivar a terceirização em atividades-fim de uma empresa.

Mas surge uma pergunta: é fácil estabelecer o que é atividade-meio e o que é atividade-fim em uma empresa?

Imagine uma empresa aérea e a pergunta é: o pessoal de serviços de bordo – comissários de bordo – é uma atividade-fim ou uma atividade-meio?

E os funcionários que são atendentes nos balcões das empresas aéreas nos aeroportos?

E se uma fábrica que tiver uma máquina que exige duas manutenções de uma semana por ano, essa referida empresa deve ter em seu quadro fixo um mecânico pelo período de 52 semanas por ano se ele será utilizado somente duas semanas?

Talvez você concorde que a legislação trabalhista cria tantos problemas para uma empresa contratar – e, depois, se necessário despedir o funcionário – que qualquer empresário – que são os grandes geradores de empregos formais – começa a pensar "cem vezes" antes de realizar uma contratação e, daí, se necessário, ele recorre a um processo de contratação de empresa terceirizada.

Na realidade, essa é uma situação "dos males o menor", pois o referido empresário está gerando empregos, ainda que de forma indireta. E daí surge mais uma pergunta: essa é a melhor forma de ativar o mercado de trabalho?

Desafio

Pesquise, analise e debata outras questões inerentes às relações trabalhistas, como:

i. Trabalho a distância, tais como o *home office*.
ii. Atuação dos sindicatos: em quais situações eles ajudam e em quais situações eles atrapalham?
iii. Como você visualiza as negociações trabalhistas? De forma direta ou com intermediários?
iv. Identifique outras questões do mercado de trabalho de seu interesse para debate com seus colegas.

Para refletir

Neste momento, ou quando você terminar a análise deste livro, seria interessante você, junto com alguns colegas, analisar e debater duas questões de elevadas amplitude e importância:

i. O mercado de trabalho e sua interação com diferentes situações da economia do país.
ii. O mercado de trabalho e sua interação com os níveis de produtividade, a distribuição de renda, a demanda agregada e as dinâmicas sociais.

O mais importante nesses debates é a explicitação das justificativas de cada resposta.

E acredite: é bem provável que você realize algumas reavaliações, a médio prazo, em suas respostas e justificativas.

k) Comunicação

Comunicação é o processo interativo e de entendimento, assimilação e operacionalização de uma mensagem – dado, informação, ordem – entre o emissor e o receptor por um canal, em determinado momento, e visando a um objetivo específico da empresa.

Portanto, a finalidade básica do processo de comunicação é que haja adequado equilíbrio de conhecimento de assuntos básicos entre pessoas envolvidas diretamente e, até, em alguns casos, com envolvimento indireto.

A comunicação facilita o processo em que várias pessoas se interessem por um assunto, podendo dar opiniões sustentadas, diversas e complementares a respeito e, consequentemente, otimizando a qualidade do processo decisório.

Para adequada comunicação, é necessário conhecer e entender a realidade da outra parte, ou seja, o ouvinte receptor da comunicação.

Existem dois tipos de comunicação nas empresas:

- o formal, que é o conscientemente planejado, facilitado e executado e, normalmente, segue a corrente de comando na estrutura hierárquica nas empresas; e
- o informal, que surge espontaneamente nas empresas como reação às necessidades de seus membros (executivos, funcionários e prestadores de serviços).

Na prática, deve-se considerar que as relações e comunicações informais não devem ser combatidas, pois:

- a oposição ao informal não acaba com a informalidade, sendo que isso apenas coloca o informalismo mais distante do formalismo, o qual é planejado e executado pelas empresas; e
- se a informalidade existente é eficaz, algumas ações podem ser aplicadas para fortalecer o formal, bem como julgar adequadamente o que é e o que não é formal.

Na realidade, a comunicação informal pode ser ruim para as empresas quando, por exemplo, propaga muitos boatos; ou ser boa, quando facilita a interação entre os seus profissionais.

Outros aspectos que você deve considerar no estudo das comunicações são:

- os desenhos dos processos administrativos, que são os resultados da definição das formas pelos quais as atividades da empresa são desenvolvidas e operacionalizadas;
- o nível de custo das comunicações na empresa, principalmente como decorrência do tempo que elas absorvem e das demoras decisórias que acarreta;
- a idolatria pela dimensão que alguns executivos gostam de exercer, querendo ocupar todo o espaço possível com seus "discursos", independentemente de sua capacitação profissional; e
- o mais importante são as comunicações que levam a ações que proporcionem resultados interessantes para a empresa.

Desafio

Você é um bom comunicador?

As pessoas entendem, rapidamente, o que você quer dizer?

Faça um teste com cinco amigos em situações individuais com cada um e depois analise e debata os resultados, se possível com a presença dos cinco amigos.

l) Aprendizado

Você já verificou que **aprendizado** é a incorporação do que foi instruído no comportamento do indivíduo. Portanto, aprender é modificar o comportamento em direção ao que foi instruído.

Independentemente se é por um critério sofisticado ou muito simples, você sempre deve estar avaliando o seu nível de aprendizado quanto a determinados assuntos; e você deve exercitar esse processo desde o início de seu curso de administração.

Pare refletir

Você deve estabelecer algum critério para análise gradativa de sua evolução pessoal e profissional correlacionada e sustentada pelo seu nível de aprendizado na instituição de ensino, na empresa onde trabalha, bem como em suas atividades pessoais diversas.

E também especificar como você pretende aprimorar o seu processo de aprendizado.

Uma dica importante

Nunca se esqueça de que em administração é fundamental que você saiba identificar e aplicar o instrumento administrativo mais adequado para situação evidenciada, ou seja, tenha o conhecimento do conceito - o que é e para que serve -, da metodologia - como aplicar - e das possíveis técnicas auxiliares (ver Capítulo 2).

Outra dica importante

Como todo conteúdo deste livro está correlacionado ao seu curso de administração e ao seu plano de carreira é importante - para você - que seu processo de aprendizado seja gradativo, sustentado, evolutivo e direcionado à sua vantagem competitiva (ver seção 5.4.1).

m) Processo decisório e relatórios gerenciais

Processo decisório é a identificação das informações básicas inerentes a um assunto, bem como a escolha entre as hipóteses alternativas que direcionam a empresa a determinado resultado, incluindo o acompanhamento da aplicação da decisão operacionalizada na empresa.

Naturalmente, esse conceito do termo *processo decisório* pode ser diretamente alocado em uma pessoa, como você, que está tomando decisões diversas a todo o momento.

E quando se analisa essa questão de uma maneira mais estruturada os relatórios gerenciais podem ajudar pela elevação da qualidade decisória.

Relatório gerencial é o documento que consolida, de forma estruturada, as informações para o tomador de decisões.

Os relatórios gerenciais, desde que bem elaborados e utilizados, representam a principal sustentação para um otimizado processo decisório nas empresas e na vida das pessoas.

Você deve saber que a pesquisa operacional é a principal sustentação para a qualidade das decisões, mas não se esquecendo, naturalmente, da qualidade das informações e dos profissionais tomadores de decisões nas empresas.

Já foi explicado que **pesquisa operacional** é a metodologia administrativa estruturada que possibilita a otimização da atuação das equipes multidisciplinares nas questões inerentes ao planejamento, à solução de problemas e ao processo de tomada de decisões nas empresas, sendo que ela consolidou algumas técnicas auxiliares ao processo decisório nas empresas, resumidamente já apresentadas na seção 3.1.5, como análise do ponto de equilíbrio, teoria dos jogos, programação linear, teoria das redes, teoria das filas, análise estatística, programação linear, *just-in-time* e *kanban*, as quais você deve reler e acrescentar mais três técnicas, a saber:

- análise de previsões, que é uma técnica matemática auxiliar na análise de risco – a probabilidade de ocorrência de cada resultado é conhecida pelo decisor –, com a identificação estruturada do futuro da empresa, bem como da situação dos fatores externos ou não controláveis que podem influenciar esse futuro;
- matriz de resultados, que é também uma técnica matemática auxiliar na análise de riscos das empresas, interligando quatro variáveis: as estratégias, os cenários, as probabilidades de ocorrência de cada cenário, bem como os objetivos ou resultados esperados; e
- árvore de decisão, que também é uma técnica matemática auxiliar na análise de riscos das empresas, usada para situações que ocorrem em sequência, sendo que ela considera a probabilidade estimada de cada resultado esperado, o lucro ou perda associado a cada resultado esperado, bem como o valor estimado calculado pelas probabilidades e resultados esperados ao longo de cada *galho* da árvore de decisão.

Você percebe que nessa questão do assunto processo decisório houve uma interação entre contribuições da Escola Humanista e da Escola Quantitativa (ver seções 3.1.3 e 3.1.5)

Fique atento

Dentro desse processo evolutivo de apresentação dos assuntos administrativos, você deve estudar todas ou algumas dessas técnicas auxiliares, pois elas serão de elevada importância no processo de consolidação de sua vantagem competitiva como profissional da administração.

Essa *dica* vale para todos os assuntos abordados neste livro.

n) Ética e responsabilidade social

Ética é o conjunto estruturado e sustentado de valores, crenças e princípios considerados como ideais e que orientam o comportamento das pessoas, das equipes, das empresas e da sociedade como um todo.

Portanto, a ética é a base de sustentação equilibrada, lógica e socialmente aceita das pessoas, direcionando-as para o respeito mútuo e a evolução pessoal e profissional.

Fique atento

Você deve se posicionar - e se efetivar - quanto à ética no contexto geral e em três situações específicas: como estudante, como profissional de empresa e em sua vida pessoal.

Responsabilidade social é a abordagem das empresas e das pessoas como entidades sociais, dentro de um contexto interativo de dependência e de auxílio à sociedade onde elas atuam.

Portanto, a responsabilidade social é a atuação das empresas e das pessoas para interações positivas e construtivas junto a outras empresas, pessoas e comunidades, procurando o bem comum.

Fique atento

Você deve se posicionar, e se efetivar, quanto à responsabilidade social e à importância desta na vida das pessoas atuando em três situações: como estudante, como profissional de empresa e em sua vida pessoal.

o) Empreendedorismo e inovação

Empreendedorismo é o processo evolutivo e inovador dos conhecimentos, habilidades e atitudes dos profissionais direcionados à alavancagem dos resultados dos empreendimentos realizados e à consolidação de novos projetos estrategicamente relevantes, quer seja no âmbito de uma empresa ou em questões pessoais.

Você vai verificar que "ser empreendedor" é uma questão de espírito de atuação, sendo que na seção 5.4.2 são apresentadas algumas questões para você pensar a respeito e, se possível, exercitar em sua realidade.

As inovações estão fortemente sustentadas pelas ***startups***, que são empresas iniciantes que desenvolvem inovações no contexto amplo de um negócio ou na particularidade de uma questão operacional das empresas.

Como empreendedor você pode atuar em dois contextos básicos:

- *entrepreneur* ou empreendedor externo ou empreendedor que empreende um novo negócio ou empresa; e
- *intrapreneur* ou empreendedor interno ou empreendedor funcionário de uma empresa, sendo esse conceito criado em 1985 por Gifford Pinchot.

Os empreendedores estão, normalmente, associados a atividades de alto risco, principalmente pelo seu aspecto inovador, sendo que alguns empreendedores chegam a praticar a inovação sistemática em seu processo decisório.

A maioria das inovações bem-sucedidas explora a mudança; e o profissional inovador não precisa entender porque as coisas não funcionam como deveriam, pois o que ele procura é identificar como pode ser mudada determinada situação que não seja muito interessante para sua empresa.

Desafio

"Qual é a sua" como uma pessoa que busca - ou não - inovações?

Explicite algumas situações verdadeiras de sua vida e, depois, debata com dois colegas.

Faça um plano de seu desenvolvimento como possível inovador em suas ações.

As inovações podem estar baseadas:

- nas percepções que necessitam ser investigadas se ela é uma necessidade passageira ou permanente, bem como quais são realmente as consequências dessa situação; e
- nos conhecimentos, que são os mais importantes e lógicos, e proporcionam melhor sustentação para o desenvolvimento dos profissionais das empresas.

As inovações baseadas nos conhecimentos apresentam algumas características básicas, como:

- possuem elevado período de maturação, pois precisam ser aplicáveis à tecnologia considerada e, depois, transformadas em processos e, finalmente, em produtos ou serviços;
- quase nunca se baseiam em um só conhecimento, mas na convergência de vários tipos de conhecimento, sendo que nem todos são científicos ou tecnológicos, ocorrendo também a necessidade de conhecimentos administrativos;
- requerem análises meticulosas de todos os fatores componentes e de influência, inclusive quanto à sua disponibilidade ou obtenção; e

- não podem ser introduzidas por tentativas e erros, ou seja, o inovador tem que estar certo da primeira vez, pois dificilmente ele terá uma segunda oportunidade.

Nesse momento, é válido você relembrar quais escolas e teorias da administração – apresentadas na seção 3.1 – que proporcionaram contribuições diretas e efetivas, para a função da administração *gestão e desenvolvimento de pessoas* e que você tem a oportunidade de estudar de maneira específica ou genérica, em alguma disciplina de seu curso de administração, sendo que, neste último caso, pode ocorrer a utilização de outro nome que identifique essa disciplina.

Em ocorrendo essa situação, você não deve perder a oportunidade de já aprender, da melhor maneira possível, os referidos assuntos e instrumentos administrativos.

Na Tabela 4.5 são apresentadas algumas das contribuições das escolas e teorias da administração para a função da administração *gestão e desenvolvimento de pessoas.*

Tabela 4.5 - Teorias e suas contribuições para disciplinas de gestão e desenvolvimento de pessoas

ESCOLA	TEORIA	ASSUNTO OU INSTRUMENTO ADMINISTRATIVO	NOME DA DISCIPLINA
Clássica	Processo administrativo	• Funções da administração • Funções das empresas • Papel e atuação dos executivos	• Processo diretivo
Humanista	Relações humanas	• Liderança • Comunicação • Criatividade	• Liderança nas empresas • Comunicações nas empresas
	Comportamentalista	• Necessidades humanas e motivação • Clima organizacional • Estilo administrativo • Psicologia empresarial • Dinâmica de grupo	• Motivação • Estilos administrativos • Psicologia nas empresas • Comportamento humano nas empresas
	Desenvolvimento organizacional	• Diagnóstico empresarial • Técnicas de intervenção • Equipes multidisciplinares • Cultura organizacional	• Desenvolvimento organizacional • Cultura organizacional
Moderna	Excelência das empresas	• Administração participativa • Empreendedorismo • Responsabilidade social e ética • Administração do conhecimento	• Qualidade decisória • Empreendedorismo • Responsabilidade social e ética • Administração do conhecimento

Mais uma vez lembramos a necessidade de você considerar todos os aspectos evidenciados na função *planejamento* e nas outras funções, bem como todas as interações que devem ocorrer entre as diversas disciplinas no curso de administração.

Desafio

Analise, com detalhes, a grade curricular do seu curso de administração e identifique os instrumentos administrativos decorrentes da função *gestão e desenvolvimento de pessoas.*

Então, aloque o resultado em seu plano de carreira.

Naturalmente, existem várias outras questões inerentes à gestão e desenvolvimento de pessoas que aparecem, com maior ou menor intensidade, alocadas em disciplinas específicas, como relações trabalhistas, processo decisório e aprendizado.

4.1.4 Avaliação

Avaliação é a função administrativa que, mediante a comparação com padrões previamente estabelecidos, procura medir e controlar o desempenho e o resultado das estratégias e ações, com a finalidade de realimentar com informações os tomadores de decisões, de forma que possam corrigir ou reforçar esse desempenho, para assegurar que os resultados estabelecidos pelos planejamentos efetuados sejam alcançados.

Portanto, a função *avaliação* – ou controle –, desde que adequadamente estruturada e aplicada facilita, em muito, o processo decisório e os resultados das empresas e das pessoas.

Jirsak | iStockphoto

Com base nos sistemas de avaliação das instituições – empresas, faculdades etc. – e das pessoas – profissionais de empresas, estudantes etc. –, pode-se considerar que esses, possivelmente, passarão a ser cada vez melhor aceitos e evidenciando-se os seguintes aspectos:

- as pessoas e as instituições aceitarão serem avaliadas para se conhecerem melhor e terem a possibilidade de estruturar programas de aprimoramento;
- a questão anterior dará sustentação para que os sistemas de avaliação sejam otimizados;
- os sistemas de avaliação terão fortes participação e debates evolutivos de todos os envolvidos no processo;
- todos devem ser avaliadores e avaliados. Lembre-se de que o seu melhor amigo é o que fala o que pensa de você *na cara*; e
- os resultados das avaliações serão fundamentais para evolução das instituições e das pessoas.

Desafio

Explique, com detalhes e exemplos, o seu posicionamento quanto aos cinco aspectos básicos do sistema de avaliação anteriormente evidenciados.

E o que você vai fazer a respeito para evoluir nessas questões.

Depois debata com dois colegas.

a) Avaliação da empresa

Avaliação da empresa é o processo estruturado em que todos os fatores externos ou não controláveis pela empresa, em sua realidade atual e projetada futura, bem como todos os fatores internos ou controláveis, de forma sistêmica e sinérgica, são analisados e avaliados quanto aos possíveis resultados a serem apresentados.

O processo de avaliação de uma empresa não deve ser efetuado apenas para comprar, vender ou fazer associações diversas, mas também de forma periódica para se saber qual o valor da referida empresa; até porque esse processo consolida um repensar a respeito de alguns assuntos e atividades da empresa.

Na realidade, o processo de avaliação deve, idealmente, ser realizado numa situação de autoavaliação em *tempo real* e na *tarefa*, ou seja, o próprio executor e/ou decisor realiza a avaliação da atividade e/ou decisão no momento de sua realização, possibilitando que os ajustes possam ser feitos "aqui e agora" e, portanto, com os menores dispêndios possíveis.

Na prática, a avaliação de uma empresa deve ter a mesma amplitude e abordagem da análise de viabilidade de um projeto de empresa, em que se podem considerar sete componentes, a saber:

- análise do mercado (segmentações, produtos e serviços atuais e potenciais, participação de mercado atual e projetada, estágios do ciclo da vida de cada produto e serviço, evoluções e tendências do segmento);
- análise da tecnologia (inerente aos processos, aos produtos e serviços, e intensidade e velocidade da evolução tecnológica);
- análise da vantagem competitiva (a que o mercado quer "comprar", a que os concorrentes apresentam, a que nossa empresa quer consolidar);
- análise e estabelecimento das estratégias (inovadoras, diferenciadas, com atratividade no mercado, uso de técnicas estratégicas e de cenários);
- análise e consolidação de forte modelo de administração (operacionalizando, com qualidade, todas as funções da administração);
- análise da logística e de outros processos; e
- estabelecimento e análise dos indicadores de avaliação, principalmente os indicadores econômico-financeiros.

Com referência aos condicionantes da análise de viabilidade de investimentos, você pode considerar quatro fatores, a saber:

- situação dos fatores externos ou não controláveis pela empresa (oportunidades, ameaças, cenários, interações com os pontos fortes e fracos);
- sinergia entre os produtos e serviços oferecidos nos segmentos de mercado;

- qualidade das negociações realizadas no processo de análise de investimento (estilos de atuação, capacitações, resultados alcançados); e
- capacitação profissional das esquipes de trabalho (conhecimentos, habilidades, atitudes, equipes multidisciplinares, liderança, comprometimento).

De qualquer forma, você deve considerar outras sugestões práticas quando do desenvolvimento e da implementação do processo de avaliação nas empresas:

- ter interação com o sistema de informações da empresa;
- consolidar o momento ideal da aplicação do processo de avaliação e controle;
- ter interligação estruturada entre os níveis de avaliação (estratégico, tático e operacional);
- ter consistência no processo de avaliação e controle;
- administrar as resistências ao processo de avaliação, as quais, ocorrem quando ela é considerada desnecessária ou de difícil aplicação, mas também pela "famosa" questão das pessoas gostarem de avaliar os outros, mas não aceitam ser avaliadas;
- adequar o sistema de avaliação à realidade da empresa;
- considerar a relação custos *versus* benefícios;
- ter otimizado nível de participação e de envolvimento por parte de todos os níveis hierárquicos da empresa; e
- ter adequado nível de conhecimento por parte dos envolvidos.

Para refletir

Essas nove sugestões práticas estão direcionadas para o ambiente empresarial, no qual cargos, funções, atividades e hierarquias estão bem definidos e responsabilizados.

Analise as sugestões que se enquadram na realidade acadêmica, nas interações entre professores e alunos, apresentando detalhes e exemplos.

b) Avaliação de desempenho dos profissionais

Avaliação de desempenho dos profissionais é o processo estruturado, entendido e aceito pelas partes envolvidas – avaliadores e avaliados – quanto ao nível de capacitação, à forma de atuação e aos resultados alcançados em relação aos resultados esperados pela empresa.

Logicamente, cada pessoa deve aplicar esse processo quanto à sua realidade pessoal, pois isso representa a base de análise para uma evolução pessoal e profissional.

As principais questões no processo aplicativo da avaliação de desempenho são:

- utilização de indicadores de avaliação adequados, motivadores e desafiadores;
- efetivação e respeito aos resultados apresentados, para que possa ocorrer uma melhora planejada; e
- interação entre o processo de avaliação de desempenho dos profissionais e o processo de avaliação dos resultados da empresa onde esses profissionais trabalham.

Embora essas três questões possam parecer evidentes, pode acreditar que muitas empresas não respeitam, e até não sabem, da existência delas.

Desafio

Explique, com exemplos e justificativas, o seu posicionamento quanto aos processos de avaliação de desempenho; e como seus avaliadores e avaliados se sentem a respeito.

c) Indicadores de avaliação

Indicador de avaliação é o parâmetro e critério de verificação, previamente estabelecido que permite a análise da realização, bem como da evolução dos resultados apresentados pelas empresas e pelas pessoas.

Seguramente, você usa alguns indicadores de avaliação para verificar, na sua opinião, os seus resultados e de outras pessoas e de instituições diversas.

Embora essa situação seja evidente e, até, pareça ser fácil, não se pode esquecer de que o indicador a ser utilizado nesse processo de avaliação tem que ser estruturado, lógico e sustentado para que a análise decisória seja única e correta, pois, caso contrário, a interpretação do indicador levará a uma decisão esdrúxula e errada.

Para refletir

Pense numa situação a ser avaliada e aplique em indicador que você considera o mais adequado.

Depois, solicite para alguns amigos realizarem a mesma avaliação, sempre com justificativas.

Então, analise e debata os resultados.

Você pode ter algumas surpresas.

No campo da administração, para que ocorra determinado nível de homogeneidade e equidade, nas análises e avaliações de resultados foram estabelecidos alguns indicadores de avaliação que podem ser considerados clássicos.

Não é intenção, neste momento, de apresentar os vários indicadores de avaliação que a administração disponibiliza para os diversos processos de análise de resultados, mas apenas alguns exemplos que atendam determinadas partes das funções clássicas das empresas, conforme evidenciado na seção 4.2:

i) Quanto à função *marketing*

Nesse caso, você pode considerar os seguintes exemplos:

- participação no mercado, indicando, de forma evolutiva, o percentual que a empresa detém das vendas totais do setor que atua;
- conquista de novos clientes, analisando o número de novos clientes por segmento de mercado, bem como as vendas a novos clientes por segmento de mercado;
- fidelidade dos clientes atuais, considerando o percentual da base total de clientes que é cliente regular durante um período de tempo;
- efetividade das campanhas publicitárias e promocionais, analisando o incremento das vendas durante o período de divulgação;
- imagem institucional, analisando o percentual dos entrevistados que têm uma visão positiva da empresa, por meio de fatores como seus produtos e serviços, assistência pós-venda, respeito aos clientes, ações de responsabilidade social, número de reclamações com soluções e sem soluções etc.; e
- marca, analisando o percentual de entrevistados que se lembram da marca da empresa e/ou de seus produtos e serviços em primeiro lugar.

Desafio

Estabeleça alguns outros indicadores de avaliação correlacionados à função *marketing*.

Depois estabeleça uma possível ordem de importância deles com base em um critério determinado por você.

ii) Quanto à função *produção*

Para esse processo de avaliação você pode considerar os seguintes exemplos:

- qualidade dos produtos e serviços, analisando a conformidade de cada produto e serviço às especificações do processo produtivo e de qualidade;
- qualidade dos insumos adquiridos, verificando a conformidade de cada item comprado frente às especificações estabelecidas, à pontualidade de entrega, ao prazo de entrega e ao percentual do valor das compras referente a fornecedores com qualidade assegurada;
- eficácia da garantia de qualidade frente às conformidades estabelecidas pela empresa e pelos órgãos administradores competentes;
- interações com os fornecedores, verificando o percentual de ações corretivas respondidas a contento pelos fornecedores e o percentual de negociações bem-sucedidas; e
- perdas no processo produtivo, analisando o volume total de perdas ocorridas e de retrabalho em relação ao total produzido.

Desafio

Estabeleça alguns outros indicadores de avaliação correlacionados à função *produção*.

Depois, determine uma possível ordem de importância deles com a base em um critério estabelecido por você.

iii) Quanto à função *finanças*

Nesse caso você pode considerar os seguintes exemplos:

- liquidez corrente, que analisa a capacidade da empresa saldar seus compromissos imediatos, dividindo o ativo circulante pelo passivo circulante;
- crescimento da receita, dividindo o total da receita no período atual pelo total da receita no período anterior;
- margem bruta, que mede o equilíbrio entre a receita e a despesa da empresa, sendo obtido pelo total das vendas menos o custo dos produtos vendidos, dividido pelo total das vendas;
- geração de caixa, que mede o equilíbrio entre as contas a receber e as contas a pagar, bem como a velocidade do fluxo de caixa; e
- rentabilidade sobre o patrimônio líquido, resultante da divisão do lucro líquido pelo patrimônio líquido.

Pode ser que você tenha que pesquisar o significado de alguns termos financeiros utilizados nos diferentes indicadores de avaliação. Mas essa pesquisa é altamente válida e você vai ter que exercitar esse processo durante toda sua carreira como profissional de administração.

Desafio

Estabeleça alguns outros indicadores de avaliação correlacionados à função *finanças*.

Depois, determine uma possível ordem de importância deles com base em um critério estabelecido por você.

iv) Quanto à função *processos e tecnologia*

Para esse processo de avaliação você pode considerar os seguintes exemplos:

- conformidade do processo crítico, que mede o número de não conformidade do processo que é crítico para a empresa ou negócio ou produto ou serviço considerado;
- análise do processo de inovação, que mede o tempo do ciclo do projeto de produtos ou serviços, o custo em pesquisa e desenvolvimento, o retorno proporcionado pelos projetos de novos produtos, serviços e processos, bem como a receita proveniente de nossos produtos e serviços;
- eficiência operacional, analisando o percentual utilizado da capacidade de produção instalada;
- geração de ideias, que abrange o percentual de ideias de processos, atividades, produtos e serviços avaliados em relação ao total de pessoas envolvidas em seus desenvolvimentos, bem como o percentual de ideias aproveitadas em relação ao total de ideias apresentadas;
- qualidade do sistema de informações, que analisa o número de informações críticas disponíveis, dividido pelo total de informações críticas necessárias; e
- produtividade, que é calculada pela divisão do custo ideal do processo pelo custo real, lembrando que o custo real é a soma do custo médio das atividades e dos insumos diretamente ligados à execução do processo, e o custo ideal é obtido por meio de *benchmarking* junto a outras empresas que sejam consideradas referência por excelência.

Uma dica importante

Pratique o *benchmarking* com classe! Pelo *benchmarking* as empresas identificam as empresas de referência, copiam o que essas empresas fazem de melhor e, principalmente, começam a fazer melhor do que essas empresas de referência.

Não se pode comparar com o hipotético *benchmarking* quando um aluno, numa prova final no curso da faculdade, *colar* de um aluno-referência – bom aluno – e tirar nota maior do que esse aluno-referência.

Pense a respeito!

Desafio

Para sua complementação, estabeleça alguns outros indicadores de avaliação correlacionados à função *processos e tecnologia*.

Depois, determine uma possível ordem de importância deles com a base em um critério estabelecido por você.

Na realidade, você pode estabelecer vários conjuntos de indicadores de avaliação e, apenas como exemplo e para você completar, podem-se considerar os inerentes à função da administração *gestão e desenvolvimento de pessoas*, que é algo que afeta você, positiva ou negativamente, em várias situações e momentos de sua vida.

São eles:

- conhecimentos, habilidades e atitudes, medidos por meio do percentual médio cumprido do ideal estabelecido para o cargo ou função em análise. Ver exemplos dessas três capacitações nas seções 5.2.1, 5.2.2 e 5.2.3;
- comprometimento, que é analisado pelo percentual das pessoas que, efetivamente, se mostram envolvidas com os valores, os objetivos, as estratégias e as atividades da empresa;
- competência, que é medida pelo percentual das pessoas que não necessitam de supervisão direta, bem como o percentual de pessoas que se sentem com autoridade e delegação suficientes, o que pode ser medido por meio de pesquisa do clima organizacional (ver item "g" da seção 4.1.3);
- retenção de pessoas-chave, analisando a quantidade de profissionais com elevado conhecimento que se desligaram espontaneamente nos últimos 12 meses, dividido pelo total de pessoas-chave da empresa analisada;
- satisfação, considerando o percentual de pessoas que se declaram suficientemente motivadas e satisfeitas com as suas atividades e o ambiente de trabalho;
- eficácia dos treinamentos, em que se mede o percentual de pessoas treinadas que utilizam, na prática, os conhecimentos e as habilidades adquiridos no treinamento;
- melhoria contínua e produtividade, que analisa medidas do valor econômico agregado por pessoa como, por exemplo, receita total dividida pelo número de funcionários e o percentual realizado de metas individuais e das equipes de trabalho; e
- avanço na carreira, que verifica o percentual de oportunidades preenchidas por funcionários atuais e o percentual de pessoas que avançaram na carreira nos últimos 12 meses.

Desafio

Para sua complementação, estabeleça alguns outros indicadores de avaliação correlacionados à função *gestão e desenvolvimento de pessoas*.

Depois, determine uma possível ordem de importância deles com base em um critério estabelecido por você.

Fique atento

Você deve ter percebido que existe elevado nível de interação entre os indicadores de avaliação inerentes às diversas funções das empresas e da administração.

Isso é fundamental dentro do princípio da moderna administração integrada (ver seção 4.3).

Desafio

Estabeleça os indicadores de avaliação que os seus professores devem aplicar em você como aluno do curso de administração.

Evidencia-se que você solicitou aos seus professores que esses indicadores tivessem uma ação direta no seu plano de carreira para se tornar um administrador de sucesso e de valor para as empresas.

Você poderá se espantar com o que você vai estabelecer como seus indicadores de avaliação quando você pensa no seu futuro.

Independentemente do critério de avaliação a ser utilizado, deve-se lembrar de uma famosa frase estabelecendo que "tudo o que pode ser medido pode ser administrado"; entretanto, isso fica numa situação esquisita quando existe descrédito quanto aos próprios indicadores de avaliação, quer seja pela não utilização da medida certa, quer seja pela aplicação de medidas inadequadas para que os avaliados se sintam mais confortáveis quanto ao processo de cobrança de resultados, quer seja pelos elevados dispêndios em tempo e dinheiro para medir e melhorar atividades que pouco, ou nada, contribuem para a melhoria dos resultados da empresa, quer seja quando se fica "batendo boca" com pessoas que não aceitam ser avaliadas nem gostam de receber possíveis contribuições dos outros.

Lembre-se: avaliar e ser avaliado é uma grande oportunidade na vida!

Neste momento, é válido você relembrar quais escolas e teorias da administração – apresentadas na seção 3.1 – proporcionaram contribuições diretas e efetivas para a função da administração *avaliação* e que você tem a oportunidade de estudar de maneira específica ou genérica, em alguma disciplina de seu curso de administração, sendo que, neste último caso, pode ocorrer a utilização de outro nome que identifique essa disciplina.

Em ocorrendo essa situação, você não deve perder a oportunidade de já aprender, da melhor maneira possível, os referidos assuntos e instrumentos administrativos.

Essa estruturação, para sua análise, ajustes e aplicação, é evidenciada na Tabela 4.6:

Tabela 4.6 - Teorias e suas contribuições para disciplinas de avaliação

ESCOLA	TEORIA	ASSUNTO OU INSTRUMENTO ADMINISTRATIVO	NOME DA DISCIPLINA
Clássica	Processo administrativo	• Funções administrativas • Funções das empresas	• Avaliação de resultados
Quantitativa	Matemática	• Pesquisa operacional • Indicadores de desempenho • Análise de risco e decisão	• Matemática e estatística aplicada à administração • Pesquisa operacional • Análise de risco
Moderna	Excelência das empresas	• Administração do conhecimento	• Qualidade decisória • Administração do conhecimento

Lembramos que o elenco de disciplinas apresentadas quanto às contribuições das funções de administração – e das funções das empresas mostradas na seção a seguir – representam uma análise geral e resumida, sendo que você deve complementar as oito figuras evidenciadas nessas seções pela realidade de seu curso de administração.

Fique atento

Analise, com detalhes, a grade curricular de seu curso de administração e identifique os instrumentos administrativos decorrentes da função *avaliação*.

Aloque o resultado em seu plano de carreira.

4.2 Partes pelas funções das empresas

O estudo da administração pelas funções das empresas deve ser algo mais lógico e fácil para você, mas não se esqueça de que o nível de importância para que se consolide como administrador de sucesso é o mesmo quando se consideram as funções da administração – ver seção 4.1 –, porém com uma importante diferença: para toda e qualquer função das empresas você deve ter pleno conhecimento e aplicação das quatro funções clássicas da administração, mas pode ser aceitável –, porém não o ideal – que você tenha conhecimento superficial das três outras funções das empresas que não sejam a escolhida por você.

Essa realidade pode provocar uma situação – muitas vezes desagradável – nos processos de estudo das funções das empresas, pois é natural que não se tenha, naquele momento, a plena convicção e a decisão final quanto à função ou atividade empresarial escolhida para a sua vida profissional.

E mesmo que você já tenha definido, com sustentação, a função das empresas que será o seu foco profissional, pode ocorrer outro problema: você pode se concentrar com tal ênfase na referida função das empresas que ficou com conhecimentos apenas superficiais das outras três funções da empresa, provocando desagradável situação de não conseguir trabalhar com a moderna administração integrada, que é uma premissa fundamental para todo e qualquer administrador de sucesso.

Portanto, não existe escapatória: você tem que conhecer bem as quatro funções da administração, conhecer muito bem pelo menos uma função das empresas – para ter um início sustentado em sua vida profissional – e ter adequado nível de conhecimento das outras funções das empresas para trabalhar no principio da administração integrada – ver seção 4.3 – e para ter sustentação no caso de ocorrer alteração de rumo em sua carreira como administrador.

simarik | iStockphoto

Acredite: se você conseguir consolidar esse equilíbrio otimizado de conhecimento dos assuntos básicos da administração, terá toda a sustentação básica para desenvolver e consolidar a sua formação e atuação profissional de administrador de sucesso e que proporciona valor para as empresas e, portanto, será um profissional requisitado por essas empresas.

Fique atento

Estabeleça o seu planejamento de estudo e de consolidação de conhecimentos teóricos e práticos das funções da administração de forma interativa com as funções das empresas.

Para ficar mais atento

Explique o seu plano contingencial se você tiver que realizar alterações e adequações no seu planejamento de estudo anteriormente elaborado.

E identifique as principais dificuldades e facilidades que você vai enfrentar nesse processo de ajustes necessários.

4.2.1 Marketing

Marketing é a função das empresas responsável pela análise, planejamento, implementação e avaliação de estratégias e projetos estruturados, com a finalidade de atender – e até suplantar – as necessidades e expectativas de segmentos de mercado, bem como contribuir para o desenvolvimento sustentado da empresa ou negócio.

Você vai perceber que o marketing é uma ferramenta que você deve aplicar em seu plano de carreira como administrador, quer seja no contexto da empresa onde você trabalha ou para o mercado como um todo, criando e consolidando a sua "marca registrada".

O marketing, como toda e qualquer função das empresas, está em constante evolução, podendo-se considerar seis momentos nesse processo:

- inicialmente, a orientação era para a produção, e as atividades de marketing estavam apenas relacionadas a entregar os produtos onde eram comprados;
- depois, a orientação foi direcionada para a melhor qualidade dos produtos e serviços;
- a seguir, a orientação foi de vender bem para o cliente, para que ele compre mais vezes o produto ou serviço considerado;
- depois, o foco foi de atender as necessidades e expectativas dos clientes a partir de amplas pesquisas e programas de assistência pós-venda;
- a seguir, tivemos o foco no marketing socialmente responsável ou marketing societal, objetivando a melhora do bem-estar do cliente e da comunidade; e
- atualmente, o marketing tem uma abordagem holística em que se procura compreender e administrar toda a complexidade envolvida na função *marketing* de uma empresa.

Essas situações anteriores proporcionam sustentação para se afirmar que algumas tendências para a função *marketing* são:

- contribuição direta para a maior proteção dos clientes das empresas com campanhas promocionais verdadeiras, melhores informações e envolvimento com questões éticas, legais, sociais e ambientais;
- maior atuação na busca de qualidade de vida, com melhor utilização de informação, produtos e serviços corretos;
- preços mais adequados; e
- melhoria da qualidade e da utilidade dos produtos e serviços oferecidos ao mercado.

A seguir, são apresentadas algumas questões inerentes às principais partes da função *marketing*. São elas:

a) Produto ou serviço

Produto ou serviço é o que se disponibiliza para o mercado; portanto, pode ser considerado a razão de ser da empresa, ou de você!

A forma como você administra o produto ou serviço sob sua responsabilidade, desde a sua concepção e passando por todas as etapas do processo produtivo, até sua venda e assistência pós-venda, é de extrema importância para a qualidade dos resultados a serem evidenciados.

A amplitude que você vai proporcionar ao assunto *produto ou serviço* pode estar em sua situação máxima e, nesse caso, para exemplificar podemos considerar um cargo ou função que você um dia poderá ocupar: o de gerente de produtos.

É interessante a sua atuação, pois ele é responsável por tudo que acontece com uma linha de produtos, desde o seu estudo inicial e posterior lançamento, venda, qualidade, pós-venda etc., dentro de uma estruturação de processo, com suas atividades realizadas sequencialmente.

A forma de atuação do gerente de produtos deve ser:

- matricial, pois deve cruzar praticamente toda a estrutura da empresa, preferencialmente na contramão, iniciando pela análise de mercado, passando por vendas, logística, produção, tecnologia e chegando até a área financeira da empresa, representada, principalmente, pela rentabilidade dos produtos e serviços sob sua responsabilidade;
- negociadora, pois deve interagir com todas as áreas da empresa sem ter autoridade hierárquica e, portanto, deve saber, e muito bem, todos os aspectos principais de uma otimizada negociação; e
- criativa, pois a otimização e, principalmente, a alteração do ciclo de vida de um produto ou serviço depende de muita criatividade e iniciativa, bem como dos resultados efetivos do produto ou serviço.

Outra questão é que pela elevada amplitude de atuação e forte interação com as diversas áreas de uma empresa, a ficha de funções com a identificação das responsabilidades, autoridades e dos processos de comunicação e decisão do gerente de produtos ou serviços deve ser a mais detalhada possível.

Esse foi apenas um exemplo de um cargo ou função que exige forte análise quanto às suas características básicas.

Fique atento

Durante o curso de administração e em conversas com profissionais de empresas, procure entender, na plenitude, a amplitude e a forma de atuação dos cargos ou funções em uma empresa, principalmente os de seu possível interesse profissional.

Assim, você terá algumas facilidades interessantes em sua vida profissional.

b) Propaganda

Propaganda é o processo estruturado e criativo de divulgação de ideias, produtos, serviços, marcas, imagens e eventos por um patrocinador identificado.

Portanto, a propaganda é o instrumento de marketing cuja divulgação pode ser efetivada por diversos veículos – mídia –, como jornais, revistas, televisão, rádio, mala direta, cartazes, murais, *displays* de pontos de venda.

Desafio

Explique, com justificativas e exemplos, o instrumento de propaganda que considera o mais forte e eficaz.

Desafio

Identifique uma campanha de propaganda de um produto ou serviço que você considera de elevado impacto positivo no público em geral.

Liste, então, todas as atividades ligadas às funções da administração e às funções das empresas que devem ter sido consideradas nessa campanha de propaganda.

c) Promoção

Promoção é o processo estruturado de interação com o mercado comprador visando aumentar o volume de vendas da empresa.

Geralmente, você tem observado que essas interações com o consumidor final – que pode comprar por impulso ou emoção – envolve eventos programados, tais como exposições, feiras, demonstrações e, até, descontos de preços em produtos e serviços.

De qualquer forma, a promoção, assim como a propaganda, a publicidade e a embalagem, costumam ser maneiras interessantes de gerar maior demanda para os produtos e serviços das empresas.

Desafio

Identifique uma campanha promocional que você considerou de elevado impacto positivo no público em geral.

Liste, então, todas as atividades ligadas às funções da administração e às funções das empresas que devem ter sido consideradas nessa campanha promocional.

d) Ponto de venda

Ponto de venda é o local, na estrutura da distribuição da empresa, por meio do qual os seus produtos e serviços chegam aos compradores, geralmente os consumidores finais.

Esse processo é efetuado pelos canais de distribuição das empresas, representados pelas filiais, agências e representantes, bem como pelas empresas atacadistas e varejistas.

Desafio

Identifique um ponto de venda que você considera de atuação excelente.

Liste, então, todas as atividades ligadas às funções da administração e às funções das empresas que devem ter sido aplicadas nesse ponto de venda.

e) Formação de preços de produtos e serviços

Formação de preços é a identificação do valor que o mercado aceita pagar pelo produto ou serviço oferecido, correlacionado ao custo real e à margem de lucro pretendida pela empresa vendedora.

Portanto, o preço do produto ou serviço oferecido é determinado pelo mercado, e não pela empresa vendedora, sendo que existem determinados fatores de influência na formação dos preços dos produtos e serviços das empresas, tais como:

- nível de concorrência existente;
- qualidade e conhecimento das vantagens competitivas existentes, tanto da nossa empresa quanto de nossos concorrentes;
- tamanho e forma de segmentação do mercado;
- evolução de crescimento do mercado;
- nível de procura – total e da empresa – do produto ou serviço considerado;
- custo do produto ou serviço;
- margem de lucro pretendida pela empresa para o produto ou serviço;
- considerações legais; e
- políticas de descontos, quer seja de distribuidor, por quantidade, pela forma de pagamento ou pela localização geográfica.

Desafio

Identifique um produto ou serviço que fracassou por causa do seu preço final ao consumidor.

Imagine em quais funções da administração ou das empresas que a empresa idealizadora do produto ou serviço errou.

f) Marca

Marca é o *apelido* pelo qual uma empresa, produto ou serviço é identificado de maneira instantânea e direta pelo mercado.

A marca – e seu correspondente valor – é de elevada importância para a empresa, bem como para os seus produtos e serviços.

Existem marcas cujo valor é a principal parte do valor patrimonial total de muitas empresas grandes, como Coca-Cola, IBM, Ford, Pirelli, Mercedes-Benz, Goodyear, Louis Vuitton, Johnson & Johnson.

A principal razão disso é que a marca pode ser o fator essencial de um produto ou serviço ser *puxado* pelo mercado, ou seja, ele é facilmente identificado, localizado – existe interesse em ser representante dele –, comprado – o mercado sabe o que esperar dele – e divulgado pelo próprio mercado comprador, pois esse gosta de ter produtos e serviços que sejam fornecidos por empresas conhecidas, aumentando a divulgação "boca a boca".

Desafio

Identifique um produto ou serviço que você comprou "pela marca", e quais foram os resultados dessa decisão.

Imagine em quais funções da administração ou das empresas em que a empresa vendedora mais se baseou para incrementar a marca do referido produto ou serviço.

Existem outras partes integrantes da função *marketing* que você pode considerar em seus estudos, tais como:

- plano de marketing;
- administração de vendas;

- segmentação ou divisão de mercado, de acordo com as características e hábitos de diferentes grupos de clientes atuais e potenciais;
- posicionamento da empresa em diferentes segmentos de mercado, facilitando a diferenciação dos produtos e serviços oferecidos;
- canais de distribuição dos produtos e serviços da empresa, normalmente representados pelas filiais e lojas próprias, ou não, e pelas empresas atacadistas e varejistas;
- sistema de informações de marketing, considerando a coleta, o processamento, a análise, a aplicação, o controle e o aprimoramento das informações e, portanto, da qualidade do processo decisório;
- orientação ao mercado ou *market-in*, que corresponde à estratégia de trazer a "voz dos clientes" para dentro da empresa;
- endomarketing ou marketing interno, que é o processo de conquista e manutenção dos funcionários satisfeitos, motivados e produtivos;
- embalagem, que auxilia, e muito, a venda dos produtos;
- franquia – *franchising* –, que corresponde, na prática, a uma interessante maneira de se estruturar ampla rede de distribuição dos produtos e serviços, com baixo custo, nível de risco menor e maior probabilidade de sucesso pelo conjunto de empreendedores envolvidos no negócio;
- comércio eletrônico – *e-commerce* –, que é realizado pela Internet, com estruturação de *sites* de vendas, até a participação em *shoppings* virtuais, a partir de portais de provedores oficiais;
- financiamento, que corresponde a uma ferramenta auxiliar nas vendas, pela concessão de crédito ao comprador; e
- *leasing*, que começou a se consolidar no Brasil em 1967 e se caracteriza pela operação comercial-financeira em que um proprietário de um bem, seja o arrendador ou a instituição financeira, concede a um terceiro o direito de seu uso pleno por um período predeterminado, mediante pagamentos de valores mensais fixos ou reajustáveis, sendo que, ao final do contrato, o arrendatário do bem poderá optar pela sua compra, devolução ou, mesmo, a prorrogação do arrendamento do referido bem.

Fique atento

Aplique os conceitos de marketing evidenciados para produtos e serviços no contexto de seu marketing pessoal, fortalecendo o seu plano de carreira como profissional da administração.

Para tanto, use toda a sua criatividade, mas sem exageros!

Nesse momento, é válido você relembrar quais escolas e teorias da administração – apresentadas na seção 3.1 – que proporcionaram contribuições diretas e efetivas para a função das empresas *marketing* e que você tem a oportunidade de estudar, de maneira específica ou genérica, em alguma disciplina de seu curso de administração, sendo que, neste último caso, pode ocorrer a utilização de outro nome que identifique essa disciplina.

E, ocorrendo essa situação, você não deve perder a oportunidade de já aprender, da melhor maneira possível, os referidos assuntos e instrumentos administrativos.

A partir deste momento, são evidenciadas algumas contribuições das escolas e teorias da administração para as quatro funções básicas das empresas.

Lembramos, mais uma vez, que você precisa cruzar as contribuições das quatro funções da administração com cada uma das funções das empresas, caso contrário o seu aprendizado ficará muito restrito.

A Tabela 4.7 apresenta algumas contribuições para a função *marketing*, sendo interessante – e necessário – que você complemente com a realidade de seu curso de administração.

Tabela 4.7 - Teorias e suas contribuições para as disciplinas de marketing

ESCOLA	TEORIA	ASSUNTO OU INSTRUMENTO ADMINISTRATIVO	NOME DA DISCIPLINA
Clássica	Administração científica	• Estruturação da especialização dos trabalhos	• Administração de marketing (parte)
	Processo administrativo	• Funções da administração • Funções das empresas	• Administração de marketing
Humanista	Relações humanas	• Liderança • Comunicação • Criatividade	• Comunicações empresariais • Propaganda e publicidade
	Desenvolvimento organizacional	• Pesquisas (internas e de mercado)	• Pesquisas mercadológicas
Moderna	Administração de processos	• Desenho de processos • Qualidade total	• Qualidade total
	Excelência das empresas	• Administração do conhecimento	• Administração do conhecimento

4.2.2 Produção

Produção é a função das empresas que cuida da transformação dos insumos – matérias-primas, energias, informações – em produtos e serviços, utilizando, de forma organizada, os recursos e os conhecimentos da empresa.

Neste livro, o termo *produção* se refere tanto a produtos como a serviços.

Caso você decida trabalhar como administrador da produção, deve saber que os sistemas de produção nas empresas podem ser de cinco tipos básicos:

- por projetos, que são direcionados para itens complexos e envolvendo diferentes conhecimentos ao mesmo tempo e com resultados incertos, tais como produção de barcos, cirurgias médicas, eventos musicais, serviços de consultoria e de treinamento;
- por encomenda, que se inicia com o pedido e as encomendas vão sendo entregues à medida que ficam prontas, não existindo, portanto, estoques de produtos acabados, como no caso da produção artesanal de móveis;
- por lotes, em que se repete o mesmo tipo de produto ou serviço em momentos específicos, como a produção de carros esportivos ou a instalação elétrica em um edifício;
- em massa, quando são produzidas grandes quantidades do produto ou serviço, como a produção de geladeiras e a realização de serviços padronizados; e
- contínua, em que a flexibilidade é baixa e a interrupção é nula, tais como as fundições e as gerações de eletricidade.

E você deve estar atento a possíveis evoluções da função *produção* nas empresas, como:

- incremento de valor nas transformações dos insumos para que os produtos ou serviços oferecidos ao mercado proporcionem maior valor, tanto para as empresas vendedoras – pelos resultados de

Tramino | iStockphoto

vendas – como para os compradores, pela qualidade do item comprado e pela satisfação da necessidade atendida;

- aprimoramento das técnicas de programação da produção, principalmente pela evolução da informática e da tecnologia da informação;
- aumento do nível de flexibilidade da produção, considerando o processo produtivo, os produtos ou serviços, o volume de produção, bem como a efetivação das entregas aos compradores; e
- introdução de elevadas tecnologias no processo produtivo, como a robótica, que está, cada vez mais, disseminada e inserida nos processos de produção.

Desafio

Comente a sua possível atuação profissional em administração da produção e as influências que receberá das quatro questões apresentadas.

A função *produção* tem algumas partes básicas, tais como:

i) Programação e controle de produção

Programação e controle de produção (PCP) é a atividade que procura garantir o balanceamento entre a capacidade produtiva disponível e a demanda de mercado, a disponibilidade dos recursos necessários nas quantidades e tempos certos, bem como os níveis de produtividade e qualidade planejados para os produtos e serviços da empresa.

Para consolidar a PCP você deve considerar, no mínimo, as seguintes atividades:

- alocação da carga de trabalho, quando é determinada a quantidade de trabalho de cada núcleo – máquina, célula, posto de serviço, grupo de trabalho –, sendo que a quantidade total de cada trabalho sofre reduções provocadas por manutenções – ver item *iii* –, feriados etc. E você pode utilizar duas técnicas auxiliares: o Gráfico de Gantt – com os trabalhos diários, semanais etc., as programações *versus* as realizações – e a programação linear com os resultados esperados, os parâmetros para medições, as ações necessárias e as restrições decorrentes das limitações dos diversos recursos da empresa;

- sequenciamento, em que é estabelecida a ordem de execução dos trabalhos com os fatores de influência, como as datas prometidas para entrega do produto ou serviço, a prioridade específica de algum trabalho, a política de atendimento de acordo com a chegada dos pedidos e a política de realização dos trabalhos simples *versus* complexos e curtos *versus* longos; e
- programação propriamente dita, que pode ser orientada para o início dos trabalhos – foco na data mais cedo que a atividade deve estar concluída – ou para o término dos trabalhos, em que o foco é a data mais cedo do início da atividade ou trabalho seguinte.

ii) Administração de materiais

Administração de materiais é a atividade que otimiza os níveis de estoque de produtos acabados, em processamento e de matérias-primas, bem como estabelece os lotes econômicos de compras a serem realizados pela empresa.

O controle de estoques é algo importante, pois o custo total dos estoques é formado pelo custo de produção ou de compra do produto, pelo custo de manutenção do estoque – capital empregado, espaço, perdas, roubos, incêndios, salários – e pelo custo da falta de estoque, o que, inclusive, pode fazer um cliente comprar da empresa concorrente.

Os estoques podem ser classificados como:

- de segurança, para atender oscilações de demanda de produtos;
- de oportunidade, para aproveitar esporádicos preços baixos;
- de ciclo, para atender demandas entre duas datas estabelecidas para as compras; e
- de fornecedor, para produtos atualmente não disponíveis, mas que o fornecedor já formalizou o compromisso de entregar em breve.

Você também deve ficar atento ao lote econômico de compra, que procura minimizar o custo total de compras, evitando lotes de compras muito grandes, pois aumentam o custo de manutenção de estoque, mas também não devem ser lotes pequenos, por causa do custo do pedido de compra. Portanto, deve-se analisar a quantidade ideal de compra e o intervalo ideal entre as compras.

Ocorreu uma extrapolação desse conceito para o lote econômico de produção, que determina o tamanho ideal do lote do produto fabricado e que recebe influência dos seguintes fatores:

- nível de demanda do produto;
- custo de preparação – *set up* – das máquinas e equipamentos; e
- custo financeiro – juros, perdas de outras oportunidades de aplicação – de manter o produto em estoque na empresa.

Atualmente, existem algumas técnicas auxiliares com ferramentas sofisticadas para controle de estoques como o MRP – *Material Requirements Planning* ou planejamento de requisitos de materiais, que cuida da quantidade e do momento ideais para compra de itens de demanda dependente, ou seja, itens que dependem de outro item, tais como o número de pneus depende da quantidade de veículos a serem produzidos.

iii) Manutenção dos sistemas de produção

Manutenção dos sistemas de produção é a atividade que cuida da conservação e do uso de equipamentos, máquinas, edifícios e instalações em geral, visando aos objetivos da empresa.

Caso você decida atuar nessa área de conhecimento, deverá considerar cinco tipos de serviços de manutenção:

- preventiva, com a finalidade de prevenir a quebra ou o mal funcionamento de máquinas, equipamentos, veículos etc.;
- corretiva, com a finalidade de recondicionar uma instalação, máquina ou equipamento que quebrou ou está funcionando de forma inadequada e/ou custosa;
- sistemática, com a finalidade de realizar serviços regulares e antecipadamente programados, mesmo que não esteja no manual de utilização do fabricante do produto;
- prescritiva, com a finalidade de prescrever uma manutenção quando existem indícios de necessidade; e
- global, com a finalidade de consolidar os quatro tipos de manutenção citados, dentro de um plano de manutenção global de empresa.

Desafio

Identifique situações em sua vida pessoal em que você aplicou, ou deixou de aplicar, algum desses tipos de serviços de manutenção e quais foram os resultados.

iv) Localização da fábrica

Localização da fábrica é a análise estruturada do melhor local onde uma fábrica deve ser instalada, respeitando estudos de compra de insumos, mercado de mão de obra, sistema viário, custos de diversos itens necessários ao funcionamento operacional, incentivos fiscais, mercado comprador, parceria em sistemas de distribuição, interação com a comunidade, qualidade de vida, entre outras análises.

Esse é um assunto de elevada importância, principalmente neste momento em que o nosso país está sofrendo sérias restrições operacionais pela má qualidade da infraestrutura, tais como rodovias, portos, ferrovias.

Concluído o projeto de localização da fábrica, deve-se trabalhar no projeto de arranjo físico, o qual determina a localização ideal dos recursos da fábrica – pessoas, mesas, arquivos, máquinas, equipamentos – utilizados no processo produtivo da fábrica.

Você pode considerar outros instrumentos administrativos inerentes à função *produção*, como:

- engenharia do produto, onde deve ocorrer a pesquisa do produto ou serviço, a sua concepção básica, os possíveis estudos de sua evolução, a determinação do seu valor econômico e as razões da sua provável aceitação pelo mercado comprador;
- desenvolvimento do produto ou serviço, com detalhamento do seu processo produtivo, incluindo experimento e desenvolvimento de protótipos para testes da garantia de sucesso final;
- especificação do produto ou serviço, quando são estabelecidos detalhes operacionais, tais como medidas, quantidades, níveis e padrões de qualidade do produto ou serviço;
- especificação do processo, explicitando como o produto vai ser produzido e o serviço vai ser operacionalizado;
- capacidade produtiva, baseada no nível provável de demanda;

- produção *enxuta*, que é baseada na técnica *just-in-time*, que estabelece que os componentes devem ser produzidos em lotes pequenos e entregues ao estágio seguinte do processo no momento estabelecido, ou seja, "pontualmente"; e
- análise e engenharia do valor, quando são avaliadas as funções dos componentes do projeto de um produto ou serviço, com a finalidade de identificar materiais, atividades e processos que podem ser substituídos por outros mais baratos sem prejudicar as funções e as utilidades originais do produto ou serviço.

Desafio

Analise as possíveis dificuldades e facilidades que você deverá ter com os assuntos da função *produção* evidenciados no texto - pesquise também outros assuntos - e finalize explicando, com detalhes, como você pretende consolidar uma situação diferenciada como profissional dessa área.

No final, estabeleça, com sustentação, o seu nível de vocação para trabalhar como administrador da produção.

Nesse momento, é válido você relembrar quais escolas e teorias da administração – apresentadas na seção 3.1 – que proporcionaram contribuições diretas e efetivas para a função das empresas *produção* e que você tem a oportunidade de estudar, de maneira específica ou genérica, em alguma disciplina de seu curso de administração, sendo que, neste último caso, pode ocorrer a utilização de outro nome que identifique essa disciplina.

Em ocorrendo essa situação, você não deve perder a oportunidade de já aprender, da melhor maneira possível, os referidos assuntos e instrumentos administrativos.

Essa estruturação, para sua análise, ajustes e aplicação, é evidenciada na Tabela 4.8:

Tabela 4.8 - Teorias e suas contribuições para as disciplinas de produção

ESCOLA	TEORIA	ASSUNTO OU INSTRUMENTO ADMINISTRATIVO	NOME DA DISCIPLINA
Clássica	Administração científica	• Estruturação da especialização dos trabalhos • Análise da produção em massa • Estudos dos tempos e métodos	• Administração industrial • Tempos e métodos
	Processo administrativo	• Funções da administração • Funções das empresas	• Administração da produção
Quantitativa	Matemática	• Pesquisa operacional	• Pesquisa operacional
Moderna	Administração de processos	• Desenho de processos • Qualidade total	• Qualidade total
	Excelência das empresas	• Administração do conhecimento	• Administração do conhecimento

4.2.3 Finanças

Finanças é a função das empresas que cuida da administração dos recursos econômicos – patrimoniais – e financeiros, com a finalidade de maximizar o valor de mercado da empresa e a remuneração de seus acionistas e investidores.

Mas também ajuda as pessoas a cuidarem, de maneira adequada, de suas finanças, economias e investimentos.

agrobacter | iStockphoto

A função *finanças* está em constante evolução e podem ser identificadas algumas tendências a respeito:

- melhor utilização de suas diversas partes, sendo que essa afirmação, aparentemente esquisita, decorre do fato de muitas empresas não utilizarem instrumentos administrativos "mais complexos", como a contabilidade gerencial e a análise de viabilidade;
- a função *finanças* deverá se tornar o *centro nervoso* dos processos de planejamento e de avaliação das empresas em geral, até porque suas partes mais simples e totalmente utilizadas pelas empresas, como a contabilidade geral e o fluxo de caixa, facilitam o processo de catalisação, consolidação, análise e disseminação das informações inerentes ao planejamento e avaliação das empresas; e
- o executivo financeiro será cada vez mais valorizado nas empresas tendo em vista o nível de impacto – positivo ou negativo – de suas decisões.

Desafio

Comente o que você considera sobre o processo evolutivo da função *finanças* e como você vai se posicionar a respeito.

A função *finanças* apresenta algumas importantes partes como as apresentadas a seguir:

a) Controladoria

Controladoria é o processo de planejamento, execução e avaliação econômico-financeira com a finalidade de assegurar os resultados estabelecidos pelos acionistas ou quotistas da empresa.

A controladoria, como quase todos os outros assuntos administrativos apresentados neste livro, proporciona um amplo leque de atuação para os profissionais das empresas, pois abrange várias áreas, como:

- contabilidade geral ou financeira (ver item *i* a seguir);
- contabilidade gerencial (ver item *ii*);
- contabilidade e análise de custos (ver item *iii*);

- orçamento econômico-financeiro (ver item *iv*);
- tesouraria, com as atividades de fluxo de caixa, contas a receber e contas a pagar (ver item "b");
- investimentos e análise de viabilidade (ver item "c").

Evidencia-se que os dois últimos assuntos – tesouraria e investimentos – ficam fora da controladoria em algumas empresas.

A controladoria também tem forte atuação em dois assuntos administrativos:

- relatórios gerenciais, que são documentos que consolidam, de forma estruturada, as informações para o tomador de decisões, sendo que essas informações são decorrentes de todas as funções da administração e das funções das empresas; e
- estrutura de análise e de formação de preços dos produtos e serviços das empresas, assunto que deve ser estudado junto com a área de marketing da empresa (ver item "e" da seção 4.2.1).

Mas você nunca deve alocar a auditoria interna sob supervisão da controladoria – como este autor já encontrou em algumas empresas –, pois uma das principais funções da auditoria interna é analisar a veracidade dos trabalhos realizados pela controladoria.

Você verifica que, resumidamente, a controladoria desempenha as seguintes funções básicas:

- consolidar, analisar e disponibilizar informações econômico-financeiras para as diversas áreas da empresa;
- apoiar a avaliação da empresa, de cada uma de suas áreas, negócios, produtos e serviços, bem como dos executivos e demais profissionais da empresa; e
- atender agentes do governo e representantes legais de instituições diversas, bem como analisar o impacto das legislações no resultado econômico-financeiro da empresa.

Analisando as principais partes da controladoria, tem-se:

i. Contabilidade geral

Contabilidade geral – ou financeira – é a consolidação estruturada e sistemática, com análises periódicas, das movimentações e resultados do patrimônio, das receitas, das despesas e dos resultados das empresas.

Se você decidir atuar na área da contabilidade geral de uma empresa, deverá ter registro específico e executará atividades como desenvolver e prover dados para mensurar o desempenho da empresa, avaliando a sua posição financeira perante os impostos, contabilizando seu patrimônio, elaborando suas demonstrações e relatórios contábeis, reconhecendo as receitas e as despesas nos momentos em que elas ocorrem, sendo esse chamado de regime de competência.

Você verifica que o profissional da contabilidade complementa a atuação do executivo financeiro, pois este último enfatiza a tesouraria e o fluxo de caixa, para saber a real situação e capacidade financeira da empresa para satisfazer suas obrigações e adquirir novos ativos necessários.

Existe um instrumento administrativo inerente à contabilidade que está, cada vez mais, ganhando importância para as empresas, que é o **balanço social**, pelo qual as empresas demonstram, por meio de indicadores preestabelecidos e comuns entre as empresas, o cumprimento de sua responsabilidade social, incluindo, também, as questões éticas e ambientais.

ii. Contabilidade gerencial

Contabilidade gerencial é o processo estruturado de identificação, consolidação, medição, análise, interpretação e disseminação de informações econômico-financeiras e físicas para a adequada administração da empresa e cada um de seus negócios, produtos e serviços pelas diversas unidades organizacionais envolvidas.

Pode-se considerar que o principal público da contabilidade gerencial é o interno – executivos e demais profissionais –, ao contrário da contabilidade geral, cujo principal público é o externo, constituído pelo governo, por fornecedores e acionistas.

De forma resumida, você pode considerar que um profissional que atua na contabilidade gerencial exerce as seguintes atividades:

- análise econômico-financeira da empresa, com seus diversos dados e informações a partir, principalmente, dos demonstrativos financeiros;
- análise de balanços e balancetes para conhecimento do estado econômico, financeiro e residual das contas contábeis, com as modificações ocorridas, suas causas e consequências, pelas projeções e simulação realizadas;
- análise horizontal e vertical das variações e das representatividades dos resultados apresentados pelas diversas contas contábeis, incluindo o cálculo dos quocientes de variação e sua relação de causa *versus* efeito; e
- análise e controle da circulação de capitais para saber o volume de investimentos, bem como a sua origem e destino (fornecedores, acionistas, expansão dos negócios).

iii. Contabilidade de custos

Contabilidade de custos é a alocação e análise sistemática dos valores resultantes dos processos e atividades de operacionalização, transformação, desenvolvimento e comercialização dos produtos e serviços de empresas.

O profissional responsável deve estabelecer os critérios de apropriação de custos às atividades e aos produtos e serviços das empresas, bem como os tipos de custos, como:

- custo-padrão, para análise comparativa entre o esperado e o realizado;
- custos por atividades, para alocação ao longo das atividades de um processo; e
- custos de oportunidade, para correlacionar as oportunidades que serão deixadas de lado, caso a empresa empregue seus recursos em sua utilização de maior valor ou de maior interesse específico no momento.

iv. Orçamento

Orçamento é o planejamento, a movimentação e o controle de todas as atividades da empresa que envolvam investimentos, receitas, despesas e análise de resultados durante um período de tempo.

Você deve estabelecer o mesmo horizonte de tempo para o planejamento estratégico e o orçamento, pois essa representa uma situação interessante e simples de interligar as questões estratégicas e operacionais – orçamento – das empresas.

Se você for um profissional da área de orçamentos, poderá proporcionar os seguintes benefícios para as empresas:

- melhor identificação das necessidades – e seus momentos – da empresa, quanto a investimentos, quer seja com recursos próprios ou de terceiros;
- moderação e equilíbrio na ocorrência de despesas, pois essas passam a depender de autorização prévia;
- maior interação e cooperação entre as diversas áreas da empresa, pois o resultado final comum – lucro – depende do respeito ao orçamento e do trabalho conjunto de todos os profissionais da empresa;
- melhor qualidade no processo decisório, pela existência de informações mais adequadas e planejamento mais respeitado, eficiente e eficaz;
- melhor acompanhamento, avaliação e aprimoramento das ações implementadas e dos resultados alcançados pela empresa;
- melhor atenção dos órgãos financiadores de recursos, bem como do público em geral (acionistas, compradores, vendedores, funcionários etc.); e
- melhor qualidade administrativa, inclusive pela incorporação prática e em *tempo real* de questões inerentes ao processo de planejamento e avaliação na empresa.

b) Tesouraria

Tesouraria é o planejamento, análise, execução e avaliação das movimentações financeiras de caixa, bancos, contas a pagar e contas a receber das empresas.

O foco básico da tesouraria é o fluxo de caixa com duas análises:

- das *entradas* no caixa da empresa, com verificações das previsões de vendas, das condições de realização dessas vendas, do comportamento dos recebimentos das vendas a crédito, do comportamento dos recebimentos das cobranças, das multas a serem recebidas etc.; e
- das *saídas* do caixa da empresa, com informações sobre as políticas de compras, as condições de pagamento, as despesas administrativas e comerciais, os juros, os impostos, entre outros assuntos.

Uma questão prática importante é que você deve projetar o fluxo de caixa para um período idêntico ao do balanço projetado – decorrente da contabilidade geral –, do orçamento projetado, bem como do planejamento estratégico; sendo, neste último caso, pelo menos para o primeiro ano do planejamento elaborado.

Existem outros assuntos financeiros que você deve ter conhecimento, como:

- análise de financiamentos para identificar a melhor estrutura de capital – fontes de fundos – para a empresa e para os seus acionistas, quanto ao retorno desejado;
- distribuição de dividendos, em que se estabelece o percentual do lucro apresentado pela empresa no exercício considerado – geralmente um ano – que deve ser distribuído aos acionistas ou quotistas;
- emissão de títulos, tais como as debêntures – títulos de dívida a longo prazo, com juros fixos e valor de resgate corrigido – e as novas ações das empresas S.A – Sociedades Anônimas, que são distribuídas pela Bolsa de Valores, com ajuda de instituições especializadas em subscrições de ações;
- empréstimos de terceiros, geralmente de curto prazo e com recursos provenientes de bancos, agências governamentais – BNDES etc. – e outras empresas; e
- plano de negócios, que é um assunto que envolve, fortemente, todas as funções da administração e funções das empresas.

Plano de negócios pode ser considerado o estudo estruturado de todos os negócios, produtos e serviços – atuais e potenciais – de uma empresa ou de um empreendimento a ser consolidado, considerando todas as suas questões estratégicas e táticas – e algumas questões operacionais – com enfoque geralmente direcionado à análise de viabilidade econômico-financeira.

Você verifica que o assunto *plano de negócios* é algo que você, certamente, vai praticar em sua vida profissional; e para detalhes, analisar o livro *Empreendedorismo: vocação, capacitação e atuação direcionadas para o plano de negócios*, dos mesmos autor e editora.

Fique atento

Aplique os conceitos dos termos da função *finanças* evidenciados no texto para a vida pessoal, fortalecendo também o desenvolvimento e a qualidade do seu plano de carreira como profissional da administração.

Faça comentários a respeito de suas possíveis dificuldades e facilidades nesse processo.

Depois, faça uma pesquisa de outros assuntos que se encaixam na função *finanças* e realize as mesmas análises anteriores.

Nesse momento, é válido você relembrar quais as escolas e teorias da administração – apresentadas na seção 3.1 – que proporcionaram contribuições diretas e efetivas para a função das empresas *finanças* e que você tem a oportunidade de estudar de maneira específica ou genérica, em alguma disciplina de seu curso de administração, sendo que, neste último caso, pode ocorrer a utilização de outro nome que identifique essa disciplina.

Em ocorrendo essa situação, você não deve perder a oportunidade de já aprender, da melhor maneira possível, os referidos assuntos e instrumentos administrativos.

A Tabela 4.9 apresenta algumas contribuições das escolas e teorias da administração para as disciplinas do curso de administração que abordam a função das empresas *finanças*, que representa outro importante assunto administrativo no qual você poderá querer se especializar.

Tabela 4.9 – Teorias e suas contribuições para as disciplinas de finanças

ESCOLA	TEORIA	ASSUNTOS OU INSTRUMENTOS ADMINISTRATIVOS	NOME DA DISCIPLINA
Clássica	Administração científica	• Análise de custos • Estruturação da especialização dos trabalhos	• Administração de custos • Administração financeira (parte)
	Processo administrativo	• Funções da administração • Funções das empresas	• Administração financeira
Quantitativa	Matemática	• Análise de risco e decisão • Teoria dos jogos	• Análise de risco
Moderna	Administração de processos	• Desenho de processos • Qualidade total	• Qualidade total
	Excelência das empresas	• Administração do conhecimento	• Administração do conhecimento

4.2.4 Processos e tecnologia

Inicialmente, são apresentados os conceitos de dois termos administrativos:

- **processo** é o conjunto estruturado de atividades sequenciais que apresentam relação lógica entre si, com a finalidade de atender e, preferencialmente, suplantar as necessidades e expectativas dos clientes internos e externos da empresa; e
- **tecnologia** é o conjunto de conhecimentos que são utilizados para melhor operacionalizar as atividades da empresa, para que seus objetivos possam ser alcançados.

Portanto, **processo e tecnologia** podem ser conceituados como a função das empresas que aborda as atividades que devem ser realizadas e os conhecimentos necessários para atender a todos os clientes – externos e internos, atuais e potenciais – da empresa.

Você verifica que dois conceitos – processos e tecnologia – caminham juntos, mas têm abordagens diferentes no campo da administração.

Esses dois assuntos estão em constante evolução, sendo que podem ser consideradas algumas tendências, a saber:

- estruturação de mais metodologia e técnicas simples, completas e interligadas para o desenvolvimento e a operacionalização das atividades administrativas das empresas;
- consolidação de um novo perfil de conhecimento e de atuação dos profissionais das empresas; e
- aumento da flexibilidade empresarial pelo desenvolvimento de "novas maneiras de fazer as coisas".

Você pode considerar que a função *processos e tecnologia* pode apresentar algumas partes na administração das empresas:

a) Desenho de processos

Já foi evidenciado – ver item I da seção 3.1.7 – que **desenho de processos** é a metodologia estruturada para identificar, ordenar em sequência lógica e otimizada, e também implementar e avaliar as atividades que contribuem, direta ou indiretamente, para o maior valor agregado para as empresas, bem como seus diversos públicos (clientes, fornecedores, funcionários, governos, comunidade).

Deve-se lembrar de que **valor agregado** é o aumento do valor final de um negócio, produto ou serviço, resultante de uma mudança evolutiva na tecnologia aplicada no processo, na atividade ou no conhecimento, o qual contribui para a alavancagem do valor global da empresa. É o "fazer melhor com inteligência".

Pode-se afirmar que a quase totalidade dos instrumentos administrativos – novos e antigos – estão sustentados pela estruturação de processos administrativos.

E você pode comprovar que existe uma lógica muito simples no delineamento dos processos administrativos, tanto que uma proposta é, independentemente de ter ou não cursado a disciplina Administração de Processos – ou outro nome –, estabelecer, do seu jeito, as sequências de atividades de alguns processos estruturados que estão em sua vida: sua rotina de estudo, sua rotina de elaboração e debate dos trabalhos acadêmicos etc. Se quiser pode buscar ajuda no livro *Administração de processos*, dos mesmos autor e editora.

b) Qualidade total

Você já sabe que **qualidade total** é a capacidade de um produto ou serviço de satisfazer – ou suplantar – as necessidades, exigências e expectativas dos clientes externos e internos da empresa.

Os sistemas de qualidade, que se iniciaram na década de 1920, passaram, de maneira geral, por quatro momentos específicos:

- momento 1: controle final do produto ou serviço, que é baseado na inspeção final dos produtos e serviços da empresa;

- momento 2: controle estatístico de processo, que é baseado na segurança e no "zero defeito";
- momento 3: garantia da qualidade, que é baseada em processos, normas e procedimentos formais; e
- momento 4: qualidade total, que é sustentada na satisfação dos clientes e na competitividade.

Na prática, a qualidade total deve estar sustentada por cinco fatores, os quais devem estar em constante equilíbrio:

- projeto respeitado e ausência de erros;
- uniformidade e regularidade nas diversas atividades do processo de realização dos produtos e serviços;
- conformidade aos requisitos e especificações dos produtos e serviços;
- equilíbrio entre o valor proporcionado pelo produto ou serviço e o preço cobrado pelo mesmo; e
- excelência em todas as atividades da empresa.

Infelizmente, quando se compara o desempenho médio do Brasil em termos de qualidade total com o padrão mundial, considerando-se os países desenvolvidos, verifica-se uma situação problemática que, embora tenha apresentado melhoras, essas têm sido, em significativa parte das vezes, insuficientes e segmentadas; e essa situação tem afetado fortemente o nível de produtividade do Brasil, colocando o nosso país em uma situação desconfortável de competitividade.

A consolidação de sistemas de qualidade total, embora seja algo trabalhoso por envolver todas as pessoas e atividades das empresas, é facilitada pelo fato de todo processo ser normatizado pela série ISO, desenvolvida pela Organização Internacional para Normatização, sediada em Genebra, que explicita como as análises, procedimentos, critérios, diretrizes, gestão e auditorias devem ser consolidadas para a obtenção das certificações de qualidade.

São várias as séries ISO, sendo cada uma com um foco de atuação, e elas, interligadas com outros sistemas, proporcionam um processo global de administração integrada, partindo, por exemplo, da série 9000 (Gestão da Qualidade), passando pela série 14000 (Gestão Ambiental) e pela série 18000 (Gestão da Saúde e Segurança), e chegando na série 8000 (Gestão da Responsabilidade Social), ou seja, pode-se consolidar uma postura de atuação responsável com uma administração socialmente responsável.

Essa questão de sistemas de qualidade total sustentada pelas normas ISO chegou ao ponto de tentar proporcionar maior segurança para as empresas quanto ao nível de corrupção existente – inclusive no Brasil – sendo que no nosso país foi recentemente lançada a versão brasileira da norma ISO 37001, pela Associação Brasileira de Normas Técnicas (ABNT), correspondente à NBR ISO 37001:2017, denominada Sistemas de Gestão Antissuborno, com a finalidade de apoiar as empresas a combater os subornos por meio de uma cultura de integridade, transparência e conformidade com as leis e regulações aplicáveis, por meio de requisitos, políticas, procedimentos e controles adequados para se lidar com os riscos de suborno, embora ela não tenha a abrangência para com outros crimes de corrupção, como fraudes, cartéis, crimes concorrenciais e lavagem de dinheiro, mas essas questões deverão ser consideradas em breve.

Desafio

Pesquise as diversas séries ISO e identifique as suas aplicações.

Depois, aloque cada série na melhor aplicação junto ao instrumento administrativo que você julgar mais correlacionado.

Faça esse exercício pela sua lógica, lembrando que não existe uma resposta única.

Bom exercício mental!

c) Logística

Você deve se lembrar de que **logística** é o processo estruturado e integrado que considera todas as atividades que têm relação entre si em uma sequência lógica, desde o planejamento das atividades e expectativas de mercado, passando por todos os insumos até o pós-venda do produto ou serviço colocado no mercado.

Um processo de logística em uma empresa pode ser visualizado na Figura 4.11:

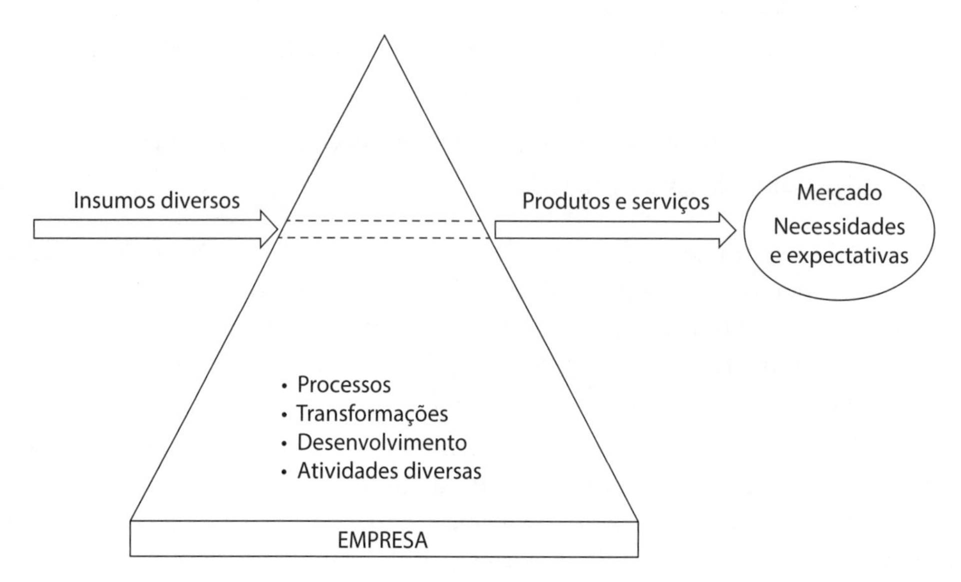

Figura 4.11 - Processo de logística.

Naturalmente, a logística pode ser aplicada em situações micro – como para as atividades de uma pessoa – e em situações macro, como na estruturação do processo de escoamento de produtos agrícolas de uma região no interior do país até o porto de embarque e, daí, até o cliente em um país distante.

Desafio

Esboce um sistema de logística para uma situação realística para você.

Depois, debata com alguns colegas que vivam a mesma situação.

Na prática, a logística objetiva satisfazer os clientes das empresas no menor custo total, cuidando do fornecimento do produto certo, na hora certa, pelo preço certo, no local certo, com qualidade certa.

Agora uma *dica* importante: você deve desenvolver e implementar os processos de qualidade total e de logística de maneira simultânea, pois eles são baseados em um único processo básico – e da mais elevada amplitude – que atende aos dois instrumentos administrativos citados.

Essa é uma questão para a qual você deve estar sempre atento: a busca da administração total e integrada!

d) Tecnologia da informação

Tecnologia da informação é a interação estruturada entre sistemas de *software* e de *hardware* para o registro, transformação, transmissão e arquivamento de todos os tipos de informações das empresas.

A tecnologia da informação tem proporcionado alguns benefícios para os exercícios das atividades da administração, como:

- sustentação automatizada ao processo decisório, proporcionando maiores qualidade e velocidade;
- interligação estruturada entre processos e/ou atividades das empresas, consolidando redes virtuais de cooperação administrativa, inclusive com elevada distância entre os pontos de comunicação;
- desenvolvimento de *softwares* específicos para diversas atividades das empresas; e
- desenvolvimento de serviços de Internet e de portais, incrementando, entre outros serviços, o comércio eletrônico e a estruturação de complexas redes digitais de comunicação.

Para refletir

Quais os benefícios que a tecnologia da informação tem proporcionado para as suas atividades de estudo e de trabalho e como você pretende otimizar essas situações?

Desafio

Analise as possíveis dificuldades e facilidades que você deverá ter com os assuntos da função *processos e tecnologia* evidenciados no texto - pesquise também outros assuntos - e explique como você pretende se consolidar como um profissional diferenciado na área.

No final, explique como você pretende auxiliar as outras áreas de uma empresa com os seus conhecimentos em processos e tecnologia.

Vamos encerrar a análise das questões essenciais inerentes às funções das empresas apresentando algumas sugestões – sem uma ordem de prioridade – que você deve considerar quando dos trabalhos com qualquer uma das quatro funções básicas das empresas:

- preparar a empresa para o crescimento e o desenvolvimento, focando a reinvenção das atividades, a regeneração das estratégias e a revitalização dos negócios, e não ficar focando ações que tornam a empresa menor, como a simples redução dos níveis hierárquicos e a alocação de profissionais incompetentes nos assuntos em análise;
- focar a totalidade do negócio e não apenas os processos e atividades internas e, portanto, otimizar as questões estratégicas, táticas e operacionais;
- ter visão global do conjunto dos processos de mudança que estão ocorrendo ou poderão ocorrer, antecipando-se para otimizar os resultados parciais e totais das empresas;
- conhecer e interagir com os diversos grupos de interesse para com os negócios, produtos, serviços, tecnologias, processos, atividades e capacitações da empresa;
- ter expectativas realísticas para com todas as funções e atividades da empresa para não ter uma administração "ilusória";
- ter foco em prioridades estabelecidas em número adequado e com critérios otimizados, evitando a situação de " tudo ser prioritário" e não se fazer nada, mas contemplando questões administrativas que proporcionem adequado valor agregado aos resultados da empresa;
- não ter pensamento viciado, mas sim uma maneira sistemática, constante e evolutiva, de pensar e repensar a empresa, seus negócios e atividades, fugindo da inadequada resposta: "eu já tentei e isso não funcionou", esquecendo que as situações são evolutivas e mutantes;
- não esperar transformações revolucionárias e a curto prazo nos negócios, produtos, serviços e atividades da empresa, mas sim de forma sustentada por otimizados processos de planejamento;

- saber trabalhar de forma adequada com as quatro funções básicas da administração e de forma otimizada com, pelo menos, uma função das empresas, mas não se esquecendo do princípio da administração total e integrada; e
- ter transferência de conhecimentos entre os profissionais da empresa, com efetivo comprometimento para com os resultados esperados, dentro de processos de mudanças que ocorrem nas empresas, inclusive consolidando otimizado ambiente de trabalho com adequado clima organizacional.

Desafio

Analise as dez sugestões apresentadas e faça comentários, teóricos e práticos, a respeito de cada uma delas.

Procure completar essa lista com outras questões administrativas evidenciadas no livro ou pelas suas observações como estudante ou profissional da administração.

Nesse momento, é válido você relembrar quais escolas e teorias da administração – apresentadas na seção 3.1 – proporcionaram contribuições, diretas e efetivas, para a função das empresas *processos e tecnologia* e que você tem a oportunidade de estudar de maneira específica ou genérica, em alguma disciplina de seu curso de administração, sendo que, neste último caso, pode ocorrer a utilização de outro nome que identifique essa disciplina.

Em ocorrendo essa situação, você não deve perder a oportunidade de já aprender da melhor maneira possível, os referidos assuntos e instrumentos administrativos.

E, finalmente, a Tabela 4.10 evidencia algumas contribuições das escolas e teorias da administração para a função das empresas *processos e tecnologia*, a qual tem elevada e interessante amplitude de aplicação nas empresas.

Tabela 4.10 - Teorias e suas contribuições para disciplinas de processos e tecnologia

ESCOLA	TEORIA	ASSUNTOS OU INSTRUMENTOS ADMINISTRATIVOS	NOME DA DISCIPLINA
Clássica	Administração científica	• Estruturação da especialização do trabalho • Análise da produção em massa • Estudo dos tempos e métodos	• Administração de processos • Tempos e métodos
	Processo administrativo	• Funções da administração • Funções das empresas	• Atuação profissional
Humanista	Comportamentalista	• Necessidades humanas e motivação • Clima organizacional • Psicologia empresarial • Dinâmica de grupo	• Motivação • Psicologia empresarial • Comportamento humano nas empresas
	Estruturalista	• Interação entre empresas	• Processos administrativos
	Desenvolvimento organizacional	• Técnicas de intervenção • Equipes multidisciplinares • Cultura organizacional	• Desenvolvimento organizacional • Cultura organizacional • Trabalhos em equipe
Sistêmica	Sistemas	• Estruturação de sistemas • Sistemas de informações gerenciais • Tecnologia da informação	• Sistemas administrativos • Sistemas de informações gerenciais • Tecnologia da informação

Tabela 4.10 - Teorias e suas contribuições para disciplinas de processos e tecnologia (*continuação*)

ESCOLA	TEORIA	ASSUNTOS OU INSTRUMENTOS ADMINISTRATIVOS	NOME DA DISCIPLINA
Quantitativa	Matemática	• Pesquisa operacional • Indicadores de desempenho	• Matemática e estatística aplicadas à administração • Pesquisa operacional
Contingencial	Administração por objetivos	• Estabelecimento de objetivos (com resultados negociados) • Planejamento tático • Planejamento operacional	• Negociação • Planejamento empresarial
Moderna	Administração por processos	• Desenho de processos • Qualidade total • Logística • Reengenharia • Rede de integração entre empresas	• Administração de processos • Qualidade total • Logística • Reengenharia
	Excelência das empresas	• Administração participativa • Administração virtual • Administração do conhecimento	• Qualidade decisória • Administração do conhecimento

Você percebeu que, nas figuras em que são apresentadas as escolas e teorias da administração e suas principais contribuições para as disciplinas de seu curso de administração, alguns aspectos foram evidenciados:

- os assuntos ou instrumentos administrativos podem se repetir entre diferentes funções da administração e/ou funções das empresas pelo simples fato de a administração ter que ser tratada como algo com todas as suas partes interligadas. Portanto, na prática, as repetições são bem maiores do que as evidenciadas nas referidas figuras;
- os nomes das disciplinas são apenas referências gerais, pois a sua instituição de ensino pode utilizar outros nomes, bem como os referidos assuntos ou instrumentos administrativos mencionados serem partes do conteúdo de determinadas disciplinas; e
- o mais importante é você analisar, com o máximo de detalhes, a grade curricular das disciplinas de seu curso de administração e alocar todos os assuntos e instrumentos administrativos em seu plano de carreira, explicitando como e para que você vai utilizar esses conhecimentos em suas atividades profissionais e pessoais.

Fique atento

Se você se esqueceu de analisar, com detalhes, a grade curricular de seu curso de administração e de identificar os assuntos ou instrumentos administrativos decorrentes de cada uma das quatro funções das empresas, esse é o momento de acertar o seu esquecimento.

E mais: aloque o resultado em seu plano de carreira!

Fique atento

Você percebe que a evolução do pensamento administrativo é algo muito importante para você, sendo que deve acompanhar essa evolução em *tempo real* e *na tarefa*, ou seja, exercitando o conhecimento no momento ideal.

Feitas as interações básicas entre as disciplinas e as partes da administração, você deve realizar o curso sempre se lembrando de:

- conhecer os conceitos, as metodologias e as técnicas auxiliares da administração;
- aplicar, ao máximo, o princípio da administração total e integrada;
- elaborar os trabalhos, em grupo ou preferencialmente individuais, focando as suas preferências no vasto campo da administração. No caso de trabalhos em grupo, exercitar o processo de interação de conhecimentos e de preferências profissionais, o que será muito válido para a sua atuação como administrador especialista em um assunto, mas com interessante abordagem genérica; e
- elaborar o seu TCC – Trabalho de Conclusão de Curso – como resultado de todo esse processo e, preferencialmente, explicitando a sua possível vantagem competitiva como administrador (ver seção 5.4.1).

Uma tarefa importante

Faça um plano de estudos e de trabalhos considerando as diversas disciplinas do curso auxiliando, diretamente, a elaboração e a posterior consolidação de seu plano de carreira como administrador.

Pode ser considerado importante, e necessário, você fazer alguns ajustes e, principalmente, aprimoramentos nesse plano de estudos e trabalhos nos próximos cinco anos. Depois, os ajustes e aprimoramentos poderão ser em intervalos de cinco a dez anos.

Mas lembre-se: essa situação só terá validade se você tiver um plano de educação continuada (ver seção 5.3) e o estudo passar a ser parte integrante de sua vida.

4.3 Importância da administração integrada

Administração integrada é o modelo e estilo administrativos em que todos os processos e atividades da empresa estão – de maneira direta ou indireta – interligados e interativos numa relação causas *versus* efeitos, exercendo uma única função e com um único objetivo maior.

Já se afirmou que se algum profissional de empresa não sabe interligar os assuntos administrativos com que trabalha com os outros assuntos administrativos que influenciam os seus trabalhos, é porque esse profissional não conhece a realidade dos trabalhos sob sua responsabilidade.

PeopleImages | iStockphoto

Para refletir

Pense muito a respeito da afirmação acima - que é inquestionável - e da influência em sua vida profissional.

De forma resumida, pode-se pensar nos seguintes principais benefícios diretos da administração integrada:

- a administração se torna mais simples e de fácil desenvolvimento, aplicação e aprimoramento, pois todos os profissionais ficam sabendo quais as melhores maneiras de seus trabalhos serem realizados e como receber, e dar contribuições, dos outros trabalhos realizados pelos outros profissionais da empresa;
- obriga a que cada assunto ou instrumento administrativo tenha a sua metodologia estruturada de desenvolvimento e implementação, caso contrário não se consegue interligar nada;
- facilita a identificação de espaços "vazios" na administração da empresa, como decorrência das metodologias estruturadas evidenciadas no item anterior;
- possibilita, também, a extinção de atividades repetitivas, como consequência da análise das diversas metodologias estruturadas de realização dos trabalhos;
- facilita a visualização de toda a administração da empresa, sendo esse o grande "lance" do modelo da administração integrada;
- facilita e incentiva o treinamento *na tarefa* – efetivado pela própria realização direta dos trabalhos inerentes às atividades consideradas – bem como em *tempo real,* que é observado durante a própria realização dos referidos trabalhos;
- traz melhor adequação organizacional para enfrentar os atuais cenários de instabilidade global e de rápidas e constantes transformações socioeconômicas, pois a administração integrada considera todos os fatores internos e controláveis, bem como os fatores externos e não controláveis da empresa; e
- propicia melhor sustentação para a vantagem competitiva da empresa e de cada um de seus negócios, produtos e serviços.

Fique atento

Identifique outros benefícios diretos da administração integrada pelo desenvolvimento de seus trabalhos acadêmicos e profissionais.

Você também pode identificar alguns benefícios indiretos da administração integrada que podem incrementar os resultados da empresa.

São eles:

- possibilita incrementar um otimizado clima organizacional, com as pessoas se sentindo motivadas em relação à empresa, o seu modelo e estilo de administração, bem como aos relacionamentos interpessoais existentes;
- facilita o desenvolvimento e a consolidação de valores e de questões éticas e morais, correspondentes à "maneira de ser" da empresa, a qual se consolida na sua cultura organizacional, que é o conjunto estruturado de valores, crenças, normas e hábitos compartilhados de forma interativa pelas pessoas que atuam em uma empresa;
- facilita e incentiva a elaboração de planos de carreira, importante assunto que é abordado nas seções 1.7, 2.7, 3.6.1, 4.4 e 5.4;

- aumenta a produtividade, tanto pessoal como empresarial, evidenciando que, se você quiser, pode colocar essa questão como um benefício direto, lembrando que produtividade é a otimização dos recursos disponíveis para a obtenção de melhores resultados para a empresa;
- aumenta a fidelização dos clientes e dos fornecedores, bem como a efetiva contribuição de cada um desses grupos para o desenvolvimento da empresa; e
- facilita a consolidação da qualidade total na administração integrada, que é resultante de todos os benefícios diretos e indiretos elencados.

Para continuar refletindo

Procure identificar outros benefícios indiretos da administração integrada pelo desenvolvimento de seus trabalhos acadêmicos e profissionais.

O desenvolvimento dos trabalhos inerentes à administração integrada, o qual envolve elevada amplitude de análise, pode ser desenvolvido em quatro contextos:

- do geral para o específico, ou seja, do estratégico para o operacional, passando pelo tático, sendo que esse procedimento geralmente é considerado mais fácil e lógico;
- do específico para o geral, sendo que alguns profissionais preferem esse procedimento pelo fato de terem mais conhecimento das questões operacionais do que das estratégicas e, também, pela possível maior facilidade de efetuar medições e avaliações;
- em "mão dupla", normalmente com duas equipes trabalhando em direções opostas – do geral para o específico, e do específico para o geral – procurando tirar as devidas vantagens das duas situações; e
- desenvolvimento interativo e sistêmico, trabalhando conjuntamente com a trilogia formada pelos instrumentos administrativos, pelos processos em que estão alocadas as atividades – partes – dos instrumentos administrativos, bem como pelo desenvolvimento dos trabalhos em "mão dupla", sendo que uma representação geral dessa abordagem é apresentada na Figura 4.12:

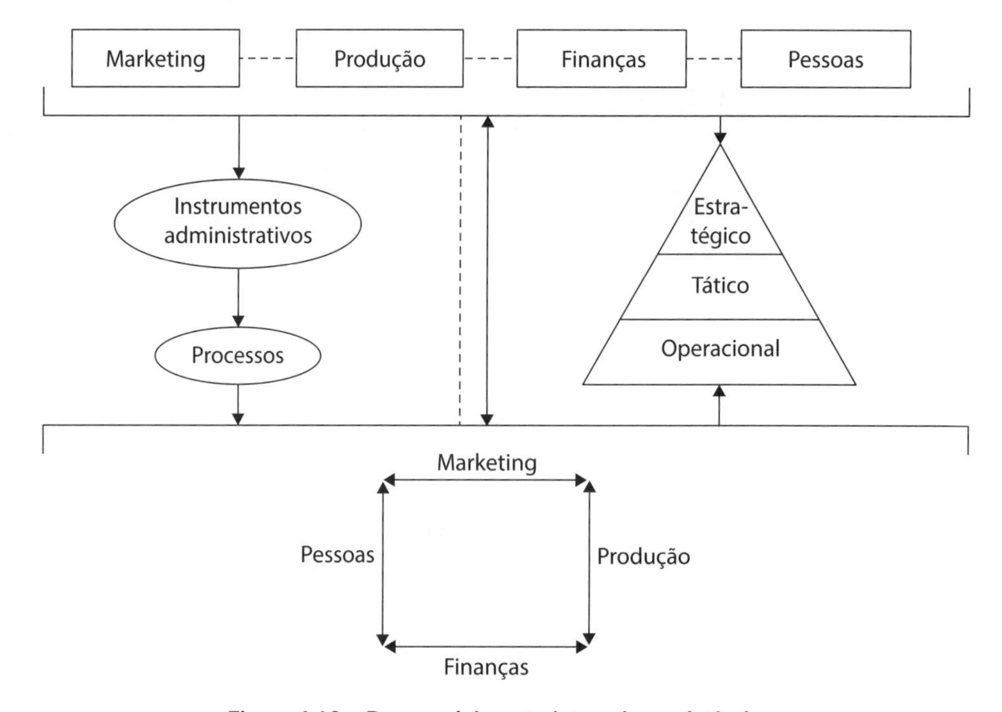

Figura 4.12 – Desenvolvimento interativo e sistêmico.

Pelo contexto apresentado na Figura 4.12, a empresa pode iniciar os trabalhos identificando e delimitando, da melhor maneira possível, as suas questões de marketing, produção, finanças e de gestão e desenvolvimento de pessoas, entre outras importantes questões existentes na empresa de acordo com seus negócios e o seu estilo e modelo administrativos.

A seguir, deve identificar os instrumentos administrativos respeitando, ao máximo, a função da empresa predominante no assunto em análise (marketing, produção, finanças e pessoas).

Depois deve estabelecer, com o máximo de detalhes, os processos da empresa, incluindo suas atividades, responsáveis e indicadores de avaliação.

Todos esses trabalhos devem ser realizados em "mão dupla", partindo do nível estratégico para o nível operacional, e também no sentido inverso, sempre passando pelo nível tático ou intermediário.

Neste ponto, é importante apresentar para você, resumidamente, a metodologia de desenvolvimento e implementação da administração integrada que este autor normalmente aplica em seus trabalhos de consultoria e treinamento.

Essa metodologia tem as seguintes fases e etapas:

i. Análise e debate do estilo e modelo administrativos ideais para a empresa, que pode ser realizada em quatro etapas:
    - constituição da equipe de coordenação dos trabalhos, com profissionais que, efetivamente, conhecem a importância e a metodologia da administração integrada, os diversos instrumentos administrativos e as suas interligações;
    - apresentação detalhada das finalidades da administração integrada para os profissionais da empresa, geralmente separados em grupos de tamanho adequado;
    - debate e estabelecimento dos benefícios diretos e indiretos, a curto, médio e longo prazos, negócios/produtos/serviços, pessoas etc.; e
    - debates gerais e resoluções de dúvidas.

ii. Estruturação da metodologia ideal para o desenvolvimento da administração integrada na empresa, considerando sua realidade atual e, principalmente, os resultados a serem alcançados, sendo que essa fase pode ser realizada em quatro etapas:
    - apresentação e debate de diferentes metodologias – com suas abordagens, vantagens e precauções – podendo ser escolhida uma ou ser feita a junção de partes delas e consolidada em uma escolhida;
    - consolidação da metodologia ideal de desenvolvimento e operacionalização da administração integrada na empresa analisada;
    - apresentação da metodologia para toda a empresa; e
    - realização de possíveis ajustes, lembrando que, se o número de ajustes for muito elevado, você deve retornar os trabalhos para o início dessa metodologia.

iii. Constituição da equipe de trabalho e dos instrumentos de apoio, sendo que essa fase pode ser desenvolvida em três etapas:
    - constituição da equipe técnica com profissionais de elevada capacitação e com conhecimento da realidade da empresa;
    - treinamento específico da equipe técnica quanto aos trabalhos inerentes à administração integrada; e

- identificação e alocação dos instrumentos de apoio (*softwares*, plano estratégico, análise da capacitação dos profissionais da empresa, estruturação dos processos, indicadores de desempenho, sistema de avaliação e de aprimoramento etc.).

iv. Mapeamento dos instrumentos administrativos que serão necessários na sustentação da administração integrada, sendo essa fase realizada em quatro etapas:
- identificação dos instrumentos administrativos existentes;
- debate do planejamento estratégico, que estabelece "para onde a empresa quer ir e como chegar lá";
- versão inicial dos instrumentos administrativos faltantes para "fechar" o sistema de administração integrada; e
- consolidação dos instrumentos administrativos a serem utilizados nos trabalhos.

v. Alocação dos instrumentos administrativos ao longo dos processos estabelecidos, com cinco etapas:
- mapeamento dos processos necessários para a realização dos trabalhos;
- estruturação do processo básico, o qual direcionará os outros processos e suas atividades em direção ao objetivo maior do plano estratégico;
- estruturação dos processos complementares;
- estruturação dos processos de apoio; e
- consolidação das interligações dos diversos processos.

vi. Estruturação dos indicadores de avaliação, desenvolvido em duas etapas:
- estabelecimento dos diversos indicadores de avaliação; e
- aplicação e análise dos indicadores de avaliação.

vii. Aprimoramento da administração integrada, em um processo evolutivo, contínuo e sustentado, sendo desenvolvido em três etapas:
- capacitação otimizada dos profissionais da empresa;
- aprimoramento do estilo e modelo administrativos da empresa; e
- extrapolação para outras empresas, no caso de um grupo empresarial.

Desafio

Faça uma análise criteriosa da metodologia de desenvolvimento e operacionalização da administração integrada nas empresas.

Considere duas situações:

- se você gostou da metodologia desenvolvida por este autor, você deve detalhar cada uma das sete fases e 25 etapas; e
- caso contrário, estruture uma metodologia mais interessante para você.

Com certeza você vai ter a oportunidade de aplicá-la em sua vida profissional.

E mais: você terá uma metodologia geral de trabalho que servirá para o desenvolvimento e operacionalização de diversos instrumentos administrativos, quer sejam simples ou complexos.

Você vai perceber, pela análise das seções 4.3.1, 4.3.2 e 4.3.3, que, em administração, todas as suas partes estão interligadas, de maneira direta ou indireta.

Essa é uma questão importante nos seus estudos de administração, pois você passa a considerar as interligações entre as disciplinas do curso, facilitando o seu processo de aprendizado e consolidando interessante nível motivacional para o seu futuro como administrador de sucesso.

4.3.1 Interação entre as funções da administração e as funções das empresas

Esta é uma questão que muitos administradores se esquecem de aplicar, ou não conhecem, mas as consequências são bem desagradáveis para as empresas, pois, embora seja algo lógico e relativamente simples, quando bem aplicado, esse princípio administrativo proporciona resultados bem interessantes.

Na seção 4.1, foram abordadas as funções da administração – planejamento, organização, gestão e desenvolvimento de pessoas, avaliação –, sendo que essas se interligam com cada uma das funções das empresas (marketing, produção, finanças, bem como processos e tecnologia), evidenciadas na seção 4.2.

Essas interligações e interações entre as funções da administração e as funções das empresas são de elevada importância na prática da administração, pois, caso contrário, as funções da administração não serão trabalhadas na sua plenitude e, como consequência, os profissionais das empresas não terão a oportunidade de aplicar todos os assuntos que cada uma das funções das empresas proporcionam para o exercício da boa administração.

E não se pode esquecer de que nesses trabalhos devem ser considerados todos os itens ou partes integrantes de cada função, quer seja da administração e, principalmente, das empresas, sendo que as principais partes integrantes foram evidenciadas nos detalhamentos das seções 4.1 e 4.2.

A qualidade decisória deve ser sempre otimizada, mas podem ocorrer algumas diferenças quanto à velocidade decisória, como, por exemplo, na interligação entre a função *avaliação* e a função *finanças* a velocidade talvez deva ser maior do que na interligação entre a função *avaliação* e a função *processos e tecnologia*. Mas isso é apenas um referencial orientador e não uma regra a ser cumprida.

A Figura 4.13 é uma representação simplificada da interligação entre as funções da administração e a função empresarial *marketing*.

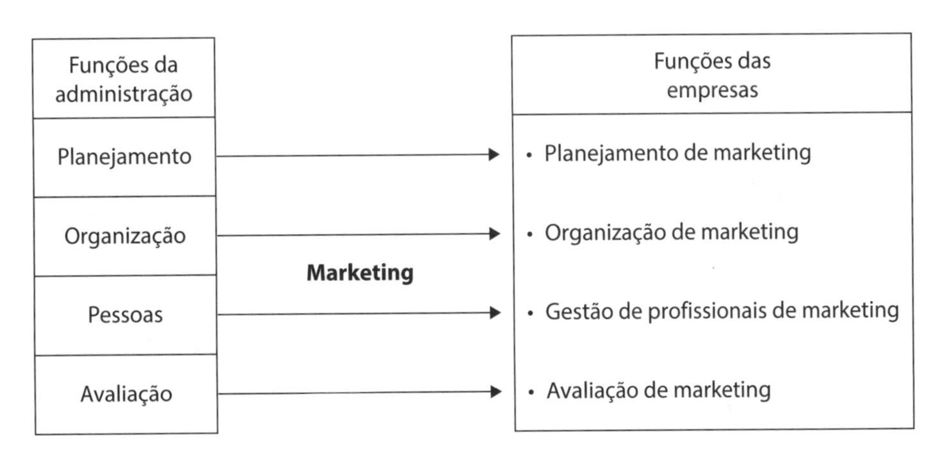

Figura 4.13 - Interligação do marketing com as funções da administração.

Conforme evidenciado, por exemplo, na função da administração *planejamento*, você deve considerar seus três níveis: estratégico, tático e operacional, bem como cada uma de suas partes, como visão, valores, missão, análise interna, análise externa, objetivos, estratégias, políticas etc.; e na função empresarial *avaliação*, por exemplo, você deve considerar suas diversas partes, como: avaliação da empresa, avaliação de desempenho dos profissionais e indicadores de avaliação.

Essa observação vale para todas as funções da administração em suas interligações com cada função das empresas; e aqui vale o aviso: "erre pelo excesso", ou seja, procure decompor a função analisada o máximo que você souber para consolidar uma amplitude de análise bem interessante e importante para o seu processo decisório.

A seguir, na Figura 4.14, é apresentada, de forma simplificada, a interligação entre as funções da administração e a função empresarial *produção*.

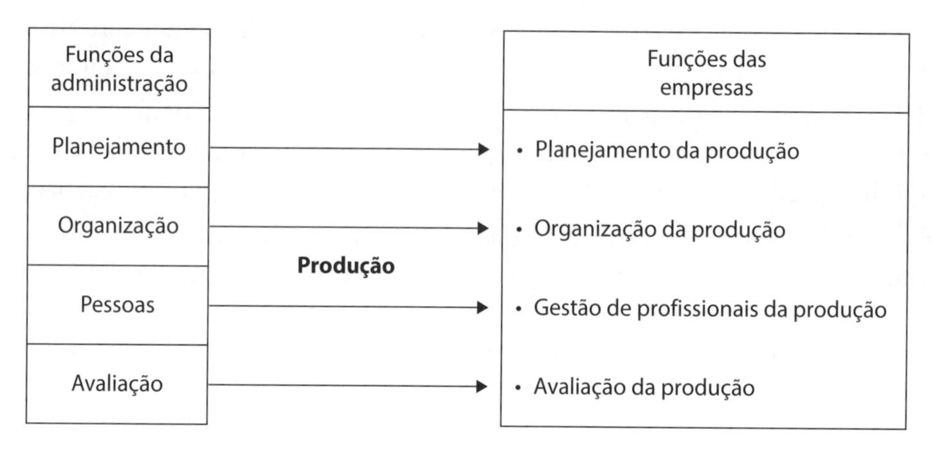

Figura 4.14 - Interligação da produção com as funções da administração.

Você pode – e deve – fazer todas as decomposições e análises das partes das funções da administração e da função empresarial *produção* para consolidar um adequado processo decisório.

Desafio

Elabore a representação gráfica das interligações das funções da administração com as funções empresariais *finanças* e *processos e tecnologia.*

Detalhe as interligações entre as partes de cada uma das funções da administração e as partes de cada uma das funções das empresas.

Esse trabalho deve ser realizado no máximo de seu conhecimento, para facilitar a sua visualização de um modelo administrativo total e integrado.

Fique atento

Hierarquize o seu nível de vocação, com o máximo de justificativas, perante as quatro funções da administração, lembrando que você, obrigatoriamente, vai ter que trabalhar com todas.

Depois, faça o mesmo para as funções das empresas, mas lembrando que você deverá ser especialista em uma função e saber fazer as devidas interações com as outras três funções, consolidando a administração total e integrada.

4.3.2 Exemplos de interação entre as atividades das empresas

No item "e" da seção 4.1.1 foram apresentados resumidamente dois exemplos de interações entre as atividades das empresas – projetos e planos de ação –, sendo que nesse momento são apresentados mais dois exemplos, lembrando que você deve exercitar essas interligações, inclusive, pela análise dos conteúdos das disciplinas de seu curso de administração.

Acredite: dessa forma, o seu processo de aprendizado será bem mais lógico, rápido, simples e prazeroso!

O primeiro exemplo é da interligação entre o planejamento estratégico e a estrutura organizacional, a qual representa, genérica e resumidamente, a função *organização* de uma empresa, sendo que essa situação pode ser visualizada na Figura 4.15:

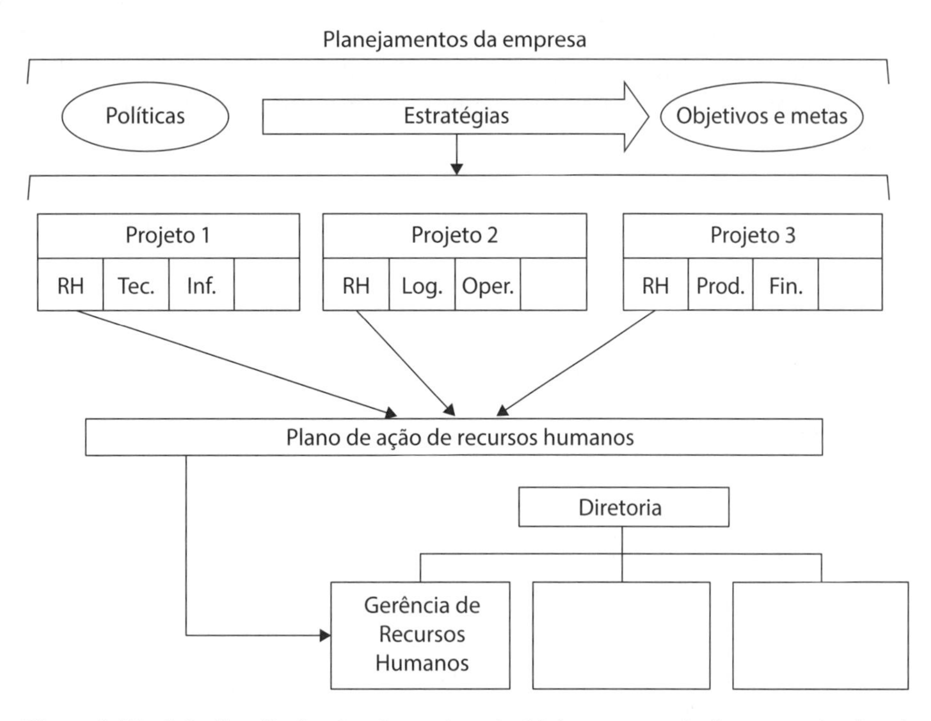

Figura 4.15 - Interligação do planejamento estratégico com a estrutura organizacional.

A Figura 4.15 evidencia, mais uma vez, que as estratégias das empresas:

- devem gerar projetos para que as estratégias de origem possam ser administradas;
- os projetos se decompõem em atividades, ou partes, que devem ser operacionalizadas;
- essas atividades são interativas com as diversas áreas ou unidades organizacionais da empresa;
- no caso específico da Figura 4.15, consideraram-se as atividades do assunto *recursos humanos*;
- essas várias atividades consolidam o plano de ação de recursos humanos; e
- esse plano de ação é alocado na Gerência de Recursos Humanos para que essa unidade organizacional realize, com qualidade, as diversas atividades do referido plano de ação.

Desafio

Para cada assunto de cada disciplina, procure fazer, preferencialmente em tempo real, as interligações com as outras disciplinas e assuntos.

Com isso você consolida um raciocínio lógico de fazer as interligações entre os diversos assuntos administrativos que estiver estudando, o que representará interessante vantagem competitiva em sua atuação como profissional da administração.

Se você quiser estudar com mais profundidade essa questão das diversas interligações entre instrumentos administrativos, pode analisar o livro *A moderna administração integrada*, dos mesmos autor e editora.

O segundo exemplo é o da interligação entre o planejamento estratégico e o **planejamento de marketing**, sendo que este último cuida do estabelecimento de todas as atividades mercadológicas da empresa para melhor desenvolver, oferecer e disponibilizar, com otimizada vantagem competitiva, os seus produtos e serviços aos segmentos atuais e potenciais de mercado.

No desenvolvimento do plano de marketing, devem-se considerar como "fixas" as questões macro do planejamento estratégico – visão, valores, missão, cenários etc. –, decompor as diretrizes estabelecidas – objetivos, estratégias, políticas – pelos negócios, produtos, serviços e áreas da empresa, bem como complementar e detalhar todas as questões que facilitam, direta ou indiretamente, a divulgação, a colocação e a venda dos produtos e serviços da empresa nos diversos segmentos de mercado, sendo que essa situação é resumidamente apresentada na Figura 4.16:

Figura 4.16 - Interligação de planejamento estratégico com planejamento de marketing.

Pela Figura 4.16 você observa que as grandes orientações estratégicas, bem como as realidades controláveis e não controláveis pela empresa, permanecem as mesmas, tanto no planejamento estratégico como no planejamento de marketing.

Entretanto, os objetivos do planejamento estratégico devem ser decompostos em objetivos, objetivos funcionais e metas da área de marketing; as estratégias são decompostas em estratégias funcionais da área de marketing e estas, em projetos específicos; e as políticas, por considerarem toda a empresa, simplesmente devem ser acrescidas de políticas específicas de marketing.

Desafio

Considere o planejamento de algumas atividades que a sua família - ou grupo de amigos - costuma realizar e faça a decomposição e a interligação com o seu planejamento pessoal.

Você pode ter algumas surpresas!

4.3.3 Interação entre as partes da administração e as disciplinas do seu curso de administração

Lembre-se sempre de que a administração é algo lógico, simples e prático, desde que você tenha sustentação para visualizá-la como tal.

Imagine a situação de você, para cada disciplina do curso:

- conseguir identificar a razão do conteúdo da disciplina e a sua possível aplicação prática;
- como consequência, vai se interessar pelo conhecimento da base teórica, a qual lhe proporcionará toda a sustentação para a aplicação prática; e
- se você tiver esse procedimento para com todas as disciplinas do curso, esse processo se torna sistemático, sistêmico e sinérgico, em que o resultado final é maior do que a soma das partes.

Portanto, seja inteligente e esperto em todos os seus momentos de estudo e de trabalho!

Superdesafio

Chegou a hora de você interligar os ensinamentos da administração pelo conteúdo das diversas disciplinas do seu curso e o seu plano de estudos e de trabalho e, consequentemente, de seu plano de carreira.

Para tanto, você deve reanalisar o conteúdo das Tabelas 4.3, 4.4, 4.5, 4.6, 4.7, 4.8, 4.9 e 4.10 e consolidar uma interação direta entre teorias da administração, conteúdo das disciplinas do curso, ensinamentos adquiridos e futuras aplicações e aprimoramentos desses conhecimentos.

Faça esse trabalho com o máximo de detalhes!

4.4 Direcionamento de seu plano de carreira como administrador

Com base no entendimento das partes da administração fica mais fácil você estabelecer o direcionamento básico de seu plano de carreira, ou seja, "qual vai ser a sua" no mercado de trabalho, mas sempre respeitando, no mínimo, três premissas:

i. Você deve ter uma ou, no máximo, duas especializações, pois não deve ser conhecido como um generalista em administração, ou seja, "aquele que sabe tudo a respeito de nada".

ii. Com base em sua especialização, você deve saber como ela se interliga com todas as partes da administração para ter a visão sistêmica da moderna administração integrada.

iii. Você sempre deve se lembrar de que, para o exercício de cada função das empresas, deve-se aplicar todas as quatro funções básicas da administração.

marchmeena29 | iStockphoto

Com referência às especializações, você pode considerar tanto as funções da administração como as funções das empresas.

Por exemplo, este autor escolheu ser especialista, como consultor, autor e professor, nas funções da administração *planejamento* e *organização*, mas nunca se esquecendo das interações com as outras funções da administração e as diversas funções das empresas.

Essa questão da matriz do foco profissional é uma decisão e responsabilidade de cada um.

O direcionamento do plano de carreira como administrador pode ser algo simples ou complicado.

Uma ideia é você fazer uma "árvore de interligação" com os conhecimentos já adquiridos e a adquirir durante o curso de administração, consolidando o cume da árvore como o seu conhecimento básico, o seu TCC, a sua vantagem competitiva, a sua "marca registrada".

Na prática, essa "árvore de interligações" não precisa estar totalmente correta e inquestionável, mas deve ser uma bússola orientadora para você acertar o seu rumo profissional com a devida sustentação dos conhecimentos necessários.

Resumo

O foco deste capítulo foi apresentar, de maneira geral, os principais campos de atuação do administrador, correspondendo ao cruzamento interativo entre as funções da administração e as funções da empresa.

Foi evidenciado que você deve ser um especialista com visão generalista, pois, caso contrário, você vai ter dificuldades em identificar o problema administrativo e, mais ainda, em resolvê-lo com qualidade.

É de suma importância que você faça a interação entre as funções da administração e das empresas com os conteúdos das diversas disciplinas do seu curso de administração, usando, da melhor maneira possível, esse momento como estudante para ter a sustentação básica de sua atuação profissional como administrador.

Salientou-se, também, que esse é o momento ideal de você estabelecer o direcionamento ideal de seu plano de carreira.

Questões para debate e consolidação de conceitos

Conforme já explicado, o ideal é você fazer as interligações das respostas às questões apresentadas a seguir com o que você considerou nos debates das "chamadas" evidenciadas no texto do capítulo e procurar interagir com o exercício apresentado a seguir e, se possível, com o caso evidenciado no final deste capítulo.

Nesse contexto, o seu processo de assimilação dos conhecimentos será otimizado.

1. Quais as razões para você ser obrigado a conhecer bem as funções da administração, independentemente da função da empresa que você escolher como especialista?
2. Como conseguir a amplitude máxima das partes da função das empresas que você escolheu como especialista?
3. Como você pode consolidar o entendimento e a prática da administração total e integrada?

4. Quais são as maiores dificuldades que você visualiza para interligar as funções da administração e as funções das empresas, considerando a grade curricular de seu curso de administração? (Conversar com os professores.)
5. E as maiores facilidades? (Conversar com os professores.)
6. Quais aspectos básicos você considera que deve fazer neste momento, quanto ao direcionamento de seu plano de carreira como administrador?

Fique atento

Nesse momento, você deve consolidar os vários assuntos administrativos estudados - e a estudar - para estruturar um otimizado direcionamento de seu plano de carreira como administrador.

Nesse momento do curso, você aprendeu a essência da administração, representada pelas suas principais funções, bem como pelas funções das empresas onde a administração é aplicada e, prioritariamente, tudo isso de maneira perfeitamente integrada.

Também teve a oportunidade de entender a interligação entre essas diversas funções – da administração e das empresas – e as diversas disciplinas do seu curso de administração, consolidando um interessante processo motivacional em você e seus colegas.

Você entendeu que, de maneira direta ou indireta, e com maior ou menor intensidade, vai ter que trabalhar com todas as funções da administração e as funções das empresas, sendo que a sua maior concentração vai ser decorrente de seu plano de carreira.

A sua primeira tarefa nesse exercício é hierarquizar, com justificativas, a sua atuação com as diversas funções da administração.

A segunda tarefa é hierarquizar, com justificativas, a sua atuação com referência às diversas funções das empresas.

A terceira tarefa é fazer uma grade de interligação das funções da administração e das funções das empresas – com seus diversos itens – com a grade curricular de disciplinas de seu curso de administração, explicando, inclusive, como você vai fazer a interligação das teorias e das práticas inerentes a essas diversas disciplinas.

Essa última tarefa proporcionará para você uma visão geral dos assuntos administrativos que você está estudando no curso de administração, consolidando um forte e sustentado processo motivacional que provocará maior interesse no aprendizado dos assuntos administrativos, pois você entenderá a sua plena e ampla aplicação nos contextos profissional e pessoal.

Portanto, esse é o momento em que você começa a "fechar" o seu plano de carreira para se consolidar como administrador de sucesso e que proporciona valor para a empresa onde trabalha.

Caso para análise, debate e proposta de solução

Nesse momento, o foco é o conhecimento e o respeito às diversas funções da administração e das empresas, incluindo as suas partes específicas, bem como as interações entre todas elas, ou seja, conhecer e aplicar o modelo da administração integrada no Jaqueira Esporte Clube.

Continuando com o estudo do caso Jaqueira Esporte Clube, nesse momento você vai explicitar o seu parecer administrativo quanto à aplicação, por parte da Diretoria do clube, dos seus conhecimentos quanto às funções da administração e às funções das empresas.

Como são vários os assuntos administrativos que poderiam ser alocados e analisados, decidiu-se focar dois aspectos que parecem ser mais evidentes, mas você pode alocar várias outras situações e debater com os seus colegas de análise e proposta de solução.

A primeira situação está mais focada na função *organização* – ver seção 4.1.2 –, mas, conforme evidenciado na seção 4.3, o assunto em análise pode se interligar, de maneira direta ou indireta, com todas as outras questões administrativas do Jaqueira Esporte Clube.

Nesse contexto, o presidente do clube informou, no seu comunicado de posse, que o modelo administrativo que iria seguir era da governança corporativa, enfatizando, entre outros aspectos, a importante questão da efetiva transparência em seus atos administrativos.

Entretanto, algumas "aberrações" têm ocorrido, como na atividade do tênis, em que, ao mesmo tempo:

- foi feita uma pesquisa, com prêmios a três sócios respondentes, quanto à possível troca das bolinhas de tênis por uma outra marca, mostrando que a diretoria "ia a fundo" em querer saber a opinião dos sócios que jogavam tênis, e respeitando, ao extremo, um princípio da adequada governança corporativa; e
- não foi feita nenhuma pesquisa a respeito de dois torneios com tenistas externos ao clube em que foram bloqueados, respectivamente, 2/3 e 1/3 das quadras, criando o maior tumulto entre os sócios do clube.

A segunda situação está mais ligada à função *finanças* – ver seção 4.2.3 – por ter sido feita a locação de várias instalações do clube a uma delegação estrangeira participante de um evento internacional. Até aí, tudo bem, mas o problema foi não ter sido feita uma pesquisa junto aos sócios e nem realizado um projeto específico e antecipado de direcionamento, pelas contas contábeis, do valor recebido pelo aluguel das áreas do clube.

Esta última questão é mais sutil e vai demandar de você e de seus colegas um amplo debate a respeito. Talvez seja mais adequado você abrir esse debate com diversos conhecidos, inclusive com os que já trabalham na área de administração de empresas.

Para as duas situações apresentadas, você deve realizar uma análise ampla e interativa com todas as partes e itens da administração apresentadas neste capítulo, bem como respeitar as premissas evidenciadas no capítulo anterior quanto aos conceitos, metodologias e técnicas auxiliares da teoria e da prática administrativa.

Na análise desse caso, você deve acrescentar o máximo de situações – uma ideia é se basear na realidade do clube que você frequenta – para tornar o debate mais interessante, e sempre procurando evidenciar como você administraria o clube se fosse o presidente.

Bons debates e boas diversões no clube!

CAPÍTULO 5

O profissional de administração

"Deveríamos usar mais a nossa imaginação do que a nossa memória."

Shimon Peres

OBJETIVOS DE APRENDIZAGEM

Depois de estudar o conteúdo deste capítulo, você será capaz de:

1. Estruturar o seu modelo ideal de atuação como profissional da administração.
2. Entender, e aplicar, o tripé de sustentação do administrador, representado pelos seus conhecimentos, pelas suas habilidades e pelas suas atitudes. Existem assuntos mais importantes do que essas questões?
3. Planejar os seus próximos estudos em um processo de educação continuada.
4. Consolidar o seu plano de carreira ideal como administrador, o qual é o grande *lance* de sua vida profissional.
5. Saber efetivar a sua vantagem competitiva como administrador.
6. Efetivar uma atuação empreendedora em suas atividades profissionais e pessoais.
7. Saber fazer, com qualidade, aprimoramentos futuros em seu plano de carreira como administrador.

Lembre-se de que as "chamadas" provocativas no texto, bem como as questões para debate, o exercício e o caso no final do capítulo proporcionam efetiva sustentação ao seu otimizado processo de aprendizagem teórica e prática da administração.

Antes de analisar o conteúdo deste capítulo, é importante evidenciar que a sua atuação como profissional da administração é de sua única e exclusiva decisão; e que este autor simplesmente apresenta, de forma estruturada, o contexto que ele mais acredita.

Se não concordar com o autor, você terá uma importante decisão, que é estabelecer, preferencialmente de maneira estruturada, qual será a sua atuação como profissional da administração, e consolidar, com qualidade, essa situação; sendo que essa tarefa não será difícil, pois você já terá identificado todos os pontos que pretende alterar no modelo apresentado neste livro, mas nunca esquecendo que esse conteúdo já foi testado.

5.1 Sustentação da atuação profissional do administrador

Como estabelecer o modelo ideal de sustentação da otimizada atuação dos profissionais da administração?

Essa é uma questão que pode ser considerada complexa, mas você pode sustentar a sua decisão com base no seguinte contexto:

- primeiramente, identifique a amplitude que você considera básica para a sua análise;
- depois, estabeleça o modelo ideal de atuação do profissional da administração em uma abordagem genérica; e
- a seguir, relacione os fatores críticos para o sucesso de seu plano de atuação profissional.

Naturalmente, todo esse processo deve ser bem implementado e avaliado, bem como sejam realizados os necessários aprimoramentos.

Analisando cada um desses três momentos, você pode considerar, para análise e debate como ideais de acordo com a sua realidade e expectativa como profissional da administração, as questões apresentadas a seguir.

5.1.1 Quanto à amplitude de análise

A amplitude de análise do modelo ideal de atuação do administrador deve ser a mais abrangente possível pelo simples fato de que você não deve descartar qualquer hipótese ou situação antes de uma análise em nível adequado.

E nessa questão da máxima amplitude de análise, você pode se concentrar em duas questões:

- respeitar e aplicar o princípio da administração total e integrada (ver seção 4.3); e
- elaborar o seu plano de carreira com o máximo de hipóteses e alternativas que você visualizar como interessantes para o seu futuro profissional. Naturalmente, nessa questão você deve ter otimizado nível de lógica e veracidade, caso contrário o seu plano de carreira se tornará uma "colcha de retalhos".

Fique atento

Você já deve ter pensado a respeito da amplitude ideal de análise de sua situação como profissional da administração.

Explicitá-la nesse momento e reavaliá-la ao final da análise deste livro.

5.1.2 Quanto ao modelo ideal de atuação do administrador

Deve-se lembrar que **modelo** é a descrição simplificada de um sistema e que explica o seu funcionamento; correspondendo a uma representação abstrata e simplificada de uma realidade em seu todo ou em partes.

Você deve analisar o modelo apresentado, que é a proposta básica deste autor; e verificar se você considera como o ideal para a sua realidade e para suas expectativas. Se você quiser fazer alterações, tudo bem; mas sempre esteja atento em basear suas decisões em uma abordagem estruturada como um modelo, caso contrário você não chegará a lugar nenhum.

Você pode considerar que o modelo ideal de atuação do administrador tem três componentes, cada um recebendo influência direta de um condicionante, sendo que essa situação aparece na Figura 5.1:

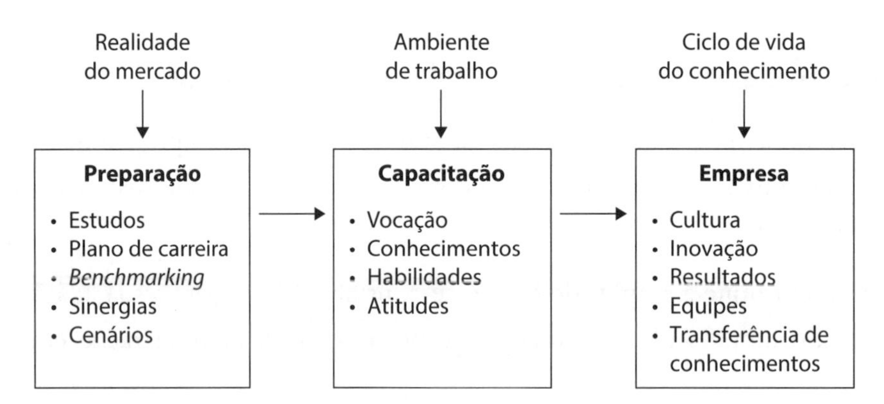

Figura 5.1 - Modelo ideal de atuação.

A Figura 5.1 mostra que todo o processo, basicamente, começa pela preparação que cada pessoa proporciona para si, tendo em vista se tornar um administrador com uma "marca registrada" de otimizada atuação profissional e, nesse contexto, ele considera, no mínimo, os seguintes assuntos e procedimentos:

- consolidar forte nível de estudos e de aprendizados, sempre visualizando o que é, para que serve e como aplicar cada instrumento administrativo;
- elaborar, com sustentação e de forma estruturada o seu plano de carreira;
- praticar, junto com pessoas efetivamente inteligentes, o bom *benchmarking,* aprendendo com eles e, até, fazendo melhor;
- identificar e consolidar todas as sinergias possíveis entre os fatores controláveis e os não controláveis; e
- analisar e debater possíveis cenários com suas oportunidades e ameaças.

Esses e outros assuntos sofrem influência – positiva ou negativa, de curta ou longa duração, de elevada ou baixa intensidade – da realidade do mercado, que é externo e não controlável por você; mas nunca se esqueça que você tem ação sobre os trabalhos inerentes aos assuntos correlacionados ao seu processo de preparação para ter uma otimizada atuação como administrador. Você percebe que esse processo de estabelecimento e de consolidação do modelo ideal de atuação como administrador segue a abordagem do processo de planejamento estratégico – das empresas e das pessoas – conforme evidenciado no item I da seção 4.1.1.

Desafio

Analise, com profundidade, e depois debata com pessoas que o conhecem bem, as questões inerentes à sua preparação para ser um profissional da administração.

Você já teve oportunidade de debater essas questões em outros pontos desde livro. Portanto, consolide tudo, aprimore e aloque em seu plano de carreira.

O segundo componente do modelo ideal de atuação do administrador corresponde à sua capacitação profissional, e aqui tem-se:

- vocação, que é uma premissa para a adequada evolução do processo, lembrando que **vocação** é o ato de explicitar uma predestinação de um talento ou aptidão para uma atividade e que proporciona sustentação para o desenvolvimento profissional do administrador. Essa questão é parte integrante do plano de carreira anteriormente citado, mas neste momento o administrador tem que explicitar se realmente tem ou não tem vocação para o trabalho considerado; e
- conhecimentos, habilidades e atitudes compatíveis com os trabalhos a serem realizados; sendo que juntamos os três itens, pois os detalhes são apresentados nas seções 5.2.1, 5.2.2 e 5.2.3.

Você verifica, pela Figura 5.1, que o componente *capacitação* sofre elevada influência do condicionante *ambiente de trabalho*, pois é neste último que as "coisas acontecem".

O terceiro componente do modelo ideal de atuação do administrador corresponde à realidade da empresa onde o administrador vai aplicar a sua capacitação, sendo que isso sofre, ao longo do tempo, forte influência do ciclo de vida do principal conhecimento do administrador, lembrando que o **ciclo de vida do conhecimento** é o processo evolutivo e sustentado do incremento do nível de conhecimento de cada indivíduo, o qual pode naturalmente decair pelo comodismo do referido indivíduo; sendo que o mesmo acontece com a empresa, pois o nível de conhecimento dela é a soma dos conhecimentos interativos de seus profissionais. E a maneira de aumentar o ciclo do conhecimento de uma pessoa é a disciplina constante e efetiva do estudo e do consequente aprendizado.

O componente *empresa* envolve algumas questões que identificam a "personalidade" de cada instituição, como:

- A sua cultura organizacional, como decorrência de crenças e valores, bem como da "maneira de ser" de seus profissionais, afetando diretamente o estilo administrativo da empresa e, consequentemente, o seu modelo administrativo.
- O nível e a intensidade na busca da inovação pela empresa, e como ela incorpora e aprimora essa questão.
- A efetiva busca de resultados pela empresa e pelos seus profissionais, inclusive se existe a abordagem da iniciativa e da "acabativa" – efetiva conclusão dos trabalhos – ou se a "conversa fiada corre solta".
- O trabalho das equipes, principalmente as multidisciplinares.
- O nível e a intensidade de transferência de conhecimentos, em que cada profissional aprende com os outros, em um processo evolutivo e sustentado.

Desafio

Analise, com profundidade, os componentes *capacitação* e *empresa* de seu modelo ideal de atuação como administrador.

Você deve complementar o apresentado nesta seção com o evidenciado em outros pontos deste livro e, depois, inserir no seu plano estruturado de carreira, que será o principal documento que você levará de seu curso de administração.

Entretanto, qualquer que seja o modelo estabelecido por você, deve considerar que existem algumas precauções para a adequada qualidade nesse processo, tais como:

- saiba identificar pessoas inteligentes e procure trabalhar em equipes multidisciplinares com elas. Na realidade, essa *dica* também vale para os seus trabalhos acadêmicos;
- conheça todas as metodologias estruturadas que orientam os otimizados desenvolvimentos e operacionalizações dos diversos instrumentos administrativos necessários para a evolução das empresas;
- consolide o modelo da administração total e integrada na empresa; e
- saiba identificar e trabalhar com os instrumentos administrativos que as teorias da administração disponibilizam para o mercado e para você.

Desafio

Analise e debata as quatro precauções para a adequada utilização do modelo ideal de atuação do administrador.

E procure identificar outras precauções a serem consideradas.

5.1.3 Quanto aos fatores críticos de sucesso

Fator crítico de sucesso é o aspecto interno – controlável – ou externo – não controlável – da empresa que apresenta elevada importância para a qualidade do desenvolvimento e da consolidação do profissional de sucesso e de valor para a referida empresa.

Você pode considerar que uma lista de fatores críticos de sucesso inerentes à atuação profissional do administrador evidencia tanto fatores consagrados pelos estudos da administração, como pela percepção de quem apresenta a referida lista; sendo isso que ocorre na listagem apresentada a seguir.

Você pode considerar a lista evidenciada a seguir, sem a hierarquia de importância, como uma relação básica que poderá ser ajustada e, até, complementada por você de acordo com a sua realidade e suas expectativas pessoais e profissionais.

Essa lista básica considera os seguintes fatores críticos de sucesso da atuação profissional do administrador:

i. Ter e exercitar, com qualidade, o pensamento estratégico

Pensamento estratégico é a postura de atuação do profissional da administração constantemente direcionada para obter a interação otimizada, em tempo real, da empresa com seu ambiente, que é externo e não controlável.

Portanto, o pensamento estratégico está constantemente interagindo com a sua realidade profissional, que é controlável por você, com a situação do seu atual ambiente de trabalho e do mercado de trabalho do administrador, que são questões não controladas por você; ou seja, é uma situação em que o profissional se mantém "ligado" com o que acontece no ambiente empresarial.

BrianAJackson | iStockphoto

Você pode considerar que uma pessoa consegue consolidar uma postura de atuação com pensamento estratégico quando respeita, no mínimo, as seguintes premissas:

- pleno conhecimento e utilização de todas as abordagens e metodologias estratégicas;
- elevados níveis de criatividade e de inovação;
- exercício da autoavaliação em *tempo real* e *na tarefa*; e
- otimizada disciplina decisória, sempre tendo sustentação e informações essenciais para tal.

Fique atento

Faça uma autocrítica de seu pensamento estratégico; e explicite como você pretende se aprimorar nessa questão.

ii. Proporcionar valor para a instituição onde trabalha

Você proporciona valor para uma empresa quando contribui, direta ou indiretamente, para o aumento final de um negócio, produto ou serviço, como resultado de uma contribuição para a mudança evolutiva na tecnologia aplicada, no processo, na atividade ou no conhecimento aplicado na empresa.

Fique atento

Você é uma pessoa que fica só dando "opiniões genéricas" sem qualquer resultado efetivo, ou já participou de um processo que proporcionou valor para a empresa onde trabalha ou instituição onde estuda?

Qualquer que seja a sua resposta, faça um plano de aprimoramento a respeito.

iii. Ser líder, bem como atuar e ser respeitado como tal

Já foi verificado que um líder se preocupa com o desenvolvimento das pessoas e das equipes, principalmente as multidisciplinares; mas, para saber trabalhar com os outros é necessário que, no mínimo, tenha conhecimento de si próprio, bem como dos outros profissionais com quem trabalha.

Nesse contexto, não se deve ter prejulgamento das pessoas, mas focar a inovação, a criatividade, a diversidade, a inteligência, a iniciativa, a responsabilidade, os resolvedores de problemas, os "fazedores".

Desafio

Explique, com exemplos e justificativas, como é sua atuação como líder e como liderado. E como você pretende se aprimorar nessas duas situações.

iv. Facilitar a consolidação de um ambiente de trabalho favorável à criatividade e à aplicação de novas tecnologias

Você sempre deve buscar o novo, o moderno, o inventivo, o criativo; mas desde que os resultados proporcionados sejam os mais interessantes para a empresa considerada. Portanto, você não deve permitir que o debate criativo vire uma "conversa mole".

E lembre-se de que um ambiente de trabalho criativo só existe se o líder desse grupo for criativo, bem como souber identificar pessoas criativas, evitando os famosos "sabichões" que apresentam propostas sem qualquer base de sustentação.

Na prática, pode-se considerar que o quanto maior for o nível de criatividade das pessoas, maior será o desenvolvimento tecnológico da empresa.

v. Consolidar um ambiente de trabalho que tenha uma evolução sustentada de conhecimentos, qualidade e resultados

Você pode considerar que existe, de maneira simplificada, um tripé de sustentação para que o trabalho seja otimizado, a saber: os conhecimentos dos profissionais atuantes no referido trabalho, o nível de qualidade na realização das diversas atividades do trabalho e os resultados efetivamente apresentados de acordo com o anteriormente planejado.

Fique atento

Aplique sempre esse tripé genérico de sustentação aos seus trabalhos acadêmicos e você verá as consequências em suas notas de avaliação nas diversas disciplinas no curso de administração.

vi. Participar de um processo administrativo em crescimento exponencial

Existem empresas que atuam em um ritmo muito mais acelerado do que a média, estando em uma situação de crescimento exponencial (Ismail, Malone e Van Geest: 2014, p. 16), sendo que essa abordagem foi extrapolada para os chamados líderes exponenciais (Nail: 2014, p. 10).

Este último apresenta as seguintes características básicas de atuação:

- procura defender, ao máximo, as necessidades e expectativas dos seus clientes e dos profissionais que trabalham em sua equipe, obtendo ampla fidelidade de todos os envolvidos;
- sempre trabalha com informações e dados corretos, bem como exerce, na plenitude, um sistema de *feedback* rápido e transparente, consolidando um amplo e irrestrito processo de parceria;
- é um realista otimista e transparente, trabalhando sempre com soluções otimizadas;
- apresenta elevado nível de flexibilidade, adaptando-se rapidamente a evoluções tecnológicas e a mudanças nos negócios atuais da empresa;
- está sempre aberto a diálogos com o mercado, os governos, os funcionários, a comunidade, considerando isso um interessante processo de aprendizagem; e
- é uma pessoa confiante, corajosa e perseverante em todos os atos.

Desafio

Faça uma autoanálise quanto às seis características do executivo exponencial. E, depois, debata com colegas de trabalho e/ou de estudo.

vii. Ter competitividade profissional e empresarial

Acredite: a competitividade é algo importante, tanto para as empresas como para as pessoas.

Com referência à competitividade das empresas, parece não haver qualquer tipo de dúvida, pela própria realidade dos mercados onde elas atuam.

O que este autor tem encontrado são algumas pessoas que não entendem que o mercado de trabalho – para quem procura emprego e para quem está trabalhando – é algo fortemente competitivo, e aqui ocorrem duas análises distintas:

- algumas pessoas criticam essa situação, principalmente quando se julgam prejudicadas por alguma razão; e
- outras pessoas incorporam essa situação na sua realidade profissional e procuram estar sempre estudando e se atualizando no que é importante para a sua vida profissional, quer seja para o cargo atual ou para uma situação futura. Essas pessoas tem o lema: "competitividade gera a boa adrenalina!"

Para refletir

Pense a respeito da interação entre você e a competitividade profissional. E como você vai evoluir nessa importante questão, inclusive conquistando "novos espaços".

viii. Ter otimizado processo decisório, tanto individual como interativo

Algumas pessoas só tomam decisões sozinhas, enquanto outras só decidem após ouvir todos os envolvidos.

Você pode considerar um meio-termo em que a empresa se conhece melhor, facilitando e ampliando o elenco de pessoas que a conhecem de forma verdadeira, proporcionando, de maneira automática, maiores qualidade e velocidade ao processo decisório.

Mas deve-se tomar cuidado neste processo democrático da decisão, pois a premissa é que todos os profissionais da empresa tenham pleno conhecimento de suas atividades, e como essas se interligam com as outras atividades da empresa; sendo a premissa dessa situação que a empresa tenha o seu modelo administrativo baseado na moderna administração global e integrada (ver seção 4.3).

Desafio

Comente a sua atuação como decisor, quer seja no contexto individual ou no contexto interativo com outras pessoas.

ix. Atuar em um contexto de *compliance*

Você já sabe que *compliance* é a regulamentação e atuação que cuida das otimizadas operacionalização e respeito de todos os procedimentos estabelecidos pela empresa e pelos órgãos externos competentes.

Na atual realidade brasileira de elevado nível de corrupção, esse assunto administrativo ganha elevada importância, podendo atuar na prevenção antes de ocorrido o fato gerador da irregularidade, na constatação do ato ilícito, na correção do ato ilícito e de suas consequências, bem como no treinamento e capacitação dos profissionais da empresa para que não cometam atos ilícitos.

Para refletir

Você já presenciou atos ilícitos?

Quais foram a sua reação e a possível ação a respeito?

Quais as consequências desse ato ilícito e de sua ação?

x. Interagir com o pensamento do mercado

Assim como uma empresa, ou qualquer outra instituição, tem o dever de saber o que o mercado pensa dela, você, como profissional também deve saber o que a empresa, ou instituição de ensino, pensa de você.

Essa situação está muito correlacionada à questão da imagem de uma empresa ou de uma pessoa; e, embora algumas pessoas considerem a imagem algo não controlável, este autor propõe para você considerar a imagem algo controlável, pois alguém que apresenta, na prática, princípios éticos e morais adequados em suas diversas decisões e atos praticados, seguramente terá uma boa imagem perante o mercado, não precisando usar a famigerada frase atualmente tão utilizada: "eu não sei de nada!".

Para refletir

Comece a pensar, de maneira estruturada e verdadeira, como você vai trabalhar a sua imagem como pessoa e como profissional da administração.

xi. Ter humildade

Você deve conhecer pessoas que conquistam situações ou que se perdem profissionalmente como decorrência de terem humildade ou de terem o seu ego exacerbado.

A humildade, quando exercida com veracidade, consegue se transformar em força, resultados e respeito para quem a tem; e mais: facilita o processo de aprendizagem e de transferência e absorção de conhecimentos, em que todos os envolvidos atuam em uma situação de "ganha-ganha".

Desafio

Explique, com exemplos, o que você tem ganhado ou perdido com a sua realidade decorrente de atos com ou sem humildade.

xii. Ter desenvolvimento profissional no contexto da meritocracia

Meritocracia é a análise da capacitação de cada pessoa com base em seu mérito pessoal e profissional, correlacionado aos seus níveis de conhecimento, inteligência, decisão e ação.

Essa é uma questão irrefutável, mas muitas empresas, e pessoas, fogem dela; e a razão básica, e inquestionável, é que falta mérito para essas pessoas. Sem mais comentários!

Para refletir

Idealize uma maneira para a empresa onde trabalha ou faculdade onde estuda aprimorar a aplicação do princípio da meritocracia.

E quais são os resultados que poderão aparecer.

5.2 Interação entre a capacitação profissional e as funções da administração

Pelo que você estudou até o momento, é possível fazer uma interligação entre os fatores componentes de sua capacitação profissional e as funções da administração.

Nesse contexto estará interligando, de um lado, o que você é como pessoa e administrador e, do outro lado, o que as funções da administração exigem de você como pessoa e administrador.

Nessa análise, você não precisa se preocupar com as funções das empresas pelo simples fato de que os resultados apresentados nesta seção são diretamente aplicados em qualquer uma das quatro grandes funções das empresas apresentadas na seção 4.2.

Evidencia-se, também, que este autor não se preocupou em hierarquizar as capacitações inerentes aos conhecimentos, habilidades e atitudes essenciais do administrador para não "engessar" o raciocínio do leitor, pois o ideal é que a lista apresentada seja ajustada e, possivelmente, complementada pela realidade e as expectativas de cada leitor; e nunca se esquecendo que o mais importante é a efetiva aplicação e utilização da lista de capacitações, e não a lista em si.

drogatnev | iStockphoto

Desafio

Faça uma lista preliminar com os conhecimentos, habilidades e atitudes que você considera como essenciais para o administrador.

E depois compare com o apresentado nas seções 5.2.1, 5.2.2 e 5.2.3.

A partir disso você deve elaborar a sua lista básica, a qual deve ir se aprimorando ao longo do tempo.

5.2.1 Conhecimentos essenciais alocados nas funções da administração

Deve-se lembrar que **conhecimento** é a capacidade de entender o conceito e a estruturação de um assunto administrativo ou técnico, bem como saber consolidar sua aplicação em uma realidade específica da empresa.

Você já deve ter percebido que este livro está basicamente focado na consolidação do conhecimento dos assuntos administrativos pelas pessoas, pois:

- sempre apresenta o conceito e a finalidade de cada assunto administrativo abordado;
- sempre procura apresentar, ainda que de forma resumida, a estruturação básica do assunto administrativo em análise, ou seja, como você pode trabalhar com o referido assunto; e

- sempre facilita a alocação do assunto administrativo em análise no contexto das empresas pelas "chamadas" para pesquisa e debate no texto, pelas questões para debate no final de cada capítulo, bem como pela apresentação dos exercícios e dos casos para análise e debate.

No processo de alocação de uma lista geral de conhecimentos essenciais em cada uma das funções da administração, este autor teve que se basear no que ele considera o mais lógico pela sua experiência profissional; mas incentiva-se que você faça os ajustes que julgar necessário pela sua realidade.

Outra questão é o processo de alocar um conhecimento em determinada função da administração e não em outra, sendo que isso não é um modelo matemático, com uma decisão básica única.

Nesse contexto, o autor decidiu alocar cada conhecimento em um processo administrativo, em que as atividades vão evoluindo de maneira sustentada, pelo que ocorreu no momento anterior.

Seguindo esse raciocínio, um conhecimento é alocado na função *planejamento* para proporcionar a base de sustentação para o profissional estabelecer a situação futura desejada da empresa e a melhor maneira de chegar lá; outro conhecimento administrativo apresenta maior relevância para a empresa melhor se organizar estruturalmente; outro conhecimento se apresenta como ideal para consolidar melhor gestão e desenvolvimento das pessoas que trabalham na referida empresa; e outro conhecimento se enquadra melhor na avaliação dos resultados apresentados pela empresa e pelas pessoas que trabalham nela.

Conclui-se que cada conhecimento apresentado tem uma contribuição, direta ou indireta, com cada uma das funções da administração.

Evidencia-se que esses comentários são também válidos para as habilidades e as atitudes essenciais do administrador apresentadas nas seções 5.2.2. e 5.2.3.

Desafio

Faça sua lista de interação de cada conhecimento administrativo com cada uma das quatro funções básicas da administração.

E, depois, faça uma grade de interligação desses conhecimentos/funções da administração com o que você já aprendeu, está aprendendo e vai aprender em seu curso de administração.

Você vai ter uma surpresa bem agradável!

Para reforçar essa importante interligação entre os conhecimentos administrativos, as funções da administração e as disciplinas do curso de administração, você deve considerar a Figura 5.2:

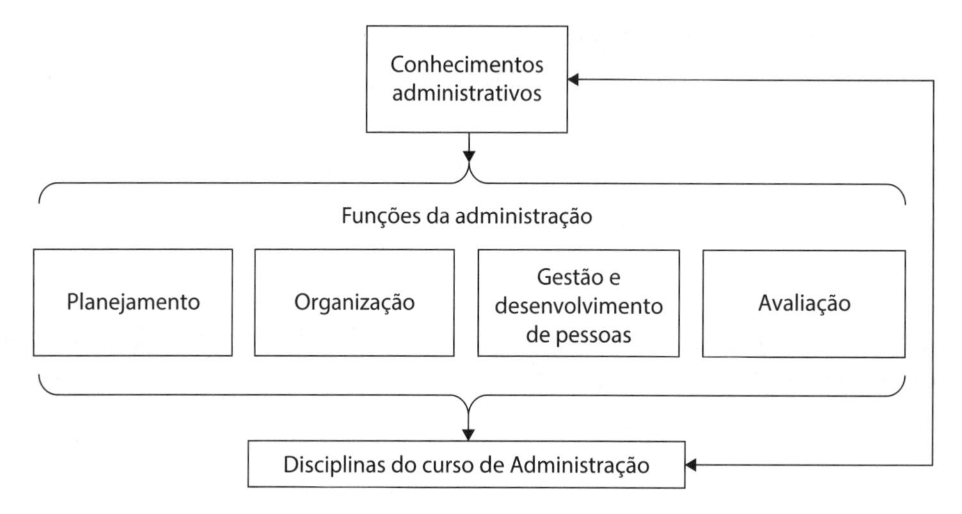

Figura 5.2 – Interações entre conhecimentos, funções e disciplinas de administração.

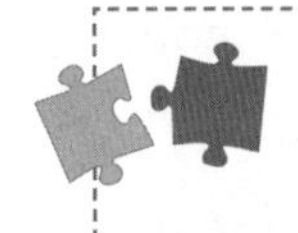

Desafio

Você deve fazer as figuras e as aplicações das interligações nos casos das habilidades e das atitudes essenciais do administrador após analisar as seções 5.2.2 e 5.2.3.

Naturalmente, é impossível um curso de administração cobrir, na plenitude, todos os conhecimentos, habilidades e atitudes essenciais do administrador, mas essa questão não é problema, pois você pode alocar em seu plano de carreira o item "desenvolvimentos a serem consolidados"; e bons estudos complementares – ver seção 5.3 –, bem como otimizados trabalhos e aprendizados nas empresas!

Analisando os conhecimentos essenciais que você deve ter quanto às funções da administração, podem-se considerar:

a) Quanto à função *planejamento*

Nesse caso, você deve conhecer muito bem:

i. Pelo menos uma metodologia estruturada e testada para o desenvolvimento e a implementação das atividades de planejamento nas empresas

Nessa questão, você deve considerar o planejamento estratégico e os diversos planejamentos táticos e operacionais de uma empresa, todos eles elaborados de maneira interligada, consolidando um planejamento total (ver seção 4.3).

Na prática, pode-se considerar que você deve ter vocação, capacitação e atuação focadas no processo de planejamento.

E não se esqueça de ter pleno conhecimento do conceito de cada um dos planejamentos da empresa, ou seja, para que cada um deles serve.

Fique atento

Não se vai repetir a todo o momento, mas você nunca pode se esquecer da importância de se conhecer, e muito bem, o conceito e a metodologia de desenvolvimento e implementação de cada instrumento administrativo.

Este autor, infelizmente, já viu várias situações desagradáveis de pseudoadministradores que não têm esse conhecimento básico.

ii. Conhecer as técnicas estratégicas e de cenários, bem como o processo de estabelecimento de vantagens competitivas

Você vai perceber, ao longo do tempo, que o conhecimento de um instrumento administrativo básico, como o planejamento empresarial, é necessário, mas não é suficiente, pois para conseguir tomar uma boa decisão é necessário conhecer as diversas questões administrativas que interagem com o referido instrumento administrativo, como:

- as técnicas estratégicas, que auxiliam, de forma estruturada, a se estabelecer, com criatividade os grandes "lances" da empresa, sendo que alguns comentários a respeito foram apresentados no item nas seções 3.1.6 e 4.1.1.
- as técnicas de cenários, que auxiliam, de forma estruturada, a se identificar situações futuras mais prováveis de acontecerem, possibilitando se antecipar em importantes decisões que afetarão o futuro da empresa (ver seções 3.1.4 e 3.1.6); e

- as vantagens competitivas, que indicam qual é o diferencial da empresa que o mercado "quer comprar" (ver seções 4.1.1 e 5.4.1).

Na prática, você pode considerar que existe uma perfeita interação entre esses três instrumentos administrativos, pois:

- as técnicas estratégicas aprimoram o estabelecimento do que a empresa deverá fazer para alcançar os resultados planejados;
- as técnicas de cenários aprimoram a visualização que se possa ter a respeito do que poderá acontecer no futuro e influenciar a evolução da empresa; e
- a vantagem competitiva representa a base de sustentação para o otimizado processo decisório nesse contexto estratégico.

iii. Consolidar conhecimentos gerais que proporcionem sustentação para você ter, de maneira sistemática e lógica, um pensamento estratégico, sistêmico e global, mas sempre com foco definido

Essa é uma questão genérica, mas que você pode consolidar com disciplina e perseverança.

Você deve conhecer pessoas que "pensam grande, mas com foco" e outras pessoas que só "pensam pequeno e sem foco".

Independentemente de como você define essas duas situações extremas, elas explicitam que as pessoas têm, naturalmente, uma maneira básica de pensar; sendo que essa maneira pode ser aperfeiçoada por iniciativa da pessoa.

A questão é que a maneira básica de uma pessoa pensar – grande ou pequeno – é resultante da base de sustentação que a referida pessoa tem de conhecimentos gerais e específicos a respeito do assunto em debate.

No sentido figurado, o "pensar grande" é como se uma pessoa exercitasse sempre em seu raciocínio o modelo da administração total e integrada (ver seção 4.3); lembrando que você já verificou, na seção 5.1.3, que o pensamento estratégico é um importante fator crítico de sucesso para as pessoas.

E para que esse "pensar grande" ocorra naturalmente é necessário que a pessoa tenha estudado e adquirido uma série de conhecimentos básicos que interagem, formando um todo bastante interessante e que possibilitam uma análise decisória de qualidade.

Fique atento

Ser "*nerd*", há muito tempo, virou uma vantagem competitiva e que deve ser respeitada e, até, admirada.

E esteja certo: as diferenças das qualidades profissionais são facilmente identificadas pelo mercado.

Desafio

Identifique outros conhecimentos essenciais para o seu melhor desempenho quanto à função *planejamento*, quer seja no contexto profissional ou pessoal.

I. Quanto à função *organização*

Nesse caso, os seus conhecimentos essenciais devem ser:

i. Saber identificar e desenvolver os estilos e modelos administrativos utilizando, com eficiência e eficácia, as mais modernas abordagens organizacionais

Já foi verificado que:

- Modelo administrativo tem a finalidade de explicitar o desenvolvimento e a operacionalização de todas as atividades da empresa – em seus diferentes níveis hierárquicos e abrangendo todas as funções da administração – buscando o crescimento sustentado da empresa.
- Estilo administrativo tem a finalidade de explicitar o "jeitão" que a empresa é administrada pelos seus principais executivos: se é mais centralizada ou descentralizada em seu processo decisório, qual é a abordagem de cobrança de responsabilidades e de resultados, entre outros diversos assuntos administrativos.

Você percebe que existe uma forte interação entre o modelo administrativo e o estilo administrativo, podendo ser considerado que este último tem elevada influência sobre o primeiro; mas tome cuidado quando não existe interação entre eles e cada um deles "caminhando para um lado", pois pode ser o caos administrativo de uma empresa.

Para refletir

Para realizar qualquer trabalho inerente à função *organização*, ou qualquer outra função da administração, ou mesmo funções das empresas, você deve conhecer o conceito - o que é e para que serve - uma metodologia de desenvolvimento - como realizar os trabalhos - e, se possível, algumas técnicas auxiliares, pois essas podem "facilitar a sua vida" e proporcionar melhor qualidade decisória.

E não fique chateado com este autor por estar, algumas vezes, lembrando você dessa importante questão!

ii. Organizar os recursos da empresa sustentando as estratégias e direcionados para a vantagem competitiva

Já foi especificado que as estratégias ficam no "meio de campo" entre os projetos – onde recursos a serem utilizados são alocados – e a vantagem competitiva, que representa o grande diferencial da empresa perante os seus principais concorrentes.

E essa situação serve para lembrar você, mais uma vez, que todo e qualquer instrumento administrativo deve ser analisado, inclusive, em suas interligações com outros instrumentos administrativos da empresa, de acordo com o modelo da administração integrada (ver seção 4.3).

Para refletir

Identifique outros conhecimentos essenciais para o seu melhor desempenho quanto à sua função *organização*, quer seja no contexto profissional ou pessoal.

II. Quanto à função *gestão e desenvolvimento de pessoas*

Para essa função, os seus conhecimentos administrativos essenciais devem ser:

i. Auxiliar os profissionais da empresa a terem uma abordagem estratégica e de administração integrada com interação de conhecimentos

Talvez esse conhecimento, desde que efetivo, seja o maior "lance" de um profissional da administração, pois ele estará explicitando que tem entendimento da empresa como um todo e perante tudo que está acontecendo no ambiente empresarial, que é externo e não controlável.

Em vários momentos deste livro, esse importante conhecimento foi evidenciado, inclusive sendo apresentadas abordagens do processo de planejamento estratégico e da administração integrada.

E você deve ter percebido que essa não é uma questão difícil, pois existem metodologias estruturadas e consagradas para o desenvolvimento e a operacionalização desses assuntos administrativos.

De qualquer forma, vale a pena você reler as seções 4.1.1 e 4.3; e, para detalhes, analisar os livros *Planejamento estratégico* e *A moderna administração integrada*, dos mesmos autor e editora.

Para refletir

Você deve se avaliar, com veracidade, quanto ao seu conhecimento desses dois assuntos; e preparar um plano de aprimoramento.

Você terá agradáveis surpresas no futuro.

ii. Saber identificar e otimizar a quantidade, a qualificação e a capacitação dos profissionais atuais e dos profissionais a serem contratados com adequados níveis de conhecimento de processos, das políticas da empresa e de estruturadas metodologias e técnicas administrativas

Para você conseguir exercitar esse conhecimento, é necessário que se elabore um cadastro de capacitação interna que sirva de sustentação para um adequado levantamento e análise dos dados relativos aos níveis de conhecimentos, habilidades e atitudes dos profissionais da empresa, bem como o delineamento do perfil ideal dos profissionais atuais – para possíveis processos de treinamento – e dos profissionais a serem contratados.

Você vai ter a oportunidade de conhecer verdadeiros líderes – e você poderá ser um deles – que têm a sabedoria, a visão e a competência de saber aproveitar os diferentes conhecimentos dos profissionais que atuam na empresa, consolidando sinergias entre esses profissionais e facilitando a aplicação de seus conhecimentos complementares para a busca dos resultados planejados pela empresa.

E esses líderes sabem trabalhar com todos os contextos de profissionais, com temporários, terceirizados, *freelances* e cargos *part-time*, lembrando que hoje já ocorre até o compartilhamento de executivos entre diferentes empresas. Você percebe que o foco é usufruir o conhecimento de uma pessoa.

Comece agora

Comece a estruturar, agora, como estudante de administração, as capacitações que já tem, as que está obtendo e as que precisa obter em curto ou médio prazo.

E como você vai explicitar que esses conhecimentos são necessários para uma empresa.

Acredite: as suas entrevistas para emprego serão otimizadas.

iii. Contribuir para um ambiente de trabalho propício ao estudo, ao aprendizado e à aplicação da administração, com otimizado nível de armazenamento de conhecimentos e direcionado ao incremento do valor da empresa

Nessa questão pode-se pensar em vários assuntos administrativos e técnicas, mas a *dica* é você se concentrar, principalmente, na teoria e na prática dos ensinamentos proporcionados pelas funções da administração – ver seção 4.1 – e pelas funções das empresas – ver seção 4.2 – como decorrência da evolução do pensamento administrativo – ver Capítulo 3 –, pois esses conhecimentos lhe proporcionam o básico para a boa prática dos princípios administrativos.

E você percebe que o único esforço seu é estudar com disciplina. Simples, não?

Na prática, você vai perceber que esse otimizado ambiente de trabalho e estudo facilita, e muito, você ensinar e, principalmente, aprender com os outros. Portanto, comece, aqui e agora, a ter um relacionamento e um proveito bem interessante em seus trabalhos em grupos realizados na instituição onde estuda.

Desafio

Explique, com justificativas e exemplos, como é o seu ambiente de trabalho e estudo. E como você poderia aprimorar essa situação.

iv. Saber contribuir para que a otimizada gestão de pessoas seja o alicerce da adequada utilização de todos os outros recursos das empresas

Você deve concordar que as pessoas representam o principal "recurso" das empresas, pelo simples fato de que são elas as possuidoras dos conhecimentos essenciais para a sobrevicência e a evoluão das referidas empresas.

A primeira questão aqui é como você poderá ser um foco de conhecimento na empresa, evidenciando-se que essa é uma responsabilidade exclusivamente sua, bem como é algo controlável por você. E, naturalmente, você deve procurar ser um foco de conhecimento desde o seu tempo de estudante, como no caso do curso de administração.

A segunda questão é como você pode auxiliar no processo interativo em que os profissionais de uma empresa sejam os catalizadores diretos da otimizada utilização de todos os outros recursos da referida empresa, como: finanças, tecnologia, maquinários, equipamentos, logística.

Para essa segunda questão, a empresa pode contribuir diretamente para a melhor utilização de todos os seus recursos, implementando dois instrumentos administrativos:

- a já citada administração integrada, cujos aspectos principais foram abordados, principalmente, na seção 4.3; e
- a consolidação de uma **universidade corporativa**, que é uma empresa ou parte dela com a responsabilidade e autoridade formais de elaborar e operacionalizar programas de desenvolvimento e disseminação de seu capital humano, sustentados pelos conhecimentos, habilidades e atitudes – atuais e potenciais – dos seus profissionais, com a finalidade de otimizar as suas diversas questões estratégicas – principalmente –, táticas e operacionais e, por consequência, de seus estilo e modelo administrativos.

Você pode participar das atividades de uma universidade corporativa e, até, ser um dos estruturadores para a criação de uma universidade corporativa integrada à empresa onde você trabalha e, nesse caso, respeitar as seguintes etapas de trabalho:

i. Desenvolver todos os trabalhos com base no planejamento estratégico da empresa

Isso é porque é o planejamento estratégico que estabelece para onde a empresa pretende ir e como deverá chegar lá; ou seja, indica as competências básicas que a empresa deve ter para sustentar esse processo.

Para tanto, você deve cumprir todas as etapas básicas de uma metodologia de desenvolvimento e operacionalização do planejamento estratégico, conforme apresentado resumidamente na seção 4.1.1 e que você pode analisar com detalhes no já citado livro *Planejamento estratégico*, dos mesmos autor e editora.

ii. Analisar, com realismo, o capital intelectual da empresa

Nesse contexto, você deve analisar, de forma estruturada, o real nível de capacitação dos profissionais da empresa, tomando o cuidado em verificar se essas capacitações são, realmente, as que a empresa precisa para desenvolver e consolidar os seus negócios, produtos e serviços.

Para ter certeza que essas capacitações são efetivamente necessárias para a empresa, você pode alocá-las em atividades de projetos e de processos, facilitando a sua análise operacional, pois estará verificando a realização de cada atividade considerada. Portanto, você elimina as possíveis "enganações".

iii. Estruturar organizacionalmente a universidade corporativa

Neste momento, você deve estabelecer a estrutura organizacional da universidade corporativa, com as responsabilidades, as autoridades, os sistemas de comunicação e os processos decisórios, preferencialmente interligando com a estrutura organizacional da empresa coordenadora da referida universidade corporativa.

iv. Identificar as capacitações existentes e as faltantes

Esse é o cerne das questões estratégicas, táticas e operacionais da universidade corporativa e você pode efetuar essa análise utilizando, por exemplo, o conjunto de conhecimentos, habilidades e atitudes essenciais do administrador apresentadas neste livro.

Nesse momento, também deve ser efetuada a identificação do perfil ideal e a contratação dos profissionais capacitados para administrar a universidade corporativa, bem como a análise de possíveis necessidades de parcerias com outros profissionais e instituições.

v. Avaliar constantemente o processo evolutivo da universidade corporativa

Aqui você pode utilizar os diversos indicadores de avaliação disponibilizados pelas técnicas administrativas, sendo que alguns deles são evidenciados na seção 4.1.4.

Mas você nunca deve se esquecer que a essência da universidade corporativa são as pessoas e, portanto, as avaliações devem ser feitas em tempo real, ou seja, no momento em que ocorre o evento, e na tarefa, ou seja, onde e quando a atividade é realizada na instituição.

Na prática, a universidade corporativa é uma instituição que consolida a **educação corporativa**, que é o processo planejado, estruturado e avaliado de identificar, desenvolver, estimular, disseminar, compartilhar, manter e proteger o capital intelectual – conhecimentos, inovações tecnológicas etc. – de uma empresa ou grupo empresarial.

Desafio

Identifique outros conhecimentos essenciais para o seu melhor desempenho quanto à função *gestão e desenvolvimento de pessoas*, quer seja no contexto profissional ou pessoal.

III. Quanto à função *avaliação*

Nesse caso, os seus conhecimentos essenciais devem ser:

i. Saber trabalhar com os indicadores de avaliação da empresa de forma interativa com os indicadores de desempenho dos profissionais da empresa

Algumas empresas não apresentam uma análise interativa entre a avaliação dos resultados das referidas empresas e a avaliação de desempenho de seus profissionais.

Você pode acreditar que essa é uma situação inadequada, pois os resultados de uma empresa dependem, diretamente, do desempenho de seus profissionais; e o desempenho dos profissionais de uma empresa depende, direta ou indiretamente, dos resultados da empresa onde eles trabalham.

Este autor já encontrou a infeliz situação em que alguns profissionais afirmam que "fazem tudo certo, mas a empresa está indo para o buraco!". Seguramente, podem existir dúvidas a respeito da qualidade administrativa e técnica desses profissionais.

A questão é que muitas vezes esses profissionais não conseguem enxergar, de maneira efetiva, as possíveis contribuições ou inadequações proporcionadas pelas suas atividades para os resultados da empresa.

Portanto, este é o foco da questão: você precisa entender o significado e a utilidade de cada uma das atividades realizadas por você, bem como saber o que a empresa precisa e, também, os resultados efetivos de seus trabalhos junto às outras atividades da empresa; e se for esperto, deve procurar saber, antecipadamente, quais as atividades que a empresa poderá precisar em breve ou em um futuro mais distante.

É por isso que você deve estar utilizando, e atualizando, o seu plano de carreira, que é um instrumento de elevada validade para o direcionamento de seus estudos, trabalhos e conhecimentos.

E não se pode esquecer que algumas empresas estão redesenhando as formas de avaliar os seus profissionais, pois estão partindo da mensuração dos resultados como base para a otimizada orientação dos conhecimentos e das atividades desses profissionais na empresa, na busca de resultados globais mais interessantes; ou seja, é um princípio do "ganha o profissional e ganha a empresa".

ii. Saber trabalhar com erros e riscos, sempre procurando alavancar os resultados da empresa

O erro, quando bem administrado, pode ser uma fonte de aprendizado, mas desde que o processo anterior tenha sido estruturado, ou seja, se você realizar um trabalho sustentado por um projeto ou processo bem estruturado, terá todas as condições de identificar onde, quando, porque e quem errou, e ter condições de evitar futuros erros.

Lembrando do ditado "só erra quem faz", os executores de tarefas podem estar, em algumas situações, trabalhando com **risco**, que é o estado do conhecimento no qual cada ação ou estratégica alternativa leva a um conjunto de resultados, sendo a probabilidade de ocorrência de cada resultado conhecida do tomador da decisão.

Para evitar situações de risco, você deve fugir da costumeira e problemática situação do "achismo", bem como utilizar, de forma otimizada, todos os instrumentos administrativos que você conhece, sendo que alguns deles são apresentados neste livro.

Se você souber trabalhar com erros e riscos, é muito provável que estará contribuindo para a **alavancagem dos resultados da empresa**, que é conseguir maiores e melhores resultados utilizando os mesmos recursos básicos, mas incrementando o nível de conhecimento aplicado.

Seja inteligente

Idealize uma maneira de você alavancar os seus conhecimentos de administração.

Fique atento

Identifique outros conhecimentos essenciais para o seu melhor desempenho quanto à função *avaliação*, quer seja no contexto profissional ou pessoal.

Desafio

Faça uma grade de interligação entre os diversos conhecimentos que você precisa consolidar como profissional da administração e a contribuição que cada disciplina do seu curso de administração pode oferecer para tal.

5.2.2 Habilidades essenciais alocadas nas funções da administração

Já foi verificado que habilidade é o processo de visualizar, compreender e estruturar as partes e o todo dos assuntos administrativos da empresa, consolidando resultados otimizados pela atuação dos diversos recursos disponíveis.

fatido | iStockphoto

A alocação das habilidades essenciais nas funções da administração é algo bastante sutil, pois é normal que cada uma das habilidades tenha influência no desempenho das quatro funções básicas da administração.

De qualquer forma, este autor procurou fazer essas alocações da melhor maneira possível, mas solicitando que você faça uma análise e um possível processo de realocação das habilidades identificadas. Mas esteja certo que essa situação não altera o resultado final de sua capacitação profissional.

Nesse contexto, você pode considerar a alocação de habilidades básicas apresentada a seguir.

a) Quanto à função *planejamento*

Nesse caso, você pode considerar as seguintes habilidades essenciais:

i. Saber aplicar *benchmarking*

Você já sabe que o *benchmarking* se refere ao processo de análise referencial de nossa empresa perante outras empresas do mercado, incluindo o aprendizado do que essas empresas fazem de melhor, bem como da incorporação dessas realidades de maneira otimizada e mais vantajosa para a empresa que aplicou o *benchmarking*.

Você percebe que a aplicação do *benchmarking* considera dois aspectos básicos:

- que esse processo pode ser aplicado, na plenitude, a você como profissional da administração; e
- que exista humildade, para aprender com os outros, e inteligência, para saber identificar as carências da empresa ou de você como profissional da administração.

Desafio

Você tem aplicado a técnica do *benchmarking*?

Se afirmativo, apresente exemplos e explicitação dos resultados evidenciados nesse processo.

ii. Ter facilidade de trabalhar em situações de mudanças e as possíveis resistências a esse processo

Você já analisou, na seção 3.1.3, que existe um instrumento administrativo que cuida das mudanças e dos processos de resistências nas empresas, denominado **desenvolvimento organizacional**, que é o processo estruturado para a mudança planejada dos aspectos estruturais e comportamentais nas empresas, com a finalidade de otimizar a resolução de problemas e os resultados anteriormente estabelecidos nos planejamentos elaborados, sempre com adequado relacionamento interpessoal para que os possíveis conflitos sejam anulados.

É preciso considerar algumas questões inerentes ao processo de mudanças planejadas e necessárias inerentes às reações e comportamentos de algumas pessoas, inclusive você:

- Por que algumas pessoas, sem nenhuma razão aparente, sempre se colocam como sendo "do contra"? Qual o objetivo dessas pessoas? Como tratar essas pessoas?
- Por que algumas pessoas ficam totalmente alienadas aos processos de mudanças? O que essas pessoas esperam ganhar com isso?
- Por que algumas pessoas são naturalmente a favor de mudanças? O que elas esperam ganhar com isso?
- Por que algumas pessoas conseguem identificar, inclusive de forma estruturada e sustentada, que algumas mudanças devem ocorrer? E em alguns casos chegam a estabelecer o momento ideal dessas mudanças?
- Por que algumas pessoas só acreditam no princípio "ver para crer" em todo e qualquer processo de mudança? Como conscientizar essas pessoas da necessidade de mudança?
- Por que não são todas as pessoas que seguem o princípio básico de aplicar um instrumento administrativo estruturado como base de apoio ao processo de mudança? E como se pode identificar o instrumento administrativo auxiliar ideal para cada processo de mudança?
- Por que algumas pessoas são inovadoras no processo de mudanças enquanto outras pessoas, quando mudam, estão sempre "no vácuo" de processos de mudanças bem-sucedidos?

Para refletir

O ideal, neste momento, é você responder, da melhor maneira possível, e com o máximo de detalhes, essas questões básicas.

A seguir, você deve observar como alguns profissionais de sucesso, e líderes, que você conhece "exercitam" essas questões em suas atividades pessoais e profissionais.

Para os casos mais interessantes, você deve praticar o processo de *benchmarking*.

iii. Incentivar e participar dos processos de *turnaround*, com incremento de ideias, aprendizados e de sinergias entre atividades e negócios

Inicialmente, é válido conceituar alguns termos básicos:

- ***Turnaround*** é o processo de transformar negócios em situação de dificuldades em empresas ou negócios saudáveis.
- **Ideia** é o resultado de uma análise crítica, criativa e inovadora de um assunto ou problema administrativo visando a um resultado otimizado para a empresa.
- **Aprendizado** é a incorporação do que foi instruído ao comportamento profissional da empresa, modificando o comportamento das pessoas em direção ao que foi instruído.

Você verifica que esses três conceitos são aplicados diretamente a uma pessoa – você – como é o caso de praticamente todos os conceitos apresentados neste livro.

Talvez a principal questão em um processo de *turnaround* seja conseguir um adequado equilíbrio na interação entre uma boa ideia e um otimizado aprendizado; mas você pode considerar alguns momentos básicos para conseguir um resultado interessante:

- debata amplamente a ideia com todas as pessoas que tenham adequado conhecimento do assunto, tomando cuidado pois alguns "desconhecedores" podem se oferecer e atrapalhar todo o processo;
- analise a viabilidade da ideia, nos contextos estratégico, mercadológico, tecnológico, econômico – financeiro, estrutural e operacional;
- se a ideia for viável, você deve operacionalizá-la com treinamento *na tarefa* e em *tempo real* de todos os envolvidos, consolidando uma equipe multidisciplinar com adequado conhecimento do assunto em questão; e
- dissemine o novo conhecimento na empresa, consolidando um processo de aprendizado interativo, evolutivo e sustentado dentro de um modelo de administração total e integrada.

Desafio

Exercite esses quatro momentos explicitando as suas facilidades e dificuldades nesse processo de *turnaround.*

Depois de alguns treinos, você deve detalhar a sua forma ideal de atuação quanto ao referido assunto.

iv. Aprimorar o seu plano de carreira perante cada situação

O foco deste livro é a evolução do pensamento administrativo sustentando o seu plano de carreira para ser um administrador de sucesso e de valor para as empresas.

Lembre-se: um profissional sem plano de carreira é como uma empresa sem planejamento estratégico, ou seja, sem rumo.

Para refletir

Identifique outras habilidades essenciais para o seu melhor desempenho quanto à função *planejamento*, quer seja no contexto profissional ou pessoal.

b) Quanto à função *organização*

Para essa função administrativa, você deve ter as seguintes habilidades essenciais:

i. Saber trabalhar com as abordagens da administração compartilhada e da administração participativa, inclusive no contexto da multitarefa

Com referência aos conceitos básicos, tem-se:

- **Administração compartilhada** é a metodologia estruturada em que os profissionais envolvidos em uma atividade específica, ou com todo o processo, são incentivados a contribuir para o seu melhor desenvolvimento e operacionalização, em que ocorre a evolução pessoal e profissional de todos, em um ambiente de trabalho de confiança mútua.
- **Administração participativa** é o estilo administrativo que consolida a democratização de propostas de decisão para os diversos níveis hierárquicos da empresa, com o consequente comprometimento pelos resultados anteriormente planejados.
- **Multitarefa** é a situação em que o profissional da empresa tem que trabalhar, ao mesmo tempo, com vários assuntos diferentes, interligados ou não, envolvendo cada um deles determinado nível de complexidade. Naturalmente não se está referindo à esdrúxula situação de uma pessoa pensar que está estudando ou trabalhando, mas fica mexendo no celular ao mesmo tempo; o resultado dessa situação é totalmente nulo!

Na prática, você pode considerar que:

- a administração compartilhada é, normalmente, aplicada em situações específicas, em maior ou menor amplitude na empresa dependendo, basicamente, do estilo administrativo de cada executivo coordenador dos trabalhos e, se ocorrerem bons resultados, geralmente ela é extrapolada para toda a empresa, tornando-se uma política dela, ou seja, respeitada por todos;
- a administração participativa é um estilo administrativo que já se consolidou em várias empresas, sendo que, nesses casos, todos os seus profissionais devem trabalhar nessa abordagem. Entretanto, o principal cuidado é que ela não se torne um "oba-oba" administrativo e com muita "conversa fiada"; e
- a multitarefa é bem aplicada em empresas que consolidam, de maneira adequada, o modelo da administração total e integrada (ver seção 4.3).

Desafio

Explicite, com exemplos e justificativas, o seu posicionamento e atuação quanto à administração compartilhada, à administração participativa e à multitarefa.

Independentemente de suas respostas, explique como pretende se aprimorar a respeito.

ii. Consolidar a interação entre estratégias, projetos, processos, atividades, unidades organizacionais, equipes e pessoas

Mais uma vez, evidenciamos a importância da administração integrada e da necessidade de você, como profissional da administração, ter adequado conhecimento dessa abordagem.

Não vamos nos preocupar com os conceitos dos diversos termos administrativos citados neste item, mas você pode ter uma visão geral de suas interligações na Figura 5.3.

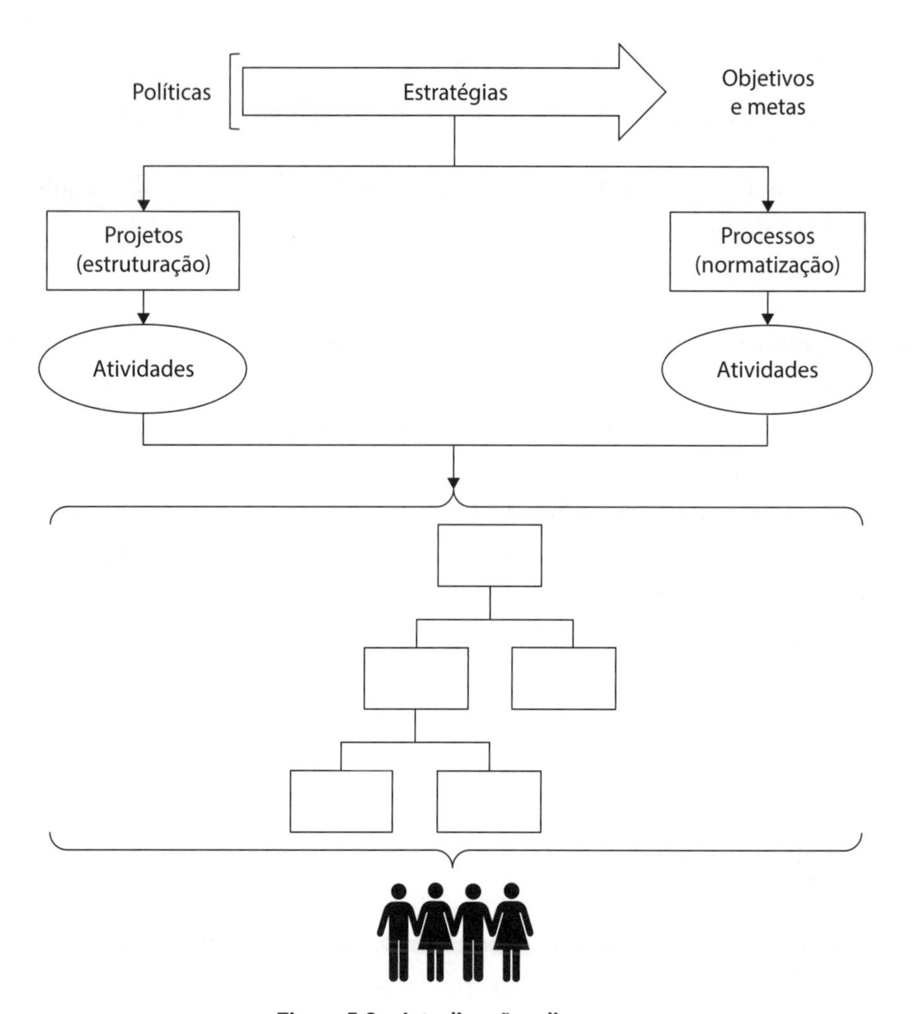

Figura 5.3 – Interligações diversas.

Desafio

Essa questão das interligações entre os instrumentos administrativos de uma empresa já foi amplamente explicada neste livro.

Portanto, você deve explicar as interligações apresentadas na Figura 5.3.

iii. Saber consolidar a administração de carreiras como base de desempenho e produtividade

Toda e qualquer empresa deve ter uma estrutura de administração de carreiras, com diferentes tipos de responsabilidades, autoridades e remunerações, inclusive como uma maneira de criar um ambiente de trabalho motivador e com transparência administrativa.

Estrutura de administração de carreiras é a sequência coerente de cargos ou funções que a empresa disponibiliza para a evolução profissional das pessoas que trabalham nela.

De maneira resumida, você pode considerar quatro estruturações básicas de carreiras nas empresas:

- linha ascendente, em que os cargos ou funções são apresentados em uma sequência lógica ascendente e com uma única de direção;
- rede de evolução na carreira, em que os cargos ou funções são apresentados em forma de rede, possibilitando, conforme a vocação e a capacitação de cada profissional, que ele siga um caminho específico;

- evolução paralela na carreira, em que as empresas facilitam o desenvolvimento profissional das pessoas de acordo com as suas expectativas básicas no contexto administrativo; e
- evolução da carreira em Y, em que a base inicial é única, e, depois os profissionais se diversificam em suas carreiras como executivo ou como pesquisador, cientista, consultor interno ou analista; sendo, portanto, uma variante da estrutura paralela apresentada anteriormente.

Existem outros dois conceitos que você deve ter conhecimento:

- **Cargo** é o posicionamento formal da alocação de um conjunto de responsabilidades e autoridades na estrutura organizacional de uma empresa, possibilitando a sua avaliação, bem como o delineamento da evolução profissional dos funcionários alocados em sua estrutura hierárquica.
- **Função** é o conjunto estabelecido de atividades a serem desempenhadas por um profissional que extrapolam ou não o formalizado em seu cargo na empresa.

Em suas atividades profissionais, normalmente você vai ser registrado na empresa pelo seu cargo, mas pode exercer outras funções e responsabilidades na referida empresa, o que pode ser bastante interessante para você e para a empresa.

iv. Efetivar otimizada estrutura de reuniões e da atuação de equipes multidisciplinares

Acredite se quiser, mas um problema crônico em algumas empresas são as reuniões de trabalho, geralmente improdutivas e com muita "conversa fiada", criando até animosidades entre os participantes.

Essa situação se complica mais, e muito, quando essas reuniões envolvem – como ocorre na maior parte das vezes – profissionais com conhecimentos multidisciplinares e, pior ainda, quando aparecem os "sabichões" que só dão palpites genéricos e que não levam a nada!

Para evitar essa desagradável situação, este autor costuma utilizar a abordagem TVL – Técnica Vivencial de Liderança (Bachir et al., 1976, p. 1-26), que, de forma resumida, apresenta o seguinte procedimento básico:

- definição prévia e adequada do tema a ser debatido, analisado e decidido;
- otimizada seleção dos participantes;
- definição das atuações e das responsabilidades de cada um dos participantes, principalmente do coordenador, do relator e do expositor;
- organização formal da equipe, geralmente formando um círculo para maior interação entre os participantes;
- otimizada exposição do tema;
- rodada de esclarecimentos;
- rodada de contribuições para melhor debate do tema;
- rodada para decisão; e, principalmente,
- respeito ao conjunto de regras quanto ao tempo, à sequência de atividades, ao nível de contribuição, às interrupções, às críticas, às referências emocionais, às personalizações, entre outros assuntos.

Desafio

Explique, com detalhes e exemplos, a sua atuação em reuniões de estudo e/ou trabalho, principalmente em contexto de equipes multidisciplinares quanto aos seus conhecimentos.

Para refletir

Identifique outras habilidades essenciais para o seu melhor desempenho quanto à função *organização*, quer seja no contexto profissional ou pessoal.

c) Quanto à função *gestão e desenvolvimento de pessoas*

Nesse caso, você deve consolidar as seguintes habilidades essenciais:

i. Ter a aceitar liderança, facilitando motivações e comprometimentos em um ambiente de confiança, iniciativas e inovações, sempre com qualidade total

A liderança aparece como o "guarda-chuva" e a premissa desse processo, pois sem ela as "coisas não acontecem".

Ela pode consolidar um ambiente de trabalho motivador, criando situações em que a maior parte das pessoas se compromete, de maneira efetiva, com os resultados planejados.

Como decorrência, as pessoas passam a ter confiança nas análises, decisões e ações tomadas pela empresa, facilitando as suas iniciativas profissionais para a melhoria das atividades e dos resultados da empresa, sempre focados na inovação e, portanto, motivados em tornar os processos e as atividades mais capazes, inserindo, quando necessário, recursos atualmente não disponíveis na empresa, bem como fazendo esse processo com qualidade total e procurando alavancar a vantagem competitiva da empresa.

Você percebe que, em administração, quando você um assunto, sempre está interagindo com outros assuntos administrativos, tal como um processo estruturado; e sempre tomando cuidado com a relação causas *versus* efeitos, pois você deve atacar ou incrementar as "causas", pois os "efeitos" são as consequências de suas decisões e ações.

ii. Saber trabalhar com as pessoas – inclusive parentes – orientando suas responsabilidades e autoridades com otimizado processo decisório e de prioridades inclusive em equipes multidisciplinares; e não se esquecendo da otimizada interação entre diferentes gerações

Pode parecer esquisito se colocar como uma habilidade que você deve ter é saber trabalhar, e estudar, com outras pessoas, mas, na verdade esse é um problema crucial em muitas empresas.

Se você quiser saber algumas coisas sobre como melhor trabalhar com as pessoas, é muito simples: é só reler tudo que está neste livro: mas que não é suficiente, pois essa questão envolve particularidades e nuances que você, certamente, vai consolidar pela sua vivência pessoal e profissional, mas desde que você seja um realista observador de seus atos.

Essa situação pode ser facilitada, ou muito mais complicada, no caso de trabalho com parentes, em que se deve estar bastante atento às questões como competência profissional, modelo de administração e separação entre os assuntos profissionais e os assuntos pessoais, entre outras questões. De qualquer forma, se quiser detalhes pode obter no livro *Empresa familiar: como fortalecer o empreendimento e otimizar o processo sucessório*, dos mesmos autor e editora.

Para refletir

Faça uma autoanálise de como você é trabalhando e/ou estudando com outras pessoas, inclusive com parentes.

E estabeleça como você pode evoluir nessa questão.

Nessa questão de se saber trabalhar com pessoas, deve-se considerar a interação entre profissionais de diferentes gerações.

Muitos dos leitores deste livro podem ser enquadrados na chamada geração Y, ou os "*millenials*", que são profissionais que nasceram entre 1980 e 1995, os quais podem apresentar algumas características de atuação profissional.

Embora não se deva rotular as pessoas, existem pesquisas que evidenciam que esses "*millenials*" apresentam, predominantemente, algumas características, como:

- consideram valores pessoais muito importantes ao tomar uma decisão;
- podem deixar de desempenhar uma tarefa por não se alinhar aos seus princípios;
- normalmente preferem atuar em um ambiente de trabalho criativo e interativo;
- geralmente conseguem se envolver, com naturalidade, em situações de multitarefa;
- para eles a liderança, própria ou dos outros, deve ser conquistada e não imposta;
- gostam e exercem elevado nível de *feedback* das tarefas realizadas;
- focam os resultados planejados e não a rigidez em horários, mas não chegam a ser indisciplinados;
- normalmente se sentem desconfortáveis em ambientes de trabalho com hierarquias e regras muito rígidas;
- apresentam relativa facilidade em interligar o ambiente de trabalho e a vida pessoal, podendo realizar alguns trabalhos em casa, mas não gostam de ficar muitas horas no escritório;
- geralmente são questionadores, enquanto não entendem as razões das atividades exercidas; e
- muitas vezes apresentam foco profissional no curto prazo, podendo apresentar elevada rotatividade entre empresas.

Desafio

Explique, com justificativas e exemplos, como você é perante as 11 características básicas do profissional geração Y ou "*millenial*".

iii. Otimizar o contexto da cultura e do clima organizacionais em ambiente com amplas negociações e sinergias buscando a sustentabilidade e a perpetuação da empresa

Para que você consiga contribuir, efetiva e diretamente, para a cultura e o clima organizacionais nos ambientes onde trabalha e/ou estuda, é necessário que tenha elevada habilidade negocial – algo que não é fácil – e identificar situações de sinergia, o que necessita de elevado nível de conhecimento da capacitação profissional dos que atuam no referido ambiente de trabalho e/ou estudo.

Muitas pessoas não conseguem essa habilidade pelo simples fato de viverem um "mundo à parte" da realidade da empresa e, geralmente, sem perceberem que estão nesse processo de alienação.

Se esse problema estiver ocorrendo, mesmo que essas pessoas se esforcem, não estarão contribuindo para a sustentabilidade e a perpetuação da empresa.

É por isso que você deve fazer periódicos processos de autocrítica para tentar descobrir se você realmente está contribuindo para os resultados da empresa onde trabalha.

E nos ambientes de estudo essa situação pode se complicar um pouco, pois o referencial básico de autoavaliação que você tem são as notas que recebeu nas diversas disciplinas, o que eu, como professor, afirmo que é apenas uma pequena parte de sua avaliação quanto ao efetivo processo de aprendizagem.

Mas não fique preocupado, pois é só você ter um esquema realista de autoavaliação de seu processo de aprendizagem e de sua efetiva capacitação profissional que tudo estará sob controle.

Desafio

Relembre as questões de cultura e de clima organizacionais - evidenciadas principalmente nas seções 3.1.3 e 4.1.3 - e explique o seu posicionamento pessoal e profissional nessas situações.

iv. Incentivar a empregabilidade, o desenvolvimento da inteligência e a consolidação de bons hábitos, acreditando na boa vontade das pessoas

Talvez um dos principais "lances" para você ter sucesso como administrador seja conseguir consolidar uma situação de efetiva empregabilidade.

Empregabilidade é a situação de uma pessoa conseguir trabalho e remuneração pelos seus conhecimentos, habilidades e atitudes intencionalmente desenvolvidos por meio de educação e treinamento sintonizados com as necessidades do mercado de trabalho.

Na prática, pode-se considerar que um profissional, em condições efetivas de empregabilidade, sofre muito menos nas frequentes oscilações do mercado de trabalho.

Na realidade, mesmo pessoas com empregos estáveis devem se preocupar com o seu nível de empregabilidade.

Normalmente, as pessoas que se preocupam com a empregabilidade são profissionais que exercitam a sua inteligência, apresentam bons hábitos em seus diversos atos e gostam de trabalhar em ambientes em que a boa vontade das pessoas prevalece; e mais: chegam a gostar de desafios!

Para uma pessoa consolidar o princípio da empregabilidade, deve respeitar e exercitar algumas premissas, como:

- ter um plano de carreira estruturado, conforme amplamente explicado neste livro;
- ter algumas capacitações que sejam necessárias para as empresas em geral;
- ter vocação empreendedora, quer seja para atuar como empreendedor externo – desenvolvedor de um negócio – ou como empreendedor interno, atuando como funcionário de uma empresa (ver seção 5.4.2);
- ter capacidade e vontade de aprender e de ensinar;
- saber trabalhar em equipes multidisciplinares;
- ter competência para apresentar resultados efetivos que tenham sido anteriormente planejados; e
- gostar de desafios, tanto profissionais como pessoais.

Desafio

Explicite, com exemplos e justificativas, o seu real nível de empregabilidade.

Você ainda vai verificar que quem tem elevado e sustentado nível de empregabilidade não tem total dependência da "carteira profissional assinada".

v. Atuar no modelo da boa governança, com resiliência, transparência e administração em *tempo real e na tarefa*

Resiliência é o processo e o resultado de se adaptar, com sucesso, a experiências de vida difíceis ou desafiadoras, especialmente através da flexibilidade mental, emocional e comportamental e do ajustamento a demandas internas e externas da empresa.

Embora exista certa dificuldade de se estabelecer uma identificação dos níveis de resiliência, de transparência e de atuação administrativa em *tempo real* e *na tarefa*, é importante você saber os seus significados e criar algum critério estruturado para essas análises.

Uma ideia é você, a cada situação desafiadora ou de relativa dificuldade que tiver de enfrentar, simplesmente escrever como identificou essa situação, como a enfrentou, se procurou ajuda ou não, quais foram os resultados; e se você foi transparente e realista quanto às suas análises, decisões e ações; bem como se você procurou exercitar todo o processo administrativo no momento real de cada ocorrência e em cada atividade do referido acontecimento desafiador.

Para refletir

Identifique outras habilidades essenciais para o seu melhor desempenho quanto à função *gestão e desenvolvimento de pessoas*, quer seja no contexto profissional ou pessoal.

d) Quanto à função *avaliação*

Nesse caso, você deve considerar as seguintes habilidades:

i. Saber administrar processos de mudanças, quer essas sejam planejadas ou não

Neste momento, você já sabe que a administração disponibiliza uma importante ferramenta auxiliar nos processos de mudanças tão frequentes nas empresas que é o desenvolvimento organizacional, comumente denominada de DO.

Você sempre deve auxiliar as pessoas nos processos de mudanças, principalmente para que essas entendam as suas necessidades, até para que possam evoluir nos contextos pessoal e profissional.

Para refletir

Complete o seu processo de autoanálise quanto à sua atuação em processos de mudanças, em sua vida profissional e/ou pessoal.

ii. Saber tirar proveitos de sucessos e de fracassos

Você deve saber que todo e qualquer profissional com a responsabilidade de decidir pode ter situações de sucesso, mas também enfrenta situações de fracasso.

A questão básica é que os acertos e os erros devem servir de aprendizado e, nesse caso, esteja certo que a frequência dos erros diminui fortemente.

Desafio

Explique, como exemplos, como você se posiciona perante sucessos e fracassos.

E como pretende se aprimorar nessa questão.

Para refletir

Identifique outras habilidades essenciais para o seu melhor desempenho quanto à função *avaliação*, quer seja no contexto profissional ou pessoal.

Fique atento

Faça uma grade de interligação entre as diversas habilidades que você precisa consolidar como profissional da administração e a contribuição que cada disciplina do seu curso de administração pode oferecer para tal.

5.2.3 Atitudes essenciais alocadas nas funções da administração

Você sabe que **atitude** é a explicitação do comportamento, correspondendo ao modo de cada pessoa se posicionar e agir perante cada situação apresentada à sua frente.

anyaberkut | iStockphoto

Você é uma pessoa que:

- pensa e analisa, da melhor maneira possível, uma situação antes de decidir a respeito? Ou costuma decidir no "vapt-vupt"?;
- gosta de debater os problemas e soluções com sua equipe de trabalho? Ou você é o "eu sozinho"?;
- se intromete, sem mais, em questões pessoais de seus colegas? Ou seu foco é o debate de questões profissionais?;
- considera que os acertos são méritos seus? E os erros são dos outros?

Desafio

Você deve elencar mais algumas situações para analisar o perfil básico de suas atitudes em atividades administrativas.

Depois, deve fazer uma autoavaliação, com justificativas verdadeiras!

E, finalmente, fazer um plano de como irá se aprimorar quanto às suas atitudes; e também como pretende se avaliar a respeito desse possível processo evolutivo.

Analisando as atitudes essenciais que você deve ter como profissional da administração podem ser consideradas algumas questões em uma análise inicial.

São elas:

a) Quanto à função *planejamento*

Nesse caso, você deve se desenvolver nas seguintes questões básicas:

i. Ter, aprimorar e exercitar o pensamento estratégico

Mais uma vez, aparece a questão do pensamento estratégico; e isso porque essa questão é de amplitude muito elevada e também porque é algo puramente individual, ou seja, você tem ou você não tem!

Para começar a se preocupar a ter pensamento estratégico, que é um fator diferencial de todo e qualquer profissional de sucesso, é necessário que você incorpore, na plenitude, algumas verdades, a saber:

- toda e qualquer empresa deve ter um processo estruturado, consolidado e respeitado de planejamento estratégico com todas as suas partes básicas, conforme evidenciado na seção 4.1.1;
- todos os profissionais da empresa devem ter uma interação, direta ou indireta, como o estabelecido no planejamento estratégico;
- todos os ajustes, alterações e complementações no planejamento estratégico devem ser realizados de maneira estruturada, lógica, sustentada, debatida e incorporada pelos profissionais da empresa; e
- alguns profissionais da empresa consolidam o processo de planejamento estratégico em seus raciocínios e análises, não precisando passar, formalmente, por todas as etapas do referido processo de planejamento estratégico.

Essas pessoas são diferenciadas porque verificam uma situação ou recebem uma informação e, imediatamente, incorporam essa questão e a colocam como parte do planejamento estratégico elaborado pela empresa; ou seja, o seu raciocínio estratégico é em *tempo real* e *na tarefa*.

Entretanto, existe um problema sério quando alguns profissionais, com grande poder de decisão pensam que têm pensamento estratégico sem o ter; e as consequências para a empresa, nesses casos, são desastrosas!

Fique atento

Procure identificar alguma pessoa que, efetivamente, tenha pensamento estratégico; e faça *benchmarking* das atitudes dessa pessoa para aprender muito com ela e, se possível, faça até melhor!

ii. Ter atitude interativa em todos os seus principais atos

A questão da atitude interativa dos profissionais de uma empresa é algo de elevada importância, mas de reduzido nível de análise e de debate. Portanto, se você se desenvolver nessa questão, pode ser um diferencial muito interessante para sua atuação profissional.

Atitude interativa é a ação de uma pessoa que, de forma recíproca, interage com dois ou mais assuntos administrativos ou atividades da administração integrada, em um contexto que procura consolidar uma situação futura desejada. Portanto, são pessoas que procuram "fazer as coisas acontecerem".

Algumas pessoas têm atitude reativa e só querem voltar ao passado, atrapalhando todo o processo evolutivo da empresa.

Existem pessoas com atitude inativa, querendo ficar "sempre na mesma situação".

Outras pessoas simplesmente projetam o passado e a situação atual no futuro, não se esforçando em conseguir o que querem.

As pessoas com atitude interativa acreditam que podem mudar o futuro, tanto seu como da empresa. E a prática tem demonstrado que as pessoas com pensamento estratégico têm maior facilidade de consolidar otimizadas situações de atitude interativa, pois suas análises de causas *versus* efeitos são extremamente amplas e lógicas.

Fique atento

Comece a analisar se as suas atitudes são para ficar voltando ao passado; ou se são para ficar na mesma situação; ou se simplesmente projetam o passado e o presente no futuro; ou se você quer conseguir o que deseja, se esforçando, com inteligência, para conseguir o que quer.

E faça um plano para consolidar a atitude ideal para você.

iii. Gostar de trabalhar e sempre buscar a qualidade total

Este autor foi obrigado a colocar essa questão de gostar de trabalhar, pois algumas pessoas não conseguem exercer a boa administração, apesar de a conhecerem, pelo simples fato de serem "alérgicas" ao trabalho.

Se você não gostar de estudar e/ou trabalhar, esqueça tudo o que este livro apresenta!

Deve-se acrescentar algo lógico: o gosto pelo trabalho deve caminhar junto com a busca da qualidade total no trabalho.

Essa é uma questão difícil? Seguramente não. É apenas questão de querer!

Desafio

Dê uma nota para você, com justificativas e exemplos, quanto ao seu nível de gostar de estudar e de trabalhar.

E acompanhe a possível evolução – ou involução – dessa nota ao longo do tempo.

Para refletir

Identifique outras atitudes essenciais para o seu melhor desempenho quanto à função *planejamento*, quer seja no contexto profissional ou pessoal.

b) Quanto à função *organização*

Podem ser consideradas as seguintes atitudes essenciais:

i. Saber disseminar conhecimentos em um ambiente motivador

Você pode demonstrar uma postura de boa vontade em duas situações básicas quanto ao assunto *conhecimento* (cujos detalhes foram apresentados na seção 5.2.1):

- quando você procura disseminar os seus conhecimentos para outros profissionais da empresa; e
- quando você apresenta humildade e interesse em aprender o que os outros profissionais da empresa sabem.

Logicamente, essas situações também podem ocorrer nos ambientes de estudo no seu curso de administração.

E esteja certo que as pessoas observam você nesses atos.

ii. Ter disciplina e criatividade em todos os seus atos, bem como facilitar essa situação para todos que trabalham na empresa

Existem pessoas que têm dificuldade de apresentar disciplina em seus atos; mas isso não deve ser simplesmente analisado como ruim por si só, pois existem situações – geralmente raras – em que o chamado rebelde está apresentando exemplos claros dos problemas que a situação atual está provocando, ou seja, o rebelde está ajudando a acertar a administração da empresa.

Mas, infelizmente, também existe a "rebeldia pela rebeldia", que não leva a nada de bom!

Com referência a criatividade, esse é um assunto que já foi amplamente debatido neste livro.

O que você deve saber é que a prática tem demonstrado que um ambiente de trabalho com nível básico de disciplina proporciona maior facilidade para a ocorrência de atos criativos por parte dos profissionais que lá trabalham, pelo simples fato de que eles não ficam perdendo tempo com bobagens e "conversa fiada". E isso vale também para os ambientes de estudos e de trabalhos em grupo.

Para refletir

Procure lembrar de situações de adequado equilíbrio entre disciplina e criatividade em trabalhos acadêmicos com alguns colegas; e de situações de desequilíbrio.

E quais foram os resultados de seus trabalhos nesses dois contextos diferentes.

Para refletir

Identifique outras atitudes essenciais para o seu melhor desempenho quanto à função *organização*, quer seja no contexto profissional ou pessoal.

c) Quanto à função *gestão e desenvolvimento de pessoas*

Nesse caso, você pode considerar as seguintes atitudes administrativas:

i. Saber trabalhar com atividades multidisciplinares, diversidades e conflitos

Os trabalhos em equipe normalmente envolvem atividades multidisciplinares, diversidades e conflitos, sendo que você pode considerar que esses momentos propiciam elevados aprendizados para todos os participantes, desde que os debates sejam bem administrados.

Na prática, você pode considerar que essas reuniões e debates devem respeitar algumas premissas, a saber:

- os interesses e os objetivos dos participantes devem ser comuns e convergentes;
- deve existir respeito, interação e equilibrado nível de conhecimento entre os participantes para que a produtividade seja adequada;
- o tamanho da equipe deve ser adequado e o processo de comunicação otimizado; e
- os debates devem ser conduzidos com inteligência, cordialidade, boa vontade e bom senso, facilitando se chegar a um interessante consenso.

Fique atento

Você deve se posicionar, com justificativas e exemplos, quanto à sua atitude básica em reuniões em equipes multidisciplinares, bem como envolvendo diversidades e conflitos.

E o que você aprendeu a respeito dessas situações.

ii. Procurar sempre ter intuição, força de vontade, ética, relacionamentos, empatia, vontade de aprender e de ensinar, atos simples e lógicos, ou seja, ter inteligência facilitadora

Você considera essa lista como algo complicado? Pois acredite: ela é bem simples.

E tudo é uma questão de muita disciplina e de algum esforço, desde os momentos básicos de seus estudos até a sua vida profissional, passando pela sua realidade pessoal.

Você deve saber que **inteligência facilitadora** é a capacitação de uma pessoa em entender a natureza de uma oportunidade ou de um problema, e de estruturar a melhor maneira de usufruí-la ou de resolvê-lo.

E quando você está interagindo com outras pessoas a existência de empatia facilita esse processo.

Empatia é a capacidade de uma pessoa de abstrair-se de sua identidade e colocar-se, momentaneamente, *dentro do outro*, para assim sentir a realidade interior da outra pessoa.

Você deve concordar que uma pessoa com inteligência facilitadora tem grande facilidade de exercer, com qualidade, o processo de empatia com outras pessoas, desde que exista humildade e respeito entre essas pessoas.

Desafio

Você tem a disciplina de procurar se colocar no "lugar do outro" para realizar as suas análises dessas pessoas?

Explique a sua realidade nessas situações.

iii. Ter foco em sua realização pessoal e profissional, com respeito e interação com as pessoas, direta ou indiretamente, relacionadas com as suas atividades

Para tanto, você deve ter e cobrar comportamento adequado em todas as situações, sabendo administrar o seu ego, bem como os dos outros profissionais da empresa.

Para manter esse foco, você pode ter uma interação entre o plano estratégico da empresa – que determina aonde e como quer chegar em uma situação futura desejada – e o seu plano de carreira, que estabelece o seu futuro como profissional de empresa.

Você verifica que esse alinhamento possibilita que ocorra o direcionamento básico e sustentado para a realização pessoal e profissional dos que trabalham na empresa; e este livro evidencia, para você, que esse plano de carreira não é algo complicado de se fazer.

Para refletir

Identifique outras atitudes essenciais para o seu melhor desempenho quanto à função *gestão e desenvolvimento de pessoas*, quer seja no contexto profissional ou pessoal.

d) Quanto à função *avaliação*

Você pode considerar as seguintes atitudes essenciais do administrador:

i. Saber trabalhar com a autoavaliação em suas atividades profissionais e em sua vida pessoal

Esse processo de autoavaliação deve ser formalizado, para que você possa analisar as suas possíveis evoluções e, nesse contexto, você pode dar notas, com justificativas, para cada assunto analisado.

Uma ideia é você comparar as notas e justificativas dadas por você com as apresentadas pelos colegas que o avaliarem, conforme apresentado no item seguinte.

Você também pode, e deve, explicitar as ações que você vai consolidar para melhorar a sua autoavaliação nos assuntos administrativos considerados, podendo, inclusive, explicitar os prazos de realização dessas ações.

A prática tem demonstrado que o ideal é você realizar essas autoavaliações a cada dois ou três anos, de preferência interagindo com avaliações feitas por colegas que o conheçam profissionalmente.

Comece agora

Comece esse processo de autoavaliação e, se possível, também pelos seus colegas, nesse momento como estudante de administração.

Você vai ter um grande ganho como pessoa!

ii. Aceitar a avaliação realizada pelos outros

Essa é uma questão do mesmo nível de importância que a autoavaliação, com a vantagem de ser uma "visão externa".

Além da evidente sinceridade, a questão essencial é que esses avaliadores o conheçam bem, principalmente quanto aos quesitos a serem avaliados.

Entretanto, esse processo de avaliação realizada pelos outros gera algumas dúvidas, como:

- Você aceita, "numa boa", ser avaliado por outras pessoas?
- O que você faz com as avaliações recebidas dos outros?
- Você sabe avaliar os outros? E se sente bem com isso?
- Você entende que a avaliação recebida é uma importante base de sustentação para o seu processo evolutivo como pessoa e como profissional?

Desafio

Responda, com sinceridade, essas quatro questões e, independentemente das suas respostas, procure se aprimorar a respeito.

iii. Saber trabalhar com dualidades, como sorte *versus* azar, potencial *versus* desempenho

Duas questões para você sempre se lembrar:

- um ditado: a boa sorte profissional sempre está acompanhada de três fatores: conhecimento, inteligência e trabalho; e
- fuja da situação de apresentar elevado potencial de desenvolvimento, mas com resultados abaixo do esperado, pois pode ser rotulado de "profissional enganador".

Você vai perceber, na prática, que o nível de dualidades pode ficar mais reduzido se as pessoas envolvidas tiverem elevados níveis de conhecimento, habilidade e atitude quanto aos assuntos abordados;

mas, de qualquer forma a dualidade, quando bem analisada, interpretada e administrada proporciona benefícios para as partes envolvidas.

iv. Ser o administrador da própria vida

Toda a estrutura deste livro está baseada numa interação entre:

- a evolução do pensamento administrativo, com seus ensinamentos básicos; e
- a elaboração de seu plano de carreira como administrador.

Portanto, ao analisar e entender o conteúdo deste livro, espera-se que você seja o administrador de sua vida como profissional da administração.

Bons estudos, aprendizados e aplicações!

Para refletir

Identifique outras atitudes essenciais para o seu melhor desempenho quanto à função *avaliação*, quer seja no contexto profissional ou pessoal.

Fique atento

Faça uma grade de interligação entre as diversas atitudes que você precisa consolidar como profissional da administração e a contribuição que cada disciplina de seu curso de administração pode oferecer e facilitar para tal.

5.2.4 Fatores de influência da capacitação profissional do administrador

Essa é uma questão bastante abrangente, mas, para evitar "muita conversa" sem direcionamento e para forçar o leitor a pensar a respeito, este autor decidiu focar apenas seis questões, sendo uma não controlável pelo profissional da administração.

E, para facilitar a sua análise, não se separou a capacitação profissional quanto aos conhecimentos, as habilidades e as atitudes do administrador, pois os seis fatores de influência têm ação direta ou indireta, com maior ou menor intensidade, sobre os três itens da capacitação profissional.

Com referência ao fator de influência não controlável pelo administrador, você deve considerar o mercado de trabalho, tanto atual como futuro.

Mas, embora você não possa controlar esse mercado, seguramente pode analisar a sua realidade e delinear algumas situações futuras, naturalmente algumas com maior sustentação e outras com elevado nível de "achismo".

Evidencia-se que você não deve se preocupar muito com o termo *achismo*, pois, seguramente, existem muitos profissionais da administração que tomam importantes decisões nesse contexto; e conseguem manter o emprego!

A preocupação que você deve ter é de fugir, o máximo possível, de decisões no "achismo", quer sejam no contexto profissional ou pessoal. E se você tiver essa abordagem de atuação, o seu processo decisório passará a ser, gradativamente, de melhor qualidade e de maneira sustentada e lógica.

kasto80 | iStockphoto

Quanto aos fatores de influência da sua capacitação profissional e que podem ser controlados por você, com maior ou menor qualidade, esses são:

i. A sua vocação e capacitação profissional

Vocação é o ato de uma pessoa explicitar uma predestinação de um talento ou aptidão para trabalhar em uma empresa, atuando com maiores abrangência, complexidade e responsabilidade, bem como proporcionando sustentação para o seu desenvolvimento profissional com qualidade de vida.

Você pode analisar a sua vocação profissional pelas suas quatro partes integrantes:

- o conjunto de seus conhecimentos, habilidades e atitudes, sendo que as essenciais foram evidenciadas nas seções 5.2.1, 5.2.2 e 5.2.3;
- o conjunto de seus possíveis focos de atuação profissional, preferencialmente consolidando um foco específico e de seu maior interesse;
- os resultados que você, efetivamente, está apresentando como aluno de faculdade ou como profissional de empresa; e
- a sua evolução profissional, com base em avaliações estruturadas de desempenho.

Entretanto, você deve considerar que a sua vocação profissional apresenta dois fatores básicos de influência, que afetam diretamente os resultados que você vai proporcionar para a empresa onde trabalha:

- a sua **qualidade de vida**, que corresponde ao nível e intensidade em que uma pessoa se sente bem com as suas atividades profissionais alocadas em sua realidade pessoal; e
- o seu nível de aprendizado, que corresponde à intensidade e velocidade de absorção de conhecimentos necessários para o melhor desempenho de suas atividades profissionais.

Você deve concordar que esses dois fatores de influência da vocação afetam, diretamente, o seu nível de motivação para ser um bom profissional da administração.

ii. A sua postura de atuação

A sua postura de atuação está correlacionada à maneira como você enfrenta os desafios que a sua escolha profissional lhe apresenta no dia a dia.

Você pode ter uma postura ativa ou passiva.

Com referência à postura passiva, é melhor não apresentar maiores comentários neste livro.

Quanto à postura de atuação ativa, você pode chegar à situação mais interessante, que é a interativa, em que você, de forma estruturada, planeja a situação futura desejada e consolida todos os seus conhecimentos – e de quem trabalha com você – para alcançar essa situação; ou seja, quer consolidar otimizados processos de mudanças planejadas.

iii. A sua vantagem competitiva

A questão de sua vantagem competitiva é de suma importância, sendo que já foram apresentadas algumas considerações a respeito; na seção 5.4.1 serão abordadas as questões complementares.

Nesse momento, o ideal é você saber que a vantagem competitiva, ou seja, o seu diferencial como profissional é algo controlável por você; e você consolida ou não a vantagem competitiva idealizada por você.

iv. A sua evolução profissional

Independentemente se a instituição onde você estuda ou empresa onde trabalha tenha algum processo de análise da evolução profissional e dos conhecimentos das pessoas envolvidas, você deve ter um processo estruturado para tal, e usá-lo de maneira sistemática, pois é muito importante você saber se está e como está evoluindo.

Uma maneira simples é usar o formulário apresentado na Tabela 5.1:

Tabela 5.1 – Análise para evolução profissional

AUTOAVALIAÇÃO DA EVOLUÇÃO PROFISSIONAL						
Assunto de interesse	Conhecimento desejado		Conhecimento atual		Ações para melhoria	Prazo
	Nível	Justificativas	Nível	Justificativas		

Você pode considerar:

- assunto de interesse: aqui pode indicar, de acordo com análises e informações diversas, os assuntos básicos para a sua consolidação como profissional da administração. Os assuntos podem ser estabelecidos pelas funções da administração ou das empresas e pelos instrumentos administrativos ou suas atividades;
- conhecimento desejado: aqui pode colocar, pela análise comparativa junto a profissionais da área, ou informações diversas, o nível de conhecimento desejado, bem como as justificativas para tal;
- conhecimento atual: idem anterior, quanto à sua realidade atual;

- ações para melhoria: especificar, com o máximo de detalhes, o que você vai fazer para chegar no nível de conhecimento desejado; e
- prazo: especificar a data de conclusão do processo evolutivo quanto ao assunto de interesse analisado.

Naturalmente, você deve interligar essas informações com os formulários das Tabelas 5.2 e 5.3 e, principalmente, com o seu plano de carreira que está sendo elaborado durante a análise do conteúdo deste livro.

v. As suas decisões tomadas, as suas ações operacionalizadas e os seus resultados apresentados

Essa é uma parte totalmente controlável por você e, se trabalhar com veracidade os dados e informações evidenciadas e recebidas, elas representarão importante base de sustentação para a evolução de sua capacitação profissional como administrador.

E essas questões podem ser decorrentes de sua vida profissional e também de sua realidade pessoal, inclusive como estudante de administração.

Você pode preparar um processo de autoavaliação aferindo como a sua capacitação profissional evolui com a aplicação dos formulários apresentados nas Tabelas 5.2 e 5.3 (frente e verso do formulário):

Tabela 5.2 - Avaliação da capacitação profissional (frente)

AUTOAVALIAÇÃO DA CAPACITAÇÃO PROFISSIONAL (FRENTE)						
Nº de ordem	Assuntos para análise	Peso do assunto	Autoavaliação		Ações para melhoria	Prioridades das ações
			Notas	Justificativas		

Tabela 5.3 - Avaliação da capacitação profissional (verso)

AUTOAVALIAÇÃO DA CAPACITAÇÃO PROFISSIONAL (VERSO)						
Assunto	Peso	Nota	Justificativas	Avaliação dos colegas		Ações para melhoria
				Notas	Justificativas	

Salienta-se que uma ideia é você separar as colunas "Assuntos" nos dois formulários em três grupos: conhecimentos, habilidades e atitudes; mas, de qualquer forma, você deve fechar a análise pela capacitação profissional como um todo.

Fique atento

Você deve preencher esses dois formulários com o máximo de veracidade, bem como incluir os resultados em seu plano de carreira, o qual será consolidado na seção 5.4.

5.3 Efetivação de um processo de educação continuada

Talvez a principal sustentação para você ter um processo evolutivo de sua atuação como administrador seja a efetivação de uma educação continuada com qualidade.

Existem algumas maneiras de você consolidar esse processo de educação continuada, mas pode-se pensar de forma isolada ou, preferencialmente, conjunta, em quatro situações:

- participar, com efetiva atuação, em cursos diversos complementares;
- cursar um programa de pós-graduação *stricto sensu* – mestrado e doutorado – ou *lato sensu* – extensão, especialização ou aperfeiçoamento – de acordo com o seu plano de carreira;
- estudar com profundidade, sozinho ou com colegas, assuntos diversos de alguma complexidade que surgem no dia a dia de suas atividades; e
- fazer o estudo fazer parte de sua vida, como algo prazeroso.

Desafio

Analise, com profundidade, as quatro situações apresentadas - e outras de seu estabelecimento - indicando o seu posicionamento para cada uma delas, bem como pretende se aprimorar nessas questões.

Com referência aos cursos de pós-graduação, você pode considerar, de maneira geral, que os tradicionais cursos de mestrado e doutorado têm público bem específico, geralmente profissionais com vocação para as atividades acadêmicas e de consultoria, bem como palestras e autoria de livros e artigos em revistas e jornais de elevada circulação.

Pode-se considerar que a grande maioria que procura cursos de pós-graduação se direciona, principalmente, para os chamados MBA – *Master Business Administration* – e também para o mestrado profissional.

Talvez seja possível afirmar que, em princípio, o curso MBA procura dar sustentação para um profissional – como um administrador – galgar posições mais elevadas em uma empresa pelo amplo debate de diversos modelos administrativos; e o mestrado profissional procura aproximar os conhecimentos acadêmicos e os conhecimentos empresariais, mas sempre com amplo debate da pesquisa científica correlacionada, no caso deste livro, à área da administração.

Nesse contexto, o curso de MBA apresenta elevada amplitude nos assuntos abordados, enquanto o mestrado profissional é mais específico e profundo.

Com referência à escolha do curso, você terá maior facilidade no caso do mestrado profissional, pois ele é avaliado pela Capes, principalmente quanto ao corpo docente e o conteúdo curricular do curso; sendo que o MBA não é avaliado por nenhum órgão governamental e a única premissa é que a instituição de ensino superior que oferece seja credenciada no MEC.

O processo de educação continuada deve ser algo bem planejado e estruturado para que não ocorra "perda de tempo" com coisas inúteis. Você pode achar essa afirmação meio forte, mas deve tomar cuidado com ela.

A decisão de você ter ou não um processo de educação continuada depende, única e exclusivamente, de você, inclusive quanto à qualidade dos cursos e ao que você, efetivamente, pretende aprender e aplicar em sua vida profissional.

É meio complicado explicitar o que você deve analisar para ter um amplo e efetivo processo de educação continuada, mas pode-se considerar, para debate, um conjunto de cinco etapas com constantes e sistemáticas autoavaliações, a saber:

i. Avaliar, de forma estruturada e realística, o seu nível de conhecimento dos diversos assuntos da administração correlacionados, de forma direta ou indireta, com a sua atual ou futura área de atuação profissional.

Essa é uma questão que já foi amplamente debatida neste livro, bem como explicada uma maneira para efetivar essa situação.

Uma proposta é você realizar esse processo de autoavaliação e de desenvolvimento profissional a cada cinco anos.

ii. Analisar, com sustentação e veracidade, a interação entre a realidade de seus conhecimentos e o estabelecido em seu plano de carreira.

Mas tenha cuidado com isso e nunca "nivele por baixo".

iii. Estabelecer os conhecimentos gerais e específicos que você deverá obter – e os seus níveis – sempre focando a sua vantagem competitiva (ver seção 5.4.1).

Nessa questão, parece que o ideal é começar pelos conhecimentos gerais e, depois, focar os conhecimentos específicos.

iv. Ter a premissa de obter esses conhecimentos por:

- conta própria, via livros, artigos, colegas, palestras, aulas, professores, profissionais de empresas etc.; e
- cursos específicos, mas tomando cuidado nas escolhas.

v. Ter um processo de autoavaliação em *tempo real* e *na tarefa*.

Essa é uma questão muito importante, pois você passa a vivenciar a realidade de cada questão administrativa.

Se você não concordar com essa metodologia genérica de desenvolvimento de um processo de educação continuada, faça a sua metodologia; mas tenha uma e aplique!

E tenha o seguinte lema: nunca pare de estudar, e isso deve ser uma filosofia de vida e uma postura de atuação, tanto profissional como pessoal.

Fique atento

Você deve se posicionar com referência à sua educação continuada, identificando facilidades e possíveis dificuldades, bem como você pretende suplantar estas últimas.

Umas das maiores besteiras que uma pessoa pode fazer é pensar que "chegou ao máximo" e que não tem mais o que aprender após concluir o seu curso numa faculdade; e, no caso deste livro, de um curso de administração. E isso por, pelo menos, quatro razões básicas:

- impossibilidade de alguém aprender tudo em um curso na faculdade;
- a administração é um conhecimento e, portanto, está sempre em evolução, com novos conceitos, metodologias e técnicas auxiliares;
- os principais "laboratórios" da administração são as empresas, cada uma com seus negócios e características específicas; e
- você é um ser humano e precisa exercitar, com constância e qualidade, o seu raciocínio e o seu processo de aprendizagem e de aplicação de conhecimentos.

Uma dica importante

Baseado em todos os debates, exercícios, casos e na preparação de seu plano de carreira com pontos fortes e pontos fracos, bem como em oportunidades e ameaças do mercado de trabalho, você deve estabelecer um plano estruturado para consolidar um otimizado processo de educação continuada, ou seja, ter uma postura de nunca parar de estudar.

Essa é, seguramente, uma decisão inteligente!

5.3.1 Interação com cursos específicos

Você pode interagir com cursos específicos, principalmente em uma das duas situações:

- fortalecer um ponto forte seu para melhorar ainda mais a sua vantagem competitiva como administrador; ou
- acabar com um ponto fraco seu que está atrapalhando a sua evolução profissional como administrador.

É lógico que a primeira situação é a ideal, mas você não pode desprezar a segunda situação, lembrando que a grande maioria dos profissionais enfrenta, em vários momentos de sua vida profissional, essa desagradável situação.

Com referência à sua interação com um processo de educação continuada, você deve considerar duas situações específicas, mas complementares entre si:

- cursos específicos proporcionados pela empresa; e
- cursos específicos de sua iniciativa e responsabilidade.

No primeiro caso, na maior parte das vezes, os referidos cursos estão correlacionados a planos de desenvolvimento administrativo e/ou dos negócios da empresa e, geralmente, os participantes designados são avaliados quanto às suas efetivas contribuições posteriores ao aprendizado.

Entretanto, podem existir alguns cursos genéricos que pouco contribuem para a evolução administrativa e dos negócios da empresa, como é o caso de muitos dos cursos motivacionais, geralmente genéricos e sem qualquer ligação direta com os resultados da empresa. Na realidade, esses cursos genéricos são de responsabilidade da empresa e quem decidiu por tais cursos é que deve responder pelos resultados efetivos.

A prática tem demonstrado que os cursos específicos proporcionados pela empresa e que consolidam os melhores resultados para ela são decorrentes dos planos estratégicos de negócios da empresa interligados com a realidade da capacitação dos seus profissionais quanto aos conhecimentos necessários para consolidar, com qualidade, o referido plano de negócios.

Nesse contexto, o ideal é que as estratégias do plano de negócios sejam detalhadas em projetos, e estes decompostos em atividades – ou partes –, sendo que para cada atividade devem ser identificados os conhecimentos necessários; e daí se analisam os conhecimentos faltantes na equipe de profissionais da empresa, propiciando um programa de capacitação profissional com elevada qualidade e direcionando às carências de conhecimentos específicos para a empresa aprimorar os seus negócios atuais ou desenvolver novos negócios.

Desafio

Comente, com detalhes e possíveis exemplos, a disponibilização de cursos específicos pelas empresas.

Com referência aos cursos específicos de sua iniciativa e responsabilidade, pode-se considerar que eles são da mais alta importância, pois, se bem escolhidos e aproveitados na incorporação dos conhecimentos, podem representar o grande "lance" para um profissional consolidar uma vantagem competitiva na empresa, ou seja, passar a ter um importante diferencial de importância na empresa.

A questão básica, entretanto, parece ser a escolha do curso específico.

Para pensar a respeito, você pode considerar a seguinte situação:

- primeiramente, ter adequado conhecimento do plano estratégico da empresa, sabendo para onde ela pretende ir e como ela pretende chegar em tal situação futura;
- depois, procurar identificar quais os conhecimentos principais a empresa deverá ter para chegar na situação futura planejada;
- a seguir, estabelecer com qual conhecimento específico você vai contribuir, direta ou indiretamente, para a empresa consolidar a situação futura planejada;
- depois, identificar os possíveis cursos de treinamento que poderão auxiliá-lo na obtenção dos conhecimentos que você quer absorver;
- a seguir, explicar na empresa o curso que você vai fazer e quais as contribuições que você irá proporcionar para o futuro da empresa, sendo que essa atitude tem a grande vantagem de fazer a empresa sua "cúmplice" no referido curso específico;
- se esforçar, ao máximo, no processo de aprendizagem no curso específico que você escolheu; e
- aplicar, com qualidade e efetivos resultados, o seu novo conhecimento na empresa.

Naturalmente, todo esse processo deve ser auxiliado por atividades individuais e por conta própria, via livros, artigos, colegas, palestras etc.

Desafio

Esboce alguns possíveis cursos específicos que você talvez faça em um futuro breve ou um pouco mais distante.

E aloque essa análise em seu plano de carreira.

5.4 Consolidação ideal do seu plano de carreira como administrador

Plano de carreira é a explicitação formal de um conjunto planejado, estruturado, sustentado e sequencial de estágios que consolidam a realidade evolutiva de cada indivíduo, de forma interativa com as necessidades das empresas e dos mercados onde atuam.

Resgate tudo o que você já fez

Você deve resgatar tudo que pensou, estruturou e escreveu a respeito de seu plano de carreira, principalmente nas seções 1.7, 2.7, 3.6.1 e 4.4 e, a seguir, fazer todos os complementos e ajustes que considerar válidos.

Você pode considerar um conjunto de itens que o seu plano de carreira básico deve conter, e para tanto, deve reanalisar e completar o seu plano de carreira envolvendo os seguintes aspectos evidenciados ou não em seções anteriores deste livro ou que você pode obter, com detalhes, no livro *Plano de carreira: foco no indivíduo*, dos mesmos autor e editora.

Esses aspectos básicos são:

- ter a disciplina de sempre estar atento e consolidando informações do que está acontecendo, ou poderá acontecer, no mercado, pois é esse que apresenta e disponibiliza as oportunidades, e as ameaças, para o seu futuro como profissional;
- estabelecer o que você quer ser em um futuro breve ou mais distante, mas sem ficar simplesmente sonhando, pois os sonhos profissionais sem sustentação dos conhecimentos necessários simplesmente deixam a pessoa no "mundo da lua";
- definir, com clareza e veracidade, os seus valores pessoais, os seus princípios, crenças e questões éticas fundamentais, ou seja, você deve se conhecer com mais profundidade e realismo;
- listar, com o máximo de detalhes e veracidade, as oportunidades – coisas boas – e as ameaças – coisas ruins – que o mercado está disponibilizando para o que você quer ser como profissional de empresas;
- procurar identificar, da melhor maneira possível, o que poderá acontecer com essas oportunidades e ameaças atuais do mercado, analisando o que poderá melhorar e o que poderá piorar e, se possível, identificar o nível de sustentação dessas análises;
- estabelecer a sua efetiva vocação para você trabalhar no que estabeleceu como ideal, principalmente a partir de conversas com profissionais que trabalham nessa área de sua escolha, sempre se lembrando que vale a pena você investir algum tempo nessa análise, pois um erro nesse momento provoca consequências desagradáveis em todo o resto do processo de estabelecimento de seu plano de carreira;
- consolidar a real análise de sua capacitação profissional, identificando os seus pontos fortes e pontos fracos;
- detalhar um plano para evoluir nos pontos fortes e tentar eliminar os pontos fracos;
- estabelecer a possível amplitude de atuação com base em sua efetiva capacitação profissional, identificando o principal foco de atuação e os focos complementares ou substitutos;
- estabelecer o nível de velocidade com que você vai consolidar o seu plano de carreira, mas nunca se esquecendo que esse deve ser feito com qualidade total;
- estabelecer a sua vantagem competitiva (ver seção 5.4.1);
- estabelecer os resultados intermediários e finais que você pretende alcançar, com os correspondentes prazos, ou seja, as metas e os objetivos de seu plano de carreira;
- identificar como você vai alcançar esses resultados, ou seja, as estratégias e os projetos que você vai ter que consolidar, com qualidade;
- estabelecer o seu código de ética como profissional, detalhando as suas políticas de atuação, o que definirá a sua "personalidade" como profissional de empresas;
- consolidar um processo estruturado para analisar a sua efetiva evolução profissional, incluindo o estabelecimento de algumas estratégias criativas para o aprimoramento de sua capacitação profissional e de sua vantagem competitiva como administrador; e
- analisar periodicamente o equilíbrio do binômio: qualidade total do plano de carreira e efetiva qualidade de vida.

Uma dica importante

Detalhe esses 16 aspectos básicos inerentes ao seu plano de carreira e tenha a disciplina de sempre os aplicar e aprimorar em suas atividades acadêmicas e profissionais.

E tenha sucesso como administrador!

5.4.1 Efetivação de sua vantagem competitiva

Vantagem competitiva é a característica diferenciada do produto ou serviço disponibilizado pela empresa ao mercado, sendo que esse quer comprá-lo, em detrimento os mesmos produtos e serviços disponibilizados por outras empresas.

domin_domin | iStockphoto

Portanto, você verifica que empresas que não conseguem consolidar alguma vantagem competitiva em seus produtos e serviços têm sérias dificuldades de sobreviver.

A mesma coisa ocorre com você como profissional de empresa, pois se não tiver uma vantagem competitiva real, sustentada e, preferencialmente, duradoura, você vai ser simplesmente "mais um", podendo ser descartado pela empresa a qualquer momento.

Essa é uma questão que pode ser considerada nem fácil, nem difícil, mas é extremamente necessária para proporcionar uma "marca" representativa de você como profissional.

Inicialmente, devemos nos lembrar que toda e qualquer vantagem competitiva de uma empresa, produto ou serviço, ou de um profissional de empresa, deve respeitar três premissas básicas:

- ser real, ou seja, ser reconhecida pelo mercado, quer esse seja geral ou específico, pois se uma vantagem competitiva não for real e reconhecida por quem deve reconhecê-la, essa não serve para nada;
- ter sustentação, ou seja, uma vantagem competitiva deve estar sustentada por todos os fatores básicos que proporcionam validação para ela; por exemplo, uma vantagem baseada no preço competitivo deve ter sustentação de custos baixos e de elevada produtividade; e
- ser preferencialmente duradoura, ou seja, a vantagem competitiva deve facilitar a consolidação da "marca registrada" da empresa ou da pessoa, facilitando para que todos os outros produtos e serviços da empresa considerada tenham, naturalmente, a mesma vantagem competitiva.

Uma pessoa que não tenha uma vantagem competitiva real, necessária e conhecida no ambiente em que vive, mesmo que seja um profissional honesto, competente e trabalhador, sempre será considerado "mais um".

Lembre-se de que esse diferencial ou vantagem competitiva representa a sua "marca pessoal", sendo muito importante em sua vida profissional e, até, pessoal.

A grande questão é: como estabelecer uma vantagem competitiva real, sustentada e, preferencialmente, perene ou duradoura?

Na realidade, existe uma questão anterior, que é a capacidade de uma pessoa em desenvolver e consolidar sua vantagem competitiva.

Mas essa questão fica na realidade de cada um e espera-se que o seu curso de administração proporcione uma sustentação a esse processo, que este livro represente uma pequena ajuda nesse processo e, principalmente, que você se esforce e tenha competência para tal; e esteja seguro que a sua vida profissional – e pessoal – será bem gratificante após esse período de forte aprendizado.

Não vamos discutir também a questão dos alunos que preferem levar o curso de administração "na flauta". Essa é uma questão pessoal que não merece maiores debates nesse momento.

Portanto, vamos nos concentrar em um possível processo de identificação, desenvolvimento, consolidação e disseminação de sua vantagem competitiva.

Uma ideia para você analisar – você deve pensar em possíveis ajustes à sua realidade – é considerar um processo evolutivo com os seguintes momentos:

- ter o plano de carreira ao lado, pois esse é o "guarda-chuva" de sua vantagem competitiva, e esta última é o fator crítico de sucesso daquele;
- fazer amplo debate – e verdadeiro! – de sua capacitação profissional básica – preferencialmente a que você "sonha" em trabalhar – com algumas outras capacitações que podem ser complementares e/ou substitutas, sendo que estas últimas devem ser em número reduzido, pois, caso contrário, você pode perder o foco profissional;
- identificar os cargos, funções e atividades das empresas que necessitem dessa capacitação profissional básica, com possíveis interações com as capacitações complementares;
- procurar conhecer a realidade atual das possíveis carências desses cargos, funções e atividades conversando com profissionais que atuam nessa área da empresa;
- lembre-se sempre: as melhores vantagens competitivas de profissionais são aquelas que focam e resolvem as carências das empresas;
- investir no conhecimento da eventual situação futura desses cargos, funções e atividades pela natural evolução das tecnologias e dos negócios, pois esses podem deixar de ser importantes para a empresa ou até deixarem de existir e, daí o seu conhecimento não vai "servir para nada";
- definir a sua vantagem competitiva e ter a vontade e a disciplina de sempre estar estudando o assunto;
- seja esperto e tenha um "plano B" para o caso de sua vantagem competitiva começar a perder o valor para as empresas;
- se for o caso, desenvolva o plano de mudança da sua vantagem competitiva respeitando os diversos momentos anteriormente estabelecidos para a vantagem competitiva básica;
- perceba que a vantagem competitiva substitutiva deve ter vários focos básicos de conhecimento idênticos à vantagem competitiva básica, caso contrário você estará "começando do zero", o que será muito prejudicial para você; e
- finalmente, aprimore e aprimore a sua vantagem competitiva, pois ela sempre será o seu principal diferencial como profissional, bem como estabelecerá o seu valor efetivo para as empresas.

E atenção: não esqueça de fazer os possíveis ajustes em seu plano de carreira!

Uma dica importante

Leia e releia esses 11 momentos de sua vantagem competitiva e faça os necessários detalhamentos para maior facilidade de aplicação pessoal e profissional.

E tenha sempre essa lista com você!

Você percebe que a efetivação de sua vantagem competitiva não deve ser considerada com algo fácil ou difícil, mas sim como algo necessário para que você consiga se posicionar, de maneira otimizada, em seu contexto profissional, mas também pessoal.

Evidencio que não é algo fácil, pois existem alguns administradores que, ao serem perguntados, afirmam que a sua vantagem competitiva como profissional da administração é "......", sem qualquer sustentação de conhecimento dos assuntos básicos para tal, bem como não conseguem explicar por que aquela situação representa uma vantagem competitiva.

O estabelecimento de uma vantagem competitiva também não é algo difícil pelo simples fato de que seu desenvolvimento e consolidação pode – e deve – ser realizado de forma estruturada, com etapas e resultados bem definidos, conforme anteriormente evidenciado.

Desafio

Você deve se posicionar, neste momento, quanto à vantagem competitiva que você quer consolidar.

E fazer um possível reposicionamento em dois outros momentos: dentro de dois anos e, depois, após cinco anos.

Você vai ter agradáveis surpresas!

5.4.2 Como ter uma atuação empreendedora

Atuação empreendedora é o contexto, sustentado por capacitação e iniciativa, em que o profissional direciona seus conhecimentos, habilidades e atitudes para a alavancagem dos resultados da empresa e à consolidação de novos projetos estrategicamente relevantes.

Essa atuação pode ser consolidada pelo **empreendedor interno**, que é um profissional que trabalha na empresa considerada, ou por um **empreendedor externo**, que é aquele indivíduo que tem a capacidade de fazer um empreendimento *decolar do zero*, de operacionalizar novas ideias e fazê-las bem-sucedidas, apresentando resultados interessantes, por meio da otimização da capacidade de inovação e renovação.

Desafio

Você poderá ser um empreendedor, provavelmente com maior possibilidade de ser um empreendedor interno.

Mas, independentemente de que tipo de empreendedor você será, é importante começar a planejar o seu desenvolvimento profissional e pessoal para chegar em tal situação.

Para tanto, você pode fazer um adendo ao seu plano de carreira, seguindo as mesmas etapas básicas evidenciadas nas seções 1.7, 2.7, 3.6.1 e 4.4, com a sua consolidação na seção 5.4.3.

Você vai perceber que são simples e lógicos essas grandes complementações e detalhamentos de seu plano de carreira.

Natali_Mis | iStockphoto

Para tentar ser um empreendedor, você poderá seguir algumas etapas em seu processo evolutivo como administrador; sendo que se considera o empreendedor externo pelo fato de esse passar por um processo mais amplo e complexo do que o empreendedor interno; mas se esta última situação for o seu caso, é só fazer algumas simplificações.

Nesse contexto, você pode considerar as seguintes etapas:

Etapa 1: Estabelecimento dos objetivos a serem alcançados

Nessa etapa, você deve considerar, analisar e incorporar, pelo menos, seis premissas, a saber:

- estabelecer o que você "quer da vida", indicando a sua área de atuação preferencial, procurando indicar cenários de curto, médio e longo prazos de sua atuação no contexto idealizado;
- estabelecer se você pretende, ou necessita, empreender o negócio sozinho ou se vai procurar sócios, lembrando os cuidados necessários nas escolhas;
- identificar, com realismo, o seu estilo administrativo e se você, por exemplo, sabe liderar pessoas ou se teria que ter um sócio ou um funcionário especialista nessa função;
- estabelecer se você é um profissional efetivamente focado em resultados, produtividade e qualidade, ou se o seu estilo administrativo não é esse;
- identificar o tipo de negócio que você pretende empreender, com todos os detalhes necessários, como localização, instalações básicas, marca, logística geral etc.; e
- estabelecer, com o máximo de detalhes, o estilo e o modelo administrativo a ser aplicado no empreendimento.

Respeitadas essas seis premissas, você pode desenvolver a etapa 1 de seu plano para se consolidar como empreendedor em quatro momentos:

- estabelecimento do cronograma de desenvolvimento e operacionalização do empreendimento da forma mais detalhada possível;
- consolidação de sua amplitude de atuação, bem como de sua efetiva capacitação profissional;
- identificação de negócios que envolvam um nível de conhecimento que seja de seu controle; e
- identificação de segmentos da economia que estejam crescendo e, principalmente, que necessitem dos conhecimentos escolhidos por você.

Etapa 2: Estabelecimento das estratégias e ações a serem operacionalizadas

Na etapa anterior, você se preocupou com "o que" você vai empreender; e agora você se preocupa com "como" você vai conseguir os resultados desejados de seu empreendimento.

Nessa etapa, você deve considerar algumas questões básicas, como:

- consolidar o conhecimento, teórico e prático, como a base de sustentação de sua vida profissional;
- saber escolher os cursos, inclusive os níveis de qualidade deles;
- saber observar, estudar, aprender, aplicar e aprimorar todos os assuntos administrativos do seu empreendimento;
- ter bom relacionamento e ótimo processo de comunicação;
- saber trabalhar com adversidades, antagonismos e conflitos;
- saber "pensar grande" e decidir com foco;
- saber identificar problemas que sejam reais e, principalmente, estruturar e apresentar soluções interessantes;
- acreditar na importância e na validade do que faz;
- ter vantagem competitiva real, sustentada e duradoura;
- ser empreendedor de sua vida, ou seja, se você não souber empreender e administrar a sua vida com qualidade total, você não terá condições de empreender um negócio, qualquer que seja ele.

Fique atento

Você deve ter percebido que essas "dicas" para ser empreendedor, em sua maioria, são repetidas quando se aborda o administrador em sua abordagem mais ampla.

E isso ocorre porque os princípios da administração são universais e de aplicação genérica.

Simples, não?

Para detalhes, pode analisar o livro *Empreendedorismo: vocação, capacitação e atuação direcionados para o plano de negócios*, dos mesmos autor e editora.

5.4.3 Aprimoramentos futuros em seu plano de carreira

O plano de carreira, como todo e qualquer planejamento, precisa de ajustes periódicos que resultem em aprimoramentos quanto aos resultados apresentados e à sua realidade atual. Esses ajustes e aprimoramentos devem ocorrer em qualquer situação mais forte – perda ou mudança de emprego, aposentadoria, doença etc. –, mas também como um repensar de sua vida, tanto profissional como pessoal.

A sugestão básica para você realizar esses ajustes e aprimoramentos é fazer o caminho inverso que você seguiu para elaborar o seu plano de carreira – ver seções 1.7, 2.7, 3.6.1, 4.4 e 5.4 –, analisando em

pixelliebe | iStockphoto

uma relação causas *versus* efeitos com forte senso crítico para evitar "cair na mesmice", pois você sabe que as pessoas têm dificuldades, e rejeição, para mudar os seus hábitos.

Hábito é a "maneira de ser" de uma pessoa, consolidando a sua personalidade de maneira positiva ou negativa para a empresa ou equipe de atuação, sendo um foco básico de processos de mudanças planejadas para efetivar melhores modelos e estilos administrativos.

Portanto, os hábitos de uma pessoa podem provocar coisas boas e coisas ruins no processo de desenvolvimento e consolidação do plano de carreira da referida pessoa.

Lembre-se: os hábitos são de única e exclusiva responsabilidade de uma pessoa. Você deve conhecer pessoas *marrudas* que arranjam "mil justificativas" para não mudar o seu plano de carreira – quando o têm! – e as únicas prejudicadas são elas próprias. Sem comentários!

Por outro lado, não se deve fazer alterações no plano de carreira sem uma razão concreta e sem um procedimento adequado.

Outro aspecto é que a periodicidade desses aprimoramentos no plano de carreira deve ter uma determinada lógica, não sendo a qualquer contratempo, nem a todo mês e nem a cada 20 anos. Na realidade, esses aprimoramentos devem ocorrer quando houver uma causa evidente, ou seja, não se deve "mudar por mudar".

E também que esse processo de aprimoramento siga etapas de uma metodologia estruturada, sendo ideal que você considere o caminho inverso que utilizou no desenvolvimento do referido plano, mas com algumas importantes complementações.

Nesse caso, você pode considerar os seguintes momentos básicos:

i. Debater a questão de sua qualidade de vida

V**ocê sabe que qualidade de vida** é o nível e a intensidade em que uma pessoa se sente bem com as suas atividades profissionais alocadas em sua realidade pessoal.

Portanto, a qualidade de vida é algo genérico, mas também específico para cujo debate você deve ser realista, mas também otimista, se esforçando para encontrar caminhos e situações interessantes em sua vida, a curto, médio e longo prazos.

ii. Fazer a interação entre a qualidade de vida e o plano de carreira

Você deve analisar, da maneira mais estruturada possível, a influência do plano de carreira na sua qualidade de vida, e vice-versa.

Dessa maneira, o plano de carreira se consolida como parte integrante de sua vida e os possíveis ajustes e aprimoramentos no mesmo ocorrerão de maneira simples, direta e normal.

Nesse momento, é possível que ocorram alguns interessantes aprimoramentos e detalhamentos em seu código de ética profissional, proporcionando maior sustentação e qualidade no seu plano de carreira e consequente evolução profissional.

iii. Análise realista dos resultados alcançados e das ações operacionalizadas

Você deve ser realista quanto à análise dos resultados alcançados em comparação aos resultados planejados em seu plano de carreira.

E mais: deve ser crítico quanto à qualidade das estratégias, ações e projetos que você operacionalizou para alcançar os resultados esperados, representados pelos objetivos e metas do seu plano de carreira.

Você percebe, pelos vários momentos do trabalho, da grande importância que a elaboração do plano de carreira deve ser algo formalizado e muito bem estruturado para não virar um simples sonho ou uma "conversa fiada".

A prática tem demonstrado que o ideal é despender esforços, e criatividade, na revisão das estratégias, ações e projetos para alcançar os resultados esperados, evitando usar a situação fácil, mas inadequada, de simplesmente alterar os resultados pretendidos no plano de carreira.

iv. Análise de sua vantagem competitiva

Esta é a hora da verdade!

Se a vantagem competitiva estabelecida por você não está lhe proporcionando um diferencial interessante como profissional da administração, algo está errado:

- você estabeleceu uma vantagem competitiva inverossímil para a sua realidade como profissional e pessoal; ou
- você está "morrendo na praia" com suas estratégias, ações e projetos inadequados.

Você deve saber de pessoas que afirmam "ser algo", mas não são nada disso!

Essa ocorrência cria um descrédito total para com essas pessoas, provocando situações que a prejudicam até fora de suas realidades, ou seja, as outras pessoas a julgam em uma situação pior ainda!

Embora não seja algo fácil o estabelecimento da vantagem competitiva – até para uma empresa –, você não deve desanimar, pois, além dos benefícios de seu estabelecimento final, o processo de seu estabelecimento é algo extremamente importante para você pensar e repensar a respeito de seu futuro como profissional e pessoa.

v. Reavaliação de sua vocação profissional

É até chato colocar essa questão aqui, mas você deve conhecer pessoas que têm dificuldade de identificar a sua vocação profissional e, consequentemente, nunca trabalham no que gostam e, portanto, normalmente apresentam baixo nível de produtividade e de qualidade.

De qualquer forma, se esse for o seu caso você deve agir imediatamente a respeito para evitar maiores problemas futuros.

E se você estiver fazendo o curso de administração e ainda não definiu "qual é a sua" no mercado de trabalho, deve investir fortemente nessa questão.

Talvez se possa afirmar que a efetiva vocação profissional no que se faz seja uma das maiores bases de sustentação para o fortalecimento da capacitação profissional e, consequentemente, do seu sucesso como administrador. E lembrando que o campo de atuação do administrador é bastante amplo, conforme evidenciado, principalmente, no Capítulo 4.

vi. Reanalisar o mercado atual e futuro

O seu plano de carreira tem duas grandes partes que atuam de forma específica e interativa: a sua capacitação profissional, que é algo controlável por você, e o mercado de trabalho, que é algo sobre o qual você não tem controle, mas deve ter adequado nível de conhecimento.

A forma mais simples de conhecer o mercado é você ler jornais e revistas, assistir determinados programas de entrevistas em televisão, conversar com pessoas preferencialmente profissionais atuantes e analisar todas as informações que conseguir.

vii. Analisar a sua efetiva capacitação profissional

Você deve analisar, com critério e veracidade, a sua capacitação profissional como sustentação para o que você quer alcançar como profissional da administração.

Nesse contexto, você deve identificar, na realidade, os seus pontos fortes e fracos, bem como a interação desses com as oportunidades e ameaças que estão no mercado de trabalho, considerando essas análises no momento atual, mas também nos momentos futuros, quer esses sejam próximos ou mais distantes.

Todo esse trabalho de análise de sua capacitação profissional deve ser efetuado, primeiramente de forma interativa, com a grade curricular das disciplinas de seu curso de administração, o qual representa, neste momento, o seu principal insumo dos conhecimentos teóricos e práticos necessários para a sua sustentação como profissional de empresas.

Você deve repassar, com inteligência e dedicação, esses sete momentos para os necessários processos de aprimoramentos em seu plano de carreira; podendo, se for o caso, se concentrar em algum momento específico, mas sem perder a visão do todo, caso contrário o seu plano de carreira pode ficar "desiquilibrado".

Boa dedicação, criatividade, sorte e sucesso nos aprimoramentos em seu plano de carreira!

Uma dica importante

Pense e repense sobre tudo que foi apresentado neste livro, bem como nas diversas adaptações e complementações que você deve ter feito, decorrentes de suas características e expectativas pessoais.

Faça algumas anotações complementares nas bordas das páginas deste livro e consolide o seu plano de desenvolvimento pessoal e profissional.

Esse poderá ser um interessante guia para você.

E ao longo do tempo: aprimore e aprimore!

Atenção: o debate inerente a este livro ainda não terminou.

A seguir, são apresentadas algumas questões que podem provocar um repensar em suas considerações a respeito de sua evolução como profissional da administração.

Evidencia-se que algumas questões são repetidas e servem para você analisar a sua efetiva incorporação dos princípios e da prática administrativa.

Você deve analisar, com profundidade, todas as características de conhecimentos, habilidades e atitudes evidenciadas neste livro e que podem sustentar a sua evolução profissional como administrador de sucesso.

Entretanto, você deve ter uma lista resumo para sempre carregar no "seu bolso", facilitando as inerentes e necessárias releituras e pensamentos a respeito; e, para facilitar a sua vida é apresentada, a seguir, uma lista genérica que você deve adequar à sua realidade e expectativas futuras, podendo ampliar, reduzir, juntar frases, cindir frases em dois ou mais assuntos etc.

Uma ideia inicial, para análise e debate, é considerar as seguintes ações básicas:

- conhecer e saber aplicar as metodologias e técnicas administrativas essenciais para a sua área de atuação;
- saber interligar, de forma estruturada e lógica, os diversos assuntos administrativos;
- ter raciocínio inovador, mas também adaptativo, em suas propostas de soluções dos problemas administrativos;
- apresentar soluções que façam sentido aos outros profissionais envolvidos no assunto administrativo em análise;
- ter inteligência social e saber ensinar, mas também aprender com os outros em um processo de *benchmarking*, ou seja, fazer melhor que os outros;
- saber trabalhar com diversidades, quer sejam advindas de cenários e realidades externas e não controláveis, quer sejam por questões internas ou controláveis, com maior ou menor nível de dificuldade;
- saber transformar dados em informações válidas para que o seu processo decisório possa ocorrer com qualidade, inclusive no estabelecimento de prioridades;
- saber – e gostar de – trabalhar em ambientes com multidisciplinaridade, obtendo o maior nível de contribuição das pessoas;
- ter otimizados processos de comunicação externa e interna, com disciplina, criatividade e respeito;
- saber criar situações motivadoras para obter o máximo de produtividade e de qualidade dos profissionais envolvidos no assunto administrativo em análise; e
- idealizar e se direcionar para um contexto profissional em que você possa ter otimizado – ou, pelo menos, adequado – nível de qualidade de vida, situação essa que terá elevada influência direta em sua carreira como administrador. Afinal de contas, é para isso que você está estudando o assunto *administração*.

Uma dica importante

Prepare a sua lista resumo com os principais lembretes das ações, e realizações, que sustentarão a sua carreira como administrador de sucesso e de valor para as empresas.

Tenha essa lista sempre com você e realize todos os aprimoramentos e detalhamentos necessários.

Boa sorte e ótimos estudos!

E só para evidenciar que a lista anterior ainda deve receber algumas poucas frases orientadoras de sua vida estudantil e profissional, aqui vai mais uma dica importante:

- Saiba a enorme diferença entre você ter um diploma de administrador, de um lado; e, de outro lado conhecer as finalidades e as aplicações das diversas metodologias e técnicas administrativas.

Você não vai conseguir muita coisa em sua vida profissional se ficar apenas afirmando que é administrador, mas não conhecer a teoria e a prática dos diferentes instrumentos administrativos. Nesse caso, o que existe é um *pseudoadministrador*.

Portanto, a maior inteligência que você pode demonstrar durante o período do curso de administração é estudar ao máximo e ser um aluno questionador e que tenha como objetivo básico aprender tudo que for possível a respeito do assunto *administração* em sua ampla abordagem.

E essa é uma escolha de cada um!

Sendo que não vale ficar se arrependendo depois.

Para refletir

Você verificou, pelo apresentado neste livro, que o assunto *administração* é algo lógico, estruturado, sustentado, evolutivo e necessário para as instituições em geral e para as pessoas.

Bons e constantes estudos e sucesso como profissional da administração!

Resumo

Este capítulo final facilitou você posicionar "qual é a sua" quanto a ser um profissional de administração, sendo que os detalhamentos e os conhecimentos específicos você obteve em outras disciplinas do curso, bem como em um possível – e interessante – processo de educação continuada em um futuro breve.

Você também constatou que o assunto *administração* é bem amplo e, portanto, você deve ter foco em seu plano de carreira, mas tendo um conhecimento geral dos outros diversos assuntos administrativos, sempre em uma abordagem da administração integrada.

E não se esqueça de ter uma interessante vantagem competitiva, que será o seu diferencial e a sua "marca" no mercado de trabalho.

Você percebeu que esse diferencial competitivo pode ser bem simples, mas deve ser de importância para as empresas.

Questões para debate e consolidação de conceitos

Lembrete: considere o apresentado no início das "Questões para debate" no Capítulo 1, visando obter maior amplitude na análise das questões administrativas a seguir evidenciadas.

1. Como você deve estabelecer a amplitude ideal para a adequada análise de um assunto administrativo?
2. Como estabelecer o modelo ideal de atuação de um administrador?
3. Como estabelecer os fatores críticos de sucesso da atuação do administrador?
4. Como estabelecer a interligação entre a sua capacitação profissional e as funções da administração?
5. Como estabelecer os conhecimentos essenciais do administrador?
6. E as habilidades essenciais?
7. E as atitudes essenciais?
8. Como estabelecer os fatores de influência de sua capacitação profissional como administrador?

9. Como você vai estabelecer o seu processo de educação continuada como administrador?
10. Como você vai identificar os cursos específicos para sua consolidação como administrador de sucesso?
11. Como você pretende estabelecer e consolidar a sua vantagem competitiva como administrador?
12. Como você pode ter uma atuação empreendedora como administrador?
13. Como você pretende fazer os aprimoramentos futuros em seu plano de carreira como administrador?

Desafio

Identifique sua realidade quanto à sua futura atuação como administrador.

Neste quinto e último momento do curso, você, acertadamente, consolidou o seu plano de carreira, o qual você começou a desenvolver no início do curso de administração.

Para tanto, você fez uma análise crítica de seus conhecimentos, habilidades e atitudes frente ao perfil ideal que um administrador de sucesso deve ter, sempre com adequada sustentação.

Neste momento, as suas tarefas são:

i. Separar a lista completa dos conhecimentos essenciais de um administrador em três colunas: fáceis de obter, dificuldade média e difíceis de obter. Para cada conhecimento identificado, fazer comentários a respeito.
ii. dem quanto às habilidades.
iii. Idem quanto às atitudes.
iv. Alocar cada uma das nove colunas no seu plano de carreira, considerando os prazos ideais para as suas operacionalizações em situações adequadas para consolidar a sua carreira como administrador.
v. Estabelecer, com justificativas, qual vai ser a sua vantagem competitiva como administrador, correlacionando-a aos seus conhecimentos, habilidades e atitudes.
vi. Detalhar o plano de seus estudos futuros para otimizar a sua atuação profissional como administrador.
vii. Exemplificar, detalhadamente, como você vai resolver os possíveis problemas em sua evolução profissional como administrador.

Caso para análise, debate e proposta de solução

Consolidação sustentada do seu plano de carreira como profissional de administração

Você percebeu que o foco deste livro foi apresentar os aspectos básicos e essenciais da administração ao mesmo tempo em que você foi elaborando o seu plano de carreira de forma sustentada, ou seja, você teve a oportunidade de consolidar uma perfeita interação entre a teoria e a prática em sua vida profissional e pessoal.

Agora você deve estabelecer "qual é a sua" perante tudo que foi apresentado neste livro, bem como será o seu plano de carreira para ser um administrador de sucesso bem como de valor para a empresa onde trabalha ou pretende trabalhar.

Esse plano de carreira deverá sofrer adequações e aprimoramentos em determinados intervalos – talvez a cada cinco anos –, mas você sempre deve tê-lo como orientador de sua vida profissional.

Durante a leitura deste capítulo, você foi incentivado a fazer uma autoavaliação quanto aos seus conhecimentos, habilidades e atitudes para o otimizado exercício da profissão de administrador.

Neste momento, você deve realizar as seguintes tarefas básicas:

a) Hierarquizar, para a sua realidade, todos os conhecimentos que você deverá ter para a otimizada atuação como profissional da administração.
b) Idem quanto às habilidades.
c) Idem quanto às atitudes.

A seguir, você deverá estabelecer os fatores de influência para os conhecimentos, habilidades e atitudes que você identificou como básicos para você.

A tarefa seguinte é você consolidar a primeira versão de seu plano de carreira, conforme evidenciado na seção 5.4.3, considerando o resultado de todos os seus trabalhos anteriores; e efetivando a sua vantagem competitiva que vai ser o seu diferencial como profissional da administração.

Depois de você realizar essas tarefas com o máximo de detalhes, é válido você alocar esses resultados no que foi analisado no Jaqueira Esporte Clube, ou seja, você mais uma vez considera tudo que evidenciou de importante em termos de conhecimentos, habilidades e atitudes, bem como do seu plano de carreira e analisa se as suas conclusões como ideais para você são suficientes para você acertar o modelo administrativo do Jaqueira Esporte Clube, sendo que essa análise deve ser feita desde o aprimoramento das soluções que você apresentou quanto às 19 situações "esquisitas" da administração do referido clube evidenciadas no caso do Capítulo 1.

Essa é uma situação em que você vai vivenciar em vários momentos de suas atividades profissionais, pois é normal termos dúvidas se o nosso nível de capacitação é suficiente para enfrentarmos os nossos desafios profissionais.

Você vai perceber, principalmente se fizer vários exercícios como esse, que o distanciamento entre o que você sabe e o que um trabalho administrativo exige vai diminuindo, desde que você esteja aprendendo o que efetivamente deve aprender.

Essa é uma questão muito importante à qual você deve estar sempre atento no processo de aprimoramento sistemático de seu plano de carreira.

Até a próxima!

Glossário

> "Todo conceito que a pessoas não modificam com sua evolução torna-se um preconceito; e os preconceitos acorrentam as pessoas à inércia mental e espiritual."
>
> *Autor desconhecido*

A seguir, são apresentadas as definições básicas dos principais termos da administração utilizados no livro.

Ao abordar algum conceito básico, partiu-se da própria bibliografia utilizada como sustentação a este livro, bem como se trabalhou com definições próprias que, no entender do autor, se apresentam como válidas para o melhor entendimento do assunto administrativo no contexto apresentado.

Esse trabalho de pesquisa evidenciou que, acima de diferenças semânticas e terminológicas, existem profundas divergências conceituais, as quais, inclusive, não se pretendeu sanar no presente livro, por escapar aos objetivos propostos.

Algumas das conceituações apresentadas têm pequenas diferenças das evidenciadas no texto, principalmente na forma de explicar o conceito do termo administrativo, o que pode ser considerado na aplicação dos ensinamentos da administração.

Dica importante: elabore, a curto ou médio prazo, o seu glossário com todos os termos da administração com os quais esteja mais envolvido, pessoal e profissionalmente, e faça isso com as suas próprias palavras!

E uma informação básica: em algumas conceituações apresentadas é evidenciado que a sua aplicação pode ser para uma empresa e, também, para uma pessoa; sendo que em alguns casos essa dupla aplicação não foi evidenciada. Mas espera-se que você entenda que todo e qualquer assunto administrativo pode ser aplicado, direta ou indiretamente, tanto para as empresas como para as pessoas.

É por isso que este livro evidenciou, desde o seu início, uma dupla aplicação: empresa e pessoa.

Outra questão é que, sempre que o termo *empresa* é citado, pode-se estar referindo a todo e qualquer tipo de instituição, a um país, a uma região, a uma cidade, a uma comunidade etc.; ou seja, o contexto de aplicação é sempre o mais amplo possível.

Portanto, é só uma questão de adaptação dos princípios e da prática administrativa do assunto em análise.

Adhocacia é uma estruturação temporária, flexível, inovadora e antiburocrática, em que se formam equipes multidisciplinares para resolver rapidamente problemas complexos e não programáveis.

Administração é o sistema estruturado e intuitivo que consolida um conjunto de princípios, processos e funções para alavancar, harmoniosamente, o processo de planejamento de situações futuras desejadas e seu posterior controle e avaliação de eficiência, eficácia e efetividade, bem como a organização – estruturação – e o direcionamento dos recursos das empresas – principalmente as pessoas – para os resultados esperados, com o mínimo de conflitos interpessoais.

Administração compartilhada é a metodologia estruturada em que os profissionais envolvidos em uma atividade específica, ou com todo o processo, são incentivados a contribuir para o seu melhor desenvolvimento e operacionalização, em que ocorre a evolução pessoal e profissional de todos, em um ambiente de trabalho de confiança mútua.

Administração corporativa é uma abordagem de atuação e de estruturação da empresa ou grupo empresarial, que consolida o processo de diversificação de negócios, bem como facilita a análise por resultados globais e específicos de cada unidade estratégica de negócios (UEN).

Administração da competência é o processo estruturado de operacionalizar as competências – essenciais e auxiliares – nas atividades básicas da empresa.

Administração de materiais é a atividade que otimiza os níveis de estoque de produtos acabados, em processamento e de matérias-primas, bem como estabelece os lotes econômicos de compras a serem realizadas pela empresa.

Administração do conhecimento é um processo estruturado e sistematizado de obter, coordenar e compartilhar as experiências, os conhecimentos e as especializações dos profissionais das empresas, visando ao acesso à melhor informação no tempo certo, com a finalidade de otimizar o desempenho global das atividades e da empresa.

Administração estratégica é uma administração contemporânea que, de forma estruturada, sustentada, sistêmica, intuitiva e criativa, consolida um conjunto de princípios, normas e funções para alavancar, harmoniosamente, o processo de planejamento da situação futura desejada da empresa como um todo e seu posterior processo de avaliação perante os fatores externos ou não controláveis pela empresa, bem como a estruturação organizacional e a gestão e desenvolvimento das pessoas e de outros recursos da empresa, sempre de forma otimizada com a realidade externa e com a maximização das relações interpessoais.

Administração integrada é o modelo e estilo administrativo em que todos os processos e atividades da empresa estão, de maneira direta ou indireta, interligados e interativos numa relação causas *versus* efeitos, exercendo uma única função e com um único objetivo maior.

Administração participativa é o estilo administrativo que consolida a democratização de propostas de decisão para os diversos níveis hierárquicos da empresa, com o consequente comprometimento pelos resultados anteriormente planejados.

Administração por objetivos é a técnica estruturada e interativa de negociação e de estabelecimento dos objetivos individuais, como decorrência e como sustentação aos objetivos da empresa.

Administração virtual é a forma estruturada e sustentada, pela tecnologia da informação, de interações de pessoas e/ou empresas próximas ou distantes entre si.

Administrador é o profissional que otimiza os resultados da empresa pela atuação, individual ou coletiva, das pessoas que trabalham em sua complementação e/ou sob sua orientação, integrando e otimizando as atividades de planejamento, organização, gestão e desenvolvimento de pessoas, bem como de avaliação e aprimoramento dos resultados, envolvendo, de forma especialista ou generalista, as várias atividades da empresa.

Agente de mudanças – ou agente de desenvolvimento organizacional – é aquele profissional capaz de desenvolver comportamentos, atitudes e processos que possibilitem à empresa transacionar, proativa e interativamente, com os diversos aspectos externos – não controláveis – e internos – controláveis – da empresa considerada.

Alavancar resultados é conseguir maiores e melhores resultados utilizando os mesmos recursos básicos, mas incrementando o nível de conhecimento aplicado.

Ambiente é o conjunto de fatores externos ou não controláveis pela empresa ou pessoa, sendo, porém, que qualquer alteração nessas pode mudar ou alterar os referidos fatores, e qualquer alteração nos fatores pode alterar a situação da empresa ou pessoa.

Ameaça é a força ambiental ou externa, incontrolável pela empresa ou pela pessoa e que cria obstáculos à sua ação estratégica, mas que poderá ou não ser evitada, desde que reconhecida em tempo hábil.

Análise externa é a identificação das oportunidades e das ameaças inerentes à empresa, bem como das melhores maneiras de usufruí-las e de evitá-las.

Análise interna é a identificação dos pontos fortes e dos pontos fracos da empresa, bem como das melhores maneiras de usufruí-los e de evitá-los.

Aprendizado é a incorporação do que foi instruído no comportamento do indivíduo, consolidando uma postura de atuação.

Atitude administrativa é a explicitação do comportamento, correspondendo ao modo de cada profissional se posicionar e agir perante cada situação apresentada nas empresas.

Atitude interativa é ação de uma pessoa que, de forma recíproca, interage com dois ou mais assuntos administrativos ou atividades da administração integrada, em um contexto que procura consolidar uma situação futura desejada. Portanto, são pessoas que procuram "fazer as coisas acontecer".

Atuação empreendedora é o contexto, sustentado por capacitação e iniciativa, em que o profissional direciona seus conhecimentos, habilidades e atitudes para a alavancagem dos resultados da empresa e a consolidação de novos projetos estrategicamente relevantes.

Atuação estratégica é a escolha consciente de uma das alternativas possíveis, em determinado período de tempo, tendo em vista a interação estruturada entre os pontos fortes e fracos, bem como as oportunidades e ameaças identificadas pela empresa.

Avaliação é a função administrativa que, mediante a comparação de padrões previamente estabelecidos, procura medir e controlar o desempenho e o resultado das estratégias e ações, com a finalidade de realimentar com informações os tomadores de decisões, de forma que possam corrigir ou reforçar esse desempenho para assegurar que os resultados estabelecidos pelos planejamentos efetuados sejam alcançados.

Avaliação da empresa é um processo estruturado em que todos os fatores externos ou não controláveis pela empresa, em sua realidade atual e projetada futura, bem como todos os fatores internos ou controláveis, de forma sistêmica e sinérgica, são analisados e avaliados quanto aos possíveis resultados a serem apresentados.

Avaliação de desempenho dos profissionais é o processo estruturado, entendido e aceito pelas partes envolvidas – avaliadores e avaliados – quanto ao nível de capacitação, à forma de atuação e aos resultados alcançados em relação aos resultados esperados pela empresa.

Avaliação estratégica é a capacidade de comparar objetiva e oportunamente, e de forma interativa com os fatores externos da empresa, os resultados obtidos e os resultados previamente estabelecidos e de indicar suas causas e consequências.

Balanço social é o demonstrativo, através de indicadores preestabelecidos e comuns entre as empresas, do cumprimento da responsabilidade social e das questões éticas e ambientais de uma empresa.

Benchmarking é o processo de análise referencial de nossa empresa perante outras empresas do mercado, incluindo o aprendizado do que essas empresas fazem de melhor, bem como da incorporação dessas realidades de maneira mais vantajosa para a empresa que aplicou o *benchmarking*. Naturalmente, esse processo pode, e deve, ser aplicado por você perante outros profissionais e/ou colegas de estudo.

Cadeia de valor é a situação em que as atividades de um processo podem ter maior valor agregado.

Cargo é o posicionamento formal da alocação de um conjunto de responsabilidades e autoridades na estrutura organizacional de uma empresa, possibilitando a sua avaliação, bem como o delineamento da evolução profissional dos funcionários alocados em sua estrutura hierárquica.

Cenários representam situações, critérios e medidas para a preparação do futuro da empresa e, logicamente, também das pessoas.

Ciclo de vida do conhecimento é a provável evolução, manutenção e declínio do nível de conhecimento de cada pessoa, sendo o mais importante a aceleração da evolução, depois a manutenção com qualidade e deve-se evitar a fase de declínio. Portanto, o foco é: estudar sempre!

Clima organizacional é o resultado da análise de como as pessoas se sentem em relação à empresa, com seu modelo de administração, bem como aos relacionamentos interpessoais existentes.

Código de ética é o conjunto estruturado, lógico e disseminado de normas de conduta e de orientações ao processo decisório, quanto ao que deve ser considerado certo ou errado.

Competências essenciais das empresas são o conjunto de todos os conhecimentos, habilidades e atitudes necessárias para sustentar as vantagens competitivas dessas empresas, bem como agregando valor aos resultados globais e consolidando um otimizado local de trabalho.

Compliance é a regulamentação e atuação que cuida das otimizadas operacionalização e respeito de todos os procedimentos estabelecidos pela empresa e pelos órgãos externos competentes.

Comprometimento é o processo interativo em que se consolida a responsabilidade isolada ou solidária pelos resultados esperados pela empresa e seus proprietários e funcionários.

Comunicação é o processo interativo e de entendimento, assimilação e operacionalização de uma mensagem – dado, informação, ordem – entre o emissor e o receptor por um canal, em determinado momento, e visando a um objetivo específico da empresa.

Conceito administrativo é a explicitação do significado e da finalidade de um assunto ou instrumento administrativo.

Conhecimento administrativo é a competência sustentada de obter, deter e aplicar, de forma otimizada, um conjunto de metodologias e técnicas administrativas que se aplicam a uma área de atuação da empresa.

Contabilidade de custos é a alocação e análise sistemática dos valores resultantes dos processos e atividades de operacionalização, transformação, desenvolvimento e comercialização dos produtos e serviços da empresa.

Contabilidade geral – ou financeira – é a consolidação estruturada e sistemática, com análises periódicas, das movimentações e resultados do patrimônio, das receitas, das despesas e dos resultados das empresas.

Contabilidade gerencial é o processo estruturado de identificação, consolidação, medição, análise, interpretação e disseminação de informações econômico-financeiras e físicas para a adequada administração da empresa e cada um de seus negócios, produtos e serviços pelas diversas unidades organizacionais envolvidas.

Controladoria é o processo de planejamento, execução e avaliação econômico-financeira com a finalidade de assegurar os resultados estabelecidos pelos acionistas ou quotistas da empresa.

Coordenação é a função do processo administrativo que procura aproximar, ao máximo, os resultados apresentados com a situação anteriormente planejada.

Criatividade é a capacidade intrínseca ao indivíduo *diferenciado* de dar origem, com maior ou menor sustentação metodológica e técnica, a uma nova situação de realizar algo já existente ou, preferencialmente, algo novo.

Cultura organizacional é o conjunto estruturado de valores, crenças, normas e hábitos compartilhados de forma interativa pelas pessoas que atuam em uma empresa.

Dado é o elemento identificado em sua forma bruta que, por si só, não conduz a uma compreensão de um fato ou situação.

Decisão é o delineamento de um futuro estado de coisas, que pode ser verdadeiro ou falso, em função dos elementos que o tomador da decisão tem em mãos e que permitem ter visão factual da situação presente e futura.

Desenho de processos é a metodologia estruturada para identificar, ordenar em sequência lógica e otimizada, e também implementar e avaliar as atividades que contribuem, direta ou indiretamente, para o maior valor agregado para as empresas, bem como seus diversos públicos (clientes, fornecedores, funcionários, governos, comunidade).

Desenvolvimento organizacional (DO) é o processo estruturado para consolidar as mudanças planejadas dos aspectos organizacionais e comportamentais nas empresas, com a finalidade de otimizar o processo de resolução de problemas e os resultados anteriormente estabelecidos nos planejamentos elaborados, sempre com adequado relacionamento interpessoal.

Desenvolvimento organizacional estratégico é a mudança planejada, com o engajamento e a adequação da cultura organizacional, resultante do processo de delineamento e implementação das questões estratégicas da empresa.

Dinâmica de grupo é a interação estruturada e sustentada entre pessoas com interesses comuns em uma atividade específica, buscando, em um contexto de solidariedade, um resultado coordenado comum.

Diretriz é o conjunto das grandes orientações da empresa, ou seja, o conjunto dos seus objetivos, estratégias e políticas.

Educação corporativa é o processo estruturado e sustentado para consolidar maior conhecimento e capacitação profissional, considerando as pessoas das empresas como seres humanos profissionais, sociais e intelectuais, bem como representando o capital intelectual da empresa ou grupo empresarial.

Efetividade é a relação equilibrada e otimizada entre os resultados alcançados e os objetivos propostos ao longo do tempo. Corresponde a apresentar resultados globais positivos permanentemente.

Eficácia é a contribuição dos resultados obtidos para o alcance dos objetivos estabelecidos pelas empresas – e pelas pessoas – em seus processos de planejamento. Corresponde a "alcançar ou suplantar os resultados esperados".

Eficiência é a otimização dos diversos recursos – humanos, financeiros, tecnológicos, materiais, equipamentos – para a obtenção dos resultados esperados. Corresponde a "fazer o que deve ser feito".

Empatia é a capacidade de uma pessoa de abstrair-se de sua identidade e colocar-se, momentaneamente, *dentro do outro*, para assim sentir a realidade interior da outra pessoa.

Empowerment é o ato de delegar – transferir – responsabilidades e autoridades para os funcionários que trabalham com você.

Empreendedor externo é o indivíduo que tem a capacidade de fazer um empreendimento *decolar do zero*, de operacionalizar novas ideias e fazê-las bem-sucedidas, apresentando resultados interessantes, através da otimização da capacidade de inovação e renovação.

Empreendedor interno é o profissional que tem atuação empreendedora em seus atos e decisões na empresa onde é funcionário.

Empreendedorismo é o processo evolutivo e inovador dos conhecimentos, habilidades e atitudes dos profissionais direcionados à alavancagem dos empreendimentos realizados e à consolidação de novos projetos estrategicamente relevantes, quer sejam no âmbito de uma empresa ou em questões pessoais.

Empregabilidade é a situação de uma pessoa conseguir trabalho e remuneração pelos seus conhecimentos, habilidades e atitudes intencionalmente desenvolvidos por meio de educação e treinamento sintonizados com as necessidades do mercado de trabalho.

Equipe multidisciplinar é o conjunto de profissionais, com diferentes conhecimentos, habilidades e atitudes, que realizam reuniões coordenadas e programadas, em caráter temporário ou permanente, para emitir, mediante discussão organizada, opiniões a respeito de assuntos previamente estabelecidos e que, nascidas dos debates, sejam as mais adequadas à realidade e às necessidades da empresa.

Escola da administração é a consolidação da concepção técnica e de conhecimentos inerentes a um conjunto de assuntos administrativos homogêneos, decorrentes da influência de uma ou mais teorias da administração.

Estilo administrativo é o contexto geral de atuação de uma empresa, consolidando se o processo decisório é mais centralizado ou descentralizado, com maior ou menor nível de participação, qual a abordagem do comprometimento e de cobrança de resultados, entre outros assuntos administrativos.

Estratégia é o caminho, maneira ou ação formulada e adequada para alcançar, preferencialmente de maneira diferenciada, os objetivos e metas estabelecidos, no melhor posicionamento da empresa perante o seu ambiente, que é externo e não controlável pela mesma.

Estrutura de administração de carreiras é a sequência coerente de cargos ou funções que a empresa disponibiliza para a evolução profissional das pessoas que trabalham nela.

Estrutura organizacional é o instrumento administrativo resultante da identificação, análise, ordenação e agrupamento das atividades e dos recursos da empresa, incluindo o estabelecimento dos níveis de alçada e dos processos decisórios, visando ao alcance dos objetivos estabelecidos pelos planejamentos da empresa.

Ética é o conjunto estruturado e sustentado de valores, crenças e princípios considerados como ideais e que orientam o comportamento das pessoas, das equipes, das empresas e da sociedade como um todo.

Fator crítico de sucesso é o aspecto interno – controlável – ou externo – não controlável – da empresa que apresenta elevada importância para a qualidade do desenvolvimento e da consolidação do profissional de sucesso e de valor para a referida empresa.

Finanças é a função das empresas que cuida da administração dos recursos econômicos – patrimoniais – e financeiros, com a finalidade de maximizar o valor de mercado da empresa e a remuneração de seus acionistas e investidores.

Formação de preços é a identificação do valor que o mercado aceita pagar pelo produto ou serviço oferecido, correlacionado ao custo real e à margem de lucro pretendida pela empresa vendedora.

Função é o conjunto estabelecido de atividades a serem desempenhadas por um profissional que extrapolam ou não o formalizado em seu cargo na empresa.

Gestão e desenvolvimento de pessoas é a função da administração que proporciona sustentação às otimizadas coordenação, supervisão, orientação e desenvolvimento dos profissionais que trabalham nas empresas.

Gestão estratégica de pessoas é a supervisão dos recursos humanos alocados, com a otimização do processo decisório, de forma interativa com os fatores externos e com a abordagem das relações interpessoais.

Governança corporativa é o modelo organizacional que, a partir das interações entre acionistas ou quotistas, conselheiros – de administração, fiscal, deliberativo, consultativo –, auditorias – externa e interna – e diretoria executiva, proporciona a adequada sustentação para o aumento da atratividade da empresa no mercado – financeiro e comercial – e, consequentemente, incremento no valor da empresa, redução do nível de risco e maior efetividade da empresa ao longo do tempo.

Habilidade administrativa é o processo de visualizar, compreender e estruturar as partes e o todo dos assuntos administrativos das empresas, consolidando resultados otimizados pela atuação de todos os recursos disponíveis. Pode ser chamada de "jogo de cintura" do profissional da empresa.

Hábito é a "maneira de ser" de uma pessoa, consolidando a sua personalidade de maneira positiva ou negativa para a empresa ou equipe de atuação, sendo um foco básico de processos de mudanças planejadas para efetivar melhores modelos e estilos administrativos.

***Iceberg* organizacional** é a identificação e a interação dos componentes visíveis e dos componentes invisíveis de uma empresa, formando um todo unitário e indivisível.

Ideia é o resultado de uma análise crítica, criativa e inovadora de um assunto ou problema administrativo visando a um resultado otimizado para a empresa.

Indicador de avaliação é o parâmetro e critério de verificação, previamente estabelecido e que permite a análise da realização, bem como da evolução dos resultados apresentados pelas empresas e pelas pessoas.

Índice é a relação entre as medidas identificadas em um processo estruturado de análise de algum assunto.

Informação é o dado trabalhado que permite ao executivo tomar decisões.

Inovação é tornar o processo mais capaz, inserindo recursos atualmente não disponíveis na empresa.

Instrumento administrativo é a metodologia ou técnica, estruturada e interligada, que possibilita a análise, a operacionalização e a administração das diversas decisões tomadas ao longo do processo administrativo das empresas.

Inteligência administrativa é o conjunto de processos analíticos que transformam dados e informações em conhecimentos administrativos relevantes, preciosos e úteis na compreensão do ambiente competitivo em que as empresas – e as pessoas – atuam. Portanto ela se refere a "quem é quem" nas decisões e atos administrativos.

Inteligência facilitadora é a capacitação de uma pessoa para entender a natureza de uma oportunidade ou de um problema, e para estruturar a melhor maneira de usufruí-la ou de resolvê-lo.

Liderança é o processo em que uma pessoa é capaz, por suas características individuais, de entender as necessidades dos profissionais da empresa, bem como exprimi-las de forma válida e eficiente, obtendo o engajamento e a participação de todos no desenvolvimento e na implementação dos trabalhos necessários ao alcance das metas e objetivos da empresa.

Localização da fábrica é a análise estruturada do melhor local onde uma fábrica deve ser instalada, respeitando os estudos de compras de insumos, mercado de mão de obra, sistema viário, custos dos diversos itens necessários ao funcionamento operacional, incentivos fiscais, mercado comprador, parcerias em sistemas de distribuição, interação com a comunidade, qualidade de vida.

Logística é o processo estruturado e integrado que considera todas as atividades que têm relação entre si em uma sequência lógica, desde o planejamento das atividades e expectativas de mercado, passando por todos os insumos, até o pós-venda do produto ou serviço colocado no mercado.

Manutenção dos sistemas de produção é a atividade que cuida da conservação e do uso de equipamentos, máquinas, edifícios e instalações em geral, visando aos objetivos da empresa.

Marca é o *apelido* pelo qual uma empresa, produto ou serviço é identificado de maneira instantânea e direta pelo mercado.

Marketing é a função das empresas responsável pela análise, planejamento, implementação e avaliação de estratégias e projetos estruturados, com a finalidade de atender – e até suplantar – as necessidades e expectativas de segmentos de mercado, bem como contribuir para o desenvolvimento sustentado da empresa ou negócio.

Melhoria contínua é tornar o processo mais capaz, utilizando recursos existentes e à disposição da empresa considerada.

Meritocracia é a análise da capacitação de cada pessoa com base em seu mérito pessoal e profissional, correlacionado aos seus níveis de conhecimento, inteligência, decisão e ação.

Meta é a etapa intermediária que é realizada para o alcance do objetivo.

Método é a explicitação das normas e procedimentos que representam a indicação de quem faz, bem como e onde as atividades da empresa são realizadas.

Metodologia administrativa é a explicitação das etapas ou fases básicas de uma maneira testada de se desenvolver e implementar um assunto ou instrumento administrativo.

Missão é a razão de ser da empresa, correspondendo à identificação da sua área de atuação, agora e no momento futuro, explicitando a quem ela oferece os seus produtos e serviços.

Modelo é a descrição simplificada de um sistema e que explica o seu funcionamento.

Modelo administrativo é o processo estruturado, interativo e consolidado de desenvolver e operacionalizar atividades – estratégicas, táticas e operacionais – de planejamento, organização, gestão e desenvolvimento de pessoas, bem como de avaliação dos resultados, visando ao crescimento e ao desenvolvimento sustentado da empresa.

Modelo organizacional é o processo estruturado, interativo e consolidado de identificar, desenvolver, operacionalizar e avaliar as diversas atividades realizadas pela empresa, considerando as suas partes integrantes e os seus fatores de influência.

Motivação é o processo e a consolidação do estímulo e da influência no comportamento das pessoas, tendo em vista um objetivo específico e comum para os profissionais da empresa.

Multitarefa é a situação em que o profissional da empresa tem que trabalhar, ao mesmo tempo, com vários assuntos diferentes, interligados ou não, envolvendo cada um deles determinado nível de complexidade. Naturalmente, não se está referindo à esdrúxula situação de uma pessoa pensar que está estudando ou trabalhando, mas fica mexendo no celular ao mesmo tempo; o resultado dessa situação é totalmente nulo!

Norma é aquilo que se estabelece como base ou medida para a realização ou avaliação de algo, referindo-se a um princípio, regra, preceito ou lei.

Objetivo é o alvo ou situação que a empresa pretende alcançar.

Oportunidade é a força ambiental ou externa, incontrolável pela empresa, que pode favorecer a sua ação estratégica, desde que reconhecida e aproveitada adequadamente enquanto perdura.

Orçamento é o planejamento, a movimentação e o controle de todas as atividades da empresa que envolvam investimentos, receitas, despesas e análise de resultados durante um período de tempo.

Organização é a função da administração que orienta a capacidade de ordenação, estruturação e apresentação de um sistema, de um projeto, de um trabalho e dos recursos alocados, visando alcançar os resultados estabelecidos nos planejamentos anteriormente elaborados.

Organização estratégica é a otimizada alocação dos recursos da empresa para interagir, ativamente, com as realidades e os cenários do ambiente empresarial, onde estão os fatores não controláveis.

Organograma é a representação gráfica de determinados aspectos da estrutura organizacional da empresa.

Padrão de qualidade é a medida do grau de satisfação das necessidades e exigências estabelecidas pelos clientes.

Papel administrativo é a forma como as pessoas devem trabalhar e se relacionar entre si, bem como perante os públicos externos – clientes, fornecedores, concorrentes, governos etc. –, tendo como base os valores e os princípios éticos e morais da empresa.

Pensamento administrativo é a postura do profissional direcionada para a consolidação das atividades administrativas e para a otimização dos resultados da empresa.

Pensamento estratégico é a situação de uma pessoa estar constantemente "ligada" na análise interativa entre as questões internas ou controláveis e as questões externas ou não controláveis.

Pesquisa operacional é a metodologia administrativa estruturada que possibilita a otimização da atuação das equipes multidisciplinares nas questões inerentes ao planejamento, à solução de problemas e ao processo de tomada de decisões nas empresas.

Planejamento é a metodologia administrativa que permite diagnosticar e analisar situações atuais, de estabelecer resultados – objetivos e metas – a serem alcançados pelas empresas e pelas pessoas e de delinear ações – estratégias – para se alcançar esses resultados, bem como de leis e normas – políticas – que servem de sustentação a esse procedimento administrativo.

Planejamento de marketing é o estabelecimento de todas as atividades mercadológicas da empresa para melhor desenvolver, oferecer e disponibilizar, com otimizada vantagem competitiva, os seus produtos e serviços aos segmentos atuais e potenciais de mercado.

Planejamento estratégico é a metodologia administrativa que permite estabelecer a direção a ser seguida pela empresa, e que visa ao maior grau de interação com o ambiente, onde estão os fatores não controláveis pela empresa.

Planejamento operacional é a formalização de metodologias de desenvolvimento e implementação de ações em áreas específicas visando alcançar os resultados esperados pela empresa ou pela pessoa.

Planejamento tático é a metodologia administrativa que tem por finalidade otimizar determinada área de resultado da empresa.

Plano de ação é o conjunto de partes comuns dos diversos projetos quanto ao assunto que está sendo tratado (recursos humanos, tecnologia, marketing, finanças etc.).

Plano de carreira é a explicitação formal de um conjunto planejado, estruturado, sustentado e sequencial de estágios que consolidam a realidade evolutiva de cada indivíduo, de forma interativa com as necessidades das empresas e dos mercados onde atuam.

Plano de negócios é o estudo estruturado de todos os negócios, produtos e serviços – atuais e potenciais – de uma empresa ou de um empreendimento a ser consolidado, considerando todas as questões estratégicas e táticas – e algumas questões operacionais –, com enfoque geralmente direcionado à análise da viabilidade econômico-financeira.

Política é o parâmetro ou orientação para a tomada de decisão.

Ponto de venda é o local, na estrutura de distribuição da empresa, através do qual os seus produtos e serviços chegam aos compradores, geralmente os consumidores finais.

Ponto forte é a vantagem estrutural controlável pela empresa e que a favorece perante as oportunidades e ameaças do ambiente, onde estão os assuntos não controláveis pela referida empresa.

Ponto fraco é a desvantagem estrutural controlável pela empresa e que a desfavorece perante as oportunidades e ameaças do ambiente externo e, portanto, não é controlável pela empresa.

Processo é o conjunto estruturado de atividades sequenciais que apresentam relação lógica entre si, com a finalidade de atender e, preferencialmente, suplantar as necessidades e as expectativas dos clientes externos e internos da empresa.

Processo decisório é a identificação das informações básicas inerentes a um assunto, bem como a escolha entre as hipóteses alternativas que direcionam a empresa a determinado resultado, incluindo o acompanhamento da aplicação da decisão operacionalizada na empresa.

Processos e tecnologia é a função das empresas que aborda as atividades que devem ser realizadas e os conhecimentos necessários para atender a todos os clientes – externos e internos, atuais e potenciais – da empresa.

Produção é a função das empresas que cuida da transformação de insumos – matérias-primas, energias, informações – em produtos e serviços, utilizando, de forma organizada, os recursos e os conhecimentos da empresa.

Produtividade é a otimização dos recursos disponíveis para a obtenção de melhores resultados para a empresa.

Produto ou serviço é o que a empresa – ou você! – disponibiliza para o mercado, devendo apresentar uma vantagem competitiva para que seja comprado.

Programa é o conjunto de projetos homogêneos quanto ao seu objetivo maior.

Programação e controle da produção (PCP) é a atividade que procura garantir o balanceamento entre a capacidade produtiva disponível e a demanda de mercado, a disponibilidade dos recursos necessários nas quantidades e tempos certos, bem como os níveis de produtividade e qualidade planejados para os produtos e serviços da empresa.

Projeto é o trabalho a ser executado, com responsabilidade de execução, resultado esperado com quantificação de benefícios e prazo de execução preestabelecidos, considerando os recursos humanos, financeiros, tecnológicos, materiais e de equipamentos, bem como as áreas envolvidas e necessárias ao seu desenvolvimento.

Promoção é o processo estruturado de interação com o mercado comprador visando aumentar o volume de vendas da empresa.

Propaganda é o processo estruturado e criativo de divulgação de ideias, produtos, serviços, marcas, imagens e eventos por um patrocinador identificado.

Psicologia empresarial é o estudo da interação e da interdependência entre a empresa e os seus profissionais, na busca da otimização das relações interpessoais e dos resultados dessas empresas.

Qualidade de vida é o nível e a intensidade em que uma pessoa se sente bem com as suas atividades profissionais alocadas em sua realidade pessoal.

Qualidade total é a capacidade de um produto ou serviço de satisfazer – ou suplantar – as necessidades, exigências e expectativas dos clientes externos e internos da empresa.

Rede de integração entre empresas é o processo de cooperação estruturada visando consolidar fortes e internacionais vantagens competitivas, sustentadas por otimizadas tecnologias, melhor utilização de ativos, bem como maiores produtividade, flexibilidade, qualidade, rentabilidade e lucratividade das empresas participantes da rede.

Reengenharia é um trabalho participativo de elevada amplitude, direcionado para os negócios e os seus resultados, que tem como sustentação o desenvolvimento e a implementação de novos processos que integrem funções e áreas das empresas na busca contínua da excelência na realização de serviços e no fornecimento de produtos e serviços aos clientes internos e externos das empresas.

Relatório gerencial é o documento que consolida, de forma estruturada, as informações para o tomador de decisões.

Resiliência é o processo e o resultado de se adaptar, com sucesso, a experiências de vida difíceis ou desafiadoras, especialmente através da flexibilidade mental, emocional e comportamental e do ajustamento a demandas internas e externas da empresa.

Responsabilidade social é a abordagem das empresas e das pessoas como entidades sociais, dentro de um contexto interativo de dependência e de auxílio à sociedade onde atuam.

Risco é o estado do conhecimento no qual cada ação ou estratégia alternativa leva a um conjunto de resultados, sendo a probabilidade de ocorrência de cada resultado conhecida do tomador da decisão.

Sinergia é a ação coordenada entre vários elementos – ou partes – que compõem um sistema – ou processo ou instrumento administrativo – de tal modo que a soma das partes é maior do que o efeito obtido, isoladamente, através de cada elemento.

Sistema é o conjunto de partes interdependentes que, conjuntamente, formam um todo unitário com determinado objetivo e efetuam determinada função.

Sistema de informações gerenciais (SIG) é o processo de transformação de dados em informações que são utilizadas na estrutura decisória da empresa, proporcionando, ainda, a sustentação administrativa para otimizar os resultados esperados.

Técnica administrativa é a forma estruturada e interativa que auxilia no tratamento e análise das informações básicas inerentes ao processo decisório, bem como no estabelecimento das melhores maneiras de realizar os trabalhos em uma parte ou em todo o processo administrativo.

Técnica estratégica auxiliar é a forma estruturada e a interativa para o tratamento das informações básicas inerentes ao processo decisório no estabelecimento das estratégias das empresas.

Tecnologia é o conjunto de conhecimentos que são utilizados para melhor operacionalizar as atividades da empresa, para que seus objetivos possam ser alcançados.

Tecnologia da informação é a interação estruturada entre sistemas de *software* e de *hardware* para o registro, transformação, transmissão e arquivamento de todos os tipos de informações das empresas.

Teoria da administração é o conjunto de conhecimentos e práticas resultantes de estudos – planejados ou não – e que geram instrumentos administrativos, com maior ou menor aplicação pelas empresas ao longo do tempo.

Teoria geral da administração é o conjunto de princípios e conhecimento resultantes das diversas escolas e teorias da administração, e que são disseminados e comuns à prática administrativa quanto às atividades de planejamento, de organização, de gestão e desenvolvimento de pessoas e de avaliação, com a melhor interação e sinergia entre os profissionais envolvidos, propiciando otimização dos resultados das empresas.

Terceirização é a situação em que se entrega a terceiros atividades que não sejam o negócio principal da empresa.

Tesouraria é o planejamento, análise, execução e avaliação das movimentações financeiras de caixa, bancos, contas a pagar e contas a receber das empresas.

Turnaround é o processo de transformar negócios em situação de dificuldades em empresas ou negócios saudáveis.

Unidade estratégica de negócios (UEN) é o agrupamento de atividades que tenham a amplitude de um negócio e atuem em perfeita interação com o ambiente empresarial, onde estão os fatores não controláveis.

Universidade corporativa é uma empresa ou parte dela com responsabilidade e autoridade formais de elaborar e operacionalizar programas de desenvolvimento e disseminação de seu capital humano, sustentados pelos conhecimentos, habilidades e atitudes – atuais e potenciais – dos seus profissionais, com a finalidade de otimizar as suas diversas questões estratégicas – principalmente –, táticas e operacionais e, por consequência, de seus estilo e modelo administrativos.

Valor agregado é o aumento do valor final de um negócio, produto ou serviço resultante de uma mudança evolutiva na tecnologia aplicada, no processo, na atividade ou no conhecimento, o qual contribui para a alavancagem do valor global da empresa.

Valores – no contexto estratégico – representam o conjunto de princípios, crenças e questões éticas fundamentais de uma empresa – ou de uma pessoa –, bem como fornecem sustentação a todas as suas principais decisões.

Vantagem competitiva é a característica diferenciada do produto ou serviço disponibilizado pela empresa ao mercado, sendo que esse quer comprá-lo, em detrimento dos mesmos produtos e serviços disponibilizados por outras empresas.

Visão é a explicitação do que a empresa quer ser.

Vocação é o ato de uma pessoa explicitar uma predestinação de um talento ou aptidão para trabalhar em uma empresa, atuando com maiores abrangência, complexidade e responsabilidade, bem como proporcionando sustentação para o seu desenvolvimento profissional com qualidade de vida.

Bibliografia

"Há algo mais raro e talvez mais preciso que a capacidade: é a capacidade de reconhecer a capacidade."

Robert Half

A seguir, são apresentadas as referências bibliográficas que proporcionam maior sustentação para esta obra.

Você observa que algumas referências são de uma época mais antiga, bem como são mencionadas algumas obras elaboradas por este autor envolvendo, por exemplo, a história da administração e a teoria geral da administração, as quais evidenciam algumas causas e diversas consequências dos estudos inerentes à evolução do pensamento administrativo; e que esse processo evolutivo sempre seguiu uma linha contínua, lógica, simples, sustentada, ampla e interativa.

Espera-se que você, durante a leitura, análise e aplicação do conteúdo deste livro tenha complementado com outras referências bibliográficas, pois em administração – e outras áreas do conhecimento – é importante se ter a visão de diferentes profissionais e autores da administração.

Algumas obras que você vai analisar proporcionarão, única e exclusivamente, algumas ideias e contextos gerais para você, mas acredite: essa absorção genérica de conhecimentos também proporcionará elevados benefícios pessoais e profissionais para você.

ARGYRIS, Chris. *A interação indivíduo – organização*. São Paulo: Atlas, 1975

BACHIR, José; FIUZA, José B. S.; SALOMÃO, Paulo. *TVL*: treinamento vivencial de liderança. São Paulo: DO – Desenvolvimento de Organizações, 1976.

BARNARD, Chester. *Organization and management*. Cambrigde: Harvard University Press, 1948.

BATEMAN, Thomas S.; SNELL, Scott A. *Administração*: novo contexto competitivo. 2. ed. São Paulo: Atlas, 2011.

BECKHARD, Richard. *Organization development*: strategies and models. Reading, MA: Addison-Wesley, 1969.

BENNIS, Warren Gamaliel. *Managing the dream*: reflections on leadership and change. Cambridge, MA: Perseus, 2000.

______. *On becaming a leader*. Cambridge, MA: Perseus, 1964.

BLACKETT, Patrick Maynard Stuart. The military and political consequences of atomic energy. New York: McGraw-Hill, 1948.

BOYER, Carl B. *História da matemática*. São Paulo: Edgard Blücher, 1974.

BRIDGES, William. *Um mundo sem empregos*. São Paulo: Makron Books, 1995.

BURNS, Tom; STALKER, G. M. *The management of innovation*. Londres: Tavistock, 1961.

CARLISLE, Howard M. *Management*: concepts, methods and applications. Chicago: Hardcover, 1982.

CARTWRIGHT, Dorwin: ZANDER, Alvin. *Group dynamics*: research and theory. 2. ed. Evanstens, Ill: Row & Perteson, 1960.

CHANDLER JR., Alfred D. *Strategy and structure*. Cambridge, MA: MIT Press, 1962.

COLLINS, James Charles; PORRAS, Jerry. *Feitas para durar*: práticas bem-sucedidas de empresas visionárias. Rio de Janeiro: Rocco, 1995.

DAFT, Richard L. *Administração*. São Paulo: Cengage Learning, 2010.

DEMING, William Edwards. *Out of the crisis*. Boston: MIT Press, 1986.

DRUCKER, Peter Ferdinand. *The practice of management*. New York: Harper, 1954

______. *Management*: tasks, responsibilities and practices. New York: Harper & Row, 1973.

______. *The effective executive*: the defenitive guide to getting the right things done. New York: Harper Collins, 2006.

ETZIONI, Amitai Werner. *Modern organizations*. Englewood Cliffs, NJ: Prentice Hall, 1964.

FAYOL, Henri. *Administration industrielle et générale*. Paris: Gauthier, 1916.

FOLLETT, Mary Parker. *Creative experience*. London: Longmans & Green, 1924.

GROVE, Andrew S. *Administração de alta perfomance*. São Paulo: Futura, 1997.

HAMPTON. David R. *Management*. 3. ed. New York: McGraw-Hill, 1986.

HERZBERG, Frederick. *Motivation to work*. Pittsburgh: Transaction Publishers, 1993.

ISMAIL, Salim; MALONE, Michael; VAN GEEST, Yuri. *Exponential organizations*: why new organizations are ten times better, faster, cheaper than you. New York: Diversion Books, 2014.

KAPLAN, Robert; NORTON, David. The Balanced Scorecard. *Havard Business Review*, Jan/Feb. 1992.

KIM, W. Chan; MAUBORGNE, Renée. *A estratégia do oceano azul*. 14. ed. Rio de Janeiro: Campus – Elsevier, 2005.

KOONTZ, Harold; O'DONNELL, Cyril. *Fundamentos da administração*. São Paulo: Pioneira, 1981.

KOTLER, Philip. *Marketing management*. 10. ed. New York: Prentice Hall, 2000.

LIKERT, Rensis. *Novos padrões de administração*. São Paulo: Pioneira, 1971.

MASLOW, Abraham Harold. *Motivation and personality*. New York: Harper & Row, 1954.

MAYO, Elton. *The human problems of an industrial civilisation*. New York: McMillan, 1933.

______. *The social problems of an industrial civilisation*. New York: Routledge and Kegan, 1949.

MINARELLI, José Augusto. *Empregabilidade*: o caminho das pedras. São Paulo: Gente, 1995.

MINTZBERG, Henry. *The structuring of organizations*. New York: Prentice Hall, 1979.

MONKS, Robert A. G.; MINOW, Nell. *Corporate governance*. New York: McGraw – Hill, 1991.

NAIL, Rob. *Exponential leadership*. Chicago: Singularity University Press, 2014.

PORTER, Michael E. *Competitive strategy*: techniques for analysing industries and competitors, New York: Free Press, 1980.

REBOUÇAS DE OLIVEIRA, Djalma de Pinho. *História da administração*: como entender as origens, as aplicações e as evoluções da administração. São Paulo: Atlas, 2012.

______. *Planejamento estratégico*: conceitos, metodologia e práticas. 33. ed. São Paulo: Atlas, 2015.

______. *Sistemas, organização e métodos*: uma abordagem gerencial. 21. ed. São Paulo: Atlas, 2013.

______. *Plano de carreira:* foco no indivíduo. 2. ed. São Paulo: Atlas, 2013.

______. *Teoria geral da administração*: uma abordagem prática. 3. ed. São Paulo: Atlas, 2012.

______. *Coaching, mentoring e counseling*: um modelo integrado de orientação profissional com sustentação da universidade corporativa. 2. ed. São Paulo: Atlas, 2015.

______. *Empreendedorismo*: vocação, capacitação e atuação direcionadas para o plano de negócios. São Paulo: Atlas, 2014.

SCHEIN, Edgard H. *Organizacional culture and leadership*. San Francisco: Jossey-Bass, 1985.

SELFRIDGE, Richard J.; SOKOLIK, Stanley L. A comprehensive view of organization development. *MBU – Business Topics*, 1975.

SENGE, Peter N. *The fifth discipline*: the art and practice of the learning organization. New York: Century Business, 1992.

SILVA, Reinaldo O. *Teorias da administração*. São Paulo: Pioneira Thomson Learning, 2002.

SIMON, Herbert Alexander. *Administrative behavior*: a study of decision-making processes in administrative organizations. New York: Simon & Schuster, 1947.

______. *The new science of management decision*. New York: Harper & Row, 1960.

SOBRAL, Filipe; PECI, Alketa. *Administração*: teoria e prática no contexto brasileiro. 2. ed. São Paulo: Pearson, 2013.

STEWART, Thomas A. *Capital intelectual*: a nova vantagem competitiva das empresas. 4. ed. Rio de Janeiro: Campus, 1998.

SUN-TZU. *A arte da guerra*. Lisboa: Europa-América, 1994.

TAYLOR, Frederick Winslow. *Princípios de administração científica*. São Paulo: Atlas, 1970.

TOFFLER, Alvin. *A terceira onda*. 17. ed. Rio de Janeiro: Record, 1990.

VAN DOREN, Charles. *A history of knowledge*. New York: Ballantine, 1991.

VARDI, Y. Organizational career mobility: an integrative model. *Academic Management Review*, EUA, n. 5, p. 341-355, 1980.

VON BERTALANFFY, Karl Ludwig. *General system theory*. New York: George Braziller, 1968.

WEBER, Max. *The interpretation of social reality*. New York: Scribner, 1975.

WOODWARD, Joan. *Industrial organization*: theory and practice. London: Oxford University Press, 1965.

WREN, Daniel A. *The evolution of management thought*. New York: John Wiley, 1994.

Pré-impressão, impressão e acabamento

grafica@editorasantuario.com.br
www.graficasantuario.com.br
Aparecida-SP
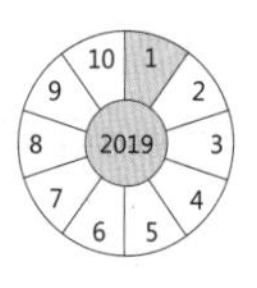